行为保险经济学

郭振华 著

上海交通大学出版社
SHANGHAI JIAO TONG UNIVERSITY PRESS

内容提要

保险市场可能是各类商品或服务市场中最奇特的一个,买方要么不情愿,或者犹犹豫豫,要么买错了,卖方则不太斯文,往往营销过度,套路很多,名声不太好,本书首次系统地从行为经济学角度对保险市场的上述奇异现象进行了分析和解释,对保险专业在校生和保险行业工作人员深刻理解保险市场有很大帮助。

全书共分六部分:一是行为保险经济学引论;二是保障性保险的行为保险需求理论;三是储蓄性保险的行为保险需求理论;四是行为保险供给理论;五是保险市场的行为经济学;六是余论。

本书可作为保险研究人员、保险从业人员和保险专业学生从行为经济学视角理解保险业的参考用书,也可作为高等院校"行为保险经济学"或"保险经济学"课程的教材。

图书在版编目(CIP)数据

行为保险经济学/ 郭振华著. — 上海:上海交通
大学出版社,2020(2023重印)
ISBN 978 - 7 - 313 - 23746 - 0

Ⅰ.①行… Ⅱ.①郭… Ⅲ.①保险-行为经济学
Ⅳ.①F840

中国版本图书馆 CIP 数据核字(2020)第 168545 号

行为保险经济学

XINGWEI BAOXIAN JINGJIXUE

著　　者:	郭振华		
出版发行:	上海交通大学出版社	地　　址:	上海市番禺路 951 号
邮政编码:	200030	电　　话:	021 - 64071208
印　　制:	上海景条印刷有限公司	经　　销:	全国新华书店
开　　本:	787 mm×1092 mm　1/16	印　　张:	22.25
字　　数:	509 千字		
版　　次:	2020 年 10 月第 1 版	印　　次:	2023 年 1 月第 2 次印刷
书　　号:	ISBN 978 - 7 - 313 - 23746 - 0		
定　　价:	88.00 元		

序

首先,我要祝贺郭振华博士的新书《行为保险经济学》的出版。作为中青年保险学者中的佼佼者,郭振华博士的这本《行为保险经济学》是我国第一部以行为保险为研究对象的学术著作。

行为经济学是对人们经济行为心理的研究,目的是通过研究心理因素对人们经济决策过程的影响,说明经典经济学理论在预测和解释人们经济决策时的偏差。行为经济学关心的主要问题是:经典经济学中有关效用或利润最大化假设是否能很好地近似人的真实行为? 个体在经济决策中是追求主观期望效用最大化吗?

近年来,经济学家们已经越来越认识到,人们在决策过程中往往表现出与传统经典经济学理论不相容的行为模式。行为经济学结合了心理学领域的理论和研究方法,解释了传统经济理论预测的行为与实际观察到的行为之间的差异。

行为经济学的一个重要运用领域就是对保险行为的研究。经典的保险经济学基于规范经济学理论中的主要假设,建立了解释投保人为什么购买以及如何购买保险的保险需求理论,建立了描述保险人是否应提供以及如何提供最优保险合同的保险供给理论。然而不幸的是,这些理论也难以解释我们在保险市场上观察到的大量与保险经济学理论预测不一致的现象。例如,人们并不愿意为"小概率、大损失"的风险进行保险,而更愿意为"大概率、小损失"的风险进行保险;人们在退休时大都不愿意用已有的储蓄购买可以终身领取的养老年金,而根据经典经济学理论的研究结果,人们在退休时将所有财富以年金化的方式转换为终身性收入是一个"最优选择"。

正是因为保险市场中供需双方在交易过程中存在的依据传统经济学理论难以解释的"非理性"现象,行为保险成为了近年来的一个新研究热点。

《行为保险经济学》一书的作者首先列举了保险市场上存在的经典经济学或保险经济学理论难以解释的 17 种"异象",接下来根据行为经济学的基本理论,对保险需求和保险供给中的行为特征及其对保险决策的影响进行了深入细致的分析,对现实中的保险交易行为给出了更为贴近实际的解释。

行为保险是一个新的研究领域,行为保险经济学更是一个处于发展初期的保险经济学新分支。我相信《行为保险经济学》的出版,对推动我国保险经济学和行为保险的研究,促进行为经济学在保险理论与实务中的应用研究,一定会发挥出重要的作用。

陈秉正

2020 年 7 月 29 日于北京清华园

自序：行为保险经济学的由来

我原来是搞热能工程的，工作期间赶上了 1997 年亚洲金融危机，日子难过，考研出来读了制冷工程硕士，紧接着在 2002 年读了同济大学技术经济及管理博士（保险方向）。刚到同济大学参加博士班同学会，就体验到了保险行业的"怪异"，一位来自某大型寿险公司的同学自我介绍时，开场白就说"我来自一个形象不好的行业"，令我倒吸一口冷气。

2005 年博士毕业进入上海对外经贸大学保险专业教书后，发现保险专业的同学大多数是"服从调剂"过来的，同学们心里多少有些不情愿，不少同学担心自己将来得去卖保险。为此，作为专业教师，我的首要任务不是直截了当讲解专业知识，而是进行专业认可教育，要给同学们"洗洗脑"，难度不小。

但看看我们的专业教材，如保险学、风险管理和保险经济学教材，都认定保险是几乎对每个人都有利的金融产品，消费者会在风险厌恶的驱使下踊跃购买保险，保险公司似乎可以"躺着"出单赚钱，除逆向选择和道德风险需要控制外，保险市场总体呈现供需两旺的和谐和繁荣景象，保险业不可能存在专门推销保险的庞大的代理人队伍，更不可能出现严重的形象问题。

上述理论与现实之间的矛盾令我非常困惑，这个矛盾一直缠绕着我，让我喘不过气来。

2008 年秋，我决定到保险公司一看究竟，通过代理人资格考试后，我干上了兼职保险营销员，体验了若干年的保险"开门红"活动，体会到了保险营销员们的困惑和艰难，也看到了各种挖空心思的营销套路。我发现，保险销售难是行业普遍现象，其镜面就是保险需求疲弱，寿险公司不是躺着出单，而是想尽办法去增员、培训和卖保单，保险市场远非大学教材中描述的那般美好。保险销售工作给我的突出体验是，保险知识远没有我起初想象的那么重要，对保单成交往往派不上多少用场，卖保险更需要的是保险之外的知识，公司的老法师们似乎对此早已心知肚明，只是不愿当我面捅破而已。

我逐渐意识到，流行于大学课堂的、基于理性假设的现代保险经济学存在太多的缺陷，这些知识在现实世界中派不上多少用场，靠这些知识武装起来的"专业人士"无法理解现实保险市场，而对人的主观心理和实际行为更为关注的心理学和行为经济学则很可能对理解保险市场有所帮助，也可能被行内人士派上用场。从学术研究来看，如果能将心理学和行为经济学的相关成果融入投保决策理论和保险经营决策理论中，将有助于建立真正解释现实保险交易和保险市场的有效理论。

于是，我把自己的研究聚焦在了行为保险领域。2012 年，我申请到一项国家自然科学基金课题"小概率、大损失风险投保不足的实验研究"，开始逐步探索和梳理相关的知识体系。2016 年，我对能够解释现实保险市场的行为保险学理论有了初步框架，在清华大学中国保险与风险管理国际年会上，借用乌尔里希·贝克在《风险社会》中的一句话"在可感知的财富和不可感知的风险的竞赛中，后者不可能取得胜利"作为开场白，我作了"行为保险学与中国保险市场"的大会报告，对主要保险市场异象给出初步解释，会后几位同行鼓励我尽快写出系统的"行为保险学"。

自此，我有了撰写行为保险学专著的想法。正在这时，《上海保险》杂志邀请我开设专栏，要求每月提交一篇稿件。想想自己有一定的行为保险学储备，我就大胆答应下来，之后三年多时间里，发表了 34 篇行为保险学系列论文。

在上述行为保险学系列论文基础上，我对保险需求、保险供给和保险市场进行了较为系统的分析，2019 年 7 月，完成了《行为保险经济学》初稿。之后，又用一年时间在理论与实践之间反复行走，2020 年 7 月终于定稿。在过去一年的改稿过程中，我会经常性地"骚扰"某些朋友，不厌其烦地提出许多"幼稚"的问题，以便核实提出的理论是否偏离了现实，我坚信"现实是不可修改的，能改的只能是理论"。

解释行业重大现象是理论界最重要的任务，本书对传统保险经济学无法解释的十七个重要保险市场"异象"给出了新的解释，有助于填平保险实务界和理论界之间的鸿沟，帮助在校研究生和大学生理解真实的保险市场，降低同学们融入行业、融入真实世界的成本。

本书同样有助于行内人士从行为经济学角度重新看待和理解保险市场。近期一次行业会议上，某知名寿险公司总经理谈了自己对保险需求的看法，我听后大吃一惊，尽管早已是行业翘楚，但他对保险需求的看法仍停留在当年所学的大学教科书层面，与现实并不相符。我惊叹于大学教科书巨大而持久的影响力，感受到了及时更新教科书的必要性，也感到行内人士同样需要从行为保险经济学视角重新看待和理解保险市场。

本书的写作给我形成了巨大挑战，由于自身理论知识、实践经验和理论实践互通能力的局限，书中肯定存在不少问题和缺陷，欢迎各位读者提出宝贵意见，联系邮箱：13918418470@163.com，联系微信：18049711169。

郭振华

2020 年 8 月 8 日

目　录

第一部分　行为保险经济学引论

第二部分　保障性保险的行为保险需求理论

第五部分　保险市场的行为经济学

第六部分　余　　论

第 一 部 分

行为保险经济学引论

第一章 绪 论

虽然基于新古典经济学的现代保险经济学取得了辉煌成就,但大量无法用现代保险经济学解释的保险市场异象说明,现代保险经济学与保险业实践的鸿沟越来越大,理论已经与实践产生了系统性偏离,导致仅仅掌握现代保险经济学体系的专业人士无法深入理解保险实践,保险行业资深人士则抱怨理论落后于实践,甚至认为似是而非的理论影响了保险业的发展。保险学术界和实务界希望能够出现类似于行为经济学和行为金融学的行为保险经济学,对各种市场异象给出合理解释,使大家能够通过理论学习真正理解保险市场。

本章第一节介绍了现代保险经济学面临的挑战,第二、三、四节详细介绍了保险需求、供给和供需互动的 17 个保险市场异象,第五节对行为保险经济学研究进展进行综述,第六节对行为保险经济学进行界定,并给出本书的研究内容和框架结构。

第一节 现代保险经济学面临的挑战

过去 60 多年来,基于新古典经济学的现代保险经济学取得了辉煌成就,在风险分摊机制、保险需求、信息不对称下的保险市场均衡、保险定价、保险产业组织、保险公司风险管理、保险监管等方面产生了大量研究成果,形成了现代保险经济学体系(Dionne, 2013; Zweifel and Eisen, 2012; 魏华林、朱铭来、田玲, 2011; 张庆洪, 2004; 王国军, 2014; 张洪涛, 2006; 卓志, 2001; 王健康, 周灿, 2014; 博尔奇, 1999; 等)。尤其引人注目的是,保险业实践催生了逆向选择理论和道德风险理论,逆向选择理论和道德风险理论又被一般化进而推广到了其他领域,用于指导各行各业的管理实践,这正是理论与实践相互影响、相互促进、螺旋上升的美妙景象。

但是,随着保险市场发展,越来越多的保险市场现象无法用基于新古典经济学的现代保险经济学给出合理解释,这些现象也不是逆向选择和道德风险的必然结果。根据 Kunreuther et al.(2013)和郭振华(2018h)的综述,以及本书的进一步提炼,保险市场至少存在现代保险经济学无法解释的十七个"异象"。

保险需求类市场异象包括: ① 人们对典型保障性产品需求疲弱,即对承保"小概率、大损失风险"的保险,人们的投保严重不足(Tobin and Calfee, 2005; Insurance Information Institute, 2005); ② 人们对"大概率、小损失风险"往往过度投保(Schwarcz, 2009; Huysentruyt and Read, 2010; Browne et al., 2015); ③ 对个别承保"小概率、大损失风险"的保险(如航空意外险),部分人群愿意支付极高的附加费率投保; ④ 人们喜欢选择"低免赔"甚至"无免赔"保险(Cutler and Zeckhauser, 2004; Sydnor, 2010); ⑤ 人们更愿意购买返还型保险而非纯保障性保险(Johnson et al.，1993)；⑥ 人们不愿购买养老年金保险(Schaus，2005；Benartzi et al.，2011)；⑦ 中小企业保险需求疲弱(郭振华，2018)；⑧ 灾后积极投保,长时间不出事就放弃投保(Johnson et al.，1993；Michel-Kerjan et al.，2012)；⑨ 政府也会购买巨灾保险。**保险供给类市场异象包括：**① 保险销售难,尤其是对个人客户和中小企业客户(魏华林、李金辉，2009),保险业存在"令人厌恶"的保险代理人制度,并导致巨额保险销售成本(郭振华，2018)；② 同标的同产品,不同公司的风险评估和定价差异极大,财险市场杀价往往头破血流；③ 社会医疗保险主要承保中小损失风险而非大损失风险,无法解决因病致贫问题；④ 对巨灾保险,灾后大幅提价甚至不敢承保、长期不出事则低价倾销(Jaffee and Russell，2003)。**供需互动的保险市场异象包括：**① 保险交易量低于预期；② 保险产品严重错配,该买的没买,不该买的买了很多(Culter and Zeckhauser，2004；Bernheim et al.，2003)；③ 保险行业形象很差(McKinsey and Company，2010；Karl and Wells，2016)；④ 形象如此差的保险业居然长期处于朝阳产业状态。

上述大量市场异象,说明现代保险经济学与保险业实践的鸿沟越来越大,理论已经与实践产生了系统性偏离(Cutler and Zeckhauser，2004；Kunreuther et al.，2013),导致：① 仅仅掌握现代保险经济学体系的专业人士无法深入理解保险实践；② 保险行业资深人士则抱怨理论落后于实践,甚至认为似是而非的理论影响了保险业的发展。

第二节　保险需求类市场异象

第一节提到了九个保险需求类市场异象,显示人们的保险需求系统偏离了现代保险经济学或标准保险经济学的预测,下面详细阐述其内在含义和相应的市场状况。

这里提请读者注意的是,为了区分基于新古典经济学的现代保险经济学和基于心理学和行为经济学的行为保险经济学,本书后续内容将前者称为"标准保险经济学"或"主流保险经济学"。

一、人们对"小概率、大损失风险"投保严重不足

典型保障性保险产品,就是承保"小概率、大损失风险"的保险产品,如死亡保险、意外伤害保险、震区地震保险、洪泛区洪水保险等。

1. 标准理论的预测

标准保险经济学认为,对于"小概率、大损失风险"而言[①],大损失发生会使个体的效用大幅下降,风险厌恶的个体愿意支付较高的附加保费来降低风险,因此,个体对"小概率、大损失风险"的投保意愿较为强烈。而只要人们愿意购买保险,保险销售成本就比较低,附加保费也就比较低,这会导致人们更愿意为"小概率、大损失风险"购买保险。

---

① 这里的"大概率和小概率"、"大损失和小损失"都是相对而言的,在相关文献中并没有清晰的界定。总体而言,保险承保风险造成的损失规模可大可小,但保险承保风险的出险概率则普遍较低,"小概率"是指出险概率相对较低的风险,"大概率"是指出险概率相对较高的风险。举例而言,相关文献中通常将地震、洪水、死亡等风险称为"小概率、大损失风险",将家用电器产品维修、汽车玻璃单独破碎、自行车被盗等风险称为"大概率、小损失风险"。

2. 人们对"小概率、大损失风险"投保严重不足

实际状况是,全世界都存在人们不愿为"小概率、大损失风险"投保的现象。例如,在我国,每次大型灾难发生后,都会发现大量个体(和企业)在没有保险的情况下"裸泳"。例如,2008年汶川地震造成约8 451亿元的直接经济损失,但保险赔付只有18亿元。2010年上海胶州路教师公寓大火造成58人死亡和1.58亿元直接经济损失,但保险赔付仅为831.52万元。

在美国,对于洪泛区洪灾这样的"小概率、大损失风险",即便政府主办的国家洪水保险计划为投保人提供保费补贴,洪泛区居民的投保积极性也不高,整体投保率还不到50%。1998年佛蒙特州北部地区遭受洪灾,受灾房主中有84%未投保洪水保险(Tobin and Calfee,2005)。2005年卡特里娜飓风袭击美国时,坦吉帕霍阿县的投保率只有7.3%(Insurance Information Institute,2005)。

现实状况表明,人们对承保"小概率、大损失风险"的典型保障性保险的需求非常疲弱,远低于标准保险经济学的预测。以至于如果市场上此类保险产品有一定交易量的话,往往会被认为是销售推动的结果,进而形成一句行业名言"保险是卖出去的,而不是买进来的"。

二、人们对"大概率、小损失风险"往往过度投保

1. 标准理论的预测

对于"大概率、小损失风险"而言,小损失发生不会显著降低个体的效用水平,风险厌恶的个体愿意支付的附加保费不高。但是,大概率发生使得小损失风险保单的理赔费用相对较高,进而导致附加保费较高。因此,理性人对"大概率、小损失风险"的投保意愿很弱。

2. 人们对"大概率、小损失风险"过度投保

但现实与上述理论预测似乎正好相反。实际状况是,世界各地都存在人们为"大概率、小损失风险"过度投保的现象(Sydnor,2010)。在美国,对于家用电器产品维修风险这样的"大概率、小损失风险",在价格远超公平保费的情况下,有近40%的美国消费者在购买家用电器产品的同时购买了延期保证保险,导致电器产品销售商利润的40%—80%来源于销售延期保证保险,而不是电器产品本身(Berner,2004;Huysentruyt and Read,2010)。Cicchette and Dubin(1994)发现,当面对是否要为自己的电话线损坏维修风险进行投保时,57%的美国居民会选择投保,保费是每月45美分,期望维修成本是26美分,附加保费明显很高。类似的案例还有,大量屋主保险(Homeowners Insurance,类似于我国的家庭财产保险,承保住房及其附属设备的财产损失和相关的第三者责任风险)和汽车保险购买者会选择购买"倒树运离险"、"汽车玻璃破碎险"和"租车费用险"等附加险,为这类小损失风险投保(Schwarcz,2009)。利用某家保险公司承保的家财险保单数据,Browne,Knoller and Richter(2015)发现,在客户可以自由选择是否在家财险基础上附加洪水保险和/或自行车被盗保险的情况下,选择附加自行车被盗保险(大概率小损失风险)的人数远大于选择附加洪水保险(小概率大损失风险)的人数,具体而言,只有13%的保单所有人购买了附加洪水保险,但超过1/3的保单持有人购买了附加自行车被盗保险。

在中国,相对于死亡风险和重大疾病风险,汽车损失风险导致的损失规模相对较低,出险概率相对较大,但绝大多数人会为自己的汽车购买车损险,之后才可能购买重大疾病保险,很少有人为自己的生命购买定期寿险或终身寿险。[①]

三、对个别保险,部分人群愿意支付极高的附加费率投保

1. 标准理论的预测

按照标准保险经济学理论,个体投保愿意支付的附加保费是有限的(短期保障性保险的行业平均附加费率(附加保费/纯保费)在60%左右),个体不太可能支付超过500%的附加费率去购买保障性保险。

2. 部分人群愿意支付极高的附加费率投保

实际状况是,以我国的航空意外险市场为例,购买者愿意支付的附加费率远超500%。例如,在携程App上购买机票时,选好机票后会弹出购买航空意外险的选项,现在通常有两款产品可选,一款是30元购买300万保额,另一款是40元购买500万保额,均承保个人单程飞行的航空意外身故和残疾风险。这其中的附加费率明显很高,到底是多少呢?

我查了支付宝后台蚂蚁保险销售的众安保险公司的航意险价格,其中一款是5.8元购买500万的保额,保险期限是10天。假定购买者10天内飞行一个来回共两个航班,则单个航班的航意险价格为2.9元购买500万保额。假定众安保险公司的航意险的附加费率(附加保费/纯保费)为50%,则其500万保额的单程航意险的纯保费为1.93元。由此推断,携程销售的40元500万保额的航意险的附加费率高达1 972%(=(40-1.93)/1.93)。

部分消费者居然愿意花费近20倍纯保费的附加保费去购买航意险,在携程没有捆绑销售的情况下,这是标准保险经济学所无法解释的。

四、人们喜欢选择"低免赔"甚至"无免赔"保险

1. 标准理论的预测

按照标准保险经济学理论,当个体投保时,面对高低不同的免赔额,投保人应该选择"高免赔"。原因是,选择"低免赔"甚至"零免赔",类似于在购买"高免赔保险"基础上又购买了"小损失保险(这里的小损失就是指免赔额)"。此时,一方面,个体的风险厌恶程度较弱,对附加保费的容忍度较低;另一方面,因为损失规模越小,损失概率通常越高,所以,这些小损失风险往往会形成很高的理赔和管理成本,导致很高的附加保费。由此推断,理性投保人通常不会选择"低免赔"甚至"零免赔"保险,而是会选择"高免赔"保险。

2. 人们喜欢选择"低免赔"甚至"无免赔"保险

实际状况是,在美国,无论是波士顿和迈阿密的汽车保险,还是费城和奥兰多的屋主保险,60%—90%的投保单都选择了较低的免赔额500美元(Cutler and Zeckhauser, 2004)。实际上,就汽车保险而言,保险公司提供的免赔额包括300、500、1 000和2 000美元,就屋主保险而言,保险公司提供的免赔额包括250、500、1 000和1 500美元。如果投

[①] 即便你看到我国保险公司的统计数据,表明保险公司确实卖了不少终身寿险,但仔细深究其产品条款你会发现,卖掉的终身寿险多数都是近乎完全储蓄性质的终身寿险。为了迎合客户内心中远超保障需求的储蓄或投资需求,保险公司往往将终身寿险的保障功能压缩到监管政策所能容忍的最低水平。

保人将免赔额从 500 美元提升至 1 000 美元,汽车保险客户可以节约保费 91 美元或 264 美元(分别对应两种车险保单),屋主保险客户可以节约 220 美元或 270 美元(分别对应两种屋主保险保单),保费节约金额占保额提升额 500 之比非常大,汽车保险的这一比例为 18%—53%,屋主保险的这一比例为 44%—54%,但汽车保险的出险概率仅为 4.1%,屋主保险的出险概率仅为 9.3%,可见其附加保费是多么高昂。

此外,利用一家保险公司提供的 5 万份屋主保单数据,Sydnor(2010)发现,所有投保人中,83% 的保单免赔额低于保险公司提供的最大免赔额。典型情况是,保单持有人多花了 100 美元将免赔额从 1 000 美元降低到了 500 美元,而实际索赔概率低于 5%,也就是说,将免赔额降低 500 美元的期望收益低于 25 美元(500×5%),这意味着投保人支付了超过 75 美元的附加保费,这笔交易显然过于昂贵了。同样,在美国的国家洪水保险计划中,一项研究发现,2005 年的有效保单中,98.3% 的投保人选择的免赔额低于最大免赔额 5 000 美元,大约 80% 的保单持有人选择了最低免赔额 500 美元,约 18% 的保单持有人选择了第二低的免赔额 1 000 美元。

在中国,很多车主愿意在购买车险时购买一个附加险"不计免赔险",保费大约是主险的 15%,以便将保单本来有的免赔清除,获得全额损失赔偿。

五、更愿意购买返还型保险而非纯保障性保险

返还型保险是指既提供保障又在期末返还本金甚至本息的保险产品,其实就是投资为主保障为辅的保险产品。

1. 标准理论的预测

首先,从标准保险经济学理论来看,只要附加保费不高,人们愿意购买纯保障性保险,不需要通过购买返还性保险来获取保障。其次,如果从投资角度而非保障角度考虑投保决策,理性人会通过研究返还型保险的投资收益是否具有市场竞争力来做出投保决策,如果有竞争力就购买,没有竞争力就不购买。就保险公司的投资收益而言,即便保险公司具有与其他投资机构(如基金公司等)一样的投资能力,其前端高昂的销售成本也会使其实际投资收益在短期(几年内)甚至中期(如 20 甚至 30 年以内)都难以具备可观的竞争能力。

也就是说,从标准经济学理论来看,理性人应该尽量选择纯保障性保险解决保障问题,然后用余钱去进行其他投资,而非通过返还型保险或投资型保险进行投资。

2. 人们更愿意购买返还型保险而非纯保障性保险

但实际上,在中国,返还型保险的受欢迎程度显然超过纯保障型保险。例如,人们更愿意选择两全型家庭财产保险或投资性家庭财产保险而不是普通的纯保障性家庭财产保险,更愿意选择两全型意外伤害保险而不是纯保障性意外伤害保险,更愿意选择两全型重大疾病保险而不是纯保障性定期重大疾病保险,更愿意选择终身寿险而不是定期寿险,更愿意购买保额接近现金价值的终身寿险而非保额远超现金价值的终身寿险[①]等。

---

① 对于终身寿险,大多数人想到的是"保额远超现金价值",保障功能很强的终身寿险,当然,随着时间延展,终身寿险保单的现金价值会逐渐升高,风险保额会逐渐降低,保障功能会逐渐减弱。但是,寿险市场上大量交易的,往往是"保险期限内任何时刻的保额均接近或等于现金价值"的终身寿险,这类终身寿险,整个保险期限内的保障功能都很弱,储蓄功能极强。

在美国,Johnson et al.(1993)针对宾夕法尼亚大学187名学生的实验研究表明,他们更倾向于选择返还型保险而非纯保障性保险。Kunreuther(2013)提到,甚至对于屋主保险这样的纯保障性保险,许多投保人也将其视为投资而非保障,这些人在购买屋主保险时就期望,即便不发生损失也能收回投资。Kunreuther感叹道:"对这些人来说,很难理解'购买保单后最好的回报就是没有回报'这句保险经典。"

六、不愿购买养老年金保险

1. 标准理论的预测

众所周知,购买养老年金或将其部分财富年金化可以有效应对长寿风险。标准保险经济学认为,在精算公平保费条件下,购买足额年金保险或者将其所有财富年金化是风险厌恶、没有遗赠动机的消费者的最优选择,因为这样可使个体的最优边际消费率近似于寿命确定条件下的最优边际消费率,进而达到终身效用最大化(Yaari,1965;Davidoff et al.,2005)。从投资收益来看,尽管从保险公司购买养老年金仍然需要承担较高的前端销售费用,但由于养老年金保险期限很长,在漫长的投资期限中,保险公司可以将前端较高的销售费用逐步消化,提供给客户比较有竞争力的投资回报。[①]

2. 人们不愿购买养老年金保险

但是,世界经验表明,人们购买年金或将其财富年金化的比例远低于Yaari(1965)和Davidoff et al.(2005)预测的理性水平,被学术界称为"年金谜题(annuity puzzle)"。1985年,提出生命周期储蓄理论的诺贝尔经济学奖得主莫迪利安尼教授在其诺奖典礼演讲中指出"众所周知,非团险形式的年金合同非常稀少,……"令人遗憾的是,几十年后,情况仍然如此。

在美国,大量人群拥有企业发起的退休计划,到达退休年龄时,尽管其个人退休账户或其他金融账户上有大笔资金,但是,只有6%的人会选择将其部分财富年金化(Schaus,2005;Benartai et al.,2011)。例如,2007年,尽管退休人群完全可以通过购买固定即期年金(缴费后当年即可开始领取固定金额的年金,直至被保险人死亡为止)将自己的部分财富年金化,但美国保险业只销售了65亿美元的固定即期年金。而同期,也是2007年,到达退休年龄的美国人共将来自原雇主发起的退休计划(employer-sponsored retirement plan)中的3 000亿美元资金转移至个人退休账户(individual retirement accounts,IRAs),使得美国个人退休账户上的资金总额达到4.8万亿美元。显然,绝大多数美国人都不愿将其退休基金年金化,而是愿意掌握在自己手中。

在中国,除已经年金化的社会养老保险外,中国的养老金第二支柱——企业年金还非常薄弱,截至2019年底二季度末的企业年金基金规模约为2.32万亿元,还基本不存在是否要年金化的问题。就中国的养老金第三支柱——个人养老金而言,尽管保险公司一再进行市场推动,但市场实践表明,真正的养老年金(必须在退休之后才能领取年金)在中国几乎没有市场。

---

① 实际上,较高的前端销售费用正是人们不愿意购买但保险公司强力销售的结果。反过来说,如果人们愿意购买,前端销售费用会大幅下降,即便在较短期限内,保险公司对养老年金的投资收益也会有竞争力。

七、中小企业保险需求疲弱

1. 标准理论的预测

在企业保险需求方面,标准保险经济学认为,尽管分散化投资的股东不支持公司购买保险[1],但是,由于以下两方面原因,企业愿意购买保障性保险:第一,对集中持股的企业而言,由于所有者未将资产分散化,企业购买保险有助于降低所有者的风险;第二,对于实现了股东分散化投资的企业而言,一是法律强制或政府规定必须购买某些险种,二是债权人要求购买某些险种,三是购买保险可以降低期望纳税额,四是保险作为一种融资手段,可以降低公司的破产概率,避免公司破产导致的各种交易成本。(Harrington and Niehaus,2005)[2]

2. 中小企业保险需求疲弱

但在现实世界中,仍然有大量企业不愿为自己面临的财产风险和责任风险购买保险。从企业大小来看,大企业的保险需求相对较强,小企业的保险需求则相对较弱。从保险公司销售过程来看,在中国,对于中小企业而言,直到现在,财险公司向企业销售保险,最重要的工作仍然是说服客户购买保险,其次才是说服客户购买自己公司的保险[3]。在2018年的一次会议上,一位大型保险经纪公司总经理发言时就说:"大型企业对保险是刚性需求,中小企业则是弱需求,而且,小企业对保险价格非常敏感。"

八、灾后积极投保,长时间不出事就放弃投保

1. 标准理论的预测

标准保险经济学认为,个体对风险的评估是客观且稳定的,个体的保险需求也是稳定的,不会随着随机风险事件的发生而调高自己的风险评估水平和保险需求水平,也不会由于随机风险事件的长期不发生而调低自己的风险评估水平和保险需求水平。也就是说,人们的保险需求是稳定的,理性人不会在灾难发生后积极投保、长时间不出事又放弃投保。

2. 人们在灾后积极投保,长时间不出事就放弃投保

但在现实世界中,人们的保险需求是动态的。在美国,灾难发生后,人们的保险需求会突然上升,但长时间不发生灾难,人们可能会终止保单或不再续保(Johnson et al.,1993)。例如,1989年加州地震发生后,当地居民的保险需求迅速上升,地震发生前,拥有地震保险的当地居民占比为22.4%,4年后,33.6%的当地居民购买了地震保险(Palm,1995)。相反地,多年不发生洪水风险和保险理赔后,不少美国洪水保险计划购买者选择取消了洪水保险(Michel-Kerjan et al.,2012)。

在中国,每次发生空难后,航空意外险的投保率都会显著上升,但过一段时间之后,

---

[1]　原因是,投资者或股东可以通过分散化投资消除投资风险,而且分散化投资的成本通常低于公司购买保险的成本(附加保费支出)。

[2]　我的体会是:无论如何,标准保险经济学似乎都志在解释企业为何要购买保险,却未解释企业为何不购买保险。

[3]　与卖馒头、猪肉、蔬菜和住宅不同的是,保险销售多了一个步骤,那就是,销售员首先要说服潜在客户买保险,其次才是说服客户买自己公司的保险。而保险销售,难就难在这个特殊的步骤上。

投保率又会恢复到空难发生之前的水平。例如,2010 年 8 月 24 日伊春空难发生后一周左右,在武汉,媒体从生命人寿湖北分公司了解到,空难发生后,前来咨询和购买航意险和人身意外险的客户明显增多,航意险的销量迅速增加了三成。而在成都双流机场,空难发生后两天内,航意险销量也上涨了 30%。

九、政府也会购买巨灾保险

1. 标准理论的预测

从标准经济学理论来看,财力强大的政府通常没有巨灾保险需求。一方面是因为,通常所说的巨灾,相对于政府的财力而言往往并非巨灾;另一方面是因为,如果有政府也承担不起的超级巨灾风险的话,市场上的保险公司通常也因缺乏承保能力而无力承保。如果将政府视为一家超大型保险公司,除了特别小的国家外,通常,政府的资本实力和承保能力远超过任何一家保险公司,如果要转移风险,应该是保险公司向政府转移风险,而不是政府向保险公司转移风险。

2. 政府也有巨灾保险需求

但在现实世界中,政府也会购买巨灾保险。例如,近几年,黑龙江省财政厅、广东各地市政府向商业保险公司购买了农业巨灾指数保险,宁波市政府向商业保险公司购买了自然灾害保险。

第三节　保险供给类市场异象

第一节提到了四个保险供给类市场异象,显示保险公司的供给行为系统偏离了标准保险经济学的预测,下面详细阐述其内在含义和相应的市场状况。

一、保险销售难,存在"令人厌恶"的保险代理人制度,并导致巨额保险销售成本

1. 标准理论的预测

根据标准保险经济学,需求方风险厌恶导致消费者愿意支付风险溢价购买保险,这不但使保险公司可以轻易获得大量客户,而且可以用保费和保险准备金投资收益来覆盖赔付成本和公司运营支出并为股东创造利润。在可以轻易获得客户的情况下,保险公司的销售是容易和低成本的。

2. 残酷现实:代理人制度和高销售成本

但现实情况是,大多数保险的销售都比较困难,保险公司通常无法像其他行业那样主要通过开设门店的方式或主要通过互联网方式销售大部分保险,而是纷纷采取了面对面销售方式,实施了"令人厌恶"的保险代理人制度[①],在保费规模迅速增长的同时,也花费了巨大的保险销售成本。保险代理人制度不是中国特有的现象,世界绝大多数国家的保险业都采用了保险代理人制度,耗费了大量的销售成本。

有的读者可能会认为互联网销售的保单已经非常多了,但事实上,互联网销售的保

---

① 之所以说"令人厌恶",是因为很多人认为,正是"保险代理人制度"破坏了保险业的美好形象。但我并不这样认为,详细分析请见本书第十六章第四节。

单数量确实已经非常庞大，但由于单均保费较低，保费总额与线下以保险代理人为主的渠道的保费总额还是差很多[①]。而且，互联网渠道的崛起并未显著降低保险销售成本，一方面是因为互联网公司本身会耗费大量成本，但更重要的原因是，市场力量对比决定了掌握有效流量的互联网平台必然会对保险公司收取高昂的手续费[②]。

二、同标的同产品，不同公司的风险评估和定价差异极大，财险市场杀价往往头破血流

1. 标准理论的预测

在标准保险经济学中，通常根据保险精算原理来阐述保险定价原理，保险价格（保费）等于纯保费（期望赔付）与附加保费（各种费用和利润附加）之和。精算定价的基础是大数定律、中心极限定理和货币时间价值理论，实际上是基于成本的盈亏平衡定价，这正好也符合完全竞争市场状态下的保险定价。在完全竞争的市场均衡状态下，每家公司的保费收入都正好覆盖赔付、各种费用和资本成本，每家保险公司的经济利润均为零，对同一客户同一产品，公司间定价是相同的。

2. 远为复杂的现实

但现实远比标准理论要复杂得多，首先，现实保险市场不是完全竞争市场，不可能每家保险公司的定价都正好覆盖各种成本，包括资本成本；其次，保险市场上的公司处于不同的成长阶段，有的是成熟型公司，有的是成长型公司，有的是初创型公司，他们的定价策略不可能相同；第三，保险业特有的"先收费、后赔付"特征，可能使保险公司采取更加冒险的定价行为。上述三点导致保险公司的实际定价行为与标准经济学迥异，尤其是在财产保险市场，各保险公司为了争夺保险业务，往往相互杀价，杀得头破血流，导致严重亏损，需要理论界给出合理的解释。

三、社会医疗保险主要承保小损失风险而非大损失风险

1. 标准理论的预测

按照标准保险经济学理论，政府强制人们投保的社会医疗保险应该优先承保"小概率、大损失风险"，其次是"中概率、中损失风险"，最后才是"大概率、小损失风险"。例如，应该优先承保小概率发生的高额大病医疗费用，其次承保一般的手术和住院医疗费用，最后才是低额门诊费用。如果保费不足，就应该放弃承保低额门诊费用，仅承保高额和中额医疗费用。如果保费还不够，就应该放弃低额门诊费用和中额医疗费用，仅承保高额大病医疗费用。这样的制度设计才能为被保险人提供最大的期望效用。

2. 社会医疗保险主要承保小损失风险而非大损失风险

但现实状况是，我国的社会医疗保险尽管价格不菲，但实际上却偏向于承保中小损失风险，结果是，被保险人的医疗费用开支越大，社会医疗保险的报销比例就越低。这导致即便多数人都拥有了社会医疗保险，但一场大病就会导致病人家庭因病致贫或因

---

① 2019年，互联网渠道规模保费收入为2 700亿元，同期保险业原保费收入为4.26万亿元（无法查到行业的规模保费收入），互联网规模保费占行业原保费的比值为6.3%。

② 以短期医疗费用保险中目前广泛流行的百万医疗费用保险为例，互联网渠道要求的手续费大致是保费的45%左右。

病返贫。尽管从公平角度来看,多数被保险人都可以从门诊费用报销和一般住院费用报销中享受到社会医疗保险的好处,但从保险经济学的思维来看,保险是一种多数人帮助少数人的机制,当大多数被保险人均能直接受益时,这一保险制度的保险功能就近乎丧失了。

四、对巨灾保险,灾后大幅提价甚至不敢承保、长期不出事则低价倾销

1. 标准理论的预测

标准保险经济学认为,保险公司对风险的评估是客观且稳定的,不会随着随机风险事件的发生而调高自己的风险评估水平,也不会由于随机风险事件的长期不发生而调低自己的风险评估水平。因此,无论是灾难发生前还是灾难发生后,保险公司的定价标准和承保意愿应该是相同的。

2. 承保决策的动态性

但在现实世界中,保险公司的承保意愿和定价标准是动态的。大型灾难事件发生导致保险公司发生大规模赔付后,保险公司往往会大幅提高保险费率,甚至拒绝承保。反之,多年不发生大型灾难事件后,保险公司往往会降低保险费率。例如,911事件发生之前,保险公司通常都承保恐怖袭击风险,但在911恐怖袭击事件发生后,不少保险公司要么不愿提供恐怖袭击保险,要么收取极端昂贵的价格,并降低承保保额。以芝加哥的奥黑尔机场(O'Hare Airport)为例,911事件发生之前,芝加哥的奥黑尔机场(O'Hare Airport)拥有7.5亿美元保额的恐怖袭击保险,年保费为12.5万美元。911事件发生后,保险公司仅提供1.5亿美元保额的恐怖袭击保险,而且将年保费提高到了690万美元(Jaffee and Russell,2003)。这么高的保费,如果是精算公平的,意味着奥黑尔机场下一年度的恐怖袭击风险概率约为1/22(=690/15 000),这可是一个非常高的概率,远高于911事件之前保险公司的估计值。

第四节 供需互动的保险市场异象

第一节提到了四个保险市场类异象,显示供需互动的保险市场也偏离了标准保险经济学的预测,下面详细阐述其内在含义和相应的市场状况。

一、保险交易量低于预期

1. 标准理论的预测

按照标准保险经济学理论,保险市场应该属于供需两旺的状态,需求旺盛,供给充足,绝大多数家庭和绝大多数企业都会购买相关保险,保险市场交易量很大。

2. 保险交易量低于预期

但现实情况是,除少量保险业务如车险外,绝大多数商业保险产品的家庭拥有量和企业拥有量都较低,而且,即便拥有某些保单,保障金额也较低。原中国保监会副主席黄洪在2017年11月的一次会议上提到,我国寿险保单持有人只占总人口的8%,人均持有保单仅有0.13张。

从2019年初各寿险公司发布的2018年理赔报告来看,我国保险消费者购买的重疾

险保额普遍较低,各公司的 2018 年重疾理赔均额基本都在 10 万元以下,如,太平洋人寿 4.39 万元、中德安联人寿 5.6 万元、利安人寿 6.1 万元、泰康人寿 7 万元、中意人寿 8.9 万元、光大永明人寿 9 万元、百年人寿 11 万元和工银安盛人寿 13 万元。

二、保险产品严重错配:该买的没买、不该买的买了很多

1. 标准理论的预测

按照标准保险经济学理论,为实现自身利益最大化,人们会优先为"小概率、大损失风险",而非"大概率、小损失风险"购买保险[①]。同时,为满足保险需求并实现自身利益最大化,保险公司也会优先向消费者提供承保"小概率、大损失风险"的保险,而非主要提供承保"大概率、小损失风险"的保险。

2. 保险产品严重错配

但从现实交易状况来看,如第一节提供的大量证据显示,与标准保险经济学理论的预测正好相反,人们更愿意为"大概率、小损失风险"投保,却经常忽略了"小概率、大损失风险"。此外,大量人群购买了自己不需要购买的保险,而需要购买保险的人群却没有购买相应的保险(Culter and Zeckhauser,2004)。例如,Bernheim et al.(2003)发现,在美国,寿险拥有人群与其财务脆弱性并不匹配,财务脆弱的家庭往往没有寿险,但财务能力很强的家庭往往拥有寿险。

三、保险行业形象很差

1. 标准理论的预测

按照标准保险经济学理论,消费者会踊跃购买保险,保险行业不存在以激进方式销售保单的保险代理人制度,保险公司可以低成本获得大量客户,保险交易效率很高,附加保费水平很低,保险公司形象很好,保险市场一派和谐景象。

2. 保险行业形象很差

但现实状况是,保险业的形象一直都比较差[②]。在美国,近期的一次调查显示,只有不到 2/5 的成年人对保险业有正面印象,美国保险业的形象在所有行业中排名几乎垫底,消费者对保险业形象的评分为 60 分,接近最低分 56 分(McKinsey and Company,2010)。Karl and Wells(2016)认为,美国保险业一直面临严峻的人才短缺问题,而人才短缺的主要原因之一就是保险业的差形象(poor reputation)。中国情况更是如此,直到现在,仍有不少人认为"保险是骗人的"。从高校招生来看,愿意报考保险学专业的人数很少,导致不少高校在实施大类招生和自主选择专业后,出现保险学专业无法招到学生甚至"破产倒闭"的现象。

---

① 在个体具有边际效用递减的效用函数条件下,容易证明,面对期望损失相同但标准差不同的风险,标准差越大(概率越低、损失额越高),个体愿意支付的附加保费越高,投保意愿越强烈。即,相对于"大概率、小损失风险",人们更愿意为"小概率、大损失风险"投保。

② 我之前是搞热能工程和火力发电的,2002 年念博士转行到保险业后,立刻就体验到了保险行业的"怪异":一位来自某寿险公司的博士同学自我介绍时开场就说"我来自一个形象不好的行业",令我大吃一惊,担心自己入错行。2005 年博士毕业到大学教书后,看到保险专业的同学绝大多数是转专业过来的,同学们心里多少有些不情不愿,我们教师的首要任务是"洗脑",而后进行专业知识教育,难度很大。2008 年到一家寿险公司做兼职保险营销员,个险部领导意味深长地对我说"你们大学是阳春白雪、我们保险是下里巴人",这句话至今都让我回味无穷。

四、保险业居然长期属于朝阳产业

1. 标准理论的预测

按照标准保险经济学理论,消费者会踊跃购买保险,追求利润最大化的保险公司会尽量承保更多保单,由此推断,保险业诞生之后就轻易地获得了大量保险业务,获得了爆发性增长。随后,保险业的增长速度会大幅放缓,因为人们已经购买了应该购买的所有保险,保险业的增长只能依赖新生代的加入、新家庭的组建和新企业的崛起,而且,新崛起的家庭和企业的数量/规模和收入要超出消失的家庭和企业的数量/规模和收入,保险业才能获得增长。

也就是说,保险业诞生之后短期内是典型的朝阳产业,保费规模和资产规模会爆发性增长,但随后就进入了平稳期,保险业不可能长期保持超速增长(指超过 GDP 增长速度),或者不可能长期处于朝阳产业状态。

2. 保险业居然较长时期属于朝阳产业

但现实状况是,自从我国保险业 1980 年恢复经营后,并未出现爆发性增长,而是一直保持较高的增长速度,保费增速通常在 GDP 增速的 2 倍以上,年保费平均增长率在 20%左右①。2019 年,我国人均 GDP 达到了 1 万美元,从世界范围来看,人均 GDP 达到 1 万美元左右的国家,其保费增长速度将会进入快车道,由此粗略预测,我国保险业还有一个较长的快速增长期。

看来,与其他行业(如家电业、手机行业、汽车行业等)朝阳期较短不同,形象很差的保险业居然更长时期属于朝阳产业,需要保险经济学给出合理的解释。

第五节 行为保险经济学研究综述

上面讨论了标准保险经济学理论无法解释的十七个保险市场异象,说明保险经济学理论已经与保险业实践产生了严重的系统性偏离,迫切需要新的保险经济学理论来给出合理有力的解释,而这一新的保险经济学理论就是呼之欲出的"行为保险经济学"。

本节在综述国内外行为保险经济学研究现状的基础上,提出本书的目的,就是从保险需求和供给两方面构建系统的行为保险经济学理论体系,解释上述保险市场异象。如果理论是有效的,还可以用来推测未来保险市场的走向。

一、国外研究现状及发展动态分析

保险市场上出现的各种异象推动学者们开展行为保险经济学研究,相关研究主要分为六个方面:① 美国自然灾害问题启动了行为保险经济学研究;② 心理学中"不确定状况下的判断和决策"研究成果助力行为保险经济学研究;③ 对非理性保险需求的解释和相关实证研究;④ 保险供给的非理性行为及其解释;⑤ Kunreuther et al.(2013)建立了一个基于行为经济学的保险市场分析框架;⑥ 国外保险学术界举办专门会议呼唤建立行

---

① 如果某些年份保险业保费增速出现了远超 20%的爆发性增长,通常是因为其中的投资性保险保费出现了爆发性增长,而保障性保险的保费增长速度通常是稳定的。

为保险经济学理论。

第一,美国自然灾害问题启动了行为保险经济学研究。 1970年代,在美国,White、Slovic和Kunreuther三位教授最早观察到了人们在应对自然灾害时的奇异行为,即政府的抗灾计划往往假设人们的行为是经济理性的,可能遭受自然灾害的理性家庭会购买相关保险,但实践表明,人们的行为并非是经济理性的,即便政府补贴保费,大量灾区家庭也不会主动购买洪水保险(Kunreuther et al.,1977,1978;Slovic et al.,1974)。上述市场异象激励学者们寻求影响人们保险决策的心理、社会等因素,学者们逐渐意识到,只有真正理解人们在风险状况下的思维和决策机制,才能制定出真正有效的灾害管理政策。

第二,"不确定状况下的判断和决策"研究成果助力行为保险经济学研究。 ① 1970年代初,心理学界对人们在不确定状况下的判断发展出了系统研究成果,发现人们在估计不确定事件的概率或不确定量值的数值时,会采取若干"启发式原则"将复杂任务降低为简单的判断操作,包括代表性启发式、可得性启发式、锚定与调整启发式等,这些启发式原则虽然被广泛使用,但人们的判断结果却与理性计算结果有很大偏差(Tversky and Kakneman,1974)。将其运用到保险决策中就会发现,既然人们在风险判断上存在偏差,自然会导致其保险决策偏离标准保险经济学的预测。② 1979年,卡尼曼和特沃斯基提出了不确定条件下的风险决策模型"前景理论",认为人们在基于参照点的损失条件下呈现风险喜好而非风险厌恶,并且用高估小概率风险解释了人们为何会购买保险。

第三,对非理性保险需求的解释和相关实证研究。 ① 相关理论研究主要聚焦于人们为何不愿为小概率大损失风险投保。最有代表性的解释是Kunreuther和Pauly(2004,2006)提出的"门槛决策理论",该理论认为,只有当出险概率超过个体自己认定的心理阈值时,个体才会关注该风险,否则,就认为风险不会发生,无须购买保险。为什么人们会采取门槛决策法呢?首先是因为人是有限理性的,不但信息不全,而且只有有限的时间和能力来处理信息,只能采用直觉法进行决策(Kahneman and Tversky,2000;Gilovich,Griffin and Kahneman,2002);其次是因为出险概率低导致买保险的收益低,而概率低导致信息搜寻成本高,由于信息搜寻成本大过买保险的收益,所以,人们不会考虑为"小概率大损失风险"购买保险。② 非理性保险需求的实证研究。大多数保险实验研究都聚焦于小概率风险的投保决策,探求人们不愿为小概率风险投保的原因,如Slovic等人(1977)、McClelland等人(1993)、Ganderton等人(2000)和Laury等人(2009)通过实验验证是否存在"出险概率低导致投保率低"这一因果关系,但研究结果并不一致支持这一假设。此外,Friedle et al.(2014)通过实验研究人际比较对投保率的影响,发现当风险之间具有相关性时(如自然灾害风险),在人际比较作用下,人们的投保率低于风险之间没有相关性的情况。Jaspersen and Aseervatham(2017)通过实验研究发现,代表性启发式和情感启发式思维会对保险需求造成影响。Chang,Huang and Wang(2018)采用健康保险数据分析发现,人们对健康保险的购买行为和退保行为受城市日均空气污染指数波动的影响,呈非理性波动。

第四,保险供给的非理性行为及其解释。 从现实来看,保险公司的供给行为也具有非理性特征,如大型灾难事件发生导致保险公司发生大规模赔付后,保险公司往往会大幅提高保险费率,甚至拒绝承保,即便这样的业务会给公司带来很高的期望利润也是如此。针对上述现象,Greenwald and Stiglitz(1990)提出的解释是,即便分散化投资的股东是风险中性的,保险公司的管理层往往也是风险厌恶的,追求期望效用最大化而不是期望利润最大化。保险公司管理层为何会风险厌恶呢? 因为公司管理层将其最大的资产"人力资本"投入了保险公司,无法实现理想的分散化投资,当保险公司出现无偿付能力甚至破产时,管理者的职业声望会受到很大损失。Kunreuther et al.(1993)和 Cabantous et al.(2011)则对保险公司核保师们的承保决策进行了调查研究,发现财险公司和再保险公司的核保师在定价和承保决策中呈现风险厌恶和模糊厌恶(ambiguity averse),当风险较大或模糊不清时,倾向于更高价格甚至直接拒保。

第五,Kunreuther 等人建立了保险的行为经济学分析框架。 2013 年,Kunreuther, Pauly and McMorrow 合作出版了《保险与行为经济学:在最容易被人误解的行业提升决策水平》,该专著研究了保险市场上买方、卖方和监管者的实际行为,将其与标准经济学模型的预测结果进行对比,发现保险市场参与者的实际行为常常偏离标准经济学的预测,"异象"很多,然后,基于行为经济学,探讨了这些异象发生的原因。在理论构建方面:① 从需求角度,该专著建立了一个多目标需求模型。该模型认为,消费者的保险购买决策是多目标的,而不仅仅是为了效用最大化,这些目标包括:投资目标、满足第三方(如债权人)要求、情绪目标(如消除担心)、满足社会准则或认知规则(别人都买自己就买)、保持与营销员的关系等。这些目标的权重因人、情形和时间而异,自然会导致保险消费偏离理性行为。② 从供给角度,该专著建立了一个描述性的供给决策模型。该模型认为,保险公司的管理者往往是风险厌恶和模糊厌恶的,当风险较大或无法准确评估时,公司管理层会过高定价甚至拒绝承保,导致公司行为偏离了利润最大化目标。

第六,国外保险学术界呼唤行为保险经济学。 ① Outreville(2010)提出,分析和理解保单持有人的行为,是保险领域的重要问题,呼唤将行为学研究方法应用于保险领域,并称这一新领域为"行为保险学(Behavioral Insurance)"。② 2011 年,佐治亚州立大学风险经济分析中心与慕尼黑风险与保险中心共同举办了第一届"行为保险经济学"国际会议,四篇会议论文在《风险与不确定性杂志》专刊发表,均聚焦于人们的低投保率问题,Richter,Schiller 和 Schlesinger(2014)在总结性论文《行为保险经济学:理论与实验》中提出,鉴于行为学模型在经济学和金融学中越来越流行,在保险市场也需要行为学的加入。③ Harrison and Richter(2016)讨论了行为保险经济学的 5 种研究方法:理论研究法、模拟调查法、实验室实验法、实际数据分析法和田野自然实验法。

二、国内研究现状及发展动态分析

我国学者也很关注保险市场的各种异象,尤其关注人们的非理性保险需求,特别地,2008 年汶川地震发生后,对巨灾保险的非理性需求引发大量关注,还有少量学者尝试建立基于行为经济学的保险需求决策模型。下面就这三部分内容进行综述和分析。

第一,非理性保险需求的行为经济学解释研究综述。 施建祥、朱丽莎(2006)将人们的保险购买行为看成一个心理过程,阐述了启发性偏差、风险喜好和心理账户对保险需求的影响;魏华林、李金辉(2009,第 2 章)认为夸张的贴现可能是人们对大风险投保不足的最重要原因。王稳等(2009)采用实验研究发现,与国外一样,大多数中国被试也不愿为"小概率大损失风险"投保,更愿意为"大概率小损失风险"投保。孙蓉和费友海(2009),周振和谢家智(2010),田玲、姚鹏和王含冰(2015)均发现,风险感知偏差是导致人们不愿购买农业保险和巨灾保险的部分原因。

第二，巨灾保险需求不足研究综述。2008年发生的雪灾和汶川地震引起巨灾保险研究的"井喷"现象，张庆洪等（2008），何小伟、高进（2010），喻贝凤、张乐柱（2010）在综述巨灾保险市场失灵的原因时，在需求方面强调了消费者非理性决策的作用，包括风险感知偏差导致低估风险、过度自信和夸张的贴现等。卓志、丁元昊（2010）在回顾前景理论的基础上，认为巨灾保险需求不足可以被解释为：小概率巨灾风险，通常被人们本能地忽略，但当巨灾发生时，巨大的恐惧感等使人们的需求在短时间内显著上升。赵正堂（2010）从行为经济学出发，认为巨灾保险市场失灵可用保险人风险厌恶、公众对巨灾风险的极端反应（要么忽视要么反应过度）来解释。卓志、邝启宇（2014）基于风险感知和前景理论分析了巨灾保险市场的演化博弈均衡，认为消费者的风险感知是影响巨灾保险市场均衡的重要因素。

第三，行为保险经济学理论的构建。完颜瑞云、锁凌燕（2016）采用前景理论的价值函数和决策权重函数构建了一个更加符合现实消费模式的保险消费决策模型。郭振华（2016，2017，2018，2019，2020）发表行为保险学系列论文，从保险需求、供给和市场三方面尝试构建行为保险经济学理论体系。

三、相关研究的不足之处和本书的目的

总体来看，心理学和行为经济学为发展行为保险经济学提供了较好的理论基础，建立行为保险经济学已成为国内外保险学术界的共识和追求，但尚未建立起系统简洁的行为保险经济学理论框架。现有研究还存在如下不足：① 对保险需求的非理性问题，已有代表性成果的缺陷是：前景理论不但决策场景与实际投保决策不符，而且未考虑极端损失情形的投保决策问题，导致其几乎无法解释任何保险需求异象；Kunreuther等人（2013）建立的行为保险需求模型虽然能够解释很多市场异象，却存在决策变量过多、决策目标过于宽泛等问题，缺乏好理论的简洁性。② 对保险公司非理性行为的研究，已有代表性成果的缺陷是：缺乏对发展中国家普遍存在的保险销售难、存在成本高昂的保险代理人制度、差异极大的同标的同产品定价、保险业形象差等方面的深入研究和理论阐释。③ 无论是国外还是国内，学术界对行为保险经济学的研究都较为分散，尚未建立起系统的、简洁的能够解释各类保险市场异象的行为保险经济学理论框架。

本书的目的就是，试图构建系统的行为保险经济学理论体系：① 从保险需求角度，建立系统的、简洁的保障性保险行为投保决策理论和长期储蓄性保险行为投保决策理论，形成行为保险需求理论；② 从保险供给角度，建立符合现实的产品设计策略选择模型、定价模型和分销模式选择模型，形成行为保险供给理论；③ 结合行为保险需求理论和行为保险供给理论，建立保险市场的行为保险经济学，并对前述的十七个保险市场异象给出符合实际的合理解释。

第六节　行为保险经济学界定及本书框架

一、行为保险经济学的界定

直到目前为止，对行为保险经济学的研究仍处于探索之中。本书构建的行为保险经

济学,是指以心理学和行为经济学相关理论为基础,分析有限理性的保险供需双方如何进行投保决策和承保经营决策,并分析上述决策和行为对保险市场的影响。

行为保险经济学主要为解释保险市场异象而兴起,与标准保险经济学最大的区别是:标准保险经济学假设决策主体是理性的,而行为保险经济学假设决策主体是有限理性的。

标准经济学中理性的基本含义是,个体是自私的,会追求自身利益的最大化,其选择或行为通常都是最优的,例如,在保险决策中,消费者会追求自身的期望效用最大化,保险公司会追求利润最大化,无论消费者的行为还是保险公司的行为,都是其利益最大化下的最优行为。行为经济学认为,个体是有限理性的,如西蒙所述,人类计算能力有限,只能追求"令人满意的"选择,而不是基于新古典经济学的"全局最优的"选择,有限理性是信息成本太高或决策成本太大的自然结果。在有限理性条件下,无论是消费者还是保险公司,其行为都可能不是全局最优的,而只能是在其认知范围内最优的。

二、本书的基本框架

第二章讨论人类为何是有限理性的,并对保险交易双方在投保和承保决策时的理性程度进行探讨。认可和熟悉人类有限理性的读者可以跳过这一章。

第三至七章讨论保障性保险的行为投保决策。其中,第三章讨论基于期望效用最大化的标准(理性)投保决策理论;第四章讨论期望效用最大化投保决策模型的缺陷,建立基于边际效用均衡的标准投保决策模型,并讨论了标准投保决策理论的缺陷;第五、六章对保障性保险标准投保决策理论的缺陷进行修正。第五章将认知心理学中的"不确定条件下的判断"的相关理论引入个体投保时的保险风险评估中,建立主观风险判断模型,得到人们的风险判断偏差规律,并讨论风险判断偏差对投保决策的影响;第六章在总结伯努利效用函数、前景理论价值函数的缺陷的基础上,提出了全景效用函数,进而讨论全景效用函数对投保决策的影响;在第五、六章理论修正的基础上,第七章构建了保障性保险的行为投保决策理论,包括个体行为投保决策理论、企业行为投保决策理论和政府行为投保决策理论。

第八、九章讨论储蓄性保险的行为投保决策。储蓄性保险与银行储蓄的主要区别是储蓄性保险的期限更长,最长可达105年,但理性人的标准储蓄决策理论是一致的,第八章借助标准储蓄理论构建了储蓄性保险的标准投保决策模型,即折现现金流模型;第九章先从行为经济学贴现理论的角度讨论了储蓄性保险标准投保决策理论的缺陷,然后在此基础上构建了储蓄性保险的行为投保决策理论,并为该理论提供了心理学和脑科学基础。

第十至十五章讨论行为保险供给理论。鉴于目前行为保险经济学的相关研究主要集中在需求上,对供给关注较少,而传统保险供给理论其实存在较多缺陷和改进空间,因此,第十章专门讨论传统保险供给理论的缺陷和修正思路,为行为保险供给理论的展开铺路;第十一章树立标准保险供给理论,描述了在消费者和保险公司均理性的条件下,追求利润最大化的股份制保险公司在完全竞争市场条件下的行为,包括最优资本水平、保险定价和保险销售模式选择等;第十二章讨论供给改变需求,即保险公司如何通过保险产品的行为学设计、捆绑销售、渠道选择、保险代理人制度和保险销售技术来提升客户的保险需求,并讨论了被供给塑造后的保险市场是个什么形态;第十三、十四章讨论保险定价,分为风险成本可预知的保险定价和风险成本不可预知的保险定价,在此基础上讨论了"保险公司的定价底线到底在哪里?"这一重要问题;第十五章讨论了监管层实施的保险价格管制及其对保险市场的影响。

第十六章讨论保险市场失灵及其解决办法。从行为保险经济学理论出发,先讨论传统保险市场失灵理论为何会"失灵",然后讨论保障性保险和长期储蓄性保险市场失灵的主要原因和规律,并讨论了保险市场失灵的解决办法。第十七章讨论了保险需求和保险供给的动态性及其应对策略,以及保险业形象差的原因。第十八章讨论互联网保险的行为经济学,对互联网保险的产品选择、产品设计、交易基础、营销价值创造和精准营销进行了行为经济学分析。

第十九章对第一章提出的十七个保险市场异象进行了解释。第二十章总结了行为保险经济学的创新、不足和未来。

第二章　人类为何有限理性

行为保险经济学与标准保险经济学最大的区别是：标准保险经济学假设决策主体是理性的，而行为保险经济学假设决策主体是有限理性的。

本章第一节讨论什么是经济学中的理性？第二节讨论理性假设遭遇的首次挑战，以及如何通过工具性假设化解；第三节讨论西蒙对理性假设的挑战和西蒙提出的有限理性的含义；第四节讨论海纳提出的人类有限理性的含义；第五节从人脑进化和人脑结构角度讨论人的有限理性；第六节对保险交易双方在投保和承保决策时的理性程度进行探讨。

第一节　什么是经济学中的理性？

现代经济学的整座大厦都建立在"理性"这一基础上，本节第一部分先讨论经济学中"理性"的基本含义，第二部分讨论新古典经济学中理性的具体表现，第三部分讨论现代经济学对理性认识的深化。[①]

一、经济学中"理性"的基本含义

经济学中，理性的基本含义是：个体是自私的，会追求自身利益，而且会最大化自己的利益。同时，理性有一定的约束条件，就是在追求自利的过程中不能妨害他人的利益。更具体而言，"理性"有一个中心"最大化原则"和两个基本点"自利假设"和"一致性假设"。

1. 一个中心：最大化原则

在新古典经济学和现代主流经济学中，所谓"理性"，就是指行为主体追求自身效用的最大化，或者说，"理性"就是行为主体会最大化自己的利益。这里的行为主体是指单个个体或单个企业，而不是某个集体或国家，个体追求自身效用最大化，企业追求自身利润最大化。

因此，经济学的"理性"范式，其实等价于"最大化原则"。按照新古典经济学，这一原则下，行为主体会通过"理性选择"将效用扩大到边际平衡的程度。以消费选择为例，在预算有限的条件下，理性的个体优先购买 MU/P 最大（即单位投入带来效用最大）的商品，随着该商品消费量增加，其带来的边际效用递减，递减到一定程度，理性的个体会转向其他 MU/P 更高的商品的消费，随着该商品消费量的增加，其带来的边际效用也会递

[①]　本部分主要参考了：汪丁丁、叶航，《理性的追问——关于经济学理性主义的对话》中的"对话"和"叶航：经济学的理性与理性的经济学"，广西师范大学出版社，2003。

减,理性的个体继续转向消费其他 MU/P 更高的商品,……,直到所有商品带来的 MU/P 相等(边际平衡)为止,此时,个体实现了消费效用最大化。

2. 第一个基本点:自利假设

"理性"是指行为主体会最大化自己的利益,最大化自身利益的个体一定是自私的,因此,理性原则的一个内含条件是人的自利本性假设,个体(包括企业)追求的是自身利益(效用或利润)的最大化,而不是他人利益的最大化。

关于人类自私,经济学中曾经或一直在争论两个问题:第一个问题是,自私看起来与道德相冲突,对社会而言是好事还是坏事?第二个问题是,人类真的完全自私吗,人类难道不存在利他倾向吗?如果人类有利他本性,自利假设还能成立吗?

第一个问题已经被曼德维尔和亚当·斯密基本解决,并随着经济学的传播得到了比较广泛的接受。在曼德维尔(Mandeville)1714 年出版的《蜜蜂的寓言——私人的恶德和公众的利益》中,曼德维尔歌颂了邪恶(自私)如何成为维持了蜂巢社会长期繁荣的唯一动力。在该书 1729 年的修订版中,曼德维尔明确提出:"借这个故事我要说明的是,人类社会的基础,既非我们天性中的友爱之情,亦非我们克己所得的各种美德,而是我们在道德世界或自然社会里称之为'邪恶'的东西,它是使我们成为社会性动物的首要原则,是一切交易与就业机会的无一例外的坚定基础,是它们的真实生命与护持。正是在那里,我们必须去探究一切艺术与科学的正确起源。正是邪恶,一旦消失,我们的社会必然随之瓦解。"

斯密进一步认为,人的自私不但可以使自己生存下去,人的自利本性还是社会发展的核心力量,在 1776 年出版的《国富论》中,斯密写道:"很多时候,一个人需要兄弟朋友的帮助,但假如他真的要依靠他们的仁慈之心,将会失望。倘若在需求中他能引起对方的利己之心,使对方知道帮助他人是对自己有益的事,那么这个人的成功机会较大。任何人向他人提出任何形式的交易建议,都是这样想:给我所需要的,我就会给你所需要的——这是每一个交易建议的含义。而我们在这种互利的办法中,获得的会比我们所需的更多。我们的晚餐可不是来自屠夫、酿酒商或面包师傅的仁慈之心,而是因为他们对自己的利益的特别关注。我们认为他们给我们供应,并非行善,而是为了他们的私利。……所以,每个人都会尽其所能,运用自己的资本来争取最大的利益。一般而言,他不会意图为公众服务,也不自知对社会有什么贡献。他关心的只是自己的安全、自己的利益。但如此一来,他就好像被一只无形之手引领,在不自觉中对社会的改进尽力而为。在一般的情形下,一个人为求私利而无心对社会做出贡献,其对社会的贡献远比有意图做出的大。"斯密的这一思想被简称为市场经济的"无形之手"而广为传播。

关于第二个问题"人类本性是否完全自私"的争论。一方面,从进化论来看,人的自利假设有坚强的进化论基础。人类的本性是通过进化过程后保存下来的,进化依赖着自然选择,假设一个动物群体中有一些带有无条件利他基因的个体,这些个体在获取食物、保护安全等方面都会照顾别的动物,即便这些个体身强力壮,但这样的利他行为显然会使他们牺牲或减少自身生存和繁殖的机会,即使这种趋向是微弱的,但随着时间推移,在严酷的自然选择的剪刀下,这些有利他基因的群体必然逐渐减少,直至消亡。1976 年,生物学家道金斯出版《自私的基因》,进一步为人类自私提供了强有力的证据,道金斯用大量的生物学案例证明"自私"是动物与生俱来的遗传性特质,道金斯提出,基因永远是自私的,其目的就是繁衍自身,个体只是基因的奴仆。

但另一方面,我们确实能够感受到利他行为的存在,例如,亲戚之间有利他行为,朋友之间、生意人之间也存在利他行为,人类合作其实也建立在利他行为的基础之上。这些利他行为如何解释呢?1964年,汉密尔顿提出,亲戚之间的亲缘利他行为也可以得到自然的选择,进而遗传下来,因为亲属之间,如兄弟姊妹之间其实享有部分共同基因,帮助亲属,其实也是在帮助自己的基因遗传下去。1971年,特里佛斯提出,经过长期交往,一群动物中的不同个体或两种动物之间都可以产生互惠利他行为,人类也是如此。也就是说,个体看起来未必是完全自私的,但其身上的基因像是完全自私的。

关于自利假设,张五常(2015)认为这是目前经济学可采取的最好假设,事实也确实如此。在《经济解释》中,张五常说:"虽然我们有理由相信自私是人的本质,是真理,是不可更改的,但从经济科学角度,这真理不重要。重要的是把自私作为一个辩证的基础假设,在这个起点上不容有所争议。而以这个假设来解释人的行为是否可取,要看这个及其附带的假设能否推出一些可能被事实推翻的含意,再客观地以事实验证。在这个科学辩证的游戏中,因为逻辑的局限,我们不能说有时人自私,有时不自私,以致在逻辑上我们无法推出任何可能被事实推翻的含意。而且,这样处理,自私的假设确实有惊人的解释力。将来可能创造出另一个假设来替代自私,而又比自私这个假设更有用场。今天,我们没有较好的选择,所以不能不墨守这个自私的假设而成规了。这不是顽固,而是科学方法划定下来的规则。"

3. 第二个基本点:一致性假设

理性原则或最大化原则的第二个内含条件是一致性假设,即每个人的自利行为与群体内其他人的自利行为之间要有一致性。也就是说,尽管新古典经济学倡导自由,是建立在自由基础上的经济学,但这并不意味着个人行为的"绝对自由",个体追求自利的行为必须以不破坏他人的自由行为为边界,市场交易存在的前提首先是对他人产权的尊重和承认,否则,抢劫和掠夺就成了效用最大化的"理性"行为。

二、新古典经济学中理性的具体表现

现代经济学的整座大厦都建立在"理性"或"最大化自身利益"这一基础上。通俗地讲,理性或最大化就是对"付出"与"获得"所做的比较分析。当付出给定时,人们会追求尽可能多的获得;当获得给定时,人们会追求尽可能少的付出;当有限的资源面对一系列给定的付出与获得时,人们会选择其中差距"获得-付出"最大的,这就是经济学所谓的"理性",按照这种理性行为的人就是所谓的"经济人"。按照叶航的总结,主流经济学的"最大化分析"可以浓缩为一个公式:$MU_i/P_i = \lambda$。

在马歇尔建立的新古典经济学中,经济学理性的具体表现至少有如下8种:

1. 消费理性

在收入约束下,消费者会通过理性选择购买物品来实现效用最大化,其选择结果(或消费均衡)可以描述为:$MU_1/P_1 = MU_2/P_2 = \cdots = MU_n/P_n = \lambda$。其中,$MU_i$为第$i$种商品给消费者带来的边际效用;$P_i$为第$i$种商品的价格;$\lambda$为常数,表示收入的边际效用。该公式说明,在既定的收入和商品(和服务)价格条件下,消费者会理性地使自己花费在所购买的每一种商品上的最后一元钱所得到边际效用相等,从而实现消费效用最大化,实现其收入资源的最优配置。

2. 生产理性

这里把 MU_i 看作生产者投资生产第 i 种产品所获得边际收益 MR_i 把 P_i 看作生产者投入生产第 i 种产品的生产成本 C_i，并假定固定投入不变，那么随着可变投入的增加，边际收益 MR_i 最终会呈递减趋势，这就是所谓的"边际报酬递减规律"。于是，当生产者以有限的资源面对生产 n 种产品的投资决策时，只有当 $MR_i/C_i=\lambda$ 时，生产者才能获得总收益的最大化。即生产者会理性地使自己投资在每一种产品上的最后一元生产成本所产生的边际收益相等，从而实现生产资源的最优配置。

3. 商品交换理性

如果消费者有不同的商品结构，同一种商品对不同的人就会有不同的边际效用。如果对甲来说商品 A 的边际效用比商品 B 大，对乙来说，商品 B 的边际效用比商品 A 大，那么，理性的甲和乙就可能发生商品交换，当甲用商品 B 与乙交换商品 A 后，双方的效用都会得到提高。据此，经济学认为，追求自身利益最大化的理性人，在一定的制度安排下通过交换可以取得双赢的结果，这就是个体的商品交换理性。

4. 国际分工与国际贸易理性

如果生产者的资源禀赋不同，即他们拥有不同的劳动、资本和技术，则同一种商品由不同的生产者生产就会有不同的成本。如果甲生产商品 A 所用的成本比乙低，乙生产商品 B 所用的成本比甲低。根据经济理性的要求，甲和乙之间就可能产生分工与贸易。当甲与乙分别在其具有比较优势的领域组织生产并进行贸易时，双方的效率都将得到提高。这就是生产者的分工与贸易理性。

5. 市场理性

根据 $MU_i/P_i=\lambda$ 可以推断，如果边际效用 MU_i 不变，价格 P_i 降低，人们就会增加对第 i 种商品的消费，因此商品需求与价格成反比；同理，根据公式 $MR_i/C_i=\lambda$ 可以推断，如果 C_i 不变、MR_i 降低，人们就会减少第 i 种商品的生产，因此，商品供给与价格成正比。由此，需求曲线向右下方倾斜，供给曲线向右上方倾斜，两条曲线的交点处就形成了"均衡价格"。如果某种商品的市场价格高于均衡价格，理性的生产者就会不断进入这个行业，增加供给，市场价格随之回落；反之，理性的生产者就会退出这个行业，减少供给，市场价格随之增加。

在一个能让生产者自由进出的完全竞争市场中，每个人都是价格的接受者而不是操纵者，生产者只能通过调整产量来实现利润最大化。如果生产者增加一单位产量带来的边际收益大于边际成本，其利润就会增加，理性的生产者会扩大生产；反之，理性的生产者会降低产量。只有当边际收益等于边际成本时，生产者利润达到了最大化，生产者达到了最优规模。因此，边际收益等于边际成本，是生产均衡和利润最大化的实现条件。由于没有人能够操控价格，这时的生产规模和价格水平同时体现了消费者的理性选择，消费者也将实现效用最大化。因此，经济学认为，竞争的市场是最能体现经济理性的市场，从而也是最具效率的市场。

6. 寻租和设租理性

如果某种商品的价格高于均衡价格，而生产者由于政府管制原因不能自由进入该行业，市场价格就不会由于供给增加而回落，这就是垄断市场，垄断者可以获取高额利润。

由于垄断可以获取高额回报,在利润最大化的驱使下,生产者就会想方设法取得垄断权或维持垄断地位,而最简单有效的方法就是向政府管制部门支付腐败租金,只要租金成本低于垄断超额利润即可,这就是"寻租"。反过来,对于掌握权力的政府官员而言,只要缺乏有威慑力的惩罚措施,收受贿赂的成本很低,官员们就很容易接受"租金",甚至会人为地设置很多审批环节,以便有更多的机会收受"租金",这就是所谓的"设租"。显然,从经济学来看,寻租和设租都是理性行为,根本原因在于企业有特许经营权和政府官员腐败成本过低。

7. 搭便车理性

从 $MU_i/P_i = \lambda$ 还可以看出,任何边际效用 MU_i 的取得都必须支付相应的成本 P_i。但有些所谓"公共产品"带来的效用却无须直接付费,例如公共草场、灯塔、城市道路、免费公园等;有些产品虽然收费,但远低于成本,如城市地铁、公费医疗等。在无法收费或收费不足的情况下,理性的个体会滥用自己的消费权利或过度消费,导致"公共的悲剧"和"搭便车",结果可能导致草场荒芜、灯塔失修、道路拥挤、地铁挤破头、公园败落等。从经济学来看,"搭便车"也是理性行为,根源是某些商品无法收费或付费太低。

8. 外部化理性

最后是生产的"外部性"问题,如化工厂随意排放污水和废气,没有支付自己本该支付的环境成本,而且政府和社会也没有对其进行罚款等处理。在这类情况下,当成本无须自己支付时,理性的生产者会倾向于过度生产,导致市场失灵,即无法达到完全竞争时最有效率的市场均衡状态。从经济学来看,负外部性企业的过度生产也是理性行为,根源是其无须支付外部性成本。

三、现代经济学对理性认识的深化

新古典经济学建立之后,现代经济学秉承新古典学术传统,继续开疆拓土,在既有的研究范式下,不断扩展自己的研究领域,对经济理性的认识进一步深化和拓展。

1. 对消费理性的进一步深化

新古典经济学对消费者理性行为的描述基本属于短期和静态的最大化决策。而现实生活中,人们往往会根据自己一生的预期收支来安排消费,这是一种长期的动态的最大化决策。于是,弗兰克·莫迪利安尼(1963)提出了生命周期假说,米尔顿·弗里德曼(1975)提出了永久性收入假说。

按照诺贝尔经济学奖得主莫迪利安尼提出的消费与储蓄的生命周期理论,人们会妥善安排或分配其一生的收入,以获得理想的终身消费模式,实现一生消费效用最大化。弗里德曼的永久性收入假说认为,人们的消费行为主要取决于永久性收入,而不是偶然所得的暂时性收入。

现代经济学在这两个假说基础上建立了消费者跨期选择模型,描述了多时期条件下的理性消费选择。所谓理性消费,是指消费者在考虑收入、商品价格、利率水平等因素的基础上,通过理性计算进行消费和储蓄,实现了跨期或终身消费效用最大化。

2. 对生产理性的进一步深化

新古典经济学对生产者理性行为的描述主要基于古典企业制度,在古典企业制度下,厂商既是产权所有者,又是产权经营者,厂商理性行为的目标是统一的。现代企业的典型特征是所有权和经营权分离,所有者和经营者具有不同的目标函数,而经营者在生产过程中有巨大的信息优势,使得经营者可以借此追求自身利益最大化而损害所有者的利益,即出现"道德风险"问题。现代经济学发展出来的产权理论、契约理论和"委托-代理"理论对这种产权分裂状态下的理性行为、矛盾及其协调机制进行了全面研究,生产者理性在这些理论中得到了进一步深化。

3. 对经济理性约束条件认识的深化

在新古典经济学中,消费者追求效用最大化受到收入约束,生产者追求利润最大化受到资本规模约束,因此,以货币表示的资源约束(收入约束和资本规模约束)是新古典范式中理性行为唯一的约束条件。但现代经济学揭示出,约束人类经济行为的还有"交易成本"和"信息",与不考虑交易成本的新古典理性范式不同,现代经济学中所谓的消费理性和生产理性应该是在考虑交易费用基础上的理性行为。

4. 将理性分析拓展至制度变迁理性

新制度经济学把人类制度的起源和演进纳入经济理性的分析框架。人类追求自身利益最大化的天性与其认知能力有限性之间的矛盾,导致欺诈、偷懒、寻租、搭便车等机会主义行为,使人与人之间发生利害冲突,最终损害了人类总体利益。制度就是人们为防止这种悲剧产生而缔结的契约,缔结契约是有成本的,因此,多数情况下,人们会对不适应的"旧契约"进行某些边际意义上的改进,但改进的边际收益也是递减的。当缔结新契约的预期收益超过预期成本时,人们就会重新签约,从而导致制度的变迁与演进。

第二节　对理性假设的早期挑战和化解：工具性假设

现代经济学将整个大厦建立在理性这一假设之上,但这一假设却备受争议。随着人类并非完全理性的证据越来越多,经济学是否应该坚守理性假设引起了越来越大的争议,但是,主流经济学巧妙地化解了这些挑战,目前的主流经济学或标准经济学仍然坚持了理性假设。

一、最早对理性的怀疑和化解：过程不理性但动机理性

最早对理性的怀疑是,多数经济学家自己也认为,通常没有人真的能根据经济学中的概念和图表最优化其自身的状况,例如,通常没有人真的会根据自己的预算约束线和无差异曲线的切点来进行消费决策。这一点,相信教过经济学的、学过经济学的人都有体会,自己在消费决策时不可能真的像在教室里推演最优消费均衡那样进行。

尽管如此,经济学家仍然认为个体是理性的,因为经济学家们认定:"个体即便不是明确地、也会潜意识地使用这些概念。"或者说,经济学家认为,尽管决策过程不一定理性,但从决策动机来看,人们一定是理性的。

二、动机理性遭受的挑战：结果理性不等于动机理性？

所谓动机理性,是指个体即便不是明确地、也会潜意识地使用经济学概念,其行为动机总是为了最大化自身利益而努力。但是,动机理性与进化论是相悖的。

在进化论思想的影响下,基于生物进化和自然选择的原理,在 1950 年发表的《不确定性、进化与经济理论》中,阿尔钦举了一个有趣的例子来说明经济学家可能混淆了"作为结果的成功"和"作为动机的理性"。

阿尔钦的例子是:假定有数千名旅行者从芝加哥出发(可能是为了逃离芝加哥),在完全无法预见哪条道路上会有加油站的情况下,这些旅行者完全随机地选择了行进路线。只有经济学家知道有且只有一条道路上有加油站,只有选择了这条道路的旅行者才能够继续前行,而未选择这条道路的旅行者将会很快用完汽油。在这种状况下,尽管旅行者们在选择道路时是完全随机的,但经济学却称那些碰巧选对了路线的旅行者更为聪明、更有效率、更有远见,或者更为理性,其实,他们只是幸运者而已。假如加油站被转移到了另一条线路上,另一些碰巧选对了道路的人将被经济学们认为更有效率、更有远见或更加理性。

上述案例充分体现了进化论的思维方式,从生物进化和自然选择来看,达尔文提出的其实是"适应",而不是"进步",而且,生物进化几乎完全是偶然的,是偶然出现的特征适应了自然环境,进而被自然选中后遗传给了后代,完成了逐渐进化的过程。也就是说,在生物进化过程中,结果看起来是合适的、理性的,但生物本身并没有这样的演化动机,生物特性改变是偶然发生之后才被自然选择的。

阿尔钦借此案例想要表达的是,那些最后幸存下来的成功者一定是做对了事情,采取了"理性"的行为,但这种行为是"结果意义上的理性行为",而不是"动机意义上的理性行为"。或者说,当面对不确定性时,那些看起来成功的或者理性的人可能只是幸运者而已,只是生物演化过程中的幸存者而已,我们不能由此推断这些人的行为动机是理性的。

三、对质疑的化解:理性仍可作为工具性假设

1. 阿尔钦首次提出理性可作为工具性假设

尽管阿尔钦认为个体不是完全理性的,但是,他认为理性仍可以作为经济学的基本假设,但只是工具性假设。阿尔钦这一看法也主要体现在其 1950 年发表的《不确定性、进化与经济理论》中。在该文对企业行为的分析中,阿尔钦认为,第一,当存在不确定性时,理性或"最大化"是不可能实现的,个体面对的是不同"行动"带来的不同的"结果概率分布",而最终结局会实现某个被选定概率分布的某个结果,这个结果几乎不可能是最大化的结果。因此,在不确定条件下,理性选择或利润最大化毫无意义。第二,现实经济体系中的企业以实现正的利润进而存活下来为行动准则,而不是以利润最大化或理性为行动准则。第三,进一步地,企业存活下来的一种有效途径往往是偶然性和运气,是环境选择或企业正好适应了环境的结果,而不是企业努力最大化自身利益的结果。第四,尽管存在偶然性和运气,但这并不意味着经济学分析方法的失效,也不意味着资源配置是随机的,这里提出的方法只影响经济学工具和概念的使用方式,而不影响经济分析方法的有用性。

阿尔钦认为,即使不确定性排除了"利润最大化",即使当市场价格和技术条件发生变化时,企业没有按照经济学思维在生产上做出调整,但生产的边际分析仍然是正确的,只不过,经济学分析本质上评价的是企业的相对存活能力。例如,当实际工资上涨时,生产的边际分析告诉企业应该调整劳动力(如减少劳动力使用),但现实调查表明可能很多

企业并不进行这样的调整。然而，尽管如此，具有较低"劳动/资本"比率的公司将会有相对较低的成本，这些公司将更可能存活下来。换句话说，虽然企业动机是非理性的，但经济学家仍然可以使用生产的边际分析理论来预见企业的未来存活状态，那些"看起来不理性"的企业将会被淘汰出局。

2. 弗里德曼等人的坚定支持

阿尔钦向《政治经济学杂志》(*Journal of Political Economy*)投稿《不确定性、进化与经济理论》一文时，该刊主编是米尔顿·弗里德曼，弗里德曼很快就回复说文章只要略做修改就可以发表了。弗里德曼显然赞同阿尔钦的看法，更重要的是，阿尔钦似乎为经济学继续坚持理性假设找了依据。

在 1953 年发表的著名的《实证经济学方法论》中，弗里德曼坚定地认为，经济理论的基本假设不必受到现实的检验，关键在于其必须要有预测能力。如果在一个不现实的假设基础上构建的理论模型具有预测力，那么该理论还是科学的。弗里德曼说："某一理论是否'足够'真实这一问题，只有通过考察该理论所取得的预测，对于我们所要解决的问题来说，是否是足够令人满意的，或者有比来自其他假说的预测更令人满意的回答。然而，一个理论可以通过其假设的真实性来检验，而不必考虑其预测的准确性这种看法，已经广为流传，并成为经济理论因其非现实性而遭受的旷日持久的批评的根源所在。这些批评大多是不相关的，从而，由这种批评所促动的经济理论改革也大多是不成功的。"

为了弥补其中可能出现的不足，弗里德曼引入了波普尔的思想，强调可证伪性作为科学的标志。意思是说，一个理论是否科学，不是从假设与现实的相符程度来判断，而是从其预测的结论和现象的相符程度来判断。但无论如何，只有通过可重复经验检验的结论，才是科学的理论。

弗里德曼还提出过一个简单的随机模型，证明一个按照随机游动花钱的、完全非理性的消费者最终(如果能够生存下来并被经济学家观察到的话)会被迫在预算线与无差异曲线的切点上停下来，以至于竟然实现了效用最大化。这说明经济学家可以"工具性"地假设一切消费者都是"效用最大化"的消费者。

从进化论角度来看，经济学中的"理性"，既不是个体与生俱有的天性，也不是个体后天学习和模仿的习得，而是长期进化过程中进化剪刀在个体行为上留下的印痕。人类行为之所以具有"最大化"的理性特征，是因为只有最大化的人类行为才能穿透漫长的、危机四伏的生存空间。

四、主流经济学仍然坚持理性假设

很多学者反对弗里德曼的观点，包括希尔博伯格、科斯、西蒙等，他们坚定地认为经济学基本假设应该受到现实检验，否则从太阳黑子的周期波动来建立预测经济周期的理论模型也是合理的了(18 世纪的大经济学家杰文斯曾建立太阳黑子变动周期的模型以预测经济变动)。

例如，科斯反复强调经济学出发点的现实性，认为经济学一定要从现实的人出发，新古典经济学对人的假设"既没有必要，也会引人误入歧途"(科斯，1994)。科斯认为，新古典经济学的模型并不是分析现实经济行为的科学模型，因为新古典模型没有依据现实来揭示建模所需要的真实因素及因素之间的关系。

但是,无论如何,现代主流经济学仍然坚持理性假设,其认识论基础仅仅要求理论有好的预测能力。

汪丁丁(汪丁丁、叶航,2003)认为,这种认识论立场其实是一种异常悲观的立场,或者说是对人类认识经济系统的能力持高度怀疑态度的立场,怀疑一切牛顿式的、企图构造宇宙结构的理论努力。这种认识论坚持认为人类理性顶多只能从统计方法来预测未来,至于统计关系背后隐藏的构造关系,是永远也无法正确认知的。也正因为如此,主流经济学的各种理论,尽管用了很多数学,看起来很精致,但所有这些理论都是"工具性"的,与现实经验相比,都必须处于被检验的、可以随时修改或放弃的地位。

第三节　对理性假设的进一步挑战:西蒙有限理性

较早对理性假设发起进一步攻击的是西蒙(Simon)教授,西蒙 1955 年发表《有限理性的行为模型》,论证了,由于收集信息和处理信息的成本太大,人类无法按照新古典经济学所说的那样进行"最大化"决策。无论从决策过程还是决策结果来看,人类的决策都不可能是新古典经济学所描述的最优,基于理性假设的经济学模型在解释和预测上必然会犯错误,也就是说,"弗里德曼式"的将理性作为工具性假设也非常成问题。[①]

一、西蒙思想: 过程理性而非实质理性

关于人类决策方法,西蒙的基本思想是这样的: 我们可以想象一台计算机在一个预先设定的实数空间(通常就是[0,1]闭区间)寻找某一函数 $F(x)$ 在这一区间上的最大值(这就相当于个体在追求效用最大化)。如果计算机不能预先认识全局的最优,那么,它只能从特定的初始点 x_0 逐渐寻找局部的最优。根据"淬火算法",计算机管理者可以迫使计算机离开某一局部最优,直到它在这一闭区间上找到全局最优点(仿佛实现了效用最大化)。不过,如果函数 $F(x)$ 非常复杂,那么,最聪明的计算机管理者(例如一位长期研究函数 $F(x)$ 的数学家)也未必知道它在哪里会取得全局最优。因为,哪怕数学家可以占有全人类的生命的时间的总和,也不可能检查一个足够复杂的函数在任一实数区间可能取得的全部数值,因为数学家的努力总是"可数无穷的",而函数在任一实数区间可能取得的全部数值是"不可数无穷的"。所以,西蒙提出,人类行为必然是基于行为心理学的追求"局部最优的"或"令人满意的"选择,而不是基于新古典经济学的"全局最优的"选择。

西蒙将这样的寻优过程称为"过程理性",而将新古典经济学的理性称为"实质理性"。实质理性假设的好处,是使经济学家可以使用微积分、线性规划和动态规划等数学方法来分析个人和企业的行为,而不需要依赖任何心理学研究成果。在《从实质理性到过程理性》一文中,西蒙提到,所谓过程理性,是指该行为是适当的深思熟虑的结果,因为在心理学中,"理性"通常是"推理的特殊思考过程"的同义词,反之,如果是没有进行适当

[①]　本节内容主要参考了: 1) 西蒙,西蒙选集,2002,首都经济贸易大学出版社;2) 汪丁丁,行为经济学讲义——演化论的视角,上海人民出版社,2011

思考的条件反射行为,就被心理学描述为"非理性"的行为。显然,如果使用过程理性假设,经济学研究就必然依赖心理学研究成果。

二、西蒙决策模型与新古典经济学效用最大化模型的区别

任何决策模型可能都包含如下六项要素:第一,行为选择集合 A,包括所有可能的行动方案;第二,行为主体想象的可选方案集合 A_0,A_0 是 A 的子集,因为行动主体通常想象不到所有可能的行动方案;第三,这些可想象的行为导致的全部可能后果 x 的集合 S;第四,在集合 S 上定义的行为主体的评价函数(类似于新古典经济学的效用函数或前景理论的价值函数);第五,任一可选方案 a 导致的全部可能后果 S_a,S_a 是 S 的子集,根据价值函数 V,S_a 内的每一后果都可以转换成对应的价值 V;第六,A_0 内任一可选方案 a 导致的后果集 S_a 可以有许多元素,假设有一个关于 S_a 内的每一后果出现概率的概率分布 P_a,就可以有对于方案 a 的总体预期评价,该评价等于 S_a 内每一结果的价值与其出现概率的乘积之和,也就是方案 a 的各种结果的价值的期望值 V_a(类似于新古典经济学的期望效用)。

西蒙决策模型与新古典经济学效用最大化决策模型的主要区别是,第一,西蒙教授使用"渴望水平(aspiration level)"来取代效用最大值,他认为,人们的行为通常只要达到了渴望水平,就会感到满意。渴望水平依赖于情景(自然的和社会的),且有个体差异(原因是遗传和认知的不同);第二,在渴望水平附近,可能有很多不同的选择,这些选择带来的满意程度在渴望水平附近波动,只要不超过"容忍区间(tolerance range)",这些选择就都是令人满意的;第三,按照西蒙算法,就是寻找一个想象中的可选方案 a,使得 a 的全部可能后果的集合 S_a 满足:它的任一元素的 V 值必须落在容忍区间(容忍带)内,即其所有元素的 V 值是"令人满意"的集合 S' 的子集(我们将一切落在容忍区间内的值构成的集合,称为"令人满意"的集合,记作 S'。) 只要找到这样的 S_a,寻优就结束了。这时,a 就称为令人满意的方案。

也就是说,我们可以借助价值函数 V 来测度行为的各种后果 x 带来的满意程度(类似于效用或前景理论中的价值)。在不确定条件下,每一可选行动方案都可能引发多种

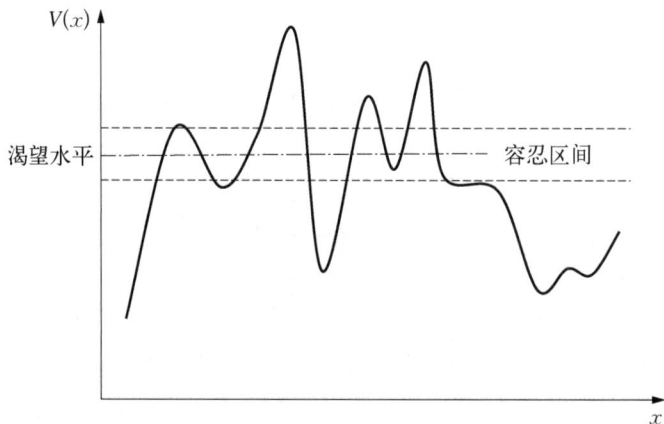

图 2-1 西蒙算法寻优示意图

后果,如果某些行动方案的所有可能后果的价值都落在了价值函数的容忍区间内,这些行动方案就是令人满意的选择。按照西蒙教授的理论,找到这样的方案后,决策就达到了满意,决策就完成了。

西蒙决策模型可以简单描述为:行为后果评价值与渴望水平之差的绝对值处于容忍区间,就达到了满意决策。其中心任务是寻找一些可选方案,这些方案的全部后果的评价值都落在以渴望水平为中心的容忍范围内,这是一种局部寻优,而不再是全局最优。

西蒙认为人类和其他物种都是"近视"的,或者说,不具备"远视"的能力,无法看到很远的那个全局最优,在找到局部最优时,人类和其他物种就已经满意了,不会再继续寻找了。从现实来看,这非常符合人类的行为选择,人类找到一个相对满意的工作、配偶或住房,挑到一件相对满意的商品时,人类不会对自己说:"这个选择不是最优的,我要继续找,直到全局最优为止。"从进化过程来看,除非环境发生巨大改变,否则,包括人类在内的所有物种都将永远停止在局部最优的生存状态中。

西蒙将这样的寻优过程称为"过程理性",而将新古典经济学的理性称为"实质理性"。

专栏　　　　　　　　　　理性人的崎岖寻偶路

1. 新古典经济学家对人类寻偶决策不满

新古典经济学家一直对人类寻找伴侣这一重大决策耿耿于怀,因为绝大多数人在进行这一人生最重要的决策时,居然没有遵守新古典经济学中的选择理论,即寻找能使自己效用最大化的伴侣!据说,美国前第一夫人芭芭拉·布什曾说过:"我嫁给了吻过我的第一个男人。"而且,芭芭拉·布什并不是唯一这样做的人,三分之一的美国人与初恋情人结了婚。

问题是,这显然违背了效用最大化理论!按照效用最大化理论,在寻偶期间,每个人都应该去与大量异性频繁约会,然后计算每位异性未来能给自己带来的期望效用,选择使自己未来期望效用最大的异性。

2. 理性人的寻偶之路

为了探索理性人的婚姻决策,著名认知心理学家、德国马克斯·普朗克人类发展研究所的吉仁泽教授对此开展了如下思维实验:据说,2525年,工程师们终于成功制造出了像人类一样的机器人,它们像人类一样生活,还会生孩子。这些像人类一样的机器人如何寻找配偶呢?

1) 理性男机器人M-1的寻偶之旅

工程师们首先制造出了一万个不同种类的机器人,而且全都是女的。

然后,他们成立了一个研究小组,专门负责制造男机器人,这个男机器人具有寻找好配偶、建立家庭和照顾小机器人的能力,而且是个不折不扣的完美主义者,也就是新古典经济学所称的"理性人",简称M-1。

M-1非常理性,会像新古典经济学所描述的那样行事,比如在找配偶这件事上,被程序化设计的机器人必须要找到最好的配偶,决不妥协!

被程序化的男机器人要找到最好的配偶,就得找出一千个符合目标,即年龄比自己小的女机器人。然后他观察这些女机器人所具有的五百种不同的特征,比如能量消耗、计算速度和身体结构弹性等。遗憾的是,这些女机器人的上述特征值并未写在她们的脸上,有的女机器人甚至为了捉弄一下 M-1,故意将自己的某些特征值隐藏起来。于是 M-1 不得不从这些女机器人的行为样本中推断出这些特征值。

三个月后,M-1 终于成功地获得了每位女机器人的记忆容量,可这只是他需要测量的第一个女性特征,尚有剩余的 499 种女性特征等待他去获取。

然后,研究小组计算了一下 M-1 选出最佳伴侣所需要的时间。遗憾地发现,等到 M-1 选出最佳伴侣时,研究小组的所有人员都已经不在人世了,那个最佳配偶其实也已经去垃圾废料厂了。

M-1 迟迟下不了决心,这让那一千个备选女机器人感到非常不安。当 M-1 开始测量这些女机器人们的第二个特征时,女机器人们取出了 M-1 的电池,将其扔进了垃圾废料厂。

2)男机器人 M-2 的寻偶之旅

研究小组又重新回到了实验室,他们设计出了 M-2。主要改进是:因为收集所有女性特征信息的成本太高,所以,改进程序设计后,M-2 只关注最重要的女性特征,而不关心那些不太重要的特征。

三个月后,M-2 又重新走上了 M-1 的老路,甚至会为了判断应该忽略哪些特征而去计算每一种特征的效益和成本。

于是,那些等得不耐烦的女机器人们扯掉了他的内置电线,把他干掉了。

该研究小组证实:完全理性的决策者是结不了婚的!

本文改编自吉仁泽所著的《直觉决策》。

三、信息代价导致人类有限理性

西蒙认为,有限理性假设在真实世界中是有切实依据的,其中最重要的依据是“信息的代价”,即新古典经济学中的“实质理性假设”要求决策者不考虑收集信息和处理信息的成本,可实际上这一成本往往非常高,以至于企业和个人几乎从不会等到信息完备之后才决策。

也就是说,有限理性是信息成本太高或决策成本太高的自然结果,人类只能达到心理学所称的过程理性,对疑难问题进行深思熟虑之后做出决策,但达不到经济学所假设的实质理性,对疑难问题在收集所有信息、穷尽所有选项后通过复杂计算做出最大化自身利益的最优决策。

第四节　对理性假设的进一步挑战:
海纳有限理性

海纳(Heiner,1983、1985)在《美国经济评论》上发表两篇论文:“可预期行为的起源”

和"可预期行为的起源：进一步的模型和应用"，汪丁丁在《行为经济学讲义——演化论的视角》和《行为经济学要义》中对其给出了极高的评价，称"海纳模型几乎可以改写你相信过的全部社会科学"。该文同样关注不确定条件下的行为问题，认为环境不确定性决定了人类有限理性。[①]

一、环境不确定性决定了人类有限理性

海纳认为人类（和各种生物）都是有限理性的。为什么人类的理性是有限的？海纳的解释是：假如决策者面临的环境是完全确定的，那么，只要在这一环境中生活足够长的时间，日复一日，年复一年，总可以知道完备理性所要求的全部知识，对环境的完全认知意味着完全确定性，也就意味着决策者的完备理性。同样的道理，假如决策环境是不确定的、变化的，那么，无论多长时间，决策者对环境的认知总是不完备的，也就意味着决策者的不完备理性，或有限理性。因此，海纳的基本思想是用"不确定性"来刻画"有限理性"，环境不确定性意味着决策者有限理性。

而现实环境确实是不断变动的，是不确定的，人类（或任何生物）都无法获得其中的全部知识，因此，人类（和其他生物）必然是有限理性的。

从上述推理来看，如果环境不变，人会随着年龄增长而越来越理性。但是环境是变化的，年龄增长也会使个体形成对环境的"成见"，而这些"成见"可能无法适应变化了的环境，所以，年龄增长同时也意味着非理性程度的不断增加。因此，只有那些跟得上环境变化的人才会是相对理性的人，无论年龄大小。

二、海纳对不确定性或理性程度的度量

进一步，海纳用两组参数，即两个参数向量之差来度量不确定性，或有限理性程度，第一个参数向量用"e"来表示，代表决策的环境因素（environmental variables），刻画了环境的不确定性和复杂性，描述了行为主体要解决的问题的困难程度；第二个参数向量用"p"来表示，代表决策者对环境的想象（perceptual variables），刻画了行为主体的认知能力，描述了行为主体解决问题的能力。由此，不确定程度是 p 和 e 联合作用的结果，可以表示为函数 $U(p, e)$，显然，它是 p 的单调减函数，是 e 的单调增函数。

海纳假设 p 和 e 可分离，即两者可以在不影响对方的情况下各自变动。那么，给定 p，e 越大，决策者就会越感觉理性能力不足；同理，给定 e，p 越小，决策者就越感觉理性能力不足。有两种极端情况，第一种极端情况是，决策者具有完备的认知能力，如上帝，那么无论环境如何复杂或不确定，决策者都是完备理性的；第二种极端情况是，决策者不具备任何认知能力，或者说环境极其复杂多变，此时，决策者是完全非理性的。

在现实中，环境是变动的、不确定的，人类对环境有一定的认知能力，但无法拥有对于环境的完全认识，或认知能力相对于环境不确定性始终存在差距，于是，人类必然是有限理性的。

---

① 本节内容主要参考了：1) 汪丁丁，行为经济学讲义——演化论的视角，上海人民出版社，2011；2) Heiner, R. A.(1983). The origin of predictable behavior. American Economic Review，75(3)，579 - 585；3) Heiner, R. A. (1985). Origin of predictable behavior: further modeling and applications. American Economic Review, 75(2), 391 - 396.

三、海纳模型的结论

通过另辟蹊径,海纳研究了有限理性的个体在什么情况下会选择创新行为,什么情况下会选择非创新行为或守旧行为。海纳的模型比较复杂,这里直接给出该模型的结论:在给定环境不确定性水平的情况下,行为主体的认知水平越高(意味着不确定性越低,也意味着理性程度越高),越可能跟随环境的变化,选择创新行为;反之,行为主体认知水平越低,或理性程度越低,其最优选择越可能是某种守旧行为。

海纳进一步讨论了两种极端情况:

第一,当决策环境充满了不确定性(不确定性程度很大),且行为主体(如上帝)的认知能力无限大时,行为主体可以利用每一次不确定冲击来优化自己的行为,于是,他的行为与不确定性冲击完全同步。而在有限理性(或认知能力有限)的行为主体眼里,上述行为会令其眼花缭乱,感觉完全无法预测。

第二,当行为主体的认知能力趋于零时,针对任何的环境不确定性水平,行为主体会选择守旧,他无法利用任何不确定性冲击来优化自己的行为。换句话说,他只能遵循以往让他能够存活下来的那些行为规范来行动,于是,他的行为是完全可以预测的。

四、海纳对经济学完全理性的反驳

第一,完全理性条件下,人类的行为是变幻莫测的。新古典经济学认为人是完全理性的,按照海纳模型的结论,完备理性假设条件下的最优行为,在有限理性的人类眼中,看起来与上帝的行为一样变幻莫测,从而是完全不可预期的。汪丁丁举例说,根据常识(如金融市场的常识),在新古典经济学理性选择模型的决策环境中,如果不确定性极高,那就意味着价格波动极大。如果价格波动极大,消费者们面对的预算线的斜率就会变幻莫测。因此,具备完备理性能力的消费者的最优选择,将随着变幻莫测的预算线与无差异曲线的切点而显得变幻莫测,即表现为"随机消费"。

第二,变幻莫测的行为显然偏离了现实。海纳认为,只要环境是不确定的,人类就无法具备完全认知能力,进而是有限理性的,而有限理性的个体往往会选择守旧行为,并且无法理解和预测完全理性主体的"变幻莫测的行为"。因此,主流经济学依据完全理性来推导人们的行为,这些推导的结果,在有限理性主导的世界里,一是显得变幻莫测,二是偏离现实。

第三,幸存的消费者未必是理性的。回到本章第二节中关于理性的争辩,弗里德曼认为在自然选择的作用下,那些只在预算线与无差异曲线的切点(理性选择)购物的消费者有更高的生存概率,或者说,幸存的消费者一定是理性的。海纳的批评是,只要环境的不确定性足够高,由于认知能力的限制,绝大多数人都会选择守旧行为,进而,幸存的更可能是遵循规则的守旧者而不是寻求新奇的消费者。显然,海纳的预测与新古典经济学完全理性模型的预测,完全不在一个轨道上。或者说,海纳完全不认可新古典经济学的逻辑,这也是汪丁丁认为海纳模型可能改写社会科学的原因。

第四,守旧的幸存者往往抱有"成见",不可能完全理性。如果生存环境高度不确定,那么,不仅我们的行为倾向于守旧,而且我们的认知也倾向于遵循某些既定规则,进而忽略或漠视很多新的信息,这样的认知规则就形成了"成见"(也形成了传统文化)。有了成见,其行为自然不可能完全理性。

第五,海纳模型为生物本能提供了解释,进而为有限理性提供了更多支持。人类守旧到了极致,那些在许多世代里都被遵守的规则就会成为"本能",内化到了我们的基因里、身体里,我们会不由自主地去贯彻实施。有了这些本能,在环境不断变化的世界里,我们的行为就不可能完全理性了。

第六,理性程度是多样化的。假设环境不确定性保持在给定的水平上(历史上总会有这样的阶段),那么,假以时日,任何具有学习能力的行为主体将逐渐改善自己的认知能力,理性程度得以提升。可以想象,在不同的历史时期,在同一时期不同的人身上,人们的理性程度是高低不等的,人们的行为选择也有多样性,认知程度高的人可能选择创新行为,人类由此得以前进。

第五节　人脑进化与有限理性

从心理学研究来看,人类的思维和行为必然受到人脑的约束,人类的理性程度必然与人脑进化程度有关。本节通过回顾大脑进化过程来讨论理性问题,第一部分说明标准经济学对人脑的信息加工和计算能力做了不切实际的超级假设;第二部分讨论人脑进化过程;第三部分说明进化形成的人脑绝非最佳设计,它并不适应当下的环境;第四部分说明不完美的大脑必然导致非理性的决策;第五部分说明人脑的双重决策系统必然导致有限理性。

一、标准经济学对人脑能力做了超级假设

1. 人类决策的心理机制取决于人脑进化过程

与研究人类行为有关的学科基本都认为,人的行为是受大脑驱使的,大脑是人类行为的指挥中心。人类大脑的体积约 1 350 立方厘米,是世界上已知的最复杂的有机组织,每个人都依靠人脑的约 1 000 亿个神经元来进行大量的信息加工。尽管人脑的重量只占个人体重的 2%—3%,但它所消耗的卡路里却占全身总消耗量的 20%—25%(Leonard and Robertson,1994)。

进化心理学(巴斯,2017)认为,正像我们的身体在解剖和生理结构上经由了数百万年严酷的自然选择一样,我们的大脑在解剖和生理结构上也经历了这一过程,并最终进化出各种心理机制,因此,人类的偏好和决策方式在很大程度上是由过去的进化过程决定的。由此,人类、人脑进化过程和人脑结构就在很大程度上决定了人类的信息加工模式和行为决策方式。

2. 经济学对人脑能力的假设不切实际

从标准经济学的理性人假设来看,经济学对人类大脑做了超级假设,认为人类大脑不仅具有无限的计算分析能力,而且计算分析不需要耗费能量,总能做出最有利于自己的指令,指令必然导致绝对的执行行为。

相对于经济学,心理学(包括进化心理学、生物心理学、认知心理学等)和认知神经科学则要实际得多,对进化、大脑形成、语言、成长、记忆、推理、决策、行为等做了更为深入细致的研究,发现近 200 万年进化形成的人脑尽管具有史无前例的能力,如抽象思维能

力、推理能力、学习能力和构建情景的能力,但还是无法适应当下的复杂环境,我们的大脑并非能够解决当下各种问题的"最优设计"。

人类大脑不具备标准经济学要求的超级能力,主要原因是进化迟滞(evolutionary time lags)和适应器的代价(costs of adaptation)。进化迟滞是指进化过程非常缓慢,生物往往要在特定的选择压力下经历数千代的生命周期才能体现出变化。适应器是指我们的心理和生理机制拥有特定的进化功能,例如,现代人对脂肪的偏爱,就是过去食物资源匮乏环境中形成的适应器。适应器的代价是指进化进程也要考虑成本收益问题,成本过大的机制很难被进化出来,例如,偏爱脂肪这一适应器就很难被消除或替代,或者说,讨厌脂肪这一新适应器由于成本过大而很难在短期内进化出来。显然,进化迟滞和适应器的代价会使人类的大脑跟不上时代。[①]

二、人脑进化过程

人类的大脑是逐步进化而来的,表2-1是人类进化史上的里程碑事件,我们可以从中体会人脑是如何随着人类的进化而逐渐发展的。

表 2-1　人类进化史上的里程碑

时　　间	事　　件
150 亿年前	大爆炸——宇宙的起源
47 亿年前	地球形成
37 亿年前	生命首次出现
12 亿年前	有性繁殖出现
5 亿—4.5 亿年前	椎骨首次出现
3 亿 6 500 万年前	鱼进化出肺部,并走上陆地
2.48 亿—2.08 亿年前	小型哺乳动物和恐龙首次出现
2.08 亿—6 500 万年前	大型恐龙的繁盛时期
1.14 亿年前	胎盘类哺乳动物出现
8 500 万年前	灵长目动物首次出现
6 500 万年前	恐龙灭绝,哺乳动物体型增长并表现出多样性
3 500 万年前	猿首次出现
800—600 万年前	人类和非洲猿的共同祖先,灵长目动物不断进化
440 万年前	灵长目动物首次开始两足行走
300 万年前	南方古猿在非洲大草原出现
250 万年前	最早的石器工具——奥尔德沃石器工具,在非洲的埃塞俄比亚和肯尼亚被发现;用于分割动物的肉、从骨头中榨取骨髓;与能人有关

---

① 本段内容主要参考了戴维·巴斯著,张勇、蒋柯译的《进化心理学:心理的新科学(第四版)》(商务印书馆,2017)。

（续表）

时　间	事　件
180 万年前	原始人类（直立人）从非洲向亚洲扩散——第一次大迁徙
160 万年前	火种证据；可能出现了火炉；与非洲直立人有关
150 万年前	阿舍利手斧出现；与身材高大四肢修长的匠人（Homo ergaster）有关
120 万年前	人的脑量开始增长
100 万年前	原始人类到达欧洲大陆
80 万年前	粗糙的石器工具箱在西班牙被发现，与先驱人（Homo antecessor）有关
60—40 万年前	手工制造的木质长矛和早期火炉出现；与在德国发现的海德堡人有关
50—10 万年前	人的脑量增长最快的时期
20—3 万年前	尼安德特人在欧洲和西亚的全盛时期
15—12 万年前	所有现代人类的共同祖先（非洲）智人
10—5 万年前	走出非洲——第二次大迁徙（"走出非洲理论"）
5—3.5 万年前	石器工具、骨质工具和刃形工具争相出现，精致的壁炉和精美的艺术品出现；仅在智人中发现，而尼安德特人则没有
4—3.5 万年前	智人（克罗马农人）到达欧洲
3 万年前	尼安德特人灭绝
2.7 万年前至今	智人统治了整个地球；其他人种全部灭绝

注：来源于 D·M·巴斯著的《进化心理学》（第四版）第 20 页。

首先，人类属于哺乳动物，最早的哺乳动物出现于 2 亿年前，1.14 亿年前，胎盘类哺乳动物出现，然后经由灵长目动物、直立行走的能人等，最终进化为人类。

在人类进化过程中，从考古结果来看，大约 8 500 万年前，哺乳动物中进化出一个新的分支——灵长目动物；约 440 万年前，灵长目动物开始两足行走，使双手从行走中解放出来；又过了约 200 万年时间，大约 250 万年前，我们的祖先制造出了第一批粗糙的有一道利刃的石头工具，可以将动物的肉和骨头分开，还能从较大骨头中取出营养丰富的骨髓；大约 120 万年前，我们祖先的脑量开始较快增长。我们祖先大脑容量增长最快的时期发生在 50 万年前到 10 万年前之间，最后达到了 1 350 立方厘米，几乎接近了现代人类的脑量。

为什么人类的脑容量会大幅增长并进化出复杂的认知能力呢？学术界有多种解释，最具代表性的理论是"征服生态与社会竞争假说（Flin, Geary, and Ward, 2005）"。该理论认为，首先，恶劣的自然条件（食物短缺、战争、瘟疫、极端气候等）一直威胁着远古人类的生存，在征服自然生态过程中，人类发明工具、火等对抗恶劣自然条件，大脑和智力得以进化。其次，为了生存下去，人类开始群居和大规模协作，这就产生了人与人之间的竞争，即社会竞争，人类需要解决"偷窃、同类相食、通奸、杀婴、敲诈勒索、背信弃义"等社会问题，在解决这些问题的过程中，或在社会竞争压力下，人类的脑容量和智力得以大幅增长。贝利和吉尔里（Bailey and Geary, 2009）搜集了 175 枚远古人类的头盖骨和相关数据，其年代分布于 1 万年前—190 万年前之间，结合每个头盖骨所在地当时的人口密度，结果发现,人口密度越高的地区,头盖骨的脑容量越大。进而认为,尽管人类的智力具有多种进化起源和选择压力,但最核心的选择压力仍然是社会竞争。也就是说,复杂活动会刺激和促进人脑的进化和发展,活动越复杂,对大脑的刺激越大,大脑也就进化得越复杂,以便跟上人类发展的步伐。

不过,进化心理学家和生物学家其实无法研究人类祖先的脑的质量,比如祖先中成年人的大脑有多少个神经元,与现代人到底有何差异等,只能根据祖先化石的颅骨来计算脑的容量大小,简而言之,就是只知道数量,不知道质量。原因是,大脑属于软组织,我们祖先的大脑早已随着时间而灰飞烟灭了,科学家只能根据不同时期我们祖先头骨的形状来推测其不同时期脑量的大小和增长速度。

三、绝非最佳的人脑结构设计

人脑结构非常复杂,简单而言,人脑从上到下可以分为三大部分:前脑、中脑和后脑,如图 2-2 所示。

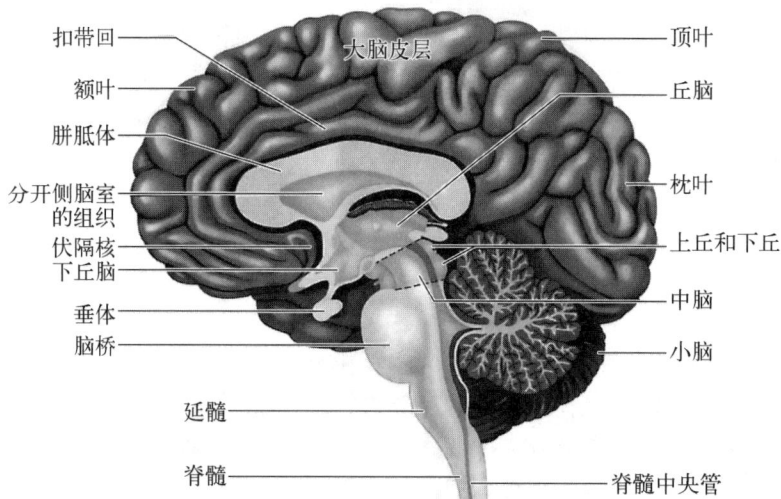

资料来源:詹姆斯·卡拉特著的《生物心理学(第10版)》,人民邮电出版社,第96页。

图 2-2 人类大脑的一个矢状切面图

1. 人脑结构

后脑位于头颅的底部,主要包括脑桥、延髓和小脑。延髓负责将信息从脊髓传至大脑,并负责调节呼吸、血压、咳嗽、喷嚏、呕吐和心率等生命支持功能;脑桥也起到神经传导中继站的作用,负责将两侧身体的信息"交叉"传递至对侧大脑,它还与平衡、睡眠以及唤醒有关,并涉及视觉和听觉加工;小脑包含了调节肌肉活动的神经元,负责身体平衡,并与一般的运动行为及协调有关。

中脑位于大脑中间,体积较小。上部包括顶盖以及顶盖的上丘和下丘,它们在感觉加工中很重要,下丘加工听觉信息,上丘加工视觉信息。下部包括被盖和黑质,被盖包含部分神经网状结构,是前脑与后脑之间的神经通路;黑质能够激活多巴胺的通路,后者有助于为运动做好准备。

前脑在大脑最上端,从上到下可分为三部分:大脑皮质;大脑边缘系统;丘脑和下丘脑。

大脑皮质位于大脑顶端,像一个头盔一样罩在大脑边缘系统上,是人脑中容量最大的部分,由大约6层神经元构成,负责在皮层与丘脑之间或皮层不同部分之间传递信息。大脑皮质可分为四叶,即额叶、顶叶、枕叶和颞叶,与决策最相关的是额叶,额叶分为三个不同的区域,其中,位于大脑前端的前额皮质关乎神经科学家所称的执行功能,即计划、决策、执行、抑制不恰当行为,以及运用工作记忆加工信息。

大脑边缘系统位于大脑皮层下方,主要包括基底核、海马体、杏仁体等,是记忆形成和习惯存储的地方。海马体与长时记忆的形成有关,海马损伤的病人无法存储新的记忆,杏仁核负责调节情绪记忆强度并与情绪学习有关,基底核与动作行为有关。

丘脑位于前脑中央,大部分感觉信息首先进入丘脑,丘脑加工后送至大脑皮层;下丘脑靠近大脑底部,主要用于调整垂体的激素释放。

2. 绝非最佳的人脑设计

从人脑的功能和对应结构来看,获取意识并做出决定等最高级别的功能,位于最上前端,即前脑的大脑皮层;对呼吸节奏、体温等身体基本状况的潜意识控制这类低级功能,位于底后部,即后脑的延髓部分;在这之间则是较高级的潜意识功能的中枢,如控制基本感觉的中脑、控制体内平衡和生物节律的下丘脑,以及控制运动协调和感觉调节的小脑;而由杏仁核和海马组成的边缘系统,是大脑意识和潜意识交汇的十字路口,也是记忆形成和习惯存储的地方。

从进化时间轴来看,美国霍普斯金大学神经科学教授林登对人脑结构进化提出了一个非常形象的比喻:"人脑犹如一个添加了几次的甜筒冰淇淋。"即在进化过程中,更高级功能的增加,就像在甜筒顶部增加了一勺冰淇淋,而下面的冰淇淋还留在原处,基本没有改变。具体而言,人类的后脑和中脑与青蛙的这些结构其实没有多大区别,比较原始;经过进化,人类和大鼠在青蛙大脑的基础上又增加了比较高级的下丘脑、丘脑和边缘系统;再经过进化,人类又在上述大脑基础上增加了高级的、容量更大的大脑皮层。也就是说,人脑结构,越往后下部,形成或存在的时间越长,越代表更远古的祖先的行为模式,因此,有的神经生物学家甚至将人类的后脑称为"恐龙的大脑"。

最重要的是,当更高级的功能加入时,并没有使整个大脑结构进行重新组装,如上所述,新的一勺冰淇淋只是加在了甜筒的顶部。因此,人脑其实是一个旧脑和新脑组成的"拼装脑",尽管时代变了,但旧脑并没被扔掉,而新脑由于进化时间短,在进化迟滞的作用下,根本没有完全适应新时代。

因此,我们的大脑至少沉淀着人类数百万年的进化历史,如果考虑我们更早的祖先——最早的哺乳动物,我们的大脑就沉淀着数亿年的进化历史。在遗传和基因的作用下,这些沉淀必然影响我们现代人的行为。

由此,我们的大脑绝非新古典经济学所假定的最佳设计,而是一个新的没完善,旧的还在用的拼装体,用分子生物学家雅各布的话来说:"进化是个修补匠,而不是工程师。"

四、不完美的大脑无法做到完全理性

各种证据表明,人类的大脑远没有新古典经济学所假设的那样完美,并不具备无限的计算分析能力和最大化自身利益的能力。

1. 不完美的大脑无法理性决策

如前面的进化迟滞理论和适应器的代价理论所述,实际上,由于进化非常缓慢,往往需要选择压力在数千代人类中不断地出现,才会影响大脑进化,人类大脑就是在过去几百万年中,在自然选择和社会竞争的压力下进化而来的。而现代社会,尤其是工业化社会出现的时间其实只有几百年。所以,现代人类其实是先前环境的设计产物,包括我们的大脑。换句话说,我们拥有石器时代的大脑,但却生活在现代社会中。

一个显而易见的不协调案例就是人类的饮食。石器时代的大脑告诉我们要大量摄入食物和脂肪,以便能够在无法获得食物的时候生存下去,这是与过去那种食物稀缺的环境相适应的。但是,由于进化非常缓慢,或进化成本过大,尽管现代社会食物早已不稀缺了,但人类还在大吃大喝,进而导致了大量的糖尿病、心脏病和血管阻塞的出现。

显然,塑造我们大脑和心理机制的环境(即狩猎—采集者时代的大量选择性环境)和当代环境之间有巨大差异,使我们的适应狩猎—采集时代的大脑和心理机制无法坦然面对当前的环境,当然也很难做出理性的决策,即通过搜集完整的信息,通过对各种方案所带来的期望效用(利润)进行对比,进而选择期望效用(利润)最大的方案。

2. 人类决策会走捷径

那现代人类如何进行决策呢? 为了能够愉快和顺利地生存下去,而不至于为了最优决策或理性决策而思考致死,人类会走各种捷径,寻求快速省力但不一定完全理性的决策。也就是说,决策要考虑代价。

这正是西蒙的看法,西蒙认为,获得信息的成本太高和人类计算能力有限导致决策成本太大(现代认知心理学称为发生了"认知超载"),人类只能追求"令人满意的"选择,而不是新古典经济学中的"全局最优的"选择,这对于人类决策本身来说是"过程理性"的,但结果可能并不符合新古典经济学的实质理性。

卡尼曼、特沃斯基、斯洛维奇(2013)等人经过研究证实,人类确实会通过各种简化的启发式规则或直觉启发式来进行判断和决策,包括代表性启发式、可得性启发式、锚定和调整启发式、情感启发式等。吉仁泽、泽尔腾(2016)将人类使用的各种启发式和经验决策方法称为"适应性工具箱",认为这些工具(捷径)是基于人类实际认知能力形成的适应环境的决策工具,它们使人类能够做出快速的、节俭的、计算上简便的决策。此外,其他研究发现人们在购物时会采用"品牌优先策略"、"打折多就买策略"等简化规则进行决策。

五、人脑的双重决策系统导致有限理性

1. 人脑存在双重决策系统

近几十年来,脑神经科学最为基础的发现之一就是所谓的"大脑模块化",其含义是,不同类别的思考与情绪过程在大脑的不同部位运行,这暗示着大脑结构特征与个体思维和决策有关,而大脑结构特征又与进化过程有关。科学家们越来越清晰地认识到,人类的大脑似乎有两套决策系统,诺贝尔经济学奖得主、心理学家卡尼曼(2012)称之为系统1和系统2,系统1是一套直觉系统、思维快如闪电、自动运行,系统2是一套逻辑系统、思维很慢、遇到复杂问题才会勉强启动。

对研究人类行为来说,大脑模块化和两套思维系统的存在是非常重要的,因为这预

示着对于同一选择问题,个体体内的不同决策系统可能会给出不同的答案,进而产生自我冲突。

尽管脑科学家无法确切给出系统1和系统2在人脑中的确切对应位置,但总体来看,人脑中的后脑、中脑和下丘脑等的运行模式都是潜意识自动运行模式,与系统1有关;而人脑中只有大脑皮层才属于有意识的、需要推动才能运行的部位,与系统2有关;大脑边缘系统则是有意识系统和无意识系统的交界处,并为有意识决策的大脑皮层提供情绪、记忆等支持。表2-2给出了系统1和系统2的各种不同特质(卡尼曼,2012;泰勒、桑斯坦,2009)。

表2-2　人类两套思维系统的各自特质

系　统　1	系　统　2
直觉、感性	逻辑、理性
无意识的、潜意识的	有意识的
快	慢
轻松的、惬意的	费力的、难受的
自动反应	非自动反应
采用各种启发式进行判断	通过系统分析进行评估
采用各种简化准则如"折扣大就买"	通过系统思考进行决策
工作积极主动	通常都在睡觉
几乎不耗能	耗能严重
习惯系统	目标系统
高效率	低效率
文盲、不懂统计	大学毕业、懂统计
类似于计算机的操作系统	类似于计算机的应用程序
可多活动运行、可大量信息输入并自动反应	一次只能运行一个应用程序
被视为低级的	被视为高级的
被视为动物或祖先的决策机制	被视为现代人的决策机制
追求"还行"的选择	追求"最优"选择
稳定(系统1形成的习惯是稳定的)	不稳定(系统2形成的观点和信念不稳定)
属于习惯思维区,可能位于后脑和中脑	属于理性思维区,可能位于前脑的前额皮质

显然,系统1比系统2让我们更加轻松惬意,也更绿色节能。想想中小学时期老师逼着我们写石器时代祖先从来不做的数学作业或作文,想想大学教师逼着自己撰写石器时代成年人从来不写的学术论文,我们就能理解使用系统2的困难。

2. 双重决策系统导致有限理性

随着研究的进展,心理学家们越来越认识到,系统1的直觉性作用要比我们感觉到的要大得多,它才是做出决策和判断的幕后主使(卡尼曼,2012)。在《How the Brain Works》一书中,神经科学家 Leslie Hart 指出:"很多证据表明,旧脑(后脑)是决定哪些感知需要传递到新脑(前脑),而哪些决策可以直接接受的主要中枢。"神经科学与心理学教授安东尼奥·达马西奥(Antonio Damasio)在他的《笛卡尔的错误》一书中也指出:"情感、感知和生理节律等,都在人类决策中扮演着不同的角色。处于低级进化次序的器官,反而在决策推理环节中具有较优先的地位。"

也就是说,尽管人类进化出了体积庞大的大脑皮层,有着似乎可以进行理性决策的前额皮质,但是,人类的决策要考虑决策本身的代价。既然系统 1 是自动反应的,几乎不消耗能量,而系统 2 不但启动非常困难,运行也需要消耗大量能量,我们就倾向于主要使用系统 1。于是,整个大脑系统的倾向,其实是遵循西蒙的过程理性原则的,大脑会尽量用系统 1 做各种判断和决策,实在不行才启动系统 2,即便这样做会发生判断和决策偏差,我们也认了。

如前所述,心理学家发现人类会通过各种简化的启发式规则或直觉启发式来进行判断和决策,这就是系统 1 而不是系统 2 在工作,这些直觉启发式的优点是迅速快捷,缺点是可能会导致偏差,即直觉判断与实际不符、实际决策与理性决策不符。因此,在系统 1 和系统 2 的共同作用下,人类的行为经常呈现非理性或有限理性特征。

第六节 理性程度区分和保险决策的理性程度

如前面几节所述,主要是两方面原因导致了人类的有限理性,一是环境的不确定性,二是人类的认知能力限制。环境是非常宽广的,人一生需要在许多领域做出许多决策,但人的认知能力,包括学习能力、经历经验和计算能力等都是有限的。俗话说"读万卷书、走万里路",就是督促人们通过大量的阅读和亲身体验来提升自己对环境的认知,进而提高理性程度和决策质量,但又有几个人能够做到呢? 即便真的做到了"读万卷书、走万里路",对环境的认知也不可能达到完美的程度,社会历史久远,科技则日新月异,人类的认知总是有限的。

可见,在环境复杂多变、个体认知能力不足的当下,人们的决策不可能是完全理性的。但从上述分析也可以看出,人们的理性程度是有领域性的。通常,在自己有丰富工作经验的领域,认知能力较强,理性程度较高;反之,在自己不经常接触和研究的领域,认知能力较弱,理性程度较低。此外,如果某项决策经常发生,或该类决策的频率较高,则人们的经历经验会比较丰富,理性程度也较高;反之,如果某项决策是小概率事件,甚至一生也碰不到几次,理性程度就比较低。因此,下面按"是否工作领域"和"决策频率高低"两个维度来分析理性程度的差异。

一、在自己工作领域的理性程度较高

从经济发展来看,全球经济之所以在工业革命后飞速发展,主要动力之一就是分工、专业化和(国际)贸易,而分工和专业化意味着每个个体工作领域的独特化和狭窄化,这自然会导致人们对不同领域有不同的认知程度。

个体通常在其工作的领域是专家,在该领域的决策中相对比较理性化。例如,在方便面工厂工作的工人,对方便面的安全卫生程度比一般人更加理解,进而可以做出更理性的方便面购买决策。在医疗领域工作的医生,对疾病治疗比一般人更加专业,可以做出更为理性的治疗方案决策。核能专家对核能的危险性更为理解,对是否应该建造更多核电站可以做出较为理性的决策,等等。

但是,一旦个体跳出自己的工作领域或相关领域,其认知程度就会大幅下降,甚至会因为其在自己专业领域钻研太深,而导致其对其他领域的认知能力下降,不及常人。例如,我们会看到各类专家的存在,但专家也是分领域的,跳出其熟悉或擅长的领域,专家也是"盲人"。我曾经听过一场报告,报告人是北大著名法学教授,其开设的课程在北大极受欢迎,需要到千人礼堂去开课,但仍然无法满足同学们的选课需求,他还有大量的社会兼职,备受社会尊重,他讲了自己的一个亲身经历:"有一天,他夫人打电话让他在下班路上买点葡萄回家,葡萄买回家后,却被老婆大骂一顿,说他只懂法学,其他一窍不通,连个葡萄都不会买。"

二、决策频率越高,理性程度越高

对大多数人来说,有些决策是我们经常需要做出的,决策频率很高,如买菜、买面包、到哪家小饭馆解决中餐、到哪家服装店买衣服、到哪个肉店买肉等。对上述决策来说,由于决策频率很高,人们逐渐积累了丰富的购买和商品使用经验,大脑中形成了不断修正后的成熟看法,因此可以说,这类决策的理性程度是很高的。当然,人们也会遇到新店开门、新产品上市,新品牌推广、销售渠道发生变化等情况,此时,决策难度增加了,容易出现决策失误的情况。但总体而言,我们仍然可以认为,决策频率越高,理性程度越高。

反过来说,对决策频率很低的事项,如考哪所大学、学什么专业、和谁结婚、买哪里的房子、买什么样的房子、是否考研、考什么专业、大学毕业找什么工作、工作一年是否要离职、是否创业、该做什么风险投资、是否要将自己的存款投入股市、是否购买保险、买什么保险、买哪家公司的保险等,这些决策每个个体都很少经历,有的决策可能一辈子只有一次,这导致人们在面临上述决策时严重缺乏经验,认知能力严重不足,理性程度自然也就很低。

以大学选专业这个一生一次的重要决策为例,绝大多数考生在高考前都将自己的时间全部投入在学习书本知识上,剩下的时间能玩就玩一会儿,目标非常清晰,就是高考分数要尽可能高,以便上尽可能好的大学。但大学学什么专业这件事情,除了听到父母偶尔谈论自己的工作之外,可能再无其他信息来源。自己已经被高考这件事情压得喘不过气来,根本就没有心思去琢磨大学专业这件相对遥远而又非常困难的事情,即便曾经听到什么信息,也很难入耳,更不会主动进行深入研究。因此,高考结束填报志愿时,多数考生都会陷入极度纠结的状态,这其实就是环境高度复杂,自己的认知能力非常有限的必然结果,其决策必然是有限理性的,而且非理性程度极大。

三、保险决策的理性程度

1. 投保决策的理性程度

从上述两个维度来看,首先,从工作领域来看,绝大多数消费者都不从事保险工作,不可能是保险领域的专家,对风险和保险的认知能力相当有限;其次,从决策频率来看,短期保险的决策频率通常是一年一次,长期人身险的决策频率往往是一辈子一次或有限的几次,决策频率很低,导致个体缺乏相关的经验或体验。由此可以推断,投保决策的理性程度往往很低。

从不同投保主体来看,由于企业通常只购买短期保险或主要购买短期保险,购买频率相对个人较高,企业投保决策的理性程度与个人投保决策相比要大一些。

此外,如后面的第三章所述,理性投保决策要求投保主体具有与保险公司完全一致的风险评估结果(假定保险公司可以准确评估风险),而得到这一风险评估结果需要搜集大量的风险信息,并进行统计分析和计算,这一点要求极高,绝大多数投保主体都不具备风险信息搜集和统计计算能力,导致投保主体的风险评估结果很难与保险公司的风险评估结果一致,进而导致更低的理性程度。

2. 承保决策的理性程度

承保决策是保险公司做出的,而保险公司的专业工作就是定价、销售、核保和理赔等,由于积累了丰富的定价、核保和理赔经验,保险公司的承保决策往往比较理性。

但是,如后面几章所述,保险公司的承保决策也存在一定的非理性程度,原因主要有两点。第一,保险公司同样有风险信息搜集困难的问题,尤其是对那些经验数据少、承保标的少,难以满足大数定律的险种而言,保险公司同样无法准确评估承保风险,进而导致其承保决策也存在一定的非理性状况。第二,由于股东与管理层、核保师的利益不一致,如股东可以通过分散化投资来实现风险分散,而管理层和核保师无法通过分散投资或分散化工作来分散自己的职业生涯风险,于是,管理层和核保师既可能会做出比股东更加风险厌恶或保守的承保决策,也可能由于道德风险而做出更加风险喜好甚至欺诈性的承保决策,导致公司行为偏离股东利益最大化或利润最大化的目标。

第 二 部 分

保障性保险的行为保险需求理论

第三章 基于期望效用最大化的
标准投保决策理论

对消费者而言,保险产品可以分为三类:保障性保险、保障储蓄性保险和储蓄性保险。保障性保险的特点是只有保障功能,保单没有现金价值或账户价值,没有任何投资功能,主要是指各类短期保障性保险,如各类财产保险、意外险、短期防癌险、医疗费用保险等,以及较为长期的定期寿险等;保障储蓄性保险指既有保障功能又有储蓄功能的保险,期限通常较长,如终身寿险、终身重大疾病保险、两全保险、终身年金保险等;储蓄性保险是指保单仅有储蓄功能没有保障功能,或虽有保障功能但保障功能几乎可以忽略不计的保险。保险公司曾经销售少量完全没有保障功能的万能险产品、投资连结保险产品和年金保险产品,寿险业曾经销量第一的两全保险(以分红型为主)和近几年作为开门红产品的年金保险(或年金保险+万能险),多数仅提供少量的意外身故和高残保障,或仅提供监管所要求的最低保障,风险保费在总保费中的占比极低。

本书将分别讨论保障性保险的投保决策(第三至七章)和储蓄性保险的投保决策(第八、九章)[①]。第三、四章讨论保障性保险的标准投保决策理论,第五、六章是对保障性保险标准投保模型的修正,第七章提出保障性保险的行为投保决策理论。

在现代经济学和保险经济学中,保障性保险的标准投保决策理论就是理性假设条件下的期望效用理论,本章第一节讨论概率和期望值理论是如何被发明的,第二节讨论期望效用理论是如何被发明的;第三节讨论标准投保决策理论,即理性的消费者如何使用期望效用最大化模型进行投保决策。

需要声明的是,第三、四章仅讨论个体的标准投保决策理论,第五、六章也是仅针对个体标准投保决策模型进行修正,到第七章构建行为投保决策理论时,会加入对企业投保决策和政府投保决策的分析。

第一节 概率论和期望值理论的发明

通过回顾概率和期望值的发明史,本节讨论了不确定条件下的选择理论——期望值最大化理论是如何被发明出来的。

[①] 本书没有专门讨论保障储蓄性保险的行为投保决策,主要是因为我还无法从理论上系统分析保障储蓄性保险的投保决策,也无法将保障性保险的投保决策理论和储蓄性保险投保决策理论以某种方式整合起来建立保障储蓄性保险的投保决策理论。不过,在第十一章"供给改变需求"的第一节"契合人性:保险产品的行为学设计"中读者会发现,由于人们不愿投保保障性保险,保障储蓄性保险往往是作为保障性保险的替代出现的。

一、概率论的由来

早在古代，人们就已经开始玩掷骰子等靠运气决定胜负的赌博或游戏了，但直到 17 世纪，不管是数学家还是普通百姓，都不知道如何正式地描述和量化不确定事件。概率论这一数学分支一直要等到 17 世纪后期才由法国数学家布莱士·帕斯卡（Blaise Pascal）发展出来。

1. 赌金分配问题的提出

布莱士·帕斯卡（Blaise Pascal）于 1623 年出生在法国的一个中上层家庭，才华出众，16 岁时就发表了《论圆锥曲线》的论文，令笛卡尔大加赞赏，1653 年提出了我们中学教材里的"帕斯卡定律"并利用这一原理制成了注射器和水压机。1653 年 9 月，帕斯卡受邀同几位绅士结伴旅行，他们分别是罗尼兹（Roannez）公爵（帕斯卡的资助人）、梅雷（Mere）爵士和明顿（Minton）绅士。旅途中，梅雷爵士向帕斯卡提出了一个赌金分配问题："梅雷爵士和罗尼兹公爵两人采用连续掷硬币的方式来赌博，每人的赌注是 50 个金路易。如果先有 4 次正面朝上，则梅雷爵士赢得全部赌注 100 个金路易；如果先有 4 次反面朝上，则罗尼兹公爵赢得全部赌注 100 个金路易。但是连续抛 5 次硬币之后由于突发事件，游戏被迫中断了，此时已经出现了 2 次反面，3 次正面。那么，此时应该怎样分配这 100 个金路易呢？"

尽管当时科学界尚未发明概率论，但帕斯卡想到的解决思路与我们现在一致，即应该按照每个参与者在之后的抛硬币中获胜的可能性大小来分配赌金。问题是，怎样才能知道每个参与者在之后的抛硬币中获胜的可能性大小呢？

现在看来，这个问题对于熟知概率论的人来说比较简单：接下来每次抛硬币时都会出现两种等可能性的结果：正面向上或反面向上。在前 5 次已经出现 2 次反面、3 次正面的基础上，第 6 次抛硬币时，若正面朝上，则梅雷爵士获胜；若反面朝上则是平局，需要再抛银币。第 7 次抛硬币时，正面向上则梅雷爵士获胜，反面向上则罗尼兹公爵获胜。总体来看，梅雷爵士的获胜概率为 75%（50%＋50%×50%＝75%），罗尼兹公爵的获胜概率为 25%（0＋50%×50%＝25%），所以，他们应该按照 75：25 这一比例分配赌金，即梅雷爵士分得 75 金路易，罗尼兹公爵分得 25 金路易。

2. 帕斯卡发明概率论

帕斯卡持续研究上述问题一年后，1654 年，帕斯卡与另一位数学家皮埃尔·德·费马（Pierre de Fermat，费马当时比帕斯卡大 22 岁，被誉为"业余数学家之王"，曾提出公众熟知的费马大定理）通过信件探讨这个问题，其中一封信被公认是概率论诞生的标志。在这封信件中，帕斯卡不仅对赌金分配问题提出了解决办法，还推出了一组公式，用来描述等概率事件如何组合产生复合概率，该研究成果可以用来解决与赌金分配问题类似的具有普遍性的不确定性问题。

在之后的 50 年中，受到帕斯卡的启发和影响，荷兰天文学家克里斯蒂安·惠更斯写出了一本概率论初等教材。保险业也受到了积极的影响，对承保风险的评估不再完全依靠主观判断，而是逐渐运用基于概率论的风险评估方法。

3. 概率论发明过程的启示

从上述概率论发明过程来看，第一，概率论往往是专家发明的，尽管是用来解决实际问题的,但处于实际问题中的个人还是无法凭借直觉解决问题,不得不依靠帕斯卡这样的专家来解决。第二,即便是帕斯卡,想出这样的解决方案也非常不容易。按照我的教学经验,凡是需要经过大量思考才能想出来的算法、公式、思维模式等,在课程上都很难被同学较快的接受,更不会被人们轻易地运用在生活决策中。

因此,概率思维方式,尤其是需要通过艰难思考进行运算的概率思维模式,很难被人们准确地运用到现实生活中的不确定决策中。

二、期望值与理性选择

不确定条件下的选择确实令人头痛,比如最简单的选择——早上出门要不要带雨伞——就常常令人们举棋不定,因为无论带伞还是不带伞,都无法使我们在任何情况下都感觉自己的选择是最佳的,具体而言,无论是"带伞了没下雨"还是"不带伞下雨了",人们都会觉得自己早上的决策有误。

帕斯卡想为上述问题寻找解决方案,于是,在解决赌资分配问题的同时,帕斯卡还试图弄明白,怎样将"对未来得失的估计"与"对未来事件可能性的估计"结合起来,进而确定哪种行动方案会产生最优结果。

1. 期望值的发明——将事件可能性和事件结果综合考虑

要确定在不确定条件下哪种行动方案会产生最优结果,首先需要对不确定条件下任一行动方案的价值进行评估,以便对不同行动方案的价值进行比较,进而选择最优行动方案。

在法国逻辑学家安托万·阿尔诺(Antoine Arnauld)与皮埃尔·尼古拉(Pierre Nicole)于1662年出版的《思维的艺术》一书中,阿尔诺(据推测是在帕斯卡的帮助之下,因为阿尔诺与帕斯卡是朋友,而且在《思维的艺术》出版之前,帕斯卡已经提出了著名的关于上帝是否存在的"帕斯卡赌注")表达了这样的思想:"为了决定该做什么而获得收益或避免损失,我们既要考虑收益和损失本身,还要考虑它们发生或不发生的概率,而且,当把它们综合到一起时,我们还有必要从几何学的角度对他们所占的比例进行审查。"阿尔诺还讲道:"将后果和概率进行综合考虑,可以使我们更加理性地看待希望和恐惧。例如,许多人一听到雷声就惊恐万分。如果雷声会让他们想到上帝、死亡和幸福,那倒无可厚非。但如果仅仅是因为害怕被闪电击毙而惴惴不安的话,那就显然是不合情理的,因为每200万人中最多只有一人死于此种方式。……所以面对某种伤害所表现出来的恐惧,不仅要与伤害的严重性相称,还要与伤害事件发生的可能性相称。"

经过进一步的研究,帕斯卡构造出了一个将可能性与后果两者结合起来的公式:把事件的概率同该事件的货币价值相乘,求出期望值。这样,人们就可以用期望值这个单一数值,对不确定条件下任一行动方案带来的价值进行评估。

2. 不确定条件下的理性选择理论:期望收益值最大化

在发明期望值后,帕斯卡和阿尔诺认为,对于不确定条件下行动方案的选择问题,最优行动方案就是使期望收益值最大化(或期望损失值最小化)的行动方案。以早上出门是否带伞的决策为例,人们不应该纠结于在任何情况(下雨或不下雨)下都要正确,而应该计算带伞和不带伞两种行动方案下的期望价值。

由此,如何在不确定条件下做出最优决策,人类第一次有了一种确切的数学方法,即选择可产生最大期望收益的行动方案,称之为"期望值理论"。例如,假设我们可以花 20 元参加抽奖,而且必须在如下两种抽奖中选择一种：一种是有 50% 的概率赢得 30 元,一种是有 2% 的概率赢得 1 000 元。按照帕斯卡发明的期望值计算法,可以计算得到第一种抽奖的期望收益为 15 元($50\% \times 30 = 15$),第二种抽奖的期望收益为 20 元($2\% \times 1\,000 = 20$)。按照帕斯卡发明的最优选择理论,我们应该选择后一种抽奖方案。

某行动方案的期望值,其现代表述为：

$$EV = \sum_{i=1}^{n} p_i x_i \qquad (3-1)$$

其中,p_i 和 x_i 分别表示该行动方案的每一可能结果的出现概率和金钱价值,$i = 1, \cdots, n$。

由此,科学界认为,不确定条件下的理性选择,就是选择可产生最大期望收益或最小期望损失 EV 的行动方案。这就是 17 世纪时人类发展出的不确定条件下的理性选择理论。

第二节　期望效用理论的发明

通过回顾效用函数的发明和完善史,本节讨论了不确定条件下的理性选择理论——期望效用最大化理论是如何被发明的。

一、圣彼得堡悖论

帕斯卡发明期望值理论约 40 年后,随着该理论被传播、理解和应用,尼古拉斯·伯努利(Nicholas Bernoulli)于 1713 年 9 月在写给数学家德蒙马特(M. de Montmort)的信中提出了一个彼得和保尔的赌博问题："彼得掷一枚硬币,如果第一次掷硬币头面朝上,彼得答应给保尔 1 个荷兰盾$\left(保尔在第一次抛硬币中的期望收益为 \dfrac{1}{2}\left(=\dfrac{1}{2} \times 1\right) 荷兰盾\right)$；如果第一次掷的结果是背面朝上,则掷第二次,如果第二次掷硬币头面朝上,彼得付保尔 2 个荷兰盾$\left(保尔在第二次抛硬币中的期望收益为 \dfrac{1}{2}\left(=\dfrac{1}{2} \times \dfrac{1}{2} \times 2\right) 荷兰盾\right)$；如果第二次掷的结果是背面朝上,则掷第三次,如果第三次掷硬币头面朝上,彼得付保尔 2^2 个荷兰盾$\left(保尔在第三次抛硬币中的期望收益为 \dfrac{1}{2}\left(=\dfrac{1}{2} \times \dfrac{1}{2} \times \dfrac{1}{2} \times 2^2\right) 荷兰盾\right)$；如果第三次掷的结果是背面朝上,则掷第四次……,到第 n 次,如结果是头面朝上,彼得付保尔 2^{n-1} 个荷兰盾$\left(保尔在第 n 次抛硬币中的期望收益为 \dfrac{1}{2}\left(=\left(\dfrac{1}{2}\right)^n \times 2^{n-1}\right) 荷兰盾\right)$。这个赌局可以无限次地玩下去,直到头面朝上,保尔赢到钱为止。保尔在该赌局中所获的价值的期望值是多少？"

尼古拉斯·伯努利之所以提出这个问题,是由于他发现彼得参与这个赌局的期望收益与现实中该赌局的参与价之间相差实在太大。他发现,保尔参与这个赌局的期望收益为历次抛硬币的期望收益之和：$\dfrac{1}{2} + \dfrac{1}{2} + \dfrac{1}{2} + \cdots\cdots = \infty$。保尔参与这个赌局的期望收益为无穷大,按照帕斯卡的期望值理论,他应该拿出自己所有的钱,甚至大量举债来购买这个赌博机会。但是,现实中,这一赌局的卖出价却从未超过 20 荷兰盾,这严重背离了当时的主流理论——帕斯卡发明的期望值理论,被称为"圣彼得堡悖论"。

二、对风险态度的考量

18 世纪早期,圣彼得堡悖论成了概率论中的研究热点,好多欧洲数学家都想知道为何会出现这种现象。1738 年,这一悖论被尼古拉斯·伯努利的表弟——瑞士物理学家、数学家丹尼尔·伯努利(Daniel Bernoulli,被称为"流体力学之父",理工科出身的人熟悉其发现的"伯努利定律"和发明的"伯努利方程")解决。

丹尼尔·伯努利认为期望值的计算无误,但让人们按照期望收益最大化法进行决策却不合理,因为期望值理论暗含一个假定:"人们对风险无动于衷",而这一假定与现实严重不符。例如,有两个抽奖可供选择,抽奖 A 为"有 100% 的机会赢得 10 万元",抽奖 B 为"有 50% 的机会赢得 20 万元",参加 A 和 B 的期望收益相同,均为 10 万元。按照帕斯卡的期望值理论,决策者应该认为 A 和 B 无差异,选哪个都行。但实际上绝大多数人都会选择 A。丹尼尔·伯努利把这种现象归因为:人类是谨慎的,通常不愿意冒险。

于是,丹尼尔·伯努利进一步考虑人们对风险的考量,试图总结出人们面对风险时的思考规律。大概的思路是这样的,假如甲一贫如洗,急需用钱满足家里最基本的温饱需求,此时他面临两个选择,一是有 100% 的机会赢得 1 万元,二是有 50% 的机会赢得 2 万元。可以预测,甲几乎肯定会选取 100% 赢得 1 万元,因为他急需用钱,不愿因为冒险而导致自己最爱的人挨饿受冻。两个选择的期望收益相等,甲选择无风险的第一种选择,显示甲是不愿意冒险的,表现出"风险厌恶"。为了度量甲的风险厌恶程度,可以通过增加第二个选择的支付金额,直到甲认为两个选择对他具有相同的吸引力时为止,如 50% 的机会赢得 2.5 万元、3 万元、3.5 万元……。如果甲认为"50% 的机会赢得 4 万元"与"100% 赢得 1 万元"具有相同的吸引力,那么,在甲的心理上,不确定地获得的 4 万元带给他的心理价值仅相当于确定地得到 1 万元的 2 倍。因为只有这样,甲才会认为"50% 的机会赢得 4 万元"和"100% 赢得 1 万元"具有相同的吸引力。

让我们继续考虑甲的故事,假如甲由于工作努力并且抓住了好机会,现在达到了中产水平,拥有资产 100 万元,其财富完全可以满足自己的基本需求,并不急于用钱,此时甲面临两个选择:一是有 100% 的机会赢得 1 万元,二是有 50% 的机会赢得 2 万元。结果,甲还是选择 100% 赢得 1 万元,表现出风险厌恶。我们仍然通过增加第二个选择的支付金额,直到甲认为两个选择的吸引力相同为止。结果,甲认为"50% 赢得 3 万元"与"肯定赢得 1 万元"具有相同的吸引力,其风险厌恶程度相对于一贫如洗时显著下降了。这说明,在甲的心理上,此时 3 万元的价值大约相当于 1 万元的 2 倍。

丹尼尔·伯努利由此总结出三点极具价值的结论:第一,所得的心理价值与所得的数学价值(或金钱价值)是两个相互联系但不同的概念;第二,人们并不是像帕斯卡所认为的那样根据期望值进行决策,而是根据期望效用(丹尼尔·伯努利用效用来表示心理价值,以下类同)进行决策,期望效用应该是由"所得的概率"和"所得的效用(而不是金钱价值)"结合计算而来的;第三,比起那些一无所有的穷人,富人更愿意冒险。

三、伯努利效用函数的发明

1. 伯努利发明边际递减的效用函数

在发现"所得的效用(心理价值)"与"所得的数学价值(或金钱价值)"是两个相互联系但不同的概念后,丹尼尔·伯努利创造了一种可将数学价值和效用联系起来的简单形式,即用二维平面图来表示数学价值和效用之间的关系,并且认为这个图形应该描述或反映上述案例所表现的人类的两个特点:一是一贫如洗、财富很少时,4万元的心理价值约为1万元的2倍;二是富人比穷人更愿意冒险,财富达到100万元时,3万元的心理价值大约相当于1万元的2倍。丹尼尔·伯努利认为这个图形应该是一条凹曲线,如图3-1所示。可以看出,丹尼尔·伯努利的这条曲线与标准经济学中人类的效用函数曲线一致,呈现边际效用递减的特征。

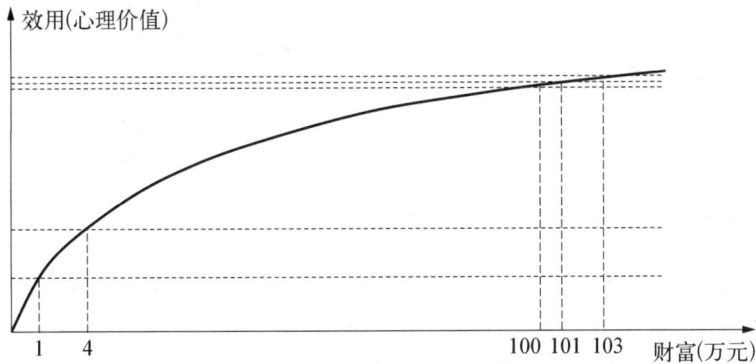

图3-1 财富与心理价值的关系曲线(效用函数曲线)

2. 心理物理学的支持:费希纳定律

伯努利效用函数是在18世纪发明的。在此之后的19世纪50年代,心理物理学的研究成果进一步支持和泛化了伯努利的结论。

19世纪50年代,很多心理学家们想知道当客观事物变化时,人们对客观事物的体验到底是如何变化的,例如,当水的温度、光的强度等物理量变化时,人们对水温和光的强度的主观体验值是如何变化的,这一领域称为心理物理学(Psychophysics)。

关于心理物理学,心理学家们最早提出的问题是,究竟物理刺激的强度变化多少才能让个体感觉到有差异,或者感觉到确实变化了。例如,室内灯光增加(或减少)多少瓦时,个体才能感觉到光线增强(或减弱)了。1834年,韦伯(Weber)提出,总的来说,某一种物理刺激,若要使人感觉到其强度的增加(或减少),必须使这一物理刺激强度在原有基础上增加(或减少)某个百分比,这一变化量被称为"最小可觉差"。研究发现,对于较小的物理刺激来说,只需要增加较小的变化量,个体就可感知到变化;但对于已经较大的物理刺激,就必须增加较大的刺激量,才能引起同等程度的注意。为了达到最小可觉差,需要增加(或减少)的刺激强度与原刺激强度的比率称为"韦伯分数"。举例来说,对重量差异感知的韦伯分数接近1/30,即只有将负重增加(或减少)原有负重的1/30时,人类才能感觉到负重确实增加(或减少)了。事实上,对于特定类型的感官刺激,其韦伯分数基本保持恒定,这一规律被称为"韦伯定律"。

1860 年,心理学家费希纳(Fechner)提出,最小可觉差可以用一定数值的心理强度而不是物理强度来描述,并且认为,心理强度是物理强度的对数,被称为"费希纳定律"。这一定律后来被广泛接受,从此,心理强度指标逐渐走上历史舞台。例如,噪声的心理强度现在用"贝尔"或"分贝"(1贝尔=10 分贝)来衡量,"贝尔"是一个心理强度指标而非物理强度指标,其计数单位就是以物理振幅的对数值来定义的,即"噪声的心理强度 = log 噪声的物理振幅",噪声每增加 1 贝尔,表示物理振幅增大了10 倍。费希纳定律所描述的对数函数的图形见图 3-2。

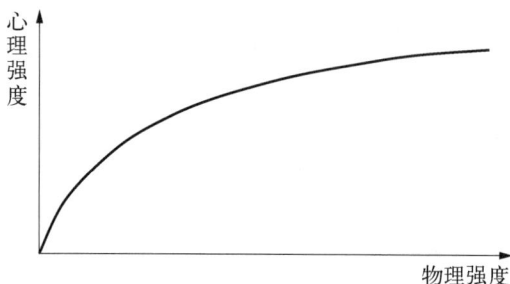

图 3-2　费希纳定律:心理强度与物理强度的对数函数关系

对数函数显然遵循边际递减原则,也叫作边际感受递减定律。看来,边际感受递减定律适用于描述绝大多数客观值与主观感受之间的变化关系。

天才的伯努利早在 1738 年就发现了金钱与效用之间的关系服从边际效用递减定律,比心理学界的费希纳定律早了 120 多年。

四、不确定条件下的理性选择理论:期望效用最大化

将"所得的数学价值"转换为"效用"后,丹尼尔·伯努利修正了帕斯卡的期望值理论,现在称其为"期望效用理论"。在期望效用理论中,未来事件的概率与期望值理论中完全一致,不同的是用效用(心理价值)替代了数学价值(或金钱价值)。丹尼尔·伯努利认为,在不确定条件下人们会追求期望效用最大化而不是期望收益最大化。

按照期望效用理论,某一行动方案的期望效用计算方法如下:

$$EU = \sum_{i=1}^{n} p_i \cdot U(x_i) \tag{3-2}$$

其中,p_i、x_i 和 $U(x_i)$ 分别表示该行动方案的每一可能结果的出现概率、金钱价值和效用(心理价值),$i = 1, \cdots, n$。

按照丹尼尔·伯努利的理论,理性人会选择最优行动方案,最优方案就是期望效用 EU 最大的方案。这就是 18 世纪时人类发展出来并一直延续至今的不确定条件下的理性选择理论。

投保决策属于典型的不确定决策,因此,所谓理性的投保决策,就是指按照期望效用理论最大化原则做出的投保决策,即在面临风险时,决策者对可能的行动方案(如不买保险和买保险)所致的期望效用进行比较,选择期望效用最大的行动方案。

五、期望效用理论的公理化

丹尼尔·伯努利发明期望效用理论后,1940 年代,冯·诺依曼和摩根斯坦(von

Neumann and Morgenstern)将其进行了公理化[1],建立了公理化的期望效用理论。[2]

冯·诺依曼和摩根斯坦首先为理性决策提供了一套明确的基本假设或者公理,这些公理主要包含:① 有序性公理。即理性决策者可以对任意两个备选行动方案进行比较,结果是,要么偏好其中一个,要么对两个都无所谓;② 占优性公理。即理性决策者永远都不会采取一个被其他行动策略占优的行动策略,所谓 A 策略比 B 策略占优,是指采取 A 策略一定比采取 B 策略更好,会带来更大的效用;③ 相消性公理。如果两个备选方案的行动结果都是不确定的,可能的结果中包含了一些数值相同且出现概率相等的结果(即两个概率分布中有部分完全相同),那么,理性决策者在对这两个方案进行选择时,应该忽略那些数值相同且出现概率相等的结果的效用,或者说两个方案的相同部分应该相互抵消;④ 可传递性公理。如果理性决策者在方案 A 和方案 B 中更偏好方案 A(即 A 比 B 好),在方案 B 和方案 C 中更偏好方案 B(即 B 比 C 好),那么这个人在方案 A 和方案 C 中肯定更偏好 A 方案;⑤ 连续性公理。对于任何一组结果,如果出现最好结果的概率非常大,那么,理性决策者总是偏好在最好和最坏的结果中进行赌博而不是选择一个中间值。例如,如果面临这样的选择,方案 1 的结果是确定地获得 100 元,方案 2 是以 $\frac{1}{100\ 万亿}$ 的概率遭受巨额损失、以 "$1-\frac{1}{100\ 万亿}$" 的概率获得 1 000 元,理性决策者会偏好方案 2;⑥ 恒定性公理。理性决策者不会受到备选方案的表现方式的影响。例如,面对本质上相同的一个复杂赌博(如两阶段彩票,第一、二阶段的获奖概率均为 50%,两阶段均中奖则得到 1 000 元)和一个简单赌博(如一次性彩票,获奖概率 25%,获奖金额 1 000 元),理性决策者肯定会认为两者无差异,而不是偏好某一个。

在定义上述公理的基础上,冯·诺依曼和摩根斯坦从数学上对期望效用最大化准则的合理性进行了论证,他们从数学上证明了,如果个体的偏好能够满足上述理性行为的基本公理,那么该个体所做出的决策就可以被认为达到了期望效用最大化。反之,如果决策者违背了这些公理,期望效用就无法达到最大化。

由此,期望效用最大化被视为理性行为准则,因为它是由一些所有理性人都会接受的公理化原则推导出来的,是一套科学的理论体系。

第三节　标准投保决策理论: 期望效用最大化模型

冯·诺依曼和摩根斯坦将期望效用理论公理化后,期望效用理论逐渐成为标准化的风险决策理论,经济学家逐渐将该理论指导下的不确定条件下的选择理论写入了经济学教科书,并且将投保决策作为经典案例。

所以,标准经济学中投保决策理论的基础就是期望效用理论,所谓理性投保决策,就

---

[1]　公理是指依据人类理性的不证自明的基本事实。公理化是一种重要的研究方法,它的主要精神是从尽可能少的几条公理以及若干原始概念出发,应用逻辑规则和数学推导出尽可能多的命题。这种逻辑推演过程被称为"证明",被证明的结论称为"定理",科学体系就是由一系列概念、公理和命题(或定理)构成的。

[2]　在不少《经济学》教科书中,提到期望效用理论,就直接说是冯·诺依曼和摩根斯坦的发明。但在心理学类的文献中,往往认为期望效用理论是丹尼尔·伯努利的发明,冯·诺依曼和摩根斯坦只是将其进行了公理化。当然,公理化后的期望效用理论显得更为科学,极大地促进了期望效用理论在理论研究中的应用和发展。

行为保险经济学

是在面对可保风险时,理性人会选择使自己的期望效用最大化的行动方案。

一、理性投保决策(是否足额投保)

这里用一个案例来说明标准经济学中是否足额投保的理性保险决策。假设张三的效用函数为 $U(W)$,目前拥有的总财富为 W_0。张三有一处房产,该房产面临火灾风险,房产重建造价为 L。火灾发生概率为 p,一旦发生火灾,张三将遭受全损,损失为 L。

需要说明的是,这里仅分析足额投保与否的选择,即假定保险公司只销售足额保险(类似于现实中汽车损失保险的投保决策)。因此,在本例中,张三只有两个行动方案可供选择:一是向保险公司投保,保险金额为 L;二是不向保险公司投保。

1. 保险公司仅收取纯保费时的投保决策

假定保险公司仅收取纯保费,纯保费等于火灾风险的期望损失 pL,张三该如何选择呢?

按照理性风险决策理论,张三需要将投保和不投保这两个方案的期望效用进行比较,选择期望效用较大的方案。保险决策及其后果可以用收益矩阵来描述,矩阵中的每一行对应的是可供决策者选择的各种行动方案,每一列对应的是可能发生的自然状态,每个单元格的内容是由某一行动方案与某一自然状态共同决定的张三的财富水平。张三投保决策的收益矩阵如表 3-1 所示。在发生火灾且投保的情况下,张三的财富水平之所以是 W_0-pL,是因为损失 L 被保险公司的赔偿完全抵消掉了。

表 3-1　张三投保决策的收益矩阵

可选择的行动方案	自 然 状 态		财富期望值
	发生火灾(概率为 p)	未发生火灾(概率为 $1-p$)	
不投保	W_0-L	W_0	W_0-pL
投　保	W_0-pL	W_0-pL	W_0-pL

方案"不投保"和"投保"的期望效用分别为:

$$EU(不投保)=p \cdot U(W_0-L)+(1-p) \cdot U(W_0)$$

$$EU(投保)=p \cdot U(W_0-pL)+(1-p) \cdot U(W_0-pL)=U(W_0-pL)$$
$$=U[p(W_0-L)+(1-p)W_0]$$

在张三的效用函数是凹函数(即边际效用递减)的情况下,根据詹森不等式 $E[f(x)]<f[E[X]]$,任何凹函数 $f(x)$ 的期望值总是小于 X 的期望值的函数值,所以,不投保的期望效用小于投保的期望效用。

$$EU(不投保)<EU(投保)$$

这说明,如果保险公司仅收取纯保费,理性的张三会选择投保。

可以用效用函数图形来描述上述方案选择,图 3-3 为张三的边际效用递减的效用函数,横轴表示财富 W,纵轴表示不同财富水平对应的效用 $U(W)$。按照上述计算,在保险公司仅收取纯保费的情况下,张三不投保时的期望效用为 B 点的效用水平,投保时的期望效用为 C 点的效用水平。显然,投保的期望效用大于不投保的期望效用,所以,张三的理性选择是投保。

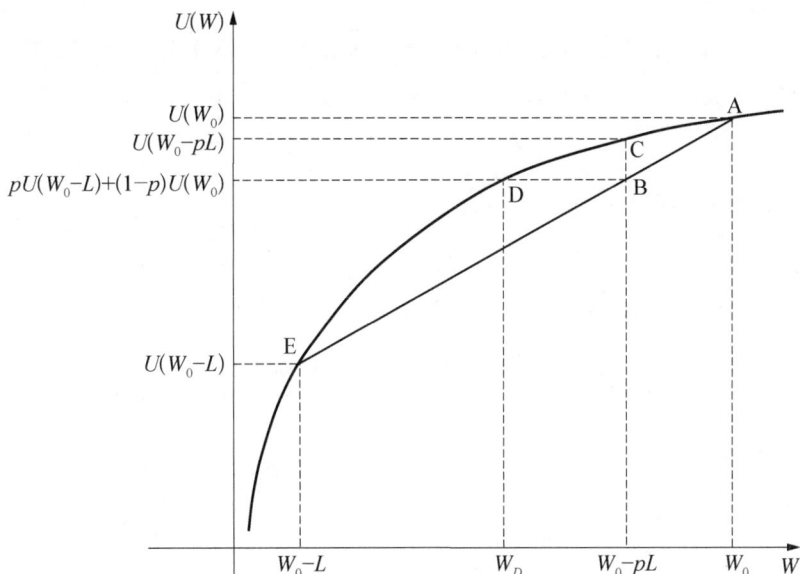

图 3－3　张三的效用函数及投保决策

2.保险公司收取附加保费时的投保决策

接上例,正是由于张三投保的效用大于不投保的效用,保险公司可以在纯保费之上再向张三收取一些附加保费,只要保证附加保费不要大到使张三的选择改变为止。于是,在附加保费不高的情况下,张三的理性选择仍然是投保。

从表 3－1 最后一列可以看出,在保险公司仅收取纯保费的条件下,张三在投保和不投保两种方案下的财富期望值其实是相同的,均为 $W_0 - pL$,那张三为何会选择投保呢?根本原因就在于张三是风险厌恶的,正是张三对风险的厌恶使得张三在投保时的效用相对较大,使得张三愿意在纯保费之外支付风险溢价——附加保费,从而使得保险公司也有利可图,使保险交易真正达成。

保险公司最大可以收取多少附加保费呢? 如图 3－3 所示,如果保险公司在纯保费 pL 基础上收取附加保费,则,当总保费为 $W_0 - W_D$ 时,张三选择投保和不投保两种方案的期望效用相等。所以,DB 的长度对应着保险公司可以收取的最大附加保费水平,或者说,只要保险公司收取的附加保费低于 $W_0 - pL - W_D$,张三的理性选择就是投保。

3.影响理性消费者支付附加保费高低的因素

显然,个体的风险厌恶程度越大,愿意支付的附加保费越高。

更具体而言,首先,从边际递减的效用函数可以看出,相同的人,财富水平越高,风险厌恶程度越低,面对同样大小(损失分布相同)的风险,个体愿意支付的附加保费越低。

其次,相同的人,面对期望损失相同,但标准差不同的风险,风险厌恶程度不同。通常,标准差越小(概率越高、损失额越低),风险厌恶程度越小,愿意支付的附加保费越低。如图 3－3 所示,个体愿意支付的最大附加保费为 BD,当我们在不改变期望损失的条件下提高出险概率、降低损失额后，初始财富状态 A 保持不变，E 点会沿着效用函数曲线向右上移动，AE 的斜率会下降，导致 BC 和 BD 都会缩短。BD 缩短意味着个体愿意支付的附加保费减少。

4. 数字化的例子

假设张三的效用函数为 $\sqrt{W}$，目前拥有的总财富为 100 万元。张三有一处房产，该房产面临火灾风险，火灾发生概率为 1/5 000，一旦发生火灾，张三将遭受损失 50 万元。在面临火灾风险的情况下，张三有两个行动方案可供选择：一是向保险公司投保，保险金额为 50 万元，假定保险公司仅收取纯保费 100 元 $\left(=\dfrac{1}{5\,000}\times 50\text{ 万元}\right)$；二是不投保。

张三该如何选择呢？按照理性风险决策理论，张三需要将投保和不投保这两种方案的期望效用进行比较，选择期望效用大的方案。张三面临的收益矩阵如表 3-2 所示。

表 3-2　张三投保决策的收益矩阵　　　　　　　　　单位：元

可选择的行动方案	自然状态		财富期望值
	发生火灾（概率为 1/5 000）	未发生火灾（概率为"1−1/5 000"）	
不投保	500 000	1 000 000	999 900
投　保	999 900	999 900	999 900

则，方案"不投保"和"投保"的期望效用分别为：

$$EU(\text{不投保})=\frac{1}{5\,000}\cdot\sqrt{500\,000}+\left(1-\frac{1}{5\,000}\right)\cdot\sqrt{1\,000\,000}=999.94$$

$$EU(\text{投保})=\sqrt{999\,900}=999.95$$

$$EU(\text{不投保})<EU(\text{投保})$$

理性的张三将选择投保。根据上一部分中提到的计算最大附加保费的方法，已知张三的效用函数为 $\sqrt{W}$，张三愿意支付的最大附加保费为：

$$999\,900-[EU(\text{不投保})]^2=999\,900-999\,880=20(\text{元})$$

即，只要保险公司收取的保费不超过 120 元（纯保费 100 元加最大附加保费 20 元），理性的张三将会选择投保。

二、消费者如何理性地选择保额？

上面讨论了个体是否足额投保的决策，这里讨论的是，如果保险公司允许客户选择投保金额（现实中，家庭财产保险、企业财产保险、短期医疗保险、短期重大疾病保险等均允许消费者自由选择保额，或者提供若干档次的保额供消费者选择），而且在保证"投保的期望效用大于不投保的期望效用"的条件下，理性的消费者如何选择保额。

54

显然,保证"投保的期望效用大于不投保的期望效用"的条件一定是附加保费不能太高。或者说,这里讨论的是,在附加保费不高进而风险厌恶的消费者愿意投保的情况下,消费者会如何选择保额或愿意买多少保险。

我们仍然沿用前述案例来说明。假设张三的效用函数为 $U(W)$,目前拥有的总财富为 W_0。 张三有一处房产,该房产面临火灾风险,房产重建造价为 L。火灾发生概率为 p,一旦发生火灾,张三将遭受房产全损,损失为 L。

假定保险公司允许消费者选择保额 A。 下面分析:① 如果保险公司仅收取纯保费 pA,张三选择的保额 A 是多少？② 如果保险公司同时收取纯保费和附加保费,且附加费率(附加保费/纯保费)为 α,即,消费者需要支付的总保费为 $(1+\alpha)pA$,张三选择的保额 A 是多少？

1. 仅收取纯保费时张三的选择

$$EU(投保) = p \cdot U(W_0 - pA + A - L) + (1-p) \cdot U(W_0 - pA)$$

根据最优条件对上式求一阶导数,令其为零,可得,

$$\frac{\partial EU}{\partial A} = p(1-p) \cdot U'(W_0 - pA + A - L) - p(1-p) \cdot U'(W_0 - pA) = 0$$
$$\Rightarrow U'(W_0 - pA + A - L) = U'(W_0 - pA)$$
$$\Rightarrow A = L$$

即,当保险公司仅收取纯保费时,风险厌恶的张三会购买足额保险。

2. 同时收取比例附加保费时张三的选择

$$EU(投保) = p \cdot U(W_0 - p(1+\alpha)A + A - L) + (1-p) \cdot U(W_0 - p(1+\alpha)A)$$

根据最优条件对上式求一阶导数,令其为零,可得,

$$\frac{\partial EU}{\partial A} = p(1 - p(1+\alpha)) \cdot U'(W_0 - p(1+\alpha)A + A - L) - p(1-p)(1+\alpha)$$
$$\cdot U'(W_0 - p(1+\alpha)A) = 0$$
$$\Rightarrow (1 - p(1+\alpha)) \cdot U'(W_0 - p(1+\alpha)A + A - L)$$
$$= (1-p)(1+\alpha) \cdot U'(W_0 - p(1+\alpha)A)$$

由于 $\alpha > 0$,导致 $(1 - p(1+\alpha)) < (1-p)(1+\alpha)$,因此,

$$U'(W_0 - p(1+\alpha)A + A - L) > U'(W_0 - p(1+\alpha)A)$$

由于效用函数是凹函数,因此,

$$W_0 - p(1+\alpha)A + A - L < W_0 - p(1+\alpha)A$$
$$\Rightarrow A < L$$

即,如果保险公司收取比例附加保费,风险厌恶的张三会选择部分保险。

此外,根据经济学中的需求定律,随着附加保费的增加,风险厌恶的张三愿意购买的保险数量或保险金额会降低;极端情况下,如果附加保费过高,风险厌恶的张三就不会购

买任何保险了。

三、保障性保险标准投保决策理论的结论和推论

1. 结论

第一,在保险公司仅收取纯保费或公平保费①条件下,个体会选择足额保险。

第二,在附加保费可以接受的情况下,人们的投保意愿强烈,保险需求强劲。人们能够接受的各类主要保险的附加保费到底有多高呢? Kunreuther 等(2013)认为,通常,30%—40%的附加保费,客户是完全可以接受的。

第三,面对期望损失相同但标准差不同的风险,标准差越大(概率越低、损失额越高),个体愿意支付的附加保费越高,投保意愿越强烈。即相对于"大概率、小损失风险",人们更愿意为"小概率、大损失风险"投保。

第四,保险需求越强烈,附加保费就越低,投保意愿就越强烈,附加保费就越低,……这是一个美好的循环。因为附加保费高低取决于保险公司运营成本的高低,而运营成本高低与保险需求强度高度相关。保险需求越强烈,保险销售成本越低,保险公司运营成本越低,附加保费就越低,保险需求就越强烈。真是太美好了!

第五,那些附加保费较低的保险,人们的保险需求应该非常强烈;附加保费过高,如附加费率超出 500%(如第一章提到的航意险附加费率),则人们不愿投保。

2. 推论

第一,如果有金额高低不同的免赔额供投保人选择,投保人应该选择"高免赔"保险。原因是,选择"低免赔"甚至"零免赔",类似于在购买"高免赔保险"基础上又购买了"小损失保险",而损失规模越小,损失概率就越高,因此,这些小损失风险往往会形成很高的理赔和管理成本,导致很高的附加保费。所以,除非极端风险厌恶,理性投保人不会选择"低免赔"甚至"零免赔"保险,而是会选择"高免赔"保险。

第二,人们更愿意购买纯保障性保险而非返还型保险。因为只要附加保费不高,人们就愿意购买纯保障性保险。而返还型保险提供的投资收益,会因为前端销售成本较高而失去市场竞争能力。

第三,无论是灾难发生前还是灾难发生后,理性人的保险需求应该是相同的。因为个体可以对风险进行理性的评估,完全理解风险发生的随机性,不会随着随机风险事件的发生而调高自己的风险评估水平,也不会由于随机风险事件的长期不发生而调低自己的风险评估水平。

读者可能看出来了,上述结论和推论,正是第一章列出的部分保险需求类"异象"的"正象",即理性消费者本来应该展示的投保现象。

---

① 在相关文献中,公平保费有两种含义,第一种是指纯保费,即保险公司从客户那里收进来又赔出去给客户,实质上并未额外收费,故称公平保费,在张庆洪所著的《保险经济学》中采用该含义;第二种是指在完全竞争的保险市场环境下保险公司应该收取的保费,因为收费正好覆盖所有成本,包括资本成本,故称公平保费,在 Scott E. Harrington, Gregory R. Niehaus 著,陈秉正、王珺、周伏平译的《风险管理与保险》中采用这一含义。此处的公平保费是指纯保费。

第四章　基于边际效用均衡的
标准投保决策理论

虽然现代经济学已经建立了基于期望效用最大化的标准投保决策模型,但是,该模型存在"未体现经济学成本收益分析思维"的缺陷,进而无法与体现边际效用均衡的消费选择理论融为一体①。为此,在界定保险的效用和边际效用的基础上,本章构建了基于边际效用均衡的投保决策模型,该模型体现了成本收益思维,并且使投保决策与消费选择理论融为了一体。

本章第一节从商品效用推导出收入效用和财富效用,得到用于分析投保决策的财富效用曲线;第二节讨论经济学如何将伯努利发明的期望效用最大化思维嫁接到不确定条件下的选择理论中,发现期望效用最大化思维无法与消费选择理论"无缝对接",尤其存在"无法体现成本收益思维"的缺陷;第三节尝试对期望效用最大化模型进行成本收益分析,对其进行"挽救",看其能否与消费选择理论融为一体,结果是失败的;第四节界定保险的效用和边际效用;第五节构建基于边际效用均衡的投保决策模型,将不确定条件下的投保决策与消费选择理论融为一体,体现了经典的成本收益思维;第六节讨论标准投保决策理论的缺陷。

第一节　商品效用、收入效用、财富
效用与效用函数曲线

经济学中所讲的边际效用,通常是指商品的边际效用,但投保决策中所讲的效用,通常是指财富的边际效用,两者之间有何区别? 如何从商品的边际效用过渡到财富的边际效用,进而得到随财富增长而边际递减的伯努利效用函数呢?

一、商品的边际效用和商品效用函数

经济学所讲的边际效用,通常是指"商品的边际效用",即增加一单位商品的消费所带来的效用的增量。经济学所称的边际效用递减,通常是指随着商品消费量增加,消费者获得的边际效用递减。

如图4-1的商品效用函数曲线所示,随着消费某种商品数量的增加,消

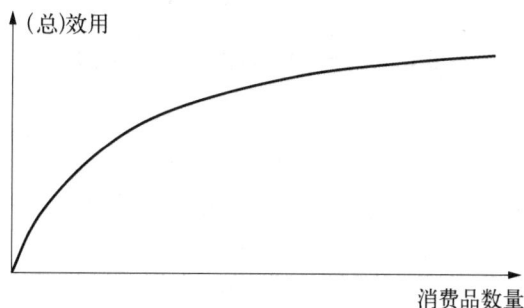

图4-1　商品效用函数曲线

---

① 经济学中,消费者选择既包括确定条件下的商品消费选择,也包括不确定条件下的工作选择、投保决策等,这里其实是指,前者体现边际效用均衡,后者体现期望效用最大化,后者无法与前者融为一体。

费者获得的（总）效用越来越大，但由于边际效用越来越小，（总）效用的边际增量越来越小。

二、收入的边际效用和收入效用函数

如第二章第一节所述，在收入约束下，消费者会通过理性选择购买商品来实现效用最大化，其选择结果（或消费均衡）可以描述为：

$$\frac{MU_1}{P_1} = \frac{MU_2}{P_2} = \cdots = \frac{MU_n}{P_n} = \lambda \qquad (4-1)$$

其中，

$MU_i(i=1, 2, \cdots, n)$ 表示任一种商品的边际效用；

$P_i(i=1, 2, \cdots, n)$ 表示任一种商品的价格；

λ 表示收入的边际效用，$\lambda = \dfrac{dU}{dI} = \dfrac{MU_i}{P_i}$。

在经济学中，不管消费者的效用函数是什么形式，收入的边际效用 λ，都表示收入增加1元钱带来的额外效用，或多花1元钱收入所获的额外效用，或预算再增加1元钱所产生的额外效用。

而且，从反映最优消费的式（4-1）可以看出，理性人会始终选择购买那些"单位支出带来的边际效用"最大的商品，从而使自己的收入实现最优配置，因此，收入效用其实是理性人通过一系列最优消费所获得的效用，一定是被"最大化"了的效用。

显然，随着收入增长，理性人会优先满足自己最迫切的消费需求，再满足次迫切的消费需求，然后再满足更不迫切的消费需求，所以，理性人从其收入（代表所购商品）中获得的边际效用会越来越低，也遵从边际效用递减定律。理性人的"收入效用曲线"如图4-2所示。

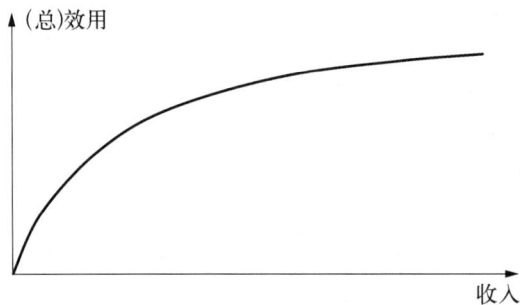

图4-2　收入效用函数曲线

三、财富的边际效用和财富效用函数

大家都知道，收入是流量，财富是存量。而收入和财富背后，都是消费或消费潜力。显然，与对收入的考量类似，理性人会对其财富支出精打细算，以便实现最优消费，而且，随着财富增长，消费者的迫切需求、次迫切需求、不迫切需求等将逐渐得到满足，因此，与收入效用的变化规律一致，可以认为，个体拥有的财富越多，其效用水平就越高，而且，随着财富增长，财富带来的边际效用递减。这就得到了第三章第二节提到的伯努利效用函数。因此，将图4-2中的横轴更换成财富，就可以得到理性人的"财富效用曲线"，这里就不画出来了。

卡尼曼在其所著的《思考：快与慢》中，给出了一个伯努利1738年计算的效用函数，反映了人们对于财富的边际效用递减特征，如表4-1所示。

表 4-1 伯努利 1738 年计算的效用函数

财富值(百万达克)	1	2	3	4	5	6	7	8	9	10
效用值	10	30	48	60	70	78	84	90	96	100

注:达克是当时的一种货币单位;本表数据来源于卡尼曼所著的《思考:快与慢》,中信出版社,2012。

经过上述分析和推导,就从商品效用、收入效用过渡到了财富效用,它们都服从边际效用递减定律。

需要声明的是,下文讨论中不严格区分收入效用与财富效用,因为消费选择通常是在边际上进行的,是对新增收入如何消费进行决策,而新增收入往往既是收入也是财富,既带来收入效用,也带来财富效用。

第二节　期望效用最大化思维的嫁接和缺陷

如第三章第三节所述,现代经济学处理消费者投保决策的思维是"期望效用最大化",这一思维方式明显来自伯努利提出的期望效用最大化理论。问题是,在现代微观经济学框架中,投保决策属于消费者选择领域,而消费者选择领域的经典思维方式是"边际效用均衡",而"期望效用最大化思维"显然与"边际效用均衡思维"有很大不同。那么,期望效用最大化思维是如何被经济学家们嫁接到消费选择理论中的? 又是如何被嫁接到投保决策中的? 这种嫁接存在问题吗?

一、经济学如何将"期望效用最大化思维"嫁接到投保决策中?

如第二章第一节所述,现代经济学的整座大厦都建立在"理性"或"最大化自身利益"这一基础上。通俗地讲,理性或最大化就是对"付出"与"获得"所做的比较分析。当付出给定时,人们会追求尽可能多的获得;当获得给定时,人们会追求尽可能少的付出;当有限的资源面对一系列给定的付出与获得时,人们会选择其中差距"获得-付出"最大的。

1. 确定条件下的消费者选择:边际均衡思维

如前所述,在收入约束下,消费者会通过理性选择购买商品来实现效用最大化,其选择结果可以描述为式(4-1)。

式(4-1)说明,在既定的收入和商品(和服务)价格条件下,消费者会理性地使自己花费在所购买的每一种商品上的最后一元钱所得到的边际效用相等,此时,达到了各种商品的边际效用均衡,从而实现消费效用最大化,实现其收入资源的最优配置。

2. 不确定条件下的消费者选择:期望效用最大化思维

上述确定条件下的消费者选择中,假设商品价格、消费者收入等是确定的,但在现实生活中,上述决策参数往往存在不确定性,例如,消费者的未来收入是不确定的:薪水可能上升,也可能下降,还可能因为遭遇风险事故而失去大量收入。

于是,经济学从更一般的层次上,即在考虑不确定性的条件下研究消费者选择,例如,研究人们的工作选择决策。假定张三面临两个可选工作岗位,A 岗位提供固定年薪 10 万元;B 岗位提供变动年薪,50% 的机会得到 15 万元,50% 的机会得到 5 万元。张三该如何选择呢^①?

显然,此案例中张三的选择决策,已经不再是如何均衡地购买各种商品以实现效用最大化,而是要实现自己"收入效用"的最大化(当然,收入的背后仍然是消费,收入效用最大化代表的其实仍然是商品消费效用最大化)。

显然,理性的张三会通过计算和比较岗位A和岗位B给自己带来的收入效用来做出选择,问题是,现在可供张三选择的B岗位的收入是不确定的,于是,在不确定条件下,借鉴伯努利的期望效用最大化思维,经济学家认为,张三只能通过计算和比较两个岗位带来的"期望效用"来做出选择。

假定张三的"收入效用曲线"如图4-3所示,可以看出,提供10万元固定薪资的A岗位带来的效用为16(C点),提供不确定收入的B岗位带来的期望效用为14(=0.5×10+0.5×18,对应D点)。然后,依据伯努利的期望效用最大化思维,张三选择岗位A。

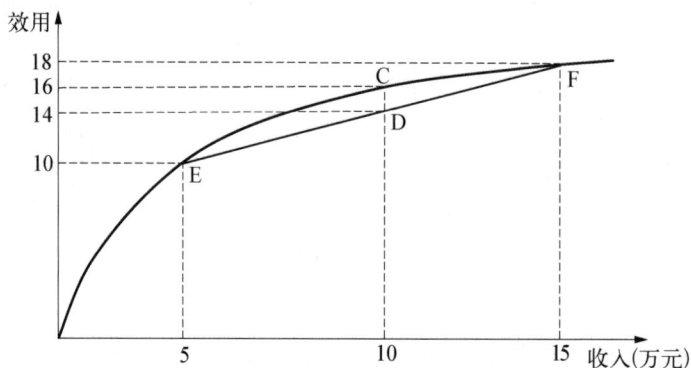

图4-3 张三的收入效用函数及其工作选择

就这样,伯努利提出的"期望效用最大化思维"被嫁接到了经济学中不确定条件下的消费者选择理论中。

3. 投保决策:期望效用最大化思维的运用

进一步地,经济学将上述不确定条件下的"期望效用最大化思维"拓展到了保障性保险的投保决策上,并将效用函数的横轴从收入改变为财富,认为理性的消费者会按照期望效用最大化思维来做出是否投保以及保额选择的决策,其决策模式与上述提供不确定收入的工作岗位选择是类似的,具有边际效用递减特征的财富效用函数的消费者,如第三章第三节所示,往往愿意支付纯保费和一定的附加保费来购买保险。

二、"期望效用最大化思维"的缺陷:无法融入经济学的成本收益分析思维

1. 经济学最主要思维方式是"成本收益分析"

经济学最主要的思维方式是成本收益分析,即理性的主体会对"成本(付出)"与"收益(获得)"做比较分析:当成本给定时,人们会追求尽可能大的收益,当收益确定时,人们会追求尽可能少的成本;当有限的资源面对一系列给定的成本与收益时,人们会选择"收益-成本"最大的。

---

① 本案例来源于平狄克、鲁宾费尔德著的《微观经济学(第四版)》(中国人民大学出版社,2000),数据有所变动。

具体到消费者选择中，边际效用均衡分析其实就体现了成本收益分析思维。假定消费者只有两种商品 A 和 B 可供购买，按照成本收益思维，人们一定会优先购买"单位支出带来的边际效用"较大的那种商品，即，在成本（单位支出）一定的条件下，购买收益最大的那种商品。例如，如果 $\dfrac{MU_A}{P_A} > \dfrac{MU_B}{P_B}$，就优先购买 A 商品。而且，如果有更多的钱可用来购买商品 A 或商品 B，只要 $\dfrac{MU_A}{P_A} > \dfrac{MU_B}{P_B}$，就意味着购买 A 带来的收益更大，追求自身利益最大化的消费者会买到 $\dfrac{MU_A}{P_A} = \dfrac{MU_B}{P_B}$（边际均衡）为止，此时，消费者实现了自身利益最大化或收入资源的有效配置。

也可以这样对消费选择进行成本收益分析：上述案例其实是说，如果消费者只有 1 元钱用来购买商品 A 或商品 B，而买了 A，则 $\dfrac{MU_A}{P_A}$ 是边际收益（即 1 元钱买了 A 带来的边际效用），$\dfrac{MU_B}{P_B}$ 是边际成本或边际机会成本（想象中 1 元钱买了 B 带来的边际效用），之所以购买 A，就是因为边际收益 $\dfrac{MU_A}{P_A}$ 大于边际成本 $\dfrac{MU_B}{P_B}$。而且，当边际收益等于边际成本时，即 $\dfrac{MU_A}{P_A} = \dfrac{MU_B}{P_B}$ 时，消费者实现了自身利益最大化。

2."期望效用最大化思维"看起来是局部思维而非全局思维

以上一章第三节所讨论的是否足额投保决策为例，基于期望效用最大化原则的投保决策，首先要得到"投保"和"不投保"两种方案下的财富的概率分布，然后计算"投保"和"不投保"两种方案的期望效用（下面列出了上一章第三节中张三针对房产火灾风险是否投保的期望效用），最后，选择期望效用最大的方案。

$$EU(不投保) = p \cdot U(W_0 - L) + (1-p) \cdot U(W_0)$$

$$EU(投保) = p \cdot U(W_0 - pL) + (1-p) \cdot U(W_0 - pL) = U(W_0 - pL)$$

对于上述分析，我们只能勉强地说，在消费者只有两种选择即"投保"和"不投保"的情形下，如果"投保"的期望效用大于"不投保"的期望效用，消费者就应该选择投保，反之则不投保。

问题是，这显然是一种局部思维，消费者干嘛非要纠结于"投保"和"不投保"两种选择呢？外面的世界很精彩啊，还有很多商品可供选择啊，也许其他商品带来的（期望）效用更大呢？

因此，"期望效用最大化思维"看起来是局部思维而非全局思维，这是它的第一个缺陷。

3."期望效用最大化思维"失去了成本收益分析的味道

此外，上述基于期望效用最大化的投保决策，整个分析过程均未体现成本收益分析的经济学特色，或者说，在期望效用最大化模型中，看不到清晰的成本和收益，更看不到清晰的成本收益比较。

可能有人会说："投保的期望效用就是投保的收益,不投保的期望效用就是不投保的收益,哪个收益大我就选哪个,这不就是成本收益分析吗?"这种思维存在的问题是:成本在哪里呢? 投保是付了保费的,有成本,不投保压根儿就没有支付保费,没有成本。两种选择要是成本不同,直接比较收益有意义吗?

也就是说,在经济学的消费者选择理论中,期望效用最大化模型像是"横空出世",与经济学的成本收益分析不是一个套路,难以融入具有显著(经济学)成本收益分析思维的消费者选择模型"边际效用均衡分析模型"中。

这是"期望效用最大化思维"的第二个缺陷。

第三节　对期望效用最大化模型的 "挽救"：成本收益分析

正是由于期望效用最大化投保决策模型看起来是局部思维而非全局思维,使我误以为该模型忽略了收入约束的影响,下面描述我曾经陷入的这个"大坑",并对期望效用最大化投保决策模型进行成本收益分析,看其到底能否与这一经济学关键思维统一起来。

一、我曾经掉进的"大坑"

1. 以为期望效用最大化投保决策模型忽略了收入约束的影响

正是由于基于期望效用最大化的投保决策模型看起来是局部思维而非全局思维,我曾经陷入思维混乱中,以为基于期望效用最大化的标准投保决策模型忽略了收入约束的影响。

我当时的想法是:从期望效用最大化投保决策模型来看,只要投保的期望效用大于不投保的期望效用,消费者就选择投保;在满足"投保的期望效用大于不投保的期望效用"条件下,消费者购买多少保额则取决于多大保额能够使自己的期望效用最大化。该决策模型属于上一节所述的"局部思维"而非"全局思维",看起来陷入了保险自己的"小圈子"里,忽略了有其他消费品在消费者大脑中与保险激烈竞争,或者说,忽略了收入约束或预算约束的影响。

因此,我曾经认为,经济学对投保决策处理方式最大的缺陷,就在于将投保决策独立出来按照期望效用最大化准则来确定买不买、买多少,未能从整个消费角度,按"总的消费效用最大化"去考虑保险需求问题。

2. 期望效用最大化投保决策模型已经考虑了收入约束

但是,经过很长时间思考我才发现,实际上,在计算投保的期望效用时,投保带来的财富变化已经将保费支出考虑在内了,或者说是将投保的"成本"考虑在模型内了。而保费支出对应的效用减少,如图 3-3 中的 $U_A - U_C$,其实就是购买保险的机会成本,即放弃掉的最大收益(本来可以将保费用于其他消费支出带来的效用)。考虑了机会成本,其实就是考虑了收入约束。

二、期望效用最大化投保模型的成本收益分析：是否足额投保

接下来对期望效用最大化投保决策模型进行成本收益分析,看其到底能否与这一经

济学关键思维统一起来。

1. 期望效用最大化投保决策模型的成本收益分析思路

保险购买决策与日常消费决策相比有很大的不同,一般的消费决策是消费者花钱买一件自己需要的用品,如食品、衣服等,而保险购买决策是消费者自己本来就有一件不好的东西——"风险",想通过购买保险这种风险管理措施把"风险"这件坏东西除掉或降低。也就是说,买保险其实买的是风险管理。

从风险管理角度而言,风险会让人感觉到担心或不舒服,这种令人不舒服的东西会给人带来负效用,保险的作用就是消除这种负效用,因此,被消除掉的负效用绝对值①就是投保带来的收益。此外,购买保险需要支出保费,而保费支出会降低消费者的效用,因此,保费支出带来的效用减少额就是投保的成本。

所谓理性投保决策,就是比较投保的成本"保费支出带来的效用减少额"与收益"被消除掉的风险的负效用绝对值",如果收益大于成本,就投保,反之则不投保。

2. 案例:张三投保房屋火灾保险的成本收益分析

仍以第三章第三节中张三的房屋火灾保险为例进行分析。已知张三的效用函数为$U(W)$,目前拥有的总财富为W_0,张三有一处房产,该房产面临火灾风险,房产重建造价为L。火灾发生概率为p,一旦发生火灾,张三将遭受全损,损失为L。张三只有两个行动方案可供选择:一是向保险公司投保,保险金额为L;二是不向保险公司投保。

先计算投保的收益。如前所述,购买足额保险的收益,就是保险消除掉的"火灾风险带给张三的负效用绝对值"。如果张三没有火灾风险,他的效用是$U(W_0)$,即图3-3中的A点;张三面临火灾风险后,他的期望效用是"$p \cdot U(W_0 - L) + (1-p) \cdot U(W_0)$",即图3-3中的B点。因此,该火灾风险给张三带来的负效用绝对值是$U_A - U_B$,购买足额保险带来的收益也是$U_A - U_B$。

再计算投保的成本。如前所述,购买足额保险的成本,就是保费支出给张三带来的效用减少额。如果保险公司仅收取纯保费pL,保费支出将使张三的财富水平从W_0降低到$W_0 - pL$。相应地,这项花费将使张三的效用水平从$U(W_0)$降到$U(W_0 - pL)$,即从图3-3中的A点降到C点。因此,在仅需支付纯保费的条件下,如果张三购买保险,保费支出给张三带来的效用减少额是$U_A - U_C$,购买足额保险的成本也是$U_A - U_C$。

显然,在仅需支付纯保费的条件下,成本$U_A - U_C$小于收益$U_A - U_B$,所以,张三的理性选择是购买保险。

而且,从图3-3可以看出,保险公司可以收取的最大保费为$W_0 - W_D$,可以收取的最大附加保费为$W_0 - pL - W_D$。也就是说,即便保险公司收取附加保费,只要附加保费低于$W_0 - pL - W_D$,张三足额投保的收益仍然高于成本,张三仍然会选择投保。

3. 潜在问题:张三购买足额保险真的是最优选择吗?

上述分析中可能存在的问题是,张三支付保费pL(或者更高一些),这些钱也可以去买其他商品,为什么非要去买保险呢?难道买保险带来的效用一定高于买其他商品带来的效用吗?

---

① 用"绝对值"是为了将负值变为正值,便于比较。

答案是，买保险带来的效用一定高于买其他商品带来的效用。但是，基于期望效用最大化的投保决策模型很难对此给出清晰明确的回答。因此，应该去寻找更清晰的基于成本收益分析的投保决策方法。

三、期望效用最大化投保模型的成本收益分析：保额选择决策

在投保的条件下，到底选择多少保额，期望效用最大化模型通常采用对投保的期望效用求一阶导数，然后令其为零的方式得到最优解。

但是，在推导过程和结论中，都无法看到成本收益的思维，分不清成本是什么？收益又是什么？而且，相对于是否足额投保的分析而言，保额选择分析的模型推导过程更加复杂了，成本和收益在决策模型中显得更加模糊不清了。

因此，需要寻找更加清晰明确地反映成本收益分析的投保决策方法，如果能够找到，并将其与消费选择的"边际效用均衡模型"统一起来，那就非常理想了。

第四节　保险的效用和边际效用

要使投保决策模型反映"全局思维"并且体现成本收益分析特色，最好的办法，就是将投保决策放入消费选择模型中，采用边际效用均衡模型进行决策。而要使用贯彻成本收益思维的边际效用均衡模型来分析投保决策，就需要知道购买保险的效用和边际效用，那么，如何计算消费者购买保险的效用和边际效用呢？

一、购买保险带来的效用

在经济学中，个体购买某商品所获得的效用是该个体预计的享用该商品的主观满足感，这种满足感或效用的计量是不需要考虑购买该商品的支出的。例如，个体买了一个苹果，该苹果带来的效用，就是个体预计的吃掉该苹果带来的主观满足感或好处，这个满足感是不考虑购买苹果的花费的。

同理，消费者购买保险所获得的效用，也不需要考虑保费支出，是在不考虑保费支出条件下，消费者预计的保险带来的主观满足感或好处。由于购买保险获得的是预期赔付，或赔付带来的收入，因此，消费者预计的保险带来的主观满足感或好处，可用赔付带来的收入效用来计算（读者注意保险效用与苹果效用的区别，保险效用是收入效用，苹果效用是商品效用，不过，如前所述，收入效用背后其实代表的是最大化了的商品效用），计算时不考虑保费支出。不过，保险赔付是以出险概率发生的，计算保险效用时需要将赔付带来的收入效用乘以出险概率。

例如，个体初始财富为 W_0，针对可保风险（出险概率为 p，损失规模为 L）投保，保额为 X，则该保险带来的效用为：

$$U(\text{保额为 } X \text{ 的保险}) = p[U(W_0-L+X)-U(W_0-L)] \qquad (4-2)$$

上式的含义是：购买保额为 X 的保险，出险后将会带来赔付（或收入）X，从而使个体的收入效用从 $U(W_0-L)$ 增加到 $U(W_0-L+X)$，但是赔付 X 是以概率 p 发生的，因此，购买保额为 X 的保险带来的（收入）效用为 $p[U(W_0-L+X)-U(W_0-L)]$。

二、购买保险带来的边际效用

在经济学中,商品的边际效用,是指增加一单位商品的消费所带来的(商品)效用的增量。同理,保险的边际效用,应该是指多购买一单位保险所带来的(收入)效用的增量。什么是一单位保险呢? 消费者购买保险的数量通常用"保额"而非"保费"计量,因此,在这里,多购买一单位保险就用多购买1元保额的保险来表示,保险的边际效用,就是指多购买1元保额的保险所带来的(收入)效用的增量。

接上例,不失一般性,假定个体手上已经有了保额为 $X(0 \leqslant X \leqslant L)$ 的保险,现在要计算的个体购买保险的边际效用,是指在已有保额 X 的基础上再多购买1元保额带来的(收入)效用的增量,可由"保额为 $X+1$ 的保险带来的效用"减去"保额为 X 的保险带来的效用"得到。

$$U(保额为 X+1 的保险) = p[U(W_0 - L + X + 1) - U(W_0 - L)]$$

则,在已有保额 $X(X \leqslant L)$ 的基础上再多购买1元保额带来的边际效用为:

$$MU = U(保额为 X+1 的保险) - U(保额为 X 的保险)$$
$$= p[U(W_0 - L + X + 1) - U(W_0 - L + X)] = p\Delta U \qquad (4-3)$$

其中, $\Delta U = U(W_0 - L + X + 1) - U(W_0 - L + X)$,是指多赔付1元钱或1元保险金给消费者带来的效用增加,可称为"单位赔付带来的效用提升"。而且,赔付或赔付带来的收入是以 p 发生的,因此,计算保险边际效用时需要在 ΔU 的基础上乘以 p 。

显然,购买保险的边际效用与投保风险的出险概率成正比,与"单位赔付带来的效用提升"成正比。在张三的效用函数满足 $U'(W) > 0, U''(W) < 0$ 的条件下,购买保险的边际效用必然大于零,并随购买量增加而逐渐递减。

第五节　体现成本收益分析思维的边际效用均衡模型

如上一节开头所述,如果能将投保决策融入消费选择模型中,采用边际效用均衡模型分析投保决策,就体现了经济学的成本收益分析思维,也自然体现了"全局思维"(将所有商品的相互竞争考虑进来了)。

要想用边际效用均衡模型来分析投保决策,就需要将单位支出带来的保险边际效用与单位支出带来的其他商品边际效用进行对比,在成本相同(均为单位支出1元)的情况下,谁带来的收益(边际效用)更大,消费者就会选择购买谁。

接下来需要解决的问题是,如前所述,购买其他商品带来的是商品效用,购买保险带来的收入效用,两者可比吗? 此外,其他商品有无数种,如何将保险的效用与无数种其他商品的效用进行比较呢?

一、可将保险效用与其他商品效用放在收入(财富)效用框架下进行比较

如前所述,下文讨论中不严格区分收入效用与财富效用,因为消费选择分析通常是

在边际上进行的,是对新增收入如何消费进行决策,而新增收入往往既是收入也是财富,既带来收入效用,也带来财富效用。

1．"保险效用"本来就是收入效用

如上一节所述,消费者从保险消费中获得的是预期赔付或预期赔付带来的收入,可用赔付带来的收入效用来衡量,即,保险效用本来就是收入效用。

2．收入效用其实代表最优消费商品效用

如第一节所述,效用可分为商品效用、收入效用和财富效用。商品效用是指消费者从使用商品中获得的满足感;收入效用和财富效用类似,都是指消费者从钱中获得的满足感。

但从本质上来说,钱之所以有用,是因为它可以换来消费者所需要的商品,因此,收入或财富的背后是其代表的商品消费组合。而且,由于消费者是理性的,一定会精打细算地从收入或财富中获得最大的商品效用,因此,收入效用或财富效用其实是指其对应的最优商品消费所带来的最大效用。

3．"其他商品效用"本质上也是收入效用(或最优消费商品效用)

其他商品是指除保险之外的所有消费品,购买其他商品当然能够给消费者带来效用,问题是,其他商品种类繁多,甚至可以有无数种,如何度量其他商品的效用呢?

幸运的是,由于投保决策只需要将保险效用与其他商品效用进行对比,而如上所述,收入效用本身代表的就是最优消费商品效用,是指理性消费者对自己的每一元钱收入追求商品消费效用最大化的结果。

因此,在理性条件下,消费者购买所有的其他商品带来的效用,即"其他商品效用"可用购买其他商品的支出对应的收入效用来表示。或者说,在消费者理性条件下,其他商品效用一定等于其购买支出对应的收入效用或财富效用。

例如,假定消费者的财富效用函数如图 4-4 所示,那么,当消费者的财富从 W_0 增加到 W_0+I 时,财富效用就从 $U(W_0)$ 增加到 $U(W_0+I)$,而 $U(W_0+I)-U(W_0)$ 代表的,就是收入 I 带来的效用增加,也是收入 I 背后的其他商品效用。即,如果用 I 来购买(除保险之外的)其他商品,在消费者的最优消费选择下,所购其他商品带来的效用增加一定是 $U(W_0+I)-U(W_0)$。

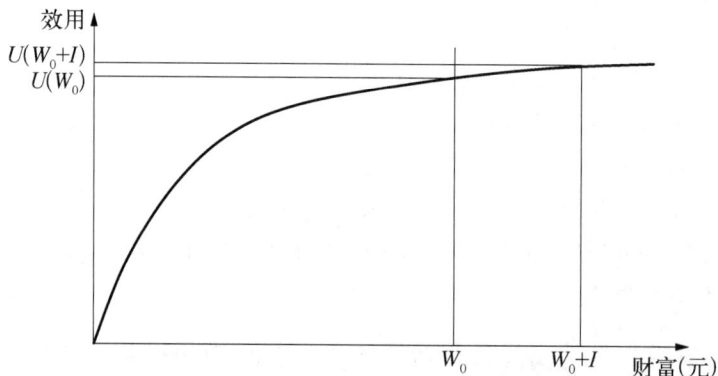

图 4-4　消费者购买其他商品所获的效用

4.可将保险效用与其他商品效用放在收入(财富)效用框架下进行比较

既然保险效用是赔付带来的收入(财富)效用,其他商品效用是其对应支出的收入(财富)效用,两者本质上都是收入(财富)效用,那么,消费者就可以在收入(财富)效用框架下对两者进行比较,进而做出理性的投保决策。

二、投保决策的边际效用均衡思维方式

1.保险消费与其他商品消费的相互竞争

在消费者的大脑思维中,首先是要花钱进行各种商品消费以满足自己的需求,并从中获得效用,如第一部分所述,理性消费者会对各种商品进行最优消费,获得的效用其实就是消费开支额对应的收入效用;其次,消费者的已有财富可能会因可保风险的发生而遭受损失,将可保风险投保也可获得收入效用。

消费者到底该不该买保险呢? 显然,保险消费与其他商品消费在消费者大脑中是相互竞争的,因为都要花钱,在收入约束下,消费者需要在其他商品消费和保险消费之间做出选择。

2.理性投保决策可用边际效用均衡模型进行分析

根据上面所述,可以将消费者的所有消费支出分为两类: 第一类用于购买普通商品(称为其他商品),第二类用于购买特殊商品"保障性保险"。而且对消费者而言,购买保障性保险就意味着放弃对其他商品的购买,反之亦然,因此,可以将投保决策放在消费选择模型中进行处理,而消费选择的基本模型就是边际效用均衡模型。

基于消费选择思维,消费者面临的投保决策思维框架可以描述为:"我的期初财富为 W_0,我现在有一笔新增收入[①] I,如果购买保险,这笔新增收入正好等于最优保险购买量所需的保费(只有这样假定,才具有可比性,而且理性消费者一定是这样进行比较的)[②],这笔新增收入也可用于购买其他商品。那么,我到底应该购买保险,还是购买其他商品呢?"

显然,只有当

$$\frac{MU_{保险}}{P_{保险}} > \frac{MU_{其他商品}}{P_{其他商品}} \tag{4-4}$$

时,个体才会选择购买保险。式(4-4)中,左边是单位支出带来的保险边际效用 $\frac{MU_{保险}}{P_{保险}}$,右边是单位支出带来的其他商品边际效用 $\frac{MU_{其他商品}}{P_{其他商品}}$,接下来需要解决的问题是,如何刻画两者并比较两者的大小呢?

三、单位支出的保险边际效用的刻画

假定消费者的期初财富为 W_0,现在有一笔新增收入 I 可用于购买保险,不失一般

---

① 之所以用新增收入、而不用存量财富来分析投保决策,原因有二:一是因为存量财富在消费者心目中往往已经有了对应的去处;二是因为只有用新增收入才能为所有存量财富购买足额保险,或者说,从存量财富中支出保费意味着财富总量的减少和最大保额的减少。

② 之所以这样假定,有两个原因:第一,消费者是理性的,要买保险就一定会买到"最优购买量";第二,要与其他商品消费进行比较,这笔支出就要既可用于购买其他商品,也可用于购买保险,而要满足这一要求,就需要做出上述假定,即,这笔新增收入正好等于最优保险购买量所需保费。

性,再假定已购买保额 $X(0 \leqslant X \leqslant L)$,现在需要计算的是,在此基础上,单位支出(多花 1 元钱购买保险)的保险边际效用是多少?

如上一节所述,保险的边际效用,通常是指多购买 1 元保额的保险所带来的(收入)效用的增量,在已有保额 X 的基础上再多购买 1 元保额带来的边际效用如式(4-3)所示。

但现在要计算的,是在已有保额 X 基础上,再多花 1 元钱购买保险所获的边际效用。显然,只要将多购买 1 元保额带来的边际效用除以相应的保费支出"$(1+\alpha)p \times 1$",就可以得到单位支出(多花 1 元钱)的保险边际效用,即

$$\frac{MU_{保险}}{P_{保险}} = \frac{p[U(W_0 - L + X + 1) - U(W_0 - L + X)]}{(1+\alpha)p \times 1}$$
$$= p\frac{\Delta U}{(1+\alpha)p} = \frac{\Delta U}{(1+\alpha)} \qquad (4-5)$$

其中,

p 表示保险风险出险概率;

α 代表附加费率,是附加保费与纯保费之比;

ΔU 表示 1 元钱赔付带来的收入效用。ΔU 的大小与 $U(W)$、W_0、L 和 X 有关,在 $U(W)$ 满足边际效用递减、W_0 和 L 已知的条件下,ΔU 是 X 的减函数,X 越大,ΔU 越小。

需要说明的是,式(4-5)的结果可能会使读者大吃一惊,因为,若附加费率 α 为零,1 元钱保费换来的效用竟然是 1 元钱赔付带来的收入效用 ΔU。难道说,买保险,在附加费率为零的条件下,就是用现在的 1 元钱去换出险后的 1 元钱吗?

事实上,真要是出险了,当初 1 元钱保费换来的赔付肯定不止 1 元钱,而是远超 1 元钱,而且,出险概率 p 越低,换来的赔付额越高,也就是说,如果不考虑概率,1 元钱保费换来的收入效用是大幅跳升的[①]。但是,保险赔付是以出险概率 p 发生的,因此,1 元钱保费换来的效用,要在赔付带来的收入效用基础上乘以 p。所以,式(4-5)中的 $\frac{\Delta U}{(1+\alpha)p}$ 其实就是 1 元钱保费换来的赔付的收入效用[②],在此基础上乘以 p,就得到 1 元钱保费带来的保险效用。结果是,分子和分母中的 p 约掉后,单位支出的保险边际效用就变成了 $\frac{\Delta U}{(1+\alpha)}$。

可见,买保险,在附加费率为零的条件下,本质上确实相当于用现在的 1 元钱去换出险后的 1 元钱。图 4-5 给出了附加费率 α 为零的条件下,多花 1 元钱购买保险的保险边际效用 ΔU。

[①] 多花 1 元钱购买保险,买来的保额肯定不止 1 元,实际买来的保额是 $\frac{1}{(1+\alpha)p}$。当附加费率为零时,1 元保费买来的保额是 $\frac{1}{p}$。例如,当出险概率为 0.01 时,若附加费率为零,1 元纯保费可购买 100 元保额;但如果附加费率为 60%,1 元保费就只能买 $62.5\left(=\frac{1}{(1+0.6)\times0.01}\right)$ 元保额。

[②] 事实上,由于 1 元保费对应的赔付通常远超 1 元钱,比如说是 50 元,则 50 元赔付带来的效用,内部每 1 元钱带来的效用其实是边际递减的。因此,式(4-5)其实是一种近似算法,可以简化结果,但并不影响投保决策的结论。

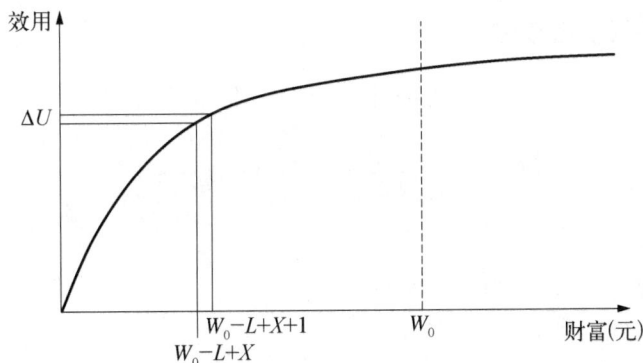

图 4 - 5　单位支出(1元钱)的保险边际效用(假设附加费率为零)

四、单位支出的其他商品边际效用的刻画

假定消费者的期初财富为 W_0,现在有一笔新增收入 I,如果用于购买其他商品,会获得多少边际效用呢? 为了不失一般性且具有可比性,假定消费者已花费 $(1+\alpha)pX$ 购买其他商品(与购买保额为 X 的保险花费相同),现在要计算的是,再多花 1 元钱购买其他商品可以带来多少效用呢?

如本节第一部分所述,在消费者理性条件下,其他商品效用一定等于其购买支出对应的收入效用或财富效用,因此,在消费者已花费 $(1+\alpha)pX$ 购买其他商品的基础上,再多花 1 元钱购买其他商品带来的效用,即单位支出(1元钱)的其他商品边际效用为

$$MU_{其他商品} = U(W_0+I-(1+\alpha)pX) - U(W_0+I-(1+\alpha)pX-1) = \Delta U'$$

$$\frac{MU_{其他商品}}{P_{其他商品}} = \frac{U(W_0+I-(1+\alpha)pX) - U(W_0+I-(1+\alpha)pX-1)}{1} = \Delta U'$$

$$(4-6)$$

式(4-6)所示的单位支出的其他商品边际效用 $\Delta U'$ 如图 4-6 所示。

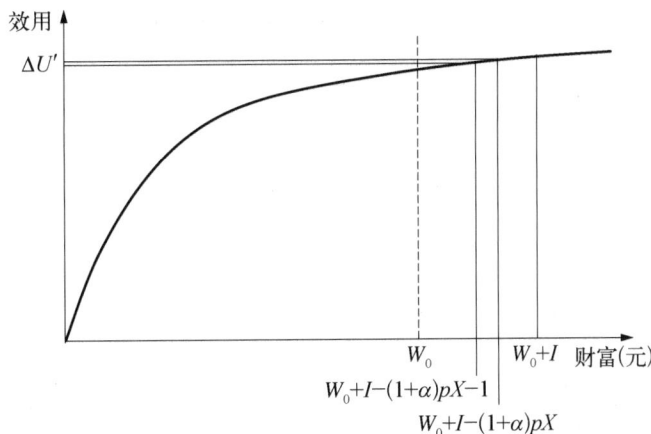

图 4 - 6　单位支出的其他商品边际效用(在 $(1+\alpha)pX$ 基础上再多花 1 元)

五、边际均衡投保决策模型

从式(4-4)和(4-5)、(4-6)可知,消费者购买保险的条件是

$$\frac{\Delta U}{(1+\alpha)} > \Delta U' \tag{4-7}$$

其中,

α 代表附加费率,是附加保费与纯保费之比;

ΔU 表示 1 元钱赔付带来的收入效用;

$\dfrac{\Delta U}{(1+\alpha)}$ 是指多花 1 元钱用于保险消费带来的收入效用,即单位支出的保险边际效用;

$\Delta U'$ 表示多花 1 元钱购买其他商品带来的边际效用,即单位支出的其他商品边际效用。

显然,在成本均为 1 元的情况下,只有当保险边际效用大于其他商品边际效用,即满足式(4-7)时,消费者才会选择购买保险。而且,若式(4-7)成立,消费者会将保额购买或增加至满足式(4-8)为止。

$$\frac{\Delta U}{(1+\alpha)} = \Delta U' \tag{4-8}$$

六、附加费率为零时的投保决策:足额保险

如前所述,消费者面临的投保决策思维框架可以描述为:"我的期初财富为 W_0,我现在有一笔新增收入 I,如果购买保险,这笔新增收入正好等于最优保险购买量所需的保费,这笔新增收入也可用于购买其他商品。那么,我到底应该购买保险,还是购买其他商品呢?"

显然,当附加费率为零时,消费者购买保险的条件就变为

$$\Delta U > \Delta U' \tag{4-9}$$

而且,若式(4-9)成立,消费者会将保额购买或增加至满足式(4-10)为止。

$$\Delta U = \Delta U' \tag{4-10}$$

1. 是否投保?

观察式(4-9),对应边际效用递减的财富效用函数,当附加费率为零时,以期初财富线 $(W=W_0)$ 为界,多花 1 元购买保险带来的保险边际效用 ΔU 一定在期初财富线的左边(如图 4-5),多花 1 元购买其他商品带来的其他商品边际效用 $\Delta U'$ 则一定在期初财富线 $(W=W_0)$ 的右边(如图 4-6)。显然,在效用函数呈边际效用递减的条件下,ΔU 一定大于 $\Delta U'$。

简而言之,如果附加费率为零,消费者就是用现在的 1 元钱的效用去换出险后 1 元钱的效用,由于边际效用递减,站在决策点 $(W=W_0)$ 来看,前者一定大于后者,这意味着,风险厌恶的消费者一定会购买保险。

2. 购买多少保险?

那么,消费者会购买多少保险呢? 其实,在效用函数 $U(W)$、W_0 和 L 已知的条件下,ΔU 和 $\Delta U'$ 都是保额 X 的函数,而且,ΔU 是 X 的减函数,$\Delta U'$ 是 X 的增函数。

消费者刚开始购买保险,ΔU 一定大于 $\Delta U'$,ΔU 在期初财富线 $(W = W_0)$ 的左侧,$\Delta U'$ 在期初财富线 $(W = W_0)$ 的右侧。随着保额 X 增加,ΔU 逐渐减小并沿效用曲线向右上方迈进,$\Delta U'$ 逐渐增加并沿效用曲线向左下方迈进。当然,两者向期初财富线 $(W = W_0)$ 迈进的步伐是不对称的,右侧 1 元支出带来的 $\Delta U'$ 就是对应 1 元的收入效用,左侧 1 元保费支出对应远超 1 元收入的效用跳升,但在乘以出险概率 p 后,实际效用提升就变为 ΔU 了。当保额增加至足额保险 $(X = L)$ 时,ΔU 从左侧到达了期初财富线,$\Delta U'$ 则从右侧到达了期初财富线,两者几乎相等了。即当买到足额保险时,$\Delta U \approx \Delta U'$。 如图 4 - 7 所示。

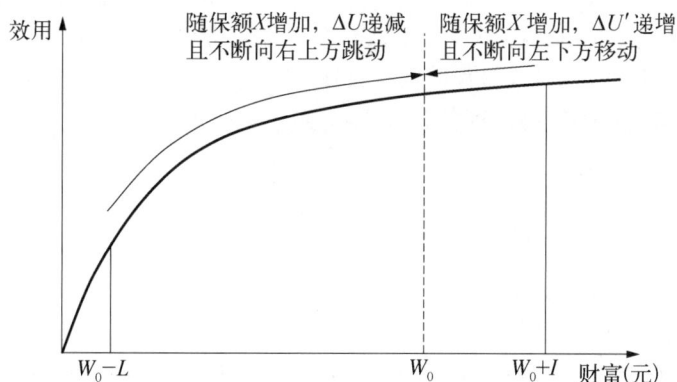

图 4 - 7　随保额增加而变的保险边际效用和其他商品边际效用

而如果进一步扩大保额,购买超额保险,一方面保险公司很可能不同意,另一方面,购买超额保险将会导致 ΔU 到了期初财富线的右侧,$\Delta U'$ 则到了期初财富线的左侧,对消费者而言是不合算的。

因此,在保险公司只收取纯保费的条件下,风险厌恶的消费者不但会购买保险,而且会购买足额保险。

正如平狄克、鲁宾费尔德(2000)在《微观经济学》中所述,人们之所以愿意投保,关键是因为,"**财富从没有损失的情况下向有损失的情况转移一定会增加总效用,而这财富的转移正是通过购买保险来实现的。**"

七、附加费率大于零时的投保决策: 部分保险

在附加费率大于零的条件下,消费者会将保险购买到边际均衡,即 $\dfrac{\Delta U}{(1+\alpha)} = \Delta U'$ 的程度。

如上所述,当附加费率为零时,消费者会将保额买至足额保险为止,而且,买到足额保险时,满足 $\Delta U \approx \Delta U'$。 由此可以推断,只要附加费率 α 大于零,就会使消费者在还未买到足额保险时的某点,就达到了 $\dfrac{\Delta U}{(1+\alpha)} = \Delta U'$,因此,当附加保费大于零时,消费者

会选择部分保险。

而且,明显地,附加费率越高,消费者购买的保额就越低;附加费率过高,消费者的保险需求会消失。

八、关于投保决策的进一步讨论

1. 风险态度对投保决策的影响

显然,只有当消费者风险厌恶或具有边际效用递减的效用函数时,才能保证 $\Delta U > \Delta U'$,消费者才会购买保险。如果消费者是风险喜好的,就会导致 $\Delta U < \Delta U'$,消费者不会购买保险。

2. 消费者对不同保险的购买顺序

消费者会优先为大损失(通常是小概率的)风险而非小损失(通常是大概率的)风险购买保险。原因有两点:第一,当下1元钱的效用是相同的,但出险之后,损失规模越大,出险后1元钱带来的效用就越高;第二,小损失风险通常出险概率较高,这会导致理赔费用较高,进而导致附加费率较高,保险需求下降。

可以推断,当风险的损失规模低到一定程度后,ΔU 非常接近 $\Delta U'$,少许附加费率就会打消消费者的投保念头。

九、边际效用均衡模型的优势:直观清晰

将边际效用均衡投保决策模型的上述投保规律,与第三章中期望效用最大化投保决策模型的结论相比,几乎完全相同,简直是异曲同工。

但显而易见的是,用边际效用均衡模型来分析投保决策,切实体现了经济学的成本收益思维,直观上跳出了保险的小圈子,体现了"全局思维",其结论看起来更加直观清晰和显而易见。

即:在边际效用均衡模型看来,买保险,就是用现在的钱去换出险后的钱,现在的钱的效用即当前购买其他商品能够带来的效用,出险后的钱的效用即购买保险带来的效用。在边际效用递减的条件下,出险后钱的效用总是高于当前投保决策时钱的效用,因此,在附加费率不高的情况下,消费者通常愿意投保,并且会将保额购买到边际均衡为止。

鉴于边际效用均衡模型比期望效用最大化模型更具比较优势,在本书以后的分析中,将主要使用边际效用均衡模型。

第六节 标准投保决策理论的缺陷

截至现在,本书讨论了保障性保险的两种理性投保决策理论,分别是流行的期望效用最大化投保决策理论和本章提出的边际效用均衡投保决策理论,由于两者都假设消费者是完全理性的,而且得到了几乎完全一致的结论,因此,这里将它们统称为"标准投保决策理论"。

保障性保险的标准投保决策理论依赖于个体理性假设,但如第二章所述,个体往往是有限理性的,无法达到标准投保决策理论所假定的理想状况,这导致逻辑自洽的标准

投保决策理论无法解释现实世界的保险需求状况。

一、标准投保决策理论无法解释现实

第三、四章得到的标准投保决策理论的结论（和推论），与现实世界多有不符甚至截然相反，现实保险需求存在大量与上述理论不符的"异象"，包括：① 人们对"小概率、大损失风险"投保不足；② 人们对"大概率、小损失风险"过度投保；③ 人们喜欢选择"低免赔"或"无免赔"保险；④ 人们更愿意购买返还型保险而非纯保障性保险；⑤ 灾后积极投保，长时间不出事就放弃投保。

尤其是，现实世界中保险需求侧最大的问题，就是人们的保险需求比较疲弱，主要体现为人们对典型保障性保险，即承保"小概率、大损失风险"的保险投保严重不足，而标准投保决策理论无法给出合理的解释。

二、标准投保决策理论的假设条件

标准投保决策理论暗含一系列假设条件，在消费者至少满足如下条件的情况下，消费者才会做出标准投保决策理论所称的理性投保决策。

第一，准确评估风险假设。即个体对自己的每一行动方案（如不投保和以某个保额投保）的结果及其对应的概率拥有完全信息并且可以用期望损失量化自己的风险，其量化结果与保险公司对该风险的量化结果完全相同，即个体计算的期望损失与保险公司制定的基于期望损失的纯保费完全相同。只有这样，才能为个体愿意向保险公司支付纯保费或公平保费打下坚实的心理基础（在理性个体的心目中，纯保费是自己转移"坏"风险的公平对价）。例如，在前面张三投保房产火灾风险保险的例子中，张三不但精确地知道自己的房子面临火灾风险，火灾发生概率为 1/5 000，一旦发生火灾，自己将遭受 50 万元的损失，还可以计算出，如果自己购买 50 万保额的保险，纯保费或"公平保费"是 100 元，并且心甘情愿向保险公司支付 100 元来转移风险。

第二，风险厌恶假设。即个体面对可投保风险时，是风险厌恶的，具有边际效用递减的效用函数。这就导致个体除愿意支付纯保费外，还愿意支付一定金额的附加保费。

第三，个体对投保风险的评估结果是稳定的，对保险的价值评估也是稳定的，进而保险需求也是稳定的。个体的保险需求不会随着时间推移、事故发生或不发生而发生变化。

三、假设条件与现实世界有诸多不符

但在现实世界中，上述三条假设都可能得不到满足：

第一，现实中的个体很难准确评估自己面临的风险。大量心理学研究成果表明，人们的风险是主观的，人们的主观风险判断与客观统计风险之间往往存在较大的偏差。

从期望效用最大化投保决策模型来看，如果消费者低估了自己面临的风险，自然就会低估纯保费或公平保费，就会觉得保险公司要价过高，保险需求就下降甚至消失了。

从边际效用均衡模型来看，如果客观出险概率为 p，消费者的主观出险概率为 p'，则多花 1 元钱购买保险带来的边际效用就从式(4-5)变为式(4-11)。

$$\frac{MU_{保险}}{P_{保险}} = \frac{p'[U(W_0 - L + X + 1) - U(W_0 - L + X)]}{(1+\alpha)p}$$

$$= \frac{p'}{p} \cdot \Delta U \cdot \frac{1}{1+\alpha} \qquad (4-11)$$

消费者购买保险的条件从式(4-7)变为式(4-12)

$$\frac{p'}{p} \cdot \Delta U \cdot \frac{1}{1+\alpha} > \Delta U' \qquad (4-12)$$

显然,如果消费者低估了保险风险的出险概率,就低估了购买保险的边际效用(或保险价值),保险需求就下降甚至消失了。

第二,当面临可投保风险时,个体可能呈现风险喜好。卡尼曼和特沃斯基提出的前景理论认为,人们在面临损失风险时,往往是风险喜好而非风险厌恶的。如果人们在面对可投保风险时呈现风险喜好,就意味着人们不愿意支付附加保费,就会认为包含附加保费的保险价格过高,价格高于价值,有效保险需求也就消失了。

第三,个体的风险判断和保险价值评估很容易随着时间推移和风险事件的发生或不发生而变化,继而导致人们的保险需求也容易发生变化。例如,当风险事件发生在自己身上后,个体的主观风险往往会急剧上升,对保险的估值也会急剧上升,保险需求或投保意愿急剧攀升。

四、假设不切实际导致理论失效

当标准投保决策理论存在上述不切实际的假设时,该理论就失效了。

但可能有学者会坚持认为,理论的假设并非一定要符合现实,只要其内部推理过程逻辑自洽即可。

这就又牵扯到了弗里德曼和科斯当年的争论。如第二章所述,在 1953 年发表的著名的《实证经济学方法论》中,弗里德曼坚定地认为,经济理论的基本假设不必受到现实的检验,关键在于其必须要有预测能力。如果在一个不现实的假设基础上构建的理论模型具有预测力,那么该理论还是科学的。但很多学者反对弗里德曼的观点,包括希尔博伯格、科斯、西蒙等,他们坚定地认为经济学基本假设应该受到现实检验,例如,科斯反复强调经济学出发点的现实性,认为经济学一定要从现实的人出发,新古典经济学对人的假设"既没有必要,也会引人误入歧途"(科斯,1994)。科斯认为,新古典经济学的模型并不是分析现实经济行为的科学模型,因为新古典模型没有依据现实来揭示建模所需要的真实因素及因素之间的关系。

关于弗里德曼和科斯的争论,浙江大学公共管理学院的张翔教授曾在拜访张五常教授时当面请教张五常的看法,并就此问题专门发表了"假设的真实性:科斯与弗里德曼的'和而不同'之处"一文(张翔,2015)。张翔认为,科斯讲的是关于自变量的假设,不是指基础假设或无关变量假设,所以科斯更强调自变量的假设应该是真实的,而弗里德曼则更强调基础假设和无关变量假设不一定必须是真实的。张五常则坚持理性人假设,但同时强调作为自变量的约束条件必须是真实的,与科斯基本一致。所谓无关变量,弗里德曼举例说一个实心球从空中落下,我们计算其落地的时间时,空气阻力就是一个可以忽略的无关变量,我们可以假设空气阻力等于零。但我们在计算羽毛的落地时间时,空气阻力就不是无关变量而是自变量。因此,张翔认为,科斯和弗里德曼其实是"和而不同"的。

区分基础变量,自变量和无关变量,无非就是要讨论,我们做研究时,需要从现实世界抽象出一个模型或一个理论,理论既然有抽象的成分,就不可能完全真实。而且,理论一定要简单,要对现实进行简化,这样才便于处理,所以也肯定不完全真实。但是无论如何简化,这些简化一定是无关宏旨的简化,如果简化过度,尤其是自变量不真实,这个理论就出了问题,缺乏解释力和推测能力。

具体到标准投保决策理论,个人追求自身利益最大化应该是基础假设,虽然有些理想化,不完全真实,但不影响理论的有效性。但准确评估风险假设、风险厌恶假设和风险评估稳定假设显然不是无关变量假设,而是影响保险需求的重要自变量假设,这些假设不真实,将会严重影响标准投保决策理论的有效性。

五、需要构建行为保险需求理论

用行为经济学的表达方式来说,基于消费者完全理性的投保决策理论是一个标准化决策模型,是一个理想化的参照系或参照模型,但并不是一个很好的描述性模型,即现实中人们如何进行投保决策的模型。

为此,本书第五、六章将分别针对上述与现实不符的假设进行理论修正,第五章修正"准确评估风险假设",第六章修正"面临损失风险时个体风险厌恶假设"。此外,在第十七章修正"风险评估稳定假设",对保险需求的动态性进行分析。

第五章 理论修正:风险判断偏差与投保决策

如上一章末尾所述,标准投保决策模型假定决策者可以准确评估风险,但是,现实中的个体很难准确评估自己面临的风险。大量心理学研究成果表明,人们的风险是主观的,人们的主观风险判断与客观统计风险之间往往存在较大的偏差。显然,如果消费者的风险判断存在偏差,其投保决策就会偏离标准投保决策模型的预测。

本章第一节说明个体进行风险判断的理论基础是启发式原则;第二节说明个体进行保险风险判断的理论基础是可得性启发式;可得性启发式是指个体通过从其记忆中调取风险例证来进行风险判断,风险例证来源于个体直接经历和个体观察得到的间接经验,第三节讨论仅仅依赖直接经历进行风险判断时,个体可能出现的风险判断偏差,第四节讨论加入间接经验后个体的风险判断偏差;第五节提请读者注意,前景理论中提出的"人们会高估小概率"是"仿佛"而非一定真有其事,但由于前景理论太过著名,容易对读者形成误导;第六节根据风险判断偏差对标准投保决策模型进行修正,并分析高估(或低估)风险对个体投保决策的影响;第七节讨论风险判断偏差规律决定的群体投保规律。

需要说明的是,本章主要讨论小概率风险的判断偏差和投保决策,因为保险主要承保小概率风险。而且,由于几乎所有保险产品的承保风险年度出险概率都低于 0.20,本书将年度出险概率低于 0.20 的风险定义为小概率风险。

第一节 个体风险判断的理论基础:启发式原则

利用心理学研究成果,本节首先说明,在不确定条件下,个体无法像保险公司那样通过严格的统计分析来评估风险,而是会采用启发式原则进行风险判断,然后对各种启发式原则的含义及其是否适用于保险风险判断进行了分析。

一、保险消费者无法准确评估风险

保险消费者的风险判断与保险公司的风险评估存在巨大区别。对保险公司而言,保险公司在承保大量业务(确切地说是大量风险单位)后,可以通过统计专家(如精算师)对经验赔付数据进行统计,进而在风险发生规律基本不发生变化的情况下,基本准确地预测未来的赔付支出,所以,通常可以假定,保险公司对于自己面临的承保风险是基本可度量的。

但是,对于保险消费者而言,第一,消费者实际上是一个个孤零零的个体,根本不具备上述保险公司所拥有的大量损失数据。虽然一些公开的统计数据也会告诉消费者某些风险的出险概率，但一方面这些数据与保险产品的承保风险并不完全对应，更重要的是，统计数据给出的是平均结果，忽略了个体的特殊性，并非对某个消费者风险的准确估计。第二，即便消费者看到了部分相关风险的统计数据，根据大脑的思维方式或运行规则①，消费者也很难像统计学家或精算师那样据此对自己面临的风险进行准确量化，更不会据此进行风险评估和应对决策。实际上，从人们的行为来看，抽象的统计数据对人们的影响远不及身边发生的事件，人们通常不会对不利事件的统计数据做出反应，但会对身边发生的不利事件做出反应，例如，只有看到身边有人患癌时，个体才会体验到癌症风险的恐怖，进而可能改变自己的生活方式和购买健康保险。

实际上，如第二章第五节所述，人类的大脑有两套思维系统：直觉思维系统（或自动思维系统）和理性思维系统（或控制思维系统），保险消费者的风险判断主要依赖感性的直觉思维系统，而不是像标准经济学理论所预期的那样主要依赖理性思维系统进行基于统计数据的风险评估。风险心理学研究权威斯洛维奇（Slovic，1987）将公众对风险的判断称为"风险感知（Risk Perception）"，意指公众对风险的判断是主观的和直觉的，而不是客观的和理性的。特沃斯基和卡尼曼（Tversky and Kahneman，1974）将个体在做不确定判断时所依赖的直觉判断原则称为"启发式原则（heuristics）②"，认为人脑中仿佛储存着一个装有"心理启发式"的认知工具箱，用这些启发式来判断和解决问题效率较高，但并不精确，只能对频率、概率、数量等进行粗略的估计。

这会让我们联想到奈特教授对风险和不确定性的区分。在经济学名著《风险、不确定性与利润》中，为了搞清楚企业利润（指经济利润）的来源，奈特教授区分了风险和不确定性，指出风险是可度量的（不确定性），而不确定性是不可度量的。对于风险，如火灾、爆炸等，由于可度量，企业就可以采取保险等方式以固定成本将其处理。但对于不确定性，如企业家对某新产品的未来市场需求量、未来生产方式和生产成本的估计，则是不可能度量的，这就使整个经济运行不符合完全竞争市场的运行条件，而这种不确定性就成为企业利润的来源。但是，在《风险、不确定和利润》中，奈特的着眼点是企业利润的来源，因此，尽管他认为个人和企业其实也不具备准确评估可保风险的能力，但只要对社会或保险公司而言，这类风险是可以准确评估的，就不具备产生企业利润的能力，进而被划入可度量的风险范畴。也就是说，奈特对风险和不确定的区分，是从社会角度而言的，而非从个体角度而言的，并不符合本文的分析情景。③

因此，面临同样的可保风险，如死亡、疾病、交通事故、火灾爆炸等，对于保险公司而言，通常属于可度量的风险，但对保险消费者而言，基本都属于不可度量的不确定性。如图5-1所示。

---

① 大脑在整个身体中的能量消耗是相当大的，重量占比约5％的大脑消耗了整个身体约20％的能量，从负荷和节约能量来看，大脑的运行也追求成本与收益的平衡，所以，大脑并不会对每件事都进行深入的思考和计算。

② "启发式"这个术语来自数学和计算机科学，这两个学科区分了算法和启发式，算法是指解题方案的准确而完整的描述，代表着用系统的方法描述解决问题的策略机制，通常效率较低；而启发式是指用一种更有效率的方法解决同样的问题，但通常会得到有偏的结果。

③ 可能是受到奈特的影响，很多书籍和论文将保险风险、赌场风险、彩票风险视为风险而非不确定性，其实是混淆了主体的区别。对于保险公司来说，保险风险是风险，但对于保险客户而言，保险风险其实属于不确定性。同样，赌场风险对于赌场老板来说是风险，但对赌徒是不确定性；彩票风险对博彩公司是风险，对买彩票者是不确定性。

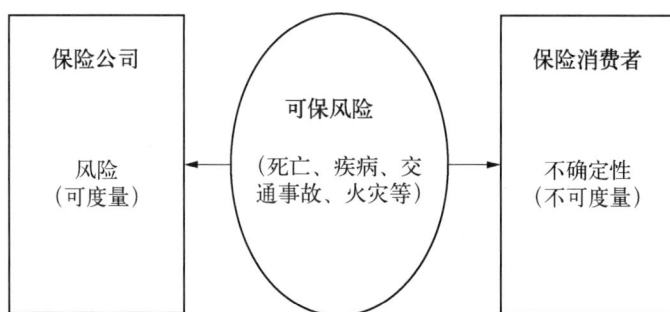

图 5-1　可保风险对保险消费者其实是不确定性

二、不确定情况下个体风险判断的理论基础：启发式原则

学术界一直在探究人类是如何进行判断、决策和行为的。20世纪50年代之前，心理学由两个流派主导：精神分析学派（代表人物是弗洛伊德）和行为主义学派（代表人物是华生和斯金纳）。精神分析学派关注潜意识的需求和欲望，认为本能是推动个体行为的内在动力；行为主义学派认为行为之后出现的激励或惩罚，决定了这一行为是否会成为习惯。20世纪50年代后，认知心理学逐渐走上前台，发现要理解人类的行为就必须研究人类的大脑，而人们大脑中的想法能够很好地预测人们的反应或行为。现在，心理学界认为，是思维（思想和信念）导致了行为，思维则是人类知觉的扩展（extension of perception），是对尚未发生或不存在的事情的想象和想法。例如，看到某只股票股价下跌，这不是思维，但在下跌之前经过思考猜想到股价下跌（并决定抛售该股票）就是思维。

而人类的思维过程可以简化为两种基本类型：自动性（automatic）思维和控制性（controlled）思维，分别对应前面提及的系统1（直觉思维系统）和系统2（理性思维系统）。两类思维过程或两套思维系统的运作模式是：当我们处于清醒状态时，系统1会不间断地自主运行，而系统2则处于散漫的放松状态。系统1会不断为系统2提供印象、直觉、意向和感觉等信息，如果系统2接收了这些信息，就会将印象、直觉等转变为信念，将冲动转化为行为。通常情况下，系统2比较散漫，它会毫无保留或稍微调整后接受系统1的建议。只有当系统1的运行遇到阻碍时，才会向系统2寻求支持。[①]

可见，系统1的直觉性作用比我们想象的要大得多，系统1才是人类做出的决策和判断的幕后主使。[②] 而系统1的主要运行方式就是使用一些直觉判断原则或启发式原则，这些原则可以简化极为复杂的思考任务，符合大脑运行的成本收益原则或西蒙所称的过程理性。思维通过系统1和系统2决定行为的流程如图5-2所示。

1974年，特沃斯基和卡尼曼在《科学》（Science）上发表"Judgment under Uncertainty: Heuristics and Biases"，首次系统总结了人们在估计不确定事件的概率或不确定量的数值

---

① 想想我们早上刚到办公室，其实有许多正事要办。但是，摊开文件或打开电脑后，我们的视线却不由自主地移动到了手机上，打开微信或其他App一路看了下去，感觉时间过得飞快，这就是系统1在起作用；只有当某件正事的最后期限逼近时，我们才被迫无奈地开始硬着头皮开始工作，感觉时间也变慢了，这是系统2在起作用，中间还时不时地受到系统1的影响，不自觉地去看看手机微信。

② 塔勒布在《黑天鹅》中非常形象地说："人生就像驾车，驾驶员是情感（系统1），理智（系统2）通常在副驾驶睡觉。"

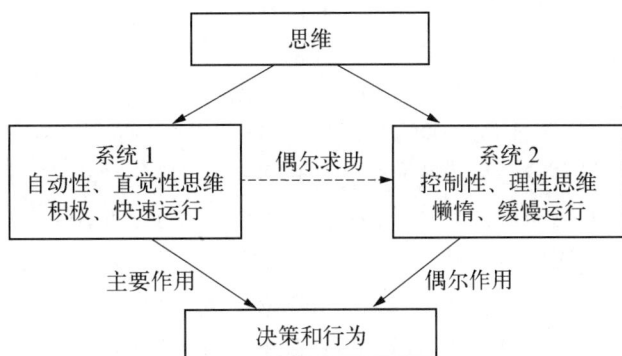

图 5-2 思维决定行为的流程

时,会采用三种启发式原则进行简化判断,分别是代表性启发式（Representativeness Heuristic）、可得性启发式（Availability Heuristic）和锚定与调整启发式（Anchoring and Adjustments Heuristic）,认为这些原则对人们估计不确定事件非常有用,可以将概率估计和预测数值这样的复杂任务降低为较为简单的快捷判断,但也会带来各种偏差①。

三、保险风险判断可能采用的启发式原则

保险风险是保险承保风险的简称,下面分别讨论三种启发式原则的含义和案例,并讨论其是否适用于保险风险判断。

不确定条件下的判断范围远比保险风险判断范围要大,至少包括两种情形:第一种情形是,某个事件其实是确定的,只是判断者不知情,于是对判断者而言属于未知,有不确定性。例如,请被试根据一些描述判断某位大学生的所学专业,或请被试估计一条麻袋中白色球和黑色球的比例等;第二种情形是,某个事件在未来可能发生也可能不发生,请判断者判断其未来发生的概率或频率,例如,请某人判断其汽车在未来一年内的被盗概率,或者更复杂些,请判断者估计未来结果的概率分布。显然这是两种完全不同的不确定性,第一种情形下,某个事件只是对判断者是未知的,但有人完全清楚这一确定的数值,而且属于对当下某事件的判断;第二种情形下,某个事件对判断者是未知的,但有人可以根据历史数据推断其发生概率或频率或概率分布,属于对未来的判断。我们所关心的保险风险属于第二种情形。

1. 代表性启发式

所谓代表性启发式,是指人们会基于相似性进行判断。适用的典型判断问题是:A 属于类别 B 的概率是多少? 但其实 A 是否属于 B 是确定的,只是判断者不知情,从而有了不确定性。

例如,一项研究中提出如下问题请被试回答:"佩内洛珀是一个大学生,朋友们形容她稍微有些不切实际、情绪化和敏感化。她游遍了整个欧洲,能说一口流利的法语和意大利语。她目前还不确定毕业后的职业方向,但是已经证明过自己高水平的才能,并且

---

① 在不确定状况下的判断的研究中,学者们普遍采用的研究范式是,将被试的判断结果和规范模型的结果进行比较,进而检验是否存在判断偏差以及偏差大小。

多次获得书法比赛的奖项。她在男朋友过生日时写了一首十四行诗作为礼物。根据以上描述,你认为佩内洛珀的主修专业是心理学还是艺术史?"

结果,大部分被试认为佩内洛珀主修艺术史,因为她似乎符合被试概念中艺术史学生的特点。这就是代表性启发式,即,人们使用"自己概念中艺术史学生的特征"来进行判断,如果佩内洛珀与自己心目中艺术史学生的特征相似,就判断其主修艺术史。

但是,这一判断方式的重大缺陷是:被试很可能忽略了先验概率,进而很可能出现判断偏差。数据显示,在这项研究进行时,美国一所有接近 18 000 名学生的公立大学中,大约 2 300 名学生主修心理学,15 名学生主修艺术史。这意味着随机挑出 1 名学生,主修心理学的概率是 13%,主修艺术史的概率是 0.08%,两者的比例约为 150:1。被试显然应该先想到这一点,再考虑佩内洛珀的特征,进而做出佩内洛珀大概率主修心理学的结论。

此外,代表性启发式也常被用于对未来不确定性做判断,例如,考虑硬币抛掷出现正面和反面的情况,人们往往会认为序列"正—反—正—反—反—正"比"正—正—正—反—反—反"更可能发生,因为后者看起来并不随机。这反映了人们的心理思维模式:人们期望由随机过程而产生的事件序列,甚至是很短的序列,也能代表这个过程的本质特征"随机性"。例如,对于抛掷硬币来说,随机特征不仅应该体现在整体序列中,也应该表现在局部的部分序列中,或者说,要求局部序列也具有代表性,或者说,用随机性这一代表来要求所有的序列,包括局部短序列。一个更容易理解的案例是赌徒谬误,如在轮盘赌中,看到一长串红色后,大多数人错误地相信现在应该是黑色了,因为黑色的出现才会导致一个更具代表性的"随机"序列。

显然,基于相似性做判断的代表性启发式不太适用于对未来保险风险进行判断。

2. 可得性启发式

可得性启发式的判断逻辑是,人们通过能想到的例证和想到例证的容易性来评估这类事件的发生频率或概率。例如,人们通过回忆其熟人中心脏病的发生情况来估计自己患心脏病的风险;人们通过想象某企业可能遭遇的种种困难,来评估该企业的破产概率。

可得性启发式通常会导致判断偏差,这里列举两类判断偏差:

第一种是由例证的可提取性引发的偏差。例如,一项研究让被试听到一串男女名人的名单,然后要求他们判断这一串名字中男人多还是女人多(实际上一样多)。但是,研究者操纵了名人名单中更有名的男人数量或女人数量,在对第一组被试呈现的名人名单中,男人比女人更有名;对第二组被试呈现的名人名单中,女人比男人更有名。判断结果是,第一组被试认为男人更多,第二组被试认为女人更多。显然,每组被试都受到了例证可提取性的影响,当男人更有名时,被试更多提取了男人做例证;当女人更有名时,则更多地提取了女人做例证,进而导致每组被试都做出了错误或有偏差的判断。

第二种是由有偏记忆样本集引发的判断偏差。一项研究要求被试回答:"从英文文章中随机抽出一个单词(3 个字母及以上),请问,它是'第一个字母是 r 的词'还是'第 3 个字母是 r 的词'的可能性更大?"此时,人们通过回忆 road 之类和 car 之类的词的容易性来评估它们的频率,因为前者更容易从记忆中搜索到,大多数人判断前者更多,但事实上后者更多。再比如,对于风险事故来说,媒体有偏差的报道(风险事故越新奇或反常,被报道得越多)会导致人们形成有偏记忆,进而导致判断偏差。

显然,可得性启发式特别适用于人们估计未来风险,包括用来估计保险风险的大小。

例如，当需要估计自己的癌症风险以确定是否需要购买癌症保险或大病保险时，个体可以通过回想到的癌症实例和想到癌症实例的容易性来评估自己患癌症的概率，还可以通过回想到的癌症实例的医疗费用来估计自己患癌症后需要的医疗费用。

3. 锚定与调整启发式

依靠锚定与调整启发式做判断的逻辑是，很多情境下，人们的推测，是以初始值为参照点或出发点进行调整后得到答案的。但是，调整基本都是不充分的，导致判断值有偏差。

例如，一项研究要求被试用百分制来估计非洲国家在联合国中所占席位的百分比，如估计值 60 代表60％。当着被试的面，研究人员通过转动幸运轮盘来确定一个 0 到 100 之间初始数字，让被试说出这个初始数字大于还是小于其心目中的非洲国家席位百分比估计值，然后请被试从这个初始数字开始顺时针或逆时针转动轮盘到其心目中的非洲国家席位百分比估计值。对不同的被试群体，研究者给了不同的初始数字。结果，这些武断的初始数字对非洲国家席位百分比估计值有显著影响，如，对初始数字为 10 和 65 的两个群体而言，非洲国家在联合国中所占席位的中位估值，分别为 25 和 45，被试显然受到了武断的初始数字的锚定，后续虽然进行了调整，但调整是不充分的。

另一项研究，要求两组高中生在 5 秒内分别估计"$1 \times 2 \times 3 \times 4 \times 5 \times 6 \times 7 \times 8$"和"$8 \times 7 \times 6 \times 5 \times 4 \times 3 \times 2 \times 1$"的数值，结果，前者中位估值为 512，后者中位估值为 2 250，正确值是 40 320。在极短的时间内计算上述问题，人们得先计算几步，然后通过外推或调整来推测最终结果，而先计算那几步的结果就会成为外推的初始值或锚定值，初始值越低，未来调整后的最终结果也就越低，所以，第一组的估值低于第二组的估值。而且由于调整通常是不充分的，所以两组高中生都低估了最终结果。

从锚定与调整启发式的思维逻辑来看，通常不大会用于人们对保险风险发生概率的评估，但可能会被用于保险风险损失规模的评估。例如，对于癌症风险，人们不太可能有一个出险概率的初始值或锚定值，即便从专家那里得到癌症发生概率，依赖直觉而无法依赖理性的人类也无法相信这一数值的真实性，即便相信这一数值的真实性，也无法确认这就是自己的癌症发生概率，自然也不会从这一统计概率出发进行调整以便得到自己的癌症发生概率。但是，人们很可能会根据自己听说过的癌症医疗费用数值来判断自己一旦发生癌症后的医疗费用，这里先用了可得性启发式，然后可能会用锚定与调整启发式根据通货膨胀、地区因素、医疗条件等因素进行调整。

4. 保险风险判断可能采用的启发式

从以上分析可以看出，人们在进行保险风险判断时，对于出险概率，很可能主要依赖可得性启发式进行判断，例如，人们通过回忆其熟人中癌症的发生情况来估计自己患癌症的风险。对于损失规模，则可能首先使用可得性启发式来做出初始判断，然后再根据实际情况（如地理位置、通货膨胀、医疗条件等）进行调整。

第二节 保险风险判断的理论基础：可得性启发式

现实中的保险风险多数是一个较为复杂的损失分布，为了简化分析，本书将保险风险简化成主体(个人或企业)以某个概率 p 遭受一定规模的损失 L。

显然,个体对保险风险的判断,既包括对出险概率 p 的判断,也包括对损失规模 L 的判断,而且,在进行主观风险判断时,个体对出险概率和损失规模的判断都可能出现偏差。但是,考虑到个体可以通过计算自身财产值和想象损失场景的方式得到损失规模,而出险概率却需要大量的外部数据才能得到,导致出险概率的判断偏差通常远大于损失规模,为简化分析,本书假定个体可以准确判断损失规模的大小,但无法准确评估出险概率。

因此,这里特别声明,本书后续仅讨论出险概率的主观判断。所谓保险风险判断,主要就是指对保险风险出险概率的主观判断;所谓风险判断偏差,主要就是指对保险风险出险概率的判断偏差。

从上一节第三部分的分析可以看出,人们主要采用可得性启发式对保险风险的出险概率进行判断(Tversky and Kahneman,1973;海斯蒂、道斯,2013;郭振华,2019)。因此,所谓保险风险判断的理论基础,主要就是指"可得性启发式"。

一、可得性启发式的运作方式

所谓可得性启发式,是指人们通过能回想(或回忆)到的例证数量和回想的容易性(或流畅性)来评估这类事件发生的频率或概率。这些回想到的例证是人们以往经历事件在大脑中的自动记录,当需要估计类似事件的频率或概率时,人们就会从记忆中提取或调用。例如,没有得过糖尿病的人会通过回忆其熟人中糖尿病的发生情况来评估患糖尿病的概率或风险。

可得性启发式的心理学原理是,人类做出的许多判断都是以记忆为基础的,平时,我们的大脑会自动记录那些曾经发生的事件,尤其是那些对我们的生存至关重要的事件,而这些过去习得并存储于长时记忆中的相关信息就成为我们进行判断的依据。

人们依据可得性启发式进行风险判断的流程如图5-3所示。显然,在提取相关记忆的过程中,回忆起的例证越多,回忆越是容易或流畅,人们对该事件出现概率或频率的估计值就越高(Gigerenzer,2006;Schwarz et al.,1991;Schwarz,2004)。

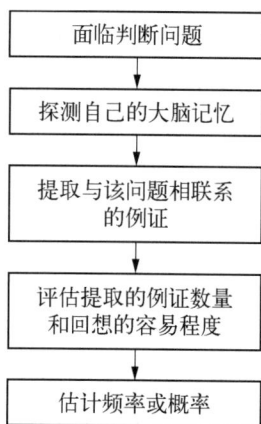

图5-3 使用可得性启发式判断概率的流程

二、可得性启发式必然带来风险判断偏差:个体主观概率与保险定价概率迥异

绝大多数保险产品都是一年期和多年期的,保险公司定价使用的概率通常是指保险标的或风险单位的年度出险概率。也就是说,无论是保险公司还是个体,都是评估未来一年的年度出险概率。

对保险公司而言,评估基础是历史出险数据,如用过去一年的同一险种同质标的同一风险的所有承保和理赔数据推测未来一年该险种该类标的该风险的出险概率,再用过去若干年的出险概率和未来可能发生的变化来修正未来一年的出险概率。

但对个体而言,当采用可得性启发式来评估未来一年出险概率时,依据的是自己记忆中的历史上发生的所有同类风险事件存量。这个风险事件记忆存量,通常既包括自身经历的风险事件(直接经历),也包括观察到的他人经历的风险事件(间接经验)。如果仅考虑自身经历,依赖的就是个体在过去时间轴上的纵向风险事件记忆;如果同时考虑间接经验,那就既依赖自身的纵向记忆,也包括历年观察到的横向的对周边风险事件的记忆。

可以推断,如果以保险公司的大数据评估结果为基准,个体风险判断结果必然存在偏差,不是高估就是低估。原因有二:第一,对于同一风险,个体风险判断依赖的样本和保险公司风险评估依赖的样本存在巨大的不同,个体依赖的是自己记忆中的风险事件存量,保险公司依据的是承保理赔数据,前者的数据量显然远小于后者,双方不可能得到一致的结论。第二,对于同质风险,利用大量承保理赔数据,保险公司评估的所有同质个体的出险概率都是相同的。但是,由于风险发生的随机性,即便是同质个体,其自身风险经历和观察到的间接风险经验也会各不相同,进而导致其记忆存量或样本不同,自然会导致个体间有不同的风险判断和主观概率。

正如认知心理学的研究成果所述,普通公众主要依赖可得性启发式原则进行风险判断,虽然这种直觉判断方法可以将复杂任务简单化,但却会出现严重的判断错误,即人们的判断结果会严重偏离实际值或依据标准理论计算的结果(如统计概率)(Tversky and Kahneman,1974;Slovic,Fischoff and Lichtenstein,1982)。

三、可得性启发式判断的数据来源和分析方法

如前所述,个体采用可得性启发式评估未来一年出险概率时,依据的是自己记忆中的历史上发生的所有同类风险事件存量。在这个记忆存量中,第一部分是个体记忆中自身经历的风险事件,本书称为"直接经历";第二部分是个体曾经观察到的自己周边他人遭受的风险事件,本书称为"间接经验"。两者都可以被个体从自己的记忆中提取出来,以评估自己面临的同类风险的大小。

显然,自身经历的风险事件会比曾经观察到的他人遭受的风险事件更容易从记忆中提取,直接经历相对于间接经验对自己风险判断的影响要大得多。因此,下文第三节首先分析直接经历对个体保险风险判断的影响,第四节接着分析加入间接经验后,"直接经历+间接经验"对个体保险风险判断的综合影响。

第三节 保险风险判断偏差:
仅考虑直接经历

直观来看,在仅考虑直接经历的条件下,对于小概率风险而言,多数人都没有直接经历过这样的风险事件,所以,在风险判断时,这些人回想不到相关的事件或例证,自然会做出这类风险基本不存在的判断,主观概率为零,"眼不见心不烦"就是这个道理。反过来,对于那些经历过小概率风险(损失程度往往很大)的少数人而言,往往留下了刻骨铭心的感受,在风险判断时极容易从自己的记忆中提取到风险事件例证,进而做出此类风险很大的判断,出现高估风险的状况,"眼见为实"、"一朝被蛇咬,十年怕井绳"就是这个道理。

基于可得性启发式原理，在仅考虑直接经历的条件下，下面详细分析人们的主观风险（主观概率）和风险判断偏差到底呈现何种规律。

一、假设条件和分析思路

1. 假设条件

如前所述，保险公司的定价概率通常是年度概率，年度概率是用年度风险事件数量（和年度风险单位数量）这样的流量数据计算得到的，但个体的风险事件记忆是存量而不是流量（风险单位则通常只有一个，指作为保险标的的自己的身体、汽车或房产），这从三方面提高了分析个体主观概率的复杂性：第一，风险事件记忆存量的形成时间通常超过一年，而且由于年龄不同等因素导致人们的存量形成时间各不相同；第二，记忆存量内的风险事件会因为发生时间早晚而有不同的影响。通常，过去发生的风险事件对未来判断存在近因效应，即，越是新近发生的风险事件，越能够提升自己的主观概率；第三，记忆存量还与风险特性有关，例如，死亡风险一旦发生，受害人就不会再有记忆，直接经历就灰飞烟灭了（只会造成间接影响）；癌症风险一旦发生，受害人会形成记忆，但受害人因病身故后，其直接经历也就消失了；火灾烧掉财产，受害人会形成记忆且通常不会消失。上述三个因素都会对人们判断未来一年的年度概率造成影响。

现实如此复杂，分析需要不影响总体规律的简化，这里假设：第一，所有个体的风险事件记忆存量均为过去6年形成，或者6年前的风险事件经历不会对未来风险判断造成影响；第二，不考虑近因效应，假设过去6年内所有风险事件记忆对未来风险判断的影响相同；第三，不考虑风险特性，假定不存在直接经历会消失的情况；第四，不论一次风险事件发生后会持续多长时间，均为一次风险事件。

2. 分析思路①

对某一可保风险，如前所述，保险公司会根据过去一年（或过去几年）同险种同类标的的承保和理赔数据来推断未来一年同险种同类标的同风险的出险概率，这里称为"客观概率"，但个体会依据可得性启发式用自己的风险事件记忆存量进行概率判断，称为"主观概率"。风险判断偏差，就是指主观概率相对客观概率的偏离程度。

分析风险判断偏差可以沿着如下思路分三步进行：

第一步，看个体可能的主观概率结果有哪些。在仅考虑6年直接经历的条件下，对保险承保的小概率风险，如果个体在过去6年从未有过遇险经历，其推断的未来一年的主观概率为0；过去6年有过1次遇险经历的个体，其推断的未来一年的主观概率（年度概率）为1/6；过去6年有过2次遇险经历的个体，其主观概率＝2/6；……；过去6年有过6次遇险经历的个体，其主观概率为1；有过7次遇险经历的个体，其主观概率为7/6②；以此类推。

第二步，研究主观概率的分布规律。上面已经知道对于同样的客观风险，不同的人有不同的主观概率，现在要分析持有各种主观概率的人群在总人群中的占比。可以设想，如果能够得到过去6年任一同质个体经历风险事件次数的概率分布，由于不同的经

---

① 下面的分析思路其实是"事后诸葛亮"，是我根据后面的分析过程"事后"总结形成的，读者看起来会有些吃力。建议读者先囫囵吞枣看过去，等读完后再返回来看分析思路时，就容易理解了。

② 主观概率超过了1，有些不合常理。不过，从后续分析可以看出，对于客观概率 p≤0.2 的保险风险来说，主观概率超过1的可能性几乎为零。

历风险事件次数对应不同的主观概率，自然也就得到了主观概率的分布规律。如果得到了任一个体主观概率的分布规律，在总体内均为同质个体的条件下，就可以用它来描述总体中不同主观概率的人群占比。这里的奇妙之处，是从同质个体出发用客观统计方法得到了总体的主观概率分布。

第三步，用主观概率的分布规律推断风险判断偏差的规律。客观概率已知，再知道总体中不同主观概率的人群占比，自然就可以推断到底有多少比例的人高估了风险，多少比例的人低估了风险。进一步地，将主观概率分布中的主观概率统一除以客观概率，就可以得到"主观概率/客观概率"的分布规律，即高估(低估)程度的分布规律。

3. 风险判断偏差的描述指标

显然，知道高估(低估)人群占比和高估(低估)程度的分布规律，风险判断偏差的规律就清晰可见了。因此，下文将用"高估(低估)人群占比"和对应人群的"高估(低估)程度"这两类指标来描述人们的风险判断偏差。

二、主观概率的分布规律

对保险承保的小概率损失风险而言，如本章篇头语所述，年度出险概率通常都低于0.2，因此，只需要分析客观概率 $p \leqslant 0.2$ 的风险判断偏差大小和规律。

为了得到主观概率的分布规律，需要得到 6 年内任一个体出险次数的概率分布。将记忆存量时间 6 年分为 24 个季度，假设风险发生概率与时间长度成正比，年度客观概率为 p，则每个季度的客观概率为 $p/4$。将个体在每个季度经历风险视为一次试验，各个季度是否发生风险相互独立，由于一个季度时间很短且保险风险通常是小概率的，可假设在一个季度内个体要么发生风险要么未发生风险，在 6 年内任一个体可能不发生风险，也可能发生一次或多次风险。则，即便对于最高年度客观概率为 0.2 的保险风险，也可以使用泊松分布来近似计算 6 年内任一个体出险次数 X 的概率分布(此时，$n=24$，出险概率 $=p/4=0.05$)。可以想象，当客观概率变小时，任一个体出险次数 X 的概率分布更加服从泊松分布。[①]

$$P(X=k) = \frac{\lambda^k e^{-\lambda}}{k!}, \ k=0, 1, 2, \cdots, \quad (5-1)$$

其中，X 为任一个体在 24 个季度内(或 6 年内)的出险次数，$\lambda=np_季$，n 为实验次数，这里是指多少个季度，$p_季$ 为季度客观出险概率，等于年度客观出险概率 p 的 1/4。

这样，就可计算得到任一客观概率水平下主观概率的分布规律。例如，当年度客观概率 $p=0.2$ 时，$n=24$，季度客观出险概率 $p_季=p/4=0.05$，$\lambda=24\times0.05=1.2$，已知 λ，就可计算得到主观概率的分布规律。同理，可以计算得到客观概率 $p=0.1(\lambda=0.6)$，客

---

① 这里的思维方式，是二项分布的泊松逼近，即当 $n\geqslant20$、$p\leqslant0.05$ 时，用泊松分布作为二项分布的近视值，计算效果颇佳。不过，同事朱少杰博士认为，可直接使用《非寿险精算》中的"同质保单组合的索赔次数模型"进行计算，该模型认为在保单同质和相互独立的条件下，保单组合中随机抽取的一份保单在一年内发生 k 次索赔的概率服从泊松分布，这样，就不必将 1 年拆分为 4 个季度。从计算过程来看，无论是否将 1 年拆分成四个季度，计算结果都是相同的。最后要声明的是，采用泊松分布的计算结果，仍然是一种近似计算，结果并不精确，但用于分析风险判断偏差的变化规律，应该是足够了。关于"同质保单组合的索赔次数模型"，读者可看看：李恒琦，非寿险精算，西南财经大学出版社，2004，第86—95 页。

观概率 $p=0.05(\lambda=0.3)$，客观概率 $p=0.02(\lambda=0.12)$，客观概率 $p=0.002(\lambda=0.012)$，$p=0.000\,2(\lambda=0.001\,2)$ 时的主观概率的概率分布，如表 5-1、表 5-2、表 5-3 所示。

表 5-1　主观概率的概率分布(客观概率 $p=0.2$、0.1)

主观概率	$p=0.2(\lambda=1.2)$	主观概率	$p=0.1(\lambda=0.6)$
	对应概率		对应概率
0	$P(X=0)=0.301\,19$	0	$P(X=0)=0.548\,81$
1/6	$P(X=1)=0.361\,43$	1/6	$P(X=1)=0.329\,29$
2/6	$P(X=2)=0.216\,86$	2/6	$P(X=2)=0.098\,78$
3/6	$P(X=3)=0.086\,74$	3/6	$P(X=3)=0.019\,76$
4/6	$P(X=4)=0.026\,02$	4/6	$P(X=4)=0.002\,96$
5/6	$P(X=5)=0.006\,25$	5/6	$P(X=5)=0.000\,35$
1	$P(X=6)=0.001\,25$	1	$P(X=6)=0.000\,04$
7/6	$P(X=7)=0.000\,21$	$\geqslant 7/6$	$P(X \geqslant 7) \approx 0$
8/6	$P(X=8)=0.000\,03$		
$\geqslant 9/6$	$P(X \geqslant 9) \approx 0$		

注：主观概率对应之和应该等于1，但由于四舍五入原因，可能会略有差距。

表 5-2　主观概率的概率分布(客观概率 $p=0.05$、0.02)

主观概率	$p=0.05(\lambda=0.3)$	主观概率	$p=0.02(\lambda=0.12)$
	对应概率		对应概率
0	$P(X=0)=0.740\,82$	0	$P(X=0)=0.886\,92$
1/6	$P(X=1)=0.222\,24$	1/6	$P(X=1)=0.106\,43$
2/6	$P(X=2)=0.033\,34$	2/6	$P(X=2)=0.006\,39$
3/6	$P(X=3)=0.003\,33$	3/6	$P(X=3)=0.000\,25$
4/6	$P(X=4)=0.000\,25$	4/6	$P(X=4)=0.000\,01$
5/6	$P(X=5)=0.000\,02$	$\geqslant 5/6$	$P(X \geqslant 5) \approx 0$
$\geqslant 1$	$P(X \geqslant 6) \approx 0$		

表 5-3　主观概率的概率分布(客观概率 $p=0.002$、0.000 2)

主观概率	$p=0.002(\lambda=0.012)$	主观概率	$p=0.000\,2(\lambda=0.001\,2)$
	对应概率		对应概率
0	$P(X=0)=0.988\,07$	0	$P(X=0)=0.998\,80$
1/6	$P(X=1)=0.011\,86$	1/6	$P(X=1)=0.001\,20$
2/6	$P(X=2)=0.000\,07$	$\geqslant 2/6$	$P(X \geqslant 2) \approx 0$
$\geqslant 3/6$	$P(X \geqslant 3) \approx 0$		

三、转换成"主观概率/客观概率"的分布规律

按照第一部分提出的分析思路，可以用"主观概率/客观概率"来描述风险判断偏差程度，"主观概率/客观概率＜1"表示低估风险，"主观概率/客观概率＞1"表示高估风险。如此，在表5－1、表5－2、表5－3中，将不同的主观概率除以客观概率，得到"主观概率/客观概率"，将不同主观概率的"对应概率"变为百分比[①]，就得到了不同客观概率水平下"主观概率/客观概率"的分布规律。如表5－4、表5－5、表5－6所示。

表5－4　"主观概率/客观概率"的分布规律(客观概率 $p=0.2$、0.1)

主观概率	$p=0.2(\lambda=1.2)$		主观概率	$p=0.1(\lambda=0.6)$	
	主观概率/客观概率	人群占比		主观概率/客观概率	人群占比
0	0	30.119%	0	0	54.881%
1/6	0.83	36.143%	1/6	1.67	32.929%
2/6	1.67	21.686%	2/6	3.33	9.878%
3/6	2.50	8.674%	3/6	5	1.976%
4/6	3.33	2.602%	4/6	6.67	0.296%
5/6	4.17	0.625%	5/6	8.33	0.035%
1	5	0.125%	1	10	0.004%
7/6	5.83	0.021%	≥7/6	≥11.67	0
8/6	6.67	0.003%			
≥9/6	≥7.50	0			

注：主观概率对应之和应该等于1，但由于四舍五入原因，可能会略有差距。

表5－5　"主观概率/客观概率"的分布规律(客观概率 $p=0.05$、0.02)

主观概率	$p=0.05(\lambda=0.3)$		主观概率	$p=0.02(\lambda=0.12)$	
	主观概率/客观概率	人群占比		主观概率/客观概率	人群占比
0	0	74.082%	0	0	88.692%
1/6	3.33	22.224%	1/6	8.33	10.643%
2/6	6.67	3.334%	2/6	16.67	0.639%
3/6	10	0.333%	3/6	25.00	0.025%
4/6	13.33	0.025%	4/6	33.33	0.001%
5/6	16.67	0.002%	≥5/6	≥41.67	0
≥1	≥20	0			

[①]　也可理解为：人群占比 $=\dfrac{\text{对应概率} \times \text{总体人数}}{\text{总体人数}} \times 100\%$。

表 5-6 "主观概率/客观概率"的分布规律(客观概率 $p=0.002$、$0.000\,2$)

主观概率	$p=0.002(\lambda=0.012)$		主观概率	$p=0.000\,2(\lambda=0.001\,2)$	
	主观概率/客观概率	人群占比		主观概率/客观概率	人群占比
0	0	98.807%	0	0	99.88%
1/6	83.33	1.186%	1/6	833.33	0.12%
2/6	166.67	0.007%	$\geqslant$2/6	$\geqslant$1 666.67	0
$\geqslant$3/6	$\geqslant$250	0			

四、风险判断偏差的规律

进一步地,从表 5-4、表 5-5、表 5-6 可以计算得到不同客观概率水平下的低估风险者占比、低估程度、高估风险者占比和高估程度。低估风险占比和高估风险者占比很容易计算,但高估程度和低估程度不容易用一个指标描述。

1. 低估(高估)风险者占比

可以看出,仅考虑直接经历,人们不是高估就是低估了出险概率。当客观概率 P=0.2 时,主观概率为 0 和主观概率为 1/6 的人会低估风险,低估风险的人占 66.262%,其余 33.738% 的人则不同程度地高估了风险;当客观概率 P=0.1 时,主观概率为 0 或低估风险的人上升到了 54.881%,其余 45.119% 的人则不同程度地高估了风险;以此类推,结果如表 5-7 所示。

表 5-7 低估(高估)风险者占比随客观概率的变化

客观出险概率 p	低估风险者占比	高估风险者占比
$P=0.2$	66.262%	33.738%
$P=0.1$	54.881%	45.119%
$P=0.05$	74.082%	25.918%
$P=0.02$	88.692%	11.308%
$P=0.002$	98.807%	1.193%
$P=0.000\,2$	99.880%	0.120%

总体规律非常明显,客观概率越低,低估风险者占比越大,高估风险者占比越小。但更具体而言,随着客观概率降低,低估风险者占比有一个升高、降低、再升高的过程,高估风险者占比则有一个降低、升高、再降低的过程。原因是:

第一,当客观概率大于 1/6 时,主观概率为 0 和主观概率为 1/6 的人都会低估风险,而且,客观概率越低,主观概率为 0 的人占比越大,导致低估风险者占比越大,高估风险者占比越小。例如,当客观概率为 0.168(刚大于 1/6)时,泊松分布的 $\lambda=1.008$,容易计算得到低估风险者占比为 73.546%(=主观概率为 0 的人群占比 36.758%+主观概率为 1/6 的人群占比 36.788%),高估风险者占比 26.454%。

第二，当客观概率＝1/6时，出现了唯一的"主观概率＝客观概率"的情形，此时，泊松分布的λ≈1.000 2，低估风险者占比为36.780%，准确估计者占比36.788%，高估风险者占比为26.432%。此刻，低估风险者大幅降低，高估风险者基本未变。

第三，当客观概率低于1/6时，准确评估风险者不会再出现，只有主观概率为0的人低估风险，其余人则高估风险，而且客观概率越低，主观概率为0的人占比越大。例如，当客观概率＝0.165时，泊松分布的λ＝0.99，容易计算低估风险者占比37.158%，高估风险占比为62.842%。

由上述三点可以推断，客观概率1/6是个分界点，客观概率大于1/6时，随着客观概率降低，低估(高估)风险者占比逐渐攀升(下降)；但在临界点1/6处，低估(高估)风险者占比急速下降(上升)约36.788%；然后，随着客观概率下降，低估(高估)风险者占比再逐渐上升(下降)。如图5-4所示。

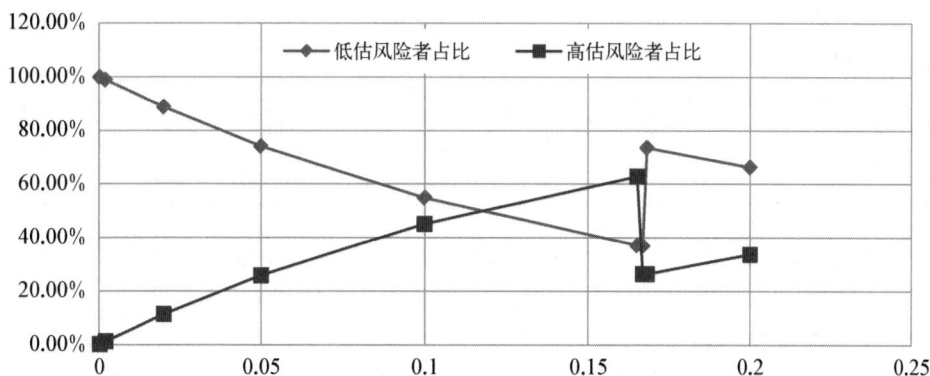

图 5‑4　低估(高估)风险者占比变化规律

可以确信，当客观规律低于1/6时，随着客观概率降低，低估风险者占比逐渐升高，高估风险者占比逐渐降低。这是保险风险主观判断的基本规律(因为，事实上，绝大多数保险风险的出险概率都低于1/6)[①]。

2. 低估(高估)程度

如式(4‑11)、(4‑12)所示，在边际效用均衡投保决策模型中，"主观概率/客观概率(p'/p)"是影响投保决策的关键变量。p'/p度量了人们风险判断偏差的高低，对高估风险者可称为"高估比率"，对低估风险者可称为"低估比率"。这样，掌握了高估比率和低估比率随客观概率的变化规律，就可以帮助我们推断人们的投保决策规律。

表5‑4、5‑5、5‑6已经给出了不同客观概率下高估(低估)比率的分布规律。为了简化描述高估比率和低估比率随客观概率的变化情况或变化规律，这里将每一客观概率下的人们按高估和低估分为两类，高估人群的主观概率均值用p'_h描述，低估人群的主观概率均值用p'_l描述，这样，高估比率就是p'_h/p，低估比率就是p'_l/p。主观概率均值通

①　可以预计，当考虑5年以上直接经历时，图5‑4中的转折点会随着年数的增加而向左移动，例如，当考虑7年直接经历时，转折点变为"客观概率＝1/7或0.143"；当考虑8年直接经历时，转折点变为"客观概率＝1/8或0.125"。同样可以预计，当考虑5年以下直接经历时，客观概率$p\leqslant0.2$时，图5‑4中的转折点就消失了，高估(低估)风险者占比会随客观概率的增加而持续增加(降低)。但总体来看，图5‑4展现的基本规律是稳健的。

89

过计算主观概率分布的期望值得到。

但是,由于高估比率 $p_h'/p \geqslant 1$,低估比率 $p_l'/p \leqslant 1$,导致高估比率与低估比率在视觉上无法直观反映其对投保决策的影响,因此,这里将它们转化为高估倍数和低估倍数,高估倍数＝高估比率＝ p_h'/p,低估倍数＝1/低估比率＝ p/p_l'。①不同客观概率下低估人群的低估倍数、高估人群的高估倍数如表5-8所示。

表5-8 低估(高估)倍数随客观概率的变化

客观出险概率 p	低估人群主观概率均值 p_l'	低估倍数 p/p_l'	高估人群主观概率均值 p_h'	高估倍数 p_h'/p
$P=0.2$	0.091	2.20	0.416	2.08
$P=0.1$	0	0.1/0	0.223	2.23
$P=0.05$	0	0.05/0	0.195	3.9
$P=0.02$	0	0.02/0	0.180	9.0
$P=0.002$	0	0.002/0	0.171	85.5
$P=0.0002$	0	0.0002/0	0.167	835

为了更直观地描述,图5-5给出了高估倍数随客观概率的变化规律(由于低估倍数多为 ∞,图5-5未给出低估倍数随客观概率的变化规律)。进一步地,由于客观概率为0.0002时高估倍数过大,导致图5-5中对客观概率较高时的高估倍数无法清晰显示,因此,图5-6给出了删除客观概率0.0002情形下高估倍数随客观概率的变化规律。

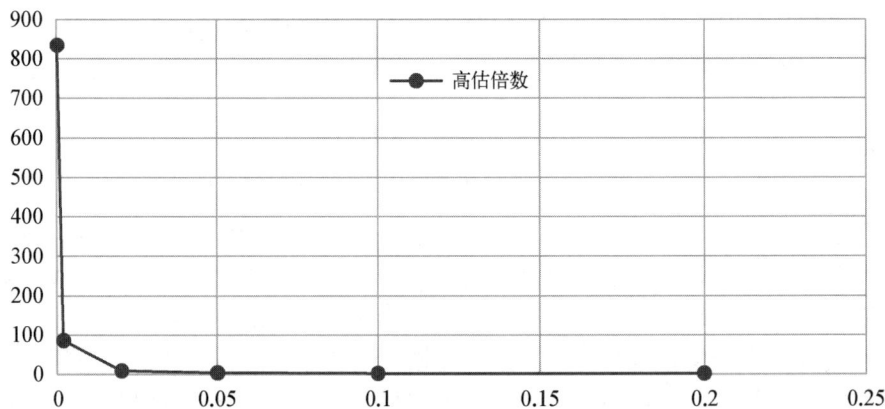

图5-5 高估倍数随客观概率而变化的规律

---

① 在边际效用投保决策模型中,如式(4-8)所示,$\frac{MU_{保险}}{P_{保险}} = \frac{p'}{p} \cdot \Delta U \cdot \frac{1}{1+\alpha}$,这意味着,高估倍数＝10,则 $\frac{MU_{保险}}{P_{保险}}$ 扩大10倍,可粗略地理解为投保意愿提升10倍;低估倍数＝10,则 $\frac{MU_{保险}}{P_{保险}}$ 缩小10倍,可粗略理解为投保意愿缩小10倍。

90

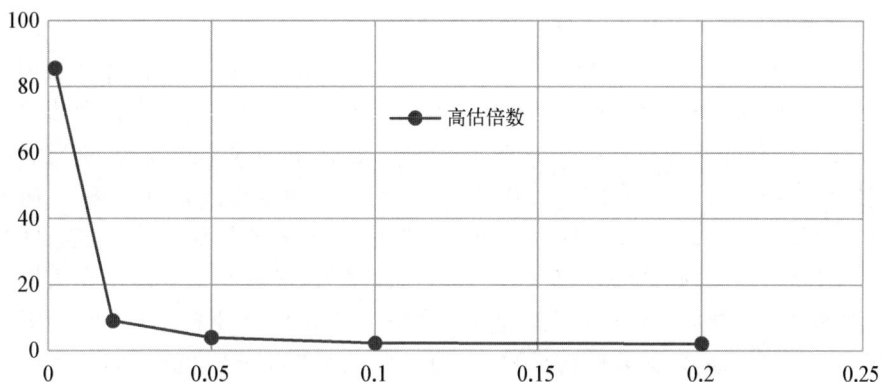

图 5-6　高估倍数随客观概率的变化规律(删除客观概率为 0.002 的情形)

从图 5-6 和表 5-8 可以看出,低估(高估)程度随客观概率而变化的总体规律是:客观概率越低,高估倍数越大,低估倍数越来越小(分母相同,分子越来越小)。

3. 风险判断偏差的规律

从表 5-7、表 5-8 和图 5-4、图 5-5、图 5-6 可以看出,在仅考虑直接经历的条件下,风险判断偏差的规律是:

第一,人们不是高估风险,就是低估风险;

第二,随着客观出险概率的降低,低估风险者占比逐渐增加,高估风险者占比逐渐减少;

第三,随着客观出险概率的降低,低估风险人群的低估程度越来越小,高估风险人群的高估程度越来越大。

说得更清楚些就是:对于小概率风险,在仅考虑人们依据自身直接经历来判断风险的条件下,人们的风险判断呈两极分化状态,多数人会低估风险,少数人会高估风险。而且,客观概率越低,风险判断的两极分化越严重,即,客观概率越低,低估风险者占比越大,低估程度越小;高估风险者占比越小,高估程度越大。

第四节　保险风险判断偏差：加入间接经验

除依赖自身经历来感知风险之外,个体还通过观察自己周边他人遭受的风险事件来评估自己面临的同类风险的大小,也就是说,间接经验(曾经观察到的他人遭受的风险事件)也会对自己的风险判断造成一定的影响。例如,多数人有这样的感觉,看到亲戚朋友生病住院做手术,自己心里也有些打鼓,生怕自己也会遭受同样的疾病和手术。[①]

一、间接经验对风险判断的影响

间接经验包括两种,一种是观察到别人遭遇风险,另一种是观察到别人未遭遇风险,这两种间接经验都会对个体的风险判断造成影响。

---

①　这种影响既是人们的直觉反映,也是理性的表现。风险发生的统计概率,就是依据对大量人群出事频率进行统计的计算结果,其内在的假定是:对于相同种类的风险,每个人都有相同的出险概率。这一假定反映了理性人对他人遭受的风险事件会感同身受。

1. 观察到他人遭遇风险对个体风险判断的影响

个体观察到的风险事件即间接经验,来源包括亲眼所见的风险事件和从媒体上看到的风险事件,亲眼所见的风险事件通常是发生在亲朋好友身上,或是在路上巧遇的风险事件。上述观察到的风险事件都会存在个体的记忆中,进而对其未来风险判断造成影响。但是,从影响程度来看,媒体上看到的和路上巧遇的风险事件,可能过一段时间就忘掉了,不会形成长久记忆,对未来风险判断影响很小;而那些观察到的发生在亲朋好友身上的风险事件,个体受到的刺激或负面体验感往往很大,很可能长久地留在人们的记忆中,对其未来风险判断形成较大影响。例如,目睹亲朋好友的房子着火和在报纸上看到某遥远地区的与自己毫无关联的房子着火,对个体主观火灾概率的判断,前者的影响要大得多,主观概率更大。诺奖得主圣捷尔吉[①]曾说过:"如果我看到一个人正遭受苦难,我会被深深打动,并甘愿冒生命危险去救助他。但接下来,我却能够不带感情地谈论大城市可能的毁灭以及随之而来的 100 万人的死亡。"

也就是说,间接经验的影响程度受到"情感距离"的影响,所谓情感距离,是指观察到的风险事件受害者与自己的情感紧密程度,情感越紧密,情感距离越小。通常,受害者与自己的情感距离越小,观察到的风险事件例证对自己的风险判断影响越大,越容易引发风险高估。或者说,间接经验对个体风险判断的影响会随着情感距离的增大而衰减。那么,衰减速度如何变化呢?如果是直系亲属遭遇灾难,个体会显著地高估风险;如果是一般同事遭遇灾难,个体感知到的风险就很小;如果是遥远的与自己不相干的人遭遇灾难,个体感受不到风险的存在。也就是说,随着情感距离增大,个体的感知风险会迅速降低,情感距离过大,个体的感知风险几乎为零。[②] 感知风险随情感距离的变化曲线如图 5-7 所示。

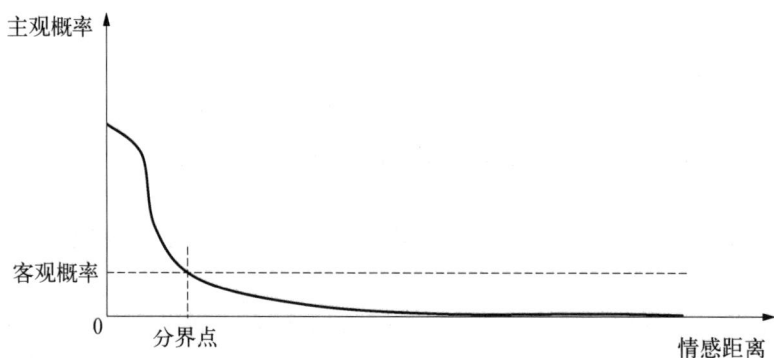

图 5-7 情感距离对风险判断的影响

图 5-7 中,在分界点,主观概率等于客观概率。在分界点左侧,主观概率大于客观概率,表示情感距离很近的人群会高估风险。在分界点右侧,由于情感距离较远,人们会普遍低估风险。当情感距离很大时,人们几乎感受不到这一风险的存在,主观概率为零。

---

① 纳扎波尔蒂·圣捷尔吉·阿尔伯特(1893—1986),因"与生物燃烧过程有关的发现,特别是关于维生素 C 和延胡索酸的催化作用"而获得了 1937 年的诺贝尔生理学或医学奖。

② 心理学研究表明,当损失场景栩栩如生时,人们会产生强烈的情感反应,此时人们对损失后果非常恐惧;反之,当只是听到某某风险事故,但缺乏栩栩如生的场景时,就很难引发人们的情感反应,对人们的风险判断影响较低;当风险距离很大时,人们甚至不知道风险事故的发生,处于忽略风险的状态。

2. 观察到他人未遭遇风险对个体风险判断的影响

观察到他人未遭遇风险对个体风险判断的影响机理，与上述观察到他人遭遇风险对个体风险判断的影响机理类似。即，看到他人未遭遇某种风险事故，已经遭遇风险的个体会调低自己的主观概率，未遭遇风险的个体则更加确信自己也不会遭遇同样的风险事故。而且，个体受到的上述影响大小也与情感距离成反比，情感距离越小，受到的影响就越大。

二、直接经历与间接经验的综合效应分析

1. 客观概率不变，加进间接经验的效果

对有损经验人群（有风险事件直接经历的人群）来说，首先，仅考虑直接经验时会高估小概率风险的出险概率；其次，小概率风险的间接经验，绝大多数都是他人未发生风险事件的信息，因此，间接经验会降低其主观概率。但是，不是所有他人的风险信息都会对其造成影响，因为间接经验的影响受到情感距离的约束，影响程度会随着情感距离的增大而迅速衰减。因此，在直接经历基础上增加间接经验后，有损经验人群的主观概率会降低，但不会降低到客观概率那样低的程度，有损经验人群仍然会高估概率。

对无损经验人群（无风险事件直接经历的人群）来说，首先，仅考虑直接经验时会低估小概率风险的出险概率；其次，对小概率风险进一步考虑间接经验后，间接经验会增加风险事件记忆的可得性或可提取性，提升人们的风险感知。但是，由于风险事件发生的随机性，且其影响范围受到情感距离的限制，其影响是严重不平均的。可以将所有人想象为一个湖泊的水平面，随机发生的风险事件带来的影响，像是水平面上被少量投进的石子泛起的涟漪。由于石子数量较少（小概率事件），涟漪波及范围有限，导致只有少数人的主观概率会提升，其提升幅度取决于与石子投入点的距离。由此推断，对于小概率风险，间接经验将使无损经验人群中部分人群的主观概率有所提升，主观概率有所提升的人群的占比，随着客观概率的增大而增大；主观概率提升幅度则取决于情感距离，情感距离越近，提升幅度越大。

最终，对客观出险概率为 p 的小概率风险而言，在综合考虑直接经历和间接经验后，与仅考虑直接经验相比，人们的风险判断偏差有所降低，但不会降低到与客观概率相等的程度。第一，有损经验人群的主观概率下降了一些，而有损经验人群通常就是高估概率人群，他们的高估倍数都会有所降低，但仍然高于客观概率；第二，无损经验人群的主观概率有所提升，受情感距离远近的影响，有的提高程度大（以至于从低估风险变为高估风险），有的提高程度小（以至于仍然低估风险），有的没有变化仍然为零。而无损经验人群通常就是低估概率人群，因此，低估程度有所下降，他们的平均主观概率 p'_l 从等于零变为大于零了，低估倍数 p/p'_l 都会有所下降。第三，由于少数与遇险者情感距离很近的人会从低估风险变成高估风险，因此，高估风险者占比会有所增加，低估风险者占比会有所下降。

也就是说，与仅考虑直接经历相比，加入间接经验后，高估风险者占比有所增加且高估倍数有所降低，低估风险者占比有所下降且低估倍数也有所下降。

2. 综合效应如何随客观概率的变化而变化

例如，当客观概率为 0.000 2 时，仅考虑直接经验，如表 5－6、表 5－7、表 5－8 所示，99.88％的无损经验人群低估概率，主观概率为零，低估倍数为无穷大；0.12％的有损经验

人群高估风险,主观概率为 0.167,高估倍数为 835。考虑间接经验后：第一,0.12%的有损经验人群,以及与其情感距离很近的原来低估风险的人,会变得高估风险,高估风险者占比略有扩大,若假定每个出险者会带动与其情感距离最近的 2 个人高估风险,则高估风险者占比增加至 0.36%;第二,由于高估风险者的间接经验绝大多数都是不出险,以及部分低估者变成了高估者但高估程度较低,高估风险者的平均高估倍数[①](p_h'/p)有所降低,但由于基数 835 倍很高,下降后仍然比较大;第三,高估风险者占比增加意味者低估风险者占比缩小,若高估风险者增加至 0.36%,则低估风险者降至 99.64%;第四,极少数与出险者情感距离较近的人群的主观概率有所上升,带动 p_l' 有轻微上升,低估风险者的平均低估倍数(p/p_l')从无穷大有所降低,但由于加入间接经验后,大多数人仍然感受不到风险的存在(主观概率为零),低估倍数较大。

当客观概率为 0.05 时,仅考虑直接经验,如表 5-5、表 5-7、表 5-8 所示,74.082%的无损经验人群低估概率,主观概率为零,低估倍数为无穷大;25.918%的有损经验人群高估概率,高估倍数为 3.9。考虑间接经验后：第一,25.918%的有损经验人群以及与其情感距离很近的人会高估风险,高估风险者占比有所扩大,若假定每个出险者会带动与其情感距离最近的 2 个人高估风险,则高估风险者占比增加至 77.754%;第二,由于高估风险者的间接经验多为不出险,以及部分低估者变成了高估者但高估程度较低,高估风险者的平均高估倍数(p_h'/p)有所降低,高估倍数的基数为 3.9,可能下降至 2 倍左右;第三,高估风险者占比增加意味着低估风险者占比缩小,若高估风险者增加至 77.754%,则低估风险者降至 22.246%;第四,由于客观概率 0.05 比较大,与出险者情感距离较近的人群占比也很大,意味着几乎所有未出险者的主观概率都会有所提升,带动 p_l' 大幅上升,低估风险者的平均低估倍数(p/p_l')从无穷大大幅降低,低估倍数较小,但仍存在一定的低估。

当客观概率为 0.1 时,仅考虑直接经验,如表 5-4、表 5-7、表 5-8 所示,54.881%的人低估,45.119%的人高估。综合考虑直接经验和间接经验后,已经是随处可见出险者了,在任一个体情感距离较近范围内,其抽样误差大幅降低,风险判断准确程度大幅提升,低估概率者和高估概率者的主观概率都开始大幅逼近客观概率。

当客观概率大于 0.1 后,高估概率者占比和低估概率者占比都快速逼近 50%,高估倍数和低估倍数都快速接近于 1(倍)。

当客观概率为 1 时,不确定性消失了,人们都变得能够准确评估风险了,高估概率者占比和低估概率者占比均变为 50%。

综合上述分析,加进间接经验后,随着客观概率从零开始增长,相对于仅考虑直接经验,高估概率者占比迅速增加(高估概率者曲线相对于仅考虑直接经验时更加向上倾斜),低估概率者占比迅速减少(低估概率者占比曲线相对于仅考虑直接经验时更加向下倾斜)。客观概率大致超过 0.1 之后,人们的风险判断逐渐趋于理性,但仍然不是高估就是低估,高估概率者占比和低估概率者占比都迅速逼近 50%。当客观概率等于 1 时,人们变得能够准确评估风险,高估概率者占比和低估概率者占比均变为零。由此,低估概率者占比曲线和高估概率者占比曲线的大致规律如图 5-8 所示。

---

① 读者在文中会看到"高估倍数"和"平均高估倍数",两者意思相同;还会看到"低估倍数"和"平均低估倍数",两者意思也相同。之所以这样写,是为了表达意思方便。

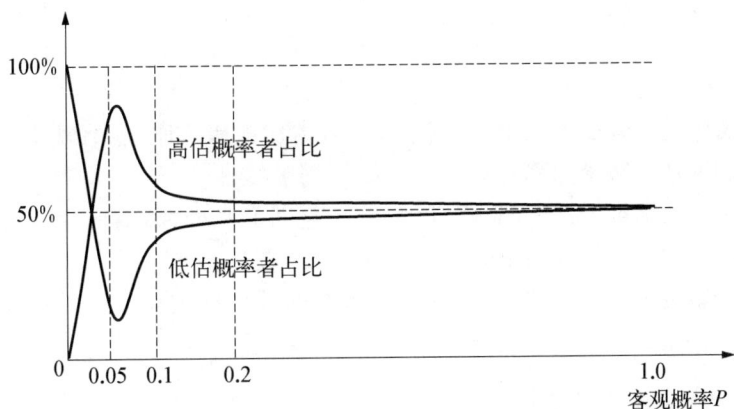

图 5‑8 低估(高估)概率者占比变化规律(直接经历＋间接经验)

同理,与仅考虑直接经历相比,考虑直接经历和间接经验的双重影响后,随着客观概率从 0 开始增长,平均低估倍数不再是无穷大了,平均高估倍数和平均低估倍数都会迅速降低。当客观概率超过 0.1 后,风险判断准确性大幅增加,平均高估倍数和平均低估倍数都迅速向 1 靠近。可以想象,当客观概率为 1.0 时,不确定性几乎消失了,风险事件的普遍发生形成普遍记忆,人们的主观概率与客观概率会完全一致,风险判断偏差消失了,高估倍数和低估倍数都等于 1。由此,高估倍数和低估倍数的大致变化规律如图 5‑9 所示[①]。

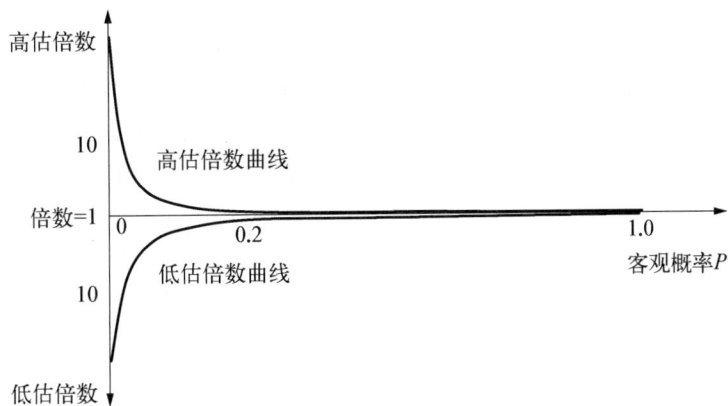

图 5‑9 高(低)估倍数变化规律(直接经历＋间接经验)

三、综合效应下的风险判断偏差规律

将直接经历和间接经验一并考虑后,对保险承保的小概率风险,人们的风险判断偏差规律就是图 5‑8、图 5‑9 中客观概率小于等于 0.2 的部分所显示的那样,总结如下:

第一,人们不是高估风险,就是低估风险;

---

① 我猜测,高估倍数曲线与低估倍数曲线是不完全上下对称的。原因是,我认为,低估风险和高估风险可能存在某种总体平衡关系,当出险概率很低时,低估概率者占比远高于高估概率者占比,意味着前者的低估程度应该低于后者的高估程度。

第二,当客观概率很低时,低估概率者占比很大且低估倍数很大,高估概率者占比很小且高估倍数很大(但低估倍数低于高估倍数,原因是我脚注中提到的低估与高估可能存在的总体平衡关系);

第三,随着客观出险概率的增加,高估风险者占比迅速增加,低估风险者占比迅速降低,高估倍数和低估倍数迅速降低;

第四,客观概率继续增加,大致在 0.05~0.1 之间的某处,高估概率者占比开始掉头下降,低估概率者占比开始掉头上升,双方都向 50% 逼近;

第五,随着客观出险概率增加,低估风险人群的低估倍数和高估风险人群的高估倍数都快速逼近 1(倍)。

四、对风险感知偏差的过度自信

基于可得性启发式,那些没有经历过某类风险事件的人往往会认为"它不会发生在我身上"(Weinstein,1989)。例如,大多数驾车者都相信自己比普通司机的驾车技术更好,自己更不容易发生交通事故(Sevenson,1981);大多数人都相信自己比一般人更可能活过 80 岁(Weinstein,1980),大多数人都相信自己比一般人更不容易生病(Weinstein,1982)等。虽然这样的感知并不现实,但未出险的个体仍然会由此认为自己的风险低于平均水平。例如,一个蹩脚的司机将汽车开得很快,经常与前面的车辆保持很小的车距,但他跌跌撞撞前行却没有发生任何灾祸,由此,这个蹩脚的司机觉得自己的驾车技术还不错,而且事实表明"确实如此"。

1. 火鸡的故事

塔勒布在《黑天鹅》中举了一个非常有趣的案例:想象一只每天都有人喂食的火鸡。每次喂食都使它相信生命的一般法则就是每天得到"为它的最大利益着想"的友善人类的喂食。直到第 1 000 天时,在感恩节前的星期三下午,一件意料之外的事情发生了,它被宰杀烧烤后端上了餐桌。事实上,这只火鸡的思维与上述蹩脚的司机非常类似,被杀前,随着友好喂食天数的增加,火鸡越来越相信友好人类第二天会继续来喂食。虽然被宰杀越来越临近,它却感到越来越安全,在第 1 000 天时,火鸡的安全感达到了历史最高值,随后却被宰杀了! 如图 5-10 所示。

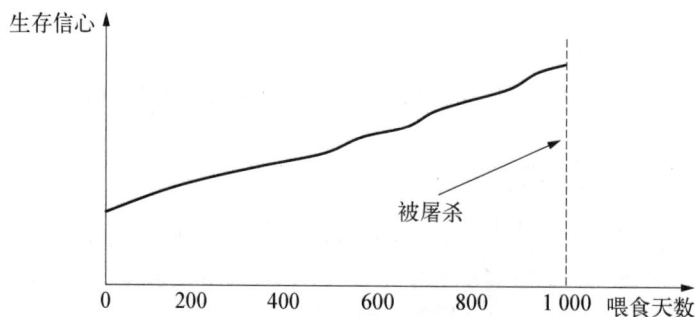

图 5-10 火鸡的喂食天数、被宰杀与生存信心

该案例形象地说明了,没出事的人往往会越来越自信,认为风险不会发生在自己身上,而风险却可能正在逼近。这是人类使用可得性启发式原则或经验决策法则

的悲剧所在。①

2. 证实谬误

心理学家将这种思维称为"证实谬误"，即人们只关注已观察到的部分，然后从它推及未观察到的部分，换句话说，人们只靠过去的经验作出判断，往往把"没有证据表明会出风险事件"当成了"证据表明风险事件不会发生"。

另一个有名的案例是关于母乳喂养还是奶粉喂养的争论。20 世纪 60 年代，经过研究，医学界认为母乳完全可以在实验室里复制，所以完全可以用人工奶粉来替代母乳，却没有认识到母乳中可能包含超过当时人类科学理解能力的有用成分（实际上，母乳中确实有一些当时人类没有找到的营养成分），那个阶段，相信此观点的母亲做出的用奶粉喂养婴儿的决定让一批人面临更高的健康风险，包括更可能患上某种癌症。在这个案例中，医生们同样混淆了"无证据表明母乳具有优势"和"证据表明母乳无优势"的区别。

可以得出结论：事实上，我们不能用某件事情的历史安全信息来预测接下来的风险，但是，这种天真的预测在所有事情中都存在。这说明，人们的风险判断容易出错，但人们却以极大的信心坚信这种错误估计。

第五节　前景理论中高估小概率
风险容易形成"误导"

在行为经济学中，著名的风险决策理论——前景理论（prospect thoery）占据非常重要的地位，在前景理论中，卡尼曼和特沃斯基提出"小概率通常会被高估（very low probabilities are generally over-weighted）"，但本节要指出的是，前景理论的研究场景和研究范式并不适合现实世界中的主观风险判断，自然也就无法解释现实世界的主观风险判断规律。

一、前景理论的研究场景与现实不符

在前景理论的实验研究中，卡尼曼和特沃斯基（1979）向被试提供了清晰的每项选择的结果概率分布，例如，

问题 1：请在 A 和 B 中做出选择：

A：以 0.33 的概率获得 2 500 美元，以 0.66 的概率获得 2 400 美元，以 0.01 的概率获得 0 美元；

B：肯定获得 2 400 美元。

问题 2：请在 C 和 D 中做出选择：

C：以 0.33 的概率获得 2 500 美元，以 0.67 的概率获得 0 美元；

D：以 0.34 的概率获得 2 400 美元，以 0.66 的概率获得 0 美元。

与问题 1 类似，前景理论论文中所有的问题均向被试提供了清晰的结果概率分布。

但在现实世界的保险决策中，人们往往并不知道出险概率和损失程度的准确信息，

---

① 泰坦尼克号超级游轮于 1912 年 4 月处女航时撞上冰山后沉没。泰坦尼克号船长史密斯在泰坦尼克号建造期间曾说："根据我所有的经验，我没有遇到任何值得一提的事故。我在整个海上生涯中只见过一次遇险的船只。我从未见过失事船只，从未处于失事的危险中，也从未陷入任何有可能演化为灾难的险境。"也许，正是船长的高度自信酿成了大祸。

只能依靠自身经验或经历来做出风险判断（Yechiam，Barron and Erev，2005；Weber，2006），而这种判断由于受到可得性启发式等直觉判断方法的影响，必然存在判断偏差，进而导致决策偏差（Tversky and Kahneman，1974）。

例如，当某个人想要决定是否购买航空意外险时，必然会对飞行风险做出判断，但该个体不可能就飞行风险得到准确的损失概率分布，其判断结果必然会出现偏差。同样，当一个人想要决定是否购买车损险时，也无法就自己的汽车损失风险得到准确的损失概率分布，其判断结果必然会存在偏差。

二、"人们会高估小概率"是"仿佛"而非真有其事

前景理论（Kahneman and Tversky，1979；Tversky and Kahneman，1992）主要包含两部分：价值函数和决策权重函数。价值函数类似于期望效用理论中的效用函数，但用决策权重函数取代了计算期望效用时的概率。

决策权重函数是客观概率的函数，描述了人们对概率的主观估计。卡尼曼和特沃斯基提出，人们会过于重视小概率事件，因此，当概率较小时，决策权重大于出险概率。在1992 版前景理论的决策权重函数中，小概率与中高概率分界点为 0.35。几乎所有保险承保风险的出险概率也低于 0.35，因此，这里仅将 P≤0.35 的小概率部分的决策权重函数展示出来，如图 5－11 所示。

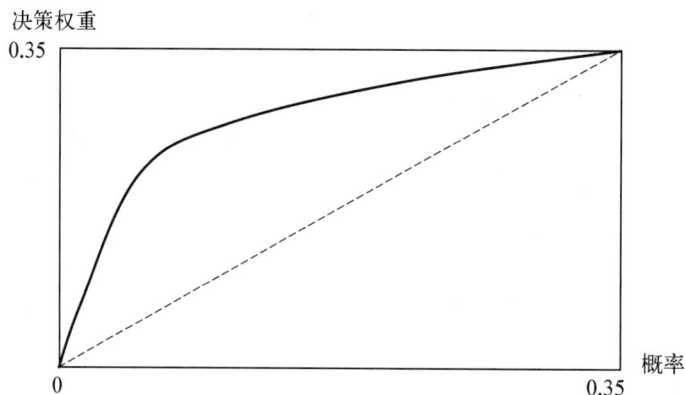

图 5－11　小概率部分的决策权重函数

但是，在 1979 年版前景理论中，"人们会高估小概率风险"是在给定被试清晰的每项选择的结果概率分布后，根据被试的选择结果和价值函数形态（凹的还是凸的）推导出来的，并非被试对自身面临风险的主观判断结果。

例如，在问题 8 和问题 8′中，

问题 8：请在 A 和 B 中做出选择：

A：以 0.002 的概率获得 3 000 美元，以 0.998 的概率一无所获；

B：以 0.001 的概率获得 6 000 美元，以 0.999 的概率一无所获。

结果：绝大多数被试（73%）选择了 B。

问题 8′：请在 C 和 D 中做出选择：

C：以 0.002 的概率损失 3 000 美元，以 0.998 的概率损失为零；

D：以 0.001 的概率损失 6 000 美元，以 0.999 的概率损失为零。

结果：绝大多数被试(70%)选择了 C。

针对问题 8，人们倾向于选择 B，意味着，

$$\pi(0.001)v(6\,000) > \pi(0.002)v(3\,000)$$

再结合盈利区域价值函数是凹的，则

$$\frac{\pi(0.001)}{\pi(0.002)} > \frac{v(3\,000)}{v(6\,000)} > \frac{1}{2}$$

即，$\pi(0.001) > \frac{1}{2}\pi(0.002)$，相对于准确估计小概率而言，人们仿佛会高估小概率风险。针对问题 8′的结果，结合损失区域价值函数是凸的，可以得到相同的结论。

为了进一步证实"人们仿佛会高估小概率"这一结论，即当 p 较小时，$\pi(p) > p$，卡尼曼和特沃斯基又使用了一组问题 14 和 14′。

问题 14：请在 A 和 B 中做出选择：

A：以 0.001 的概率获得 5 000 美元，以 0.999 的概率一无所获；

B：肯定获得 5 美元。

结果：绝大多数被试(72%)选择了 A。

问题 14′：请在 C 和 D 中做出选择：

C：以 0.001 的概率损失 5 000 美元，以 0.999 的概率损失为零；

D：肯定损失 5 美元。

结果：绝大多数被试(83%)选择了 D。

针对问题 14，人们倾向于选择 A，意味着，

$$\pi(0.001)v(5\,000) > v(5)$$

在结合盈利区域价值函数是凹的，则

$$\pi(0.001) > \frac{v(5)}{v(5\,000)} > 0.001$$

即，相对于准确估计小概率而言，人们仿佛会高估小概率。针对问题 14′的结果，结合损失区域价值函数是凸的，可以得到相同的结论。[①]

三、经验决策研究结论与前景理论正好相反

但如前所述，前景理论建立在人们准确知晓风险概率分布的基础上，高估小概率是根据被试选择和价值函数形状推导出来的结果，当这一结论的前提条件"准确知晓风险

[①]　结合问题 14′，卡尼曼和特沃斯基解释了人们为何愿意为小概率损失风险购买保险，他们认为，人们选择 D 类似于愿意为风险 C 购买保险。具体解释是，前景理论中，损失部分的价值函数反映出人们对损失风险表现出风险喜好，但决策权重函数中人们对小概率事件的过度重视反映出人们可能愿意出高价购买保险，最终，当人们对小概率事件的过分看重压过风险喜好时，人们会选择为小概率风险购买保险。

概率分布"改变时,其结论自然也就不成立了。

在使决策场景更加符合现实的条件下,与前景理论完全相反的观点"多数人会低估(而非高估)小概率风险",得到了 21 世纪兴起的经验决策(decision from experience)实证研究的强力支撑。

1. 经验决策研究范式

在不确定决策理论的实证研究中,传统的实验研究范式,是假定风险已知,在实验研究中就体现为直接向被试提供准确的风险信息(例如,A 选项:10% 的概率获得 32 美元,90% 的概率获得 0 美元;B 选项:肯定获得 3 美元,请被试做出选择)。基于这类研究范式,一系列精心设计的实验研究发现并证实了许多重要的决策规律,如前景理论(Kahneman and Tversky,1979;Tversky and Kahneman,1992)、禀赋效应(Thaler,1980)等,这些规律的发现,为我们理解人们在不确定条件下的判断和决策提供了很多启发,但却存在实验场景与现实不符的重大缺陷。

21 世纪初,基于经验的风险判断与决策研究逐渐兴起(Hertwig,Barron,Webe and Erev,2004;Weber,Shafir and Blais,2004;Yechiam and Busemeyer,2006;Hau,Pleskac,Kiefer and Hertwig,2008;Hertwig and Erev,2009;Koritzky and Yechiam,2010;Barron and Ursino,2013),这一研究范式假定风险未知,在实验研究中要求被试去不断进行尝试性决策以探索风险的大小(如实验室提供两个按钮 A 和 B 供被试选择,每个按钮代表一个选项),然后再做出最终的风险决策。

郝特维希等人(Hertwig et al.,2004)将事先不告知被试决策选项的概率和收益,需要被试自己在决策之前获取决策信息的决策形式称作经验决策(decisions from experience),而将事先限定好决策信息的传统决策研究形式称作描述性决策(decisions from description)。Fox 和 Hadar(2009)认为,经验决策有以下两个特征:1) 决策者不完全知道决策可能的结果以及相应的概率知识;2) 决策者需要一个抽样过程,即上面所说的尝试性决策过程,这个过程可以看作是一个经验习得的过程。

如前所述,在现实世界的风险决策中,人们往往并不知道风险的准确信息,只能主要依靠自身经验或经历做出风险判断和投保决策,更加符合郝特维希等人(2004)提出的经验决策模式,因此,经验决策范式相对较好地模拟或考虑到了人们依靠自身经验或经历进行风险判断这一现实情况,其研究结论更加符合现实。

2. 经验决策范式的结论与描述性决策范式的结论正好相反

近年来,心理学家们开展了大量的经验决策实证研究,并与描述性决策实证研究结果进行对比。例如,在郝特维希等人 2004 年发表的实验研究论文《decision from experience and the effect of rare events in risky choice》中,将 100 名被试随机分为两组:描述性决策组(the description group)和经验决策组(the experience group),两组被试面对的选择问题是相同的,唯一的区别是,研究人员直接向描述性决策组告知了每个问题的两个选项的结果概率分布;但仅向经验决策组提供了两个按钮,分别代表两个选项,但被试对按钮背后的结果概率分布毫不知情。

例如,在经验决策中,被试面对两个按钮,每个按钮代表一个选项(如,A 选项:10% 的概率获得 32 美元,90% 的概率获得 0 美元;B 选项:肯定获得 3 美元,等等),但被试对该选项一无所知,只能通过自己不断进行的选择来探索按钮背后的选项,每一次选择相当于一次随机抽样,研究人员鼓励被试进行尽可能多次的探索,最终,当被试自己认为可以进行最终的决策时,请所有被试做出最终选择。

从实验结果来看,如表5-9所示,尽管实际选项是相同的,但描述性决策组和经验决策组的选择规律基本是相反的,例如,对于问题1,描述性决策组中36%的被试选择A,但经验决策组中88%的被试选择了A;对于问题6,描述性决策组中64%的被试选择A,但经验决策组中12%的被试选择了A。而且,除第二个问题外,组间差异都是统计显著的。

表5-9　郝特维希(Hertwig, 2004)提供的选择问题和选择结果

决策问题	选择问题		期望值		选择A的比例		小概率事件	经验决策组高估or低估小概率事件
	A选项	B选项	A选项	B选项	描述性决策组	经验决策组		
1	4, 0.8	3, 1.0	3.2	3	36%	88%	0, 0.2	低估
2	4, 0.2	3, 0.25	0.8	0.75	64%	44%	4, 0.2	低估
3	−3, 1.0	−32, 0.1	−3	−3.2	64%	28%	−32, 0.1	低估
4	−3, 1.0	−4, 0.8	−3	−3.2	28%	56%	0, 0.2	低估
5	32, 0.1	3, 1.0	3.2	3	48%	20%	32, 0.1	低估
6	32, 0.025	3, 0.25	0.8	0.75	64%	12%	32, 0.025	低估

3. 被试普遍低估而非高估小概率风险

更重要的是,在经验决策条件下,被试普遍低估了小概率风险。例如,就问题1而言,描述性决策组多数人选择B(3, 1.0),而经验性决策组多数选择了A(4, 0.8),原因很可能是经验性决策组在抽样过程中,多数被试均未抽到小概率事件(0, 0.2),进而低估了小概率事件(0, 0.2)的存在性,进而选择了A。再比如问题3,描述性决策组多数人选择了A(−3, 1.0),而经验性决策组多数选择了B(−32, 0.1),原因很可能是经验性决策组在抽样过程中,多数被试均未抽到小概率事件(−32, 0.1),导致忽略或低估了小概率事件(−32, 0.1)的存在性,进而选择了B。

四、经验决策研究为本章第三节的结论提供了实证支撑

为什么人们在经验决策中会低估小概率风险呢?最重要的原因就是抽样误差,在经验决策这样的抽样决策范式下,虽然被试可以自由选择抽样次数(即在最终决策前不断尝试选择的次数),但很多研究表明,被试的抽样是一个小样本(平均7次),而在小样本中,出现小概率事件的次数极少(甚至根本没有出现),也就是说,被试通过抽样观察到的概率并不能反映出实际的概率,导致被试低估了小概率事件。

仔细体会一下经验研究的实验设计,其实类似于只考虑直接经历的风险判断和决策,其结论与本书第三节的结论基本相同,即,对于小概率风险,在仅考虑人们依据自身直接经历来判断风险的条件下,人们的风险判断呈两极分化状态,多数人会低估风险,少数人会高估风险。

因此,上述经验决策实证研究,像是专门为本章第三节的结论做了强有力的实证支撑。

五、前景理论中高估小概率风险的"误导"

如前所述,前景理论中"人们仿佛会高估小概率"这一结论,是在向被试呈现清晰的选项的结果概率分布这一基础上得到的,或者说,是在被试准确知道所面临的风险的概率分布时得到。

但在现实世界的保险决策中,人们往往并不知道出险概率和损失程度的准确信息,只能主要依靠自身经验或经历来做出风险判断。本章第三节的理论研究和本节提供的经验决策实证研究均表明,在仅考虑直接经历的条件下,多数人都会低估而非高估小概率风险,与前景理论的结论正好相反。

因此,读者需要防范被太过著名的前景理论误导。

第六节 投保决策模型的修正及投保规律

本节将风险判断偏差引入投保决策,对标准投保决策模型进行修正,然后讨论高估风险和低估风险条件下的个体投保决策。

如第四章所述,标准投保决策模型有两种表达方式,分别为期望效用最大化模型和边际效用均衡模型,鉴于边际效用均衡模型具有显著比较优势,下面使用边际效用均衡模型进行分析。

一、风险判断偏差引发的边际效用均衡模型变化

如上一章第六节提到的,当消费者无法准确评估风险时,消费者单位支出的保险边际效用计算公式为

$$\frac{MU_{保险}}{P_{保险}} = \frac{p'[U(W_0 - L + X + 1) - U(W_0 - L + X)]}{(1+\alpha)p}$$
$$= \frac{p'}{p} \cdot \Delta U \cdot \frac{1}{1+\alpha} \qquad (4-11)$$

其中,

p' 为个体的主观概率,p 为保险公司定价使用的统计概率;

ΔU 为 1 元赔付带来的收入效用;

α 为附加费率。

结合公式(4-4)、(4-6),可知消费者购买保险的条件为

$$\frac{p'}{p} \cdot \Delta U \cdot \frac{1}{1+\alpha} > \Delta U' \qquad (4-12)$$

其中,左边是消费者花 1 元钱购买保险带来的效用,右边是消费者花 1 元钱购买其他商品带来的效用。

而且,如果满足式(4-12),消费者会一直增加保额,直到式(4-12)左右两边相等为止,即一直增加保额到满足式(5-2)为止。

$$\frac{p'}{p} \cdot \Delta U \cdot \frac{1}{1+\alpha} = \Delta U' \qquad (5-2)$$

二、高估或低估风险对投保决策的影响

由式(4-11)、(4-12)可知,个体高估(低估)风险将会使个体高估(低估)单位支出带来的保险边际效用,而单位支出购买其他商品的边际效用不变,由此导致保险需求高于(低于)理性水平或标准模型预测的水平。

假定附加费率不会因为保额高低而变化,则:

第一,在附加费率为零的条件下,因为边际效用递减保证了 $\Delta U > \Delta U'$(可参看图4-7),如果没有风险判断偏差,个体必然购买足额保险;如果高估风险,个体也必然购买足额保险(如果条件允许,甚至会购买超额保险);如果低估风险,其影响类似于有了附加保费,个体通常会购买部分保险[①],但如果低估程度过于严重,个体会放弃购买保险[②]。

第二,在附加费率大于零的条件下,因为边际效用递减保证了 $\Delta U > \Delta U'$,如果没有风险判断偏差,个体会购买部分保险;如果高估风险,以高估风险与附加保费相抵 $\left(\frac{p'_h}{p}=1+\alpha\right)$ 为界,高估严重者 $\left(\frac{p'_h}{p}\geqslant 1+\alpha\right)$ 会购买足额保险,高估不严重者 $\left(1<\frac{p'_h}{p}<1+\alpha\right)$ 会购买部分保险;如果低估风险,其影响类似于增加了附加保费,个体通常会购买部分保险,严重低估则放弃购买保险。

上述结论可用表5-10概括。

表5-10 高估或低估风险对投保决策的影响

		没有附加保费	有附加保费
无风险判断偏差		足额保险	部分保险
高估风险	严重高估 $\left(\frac{p'_h}{p}\geqslant 1+\alpha\right)$	足额保险	足额保险
	一般高估 $\left(1<\frac{p'_h}{p}<1+\alpha\right)$	足额保险	部分保险
低估风险	低估	部分保险 低估越严重,保额越低	部分保险 低估越严重,保额越低
	严重低估 $\left(\frac{p'_l}{p}\cdot\Delta U_{\max}\cdot\frac{1}{1+\alpha}<\Delta U'\right)$	放弃购买	放弃购买

---

① 读者可以想象,随着保额增加,ΔU 会越来越逼近 $\Delta U'$,只有当 $\frac{p'}{p}\cdot\frac{1}{1+\alpha}\geqslant 1$ 时,个体才会购买足额保险,并最终达到 $\Delta U=\Delta U'$。因此,在附加费率为零的条件下,低估风险必然会使 $\frac{p'}{p}\cdot\frac{1}{1+\alpha}<1$,个体只能购买部分保险。

② 如果风险低估程度严重到刚出手购买保险(如花1元钱购买保险、或仅购买1元保额)就出现 $\frac{p'}{p}\cdot\Delta U_{\max}\cdot\frac{1}{1+\alpha}<\Delta U'$ 的现象(此时 ΔU 取其最大值 $\Delta U_{\max}$),个体就会彻底放弃购买保险。

三、交易成本问题会使更多低估风险消费者放弃购买

需要注意的是,即便保险公司允许消费者选择保额,通常也不可能允许消费者选择到上述模型所预期的,甚至可以选择只购买1元保额的程度。事实上,即便客户可以选择保额,在交易成本的约束下,保险公司对多数保险都有最低保额限制,将保额转化为保费之后,意味着有最低保费限制。[①]

因此,上述分析中指出的,消费者会因严重低估风险而放弃购买的情形,现实中会比模型预测要严重得多。

第七节　风险判断偏差规律决定群体投保规律

风险判断偏差必然对人们的投保决策造成影响,本节第一部分重述本章得到的风险判断偏差规律,第二部分基于上一节的研究结论,对风险判断偏差条件下年群体投保规律进行分析。

一、风险判断偏差的规律

如第四节所述,将直接经历和间接经验一并考虑后,对保险承保的小概率风险,人们的风险判断偏差规律就是图5-8、图5-9中客观概率小于等于0.2的部分,如图5-12、图5-13所示。

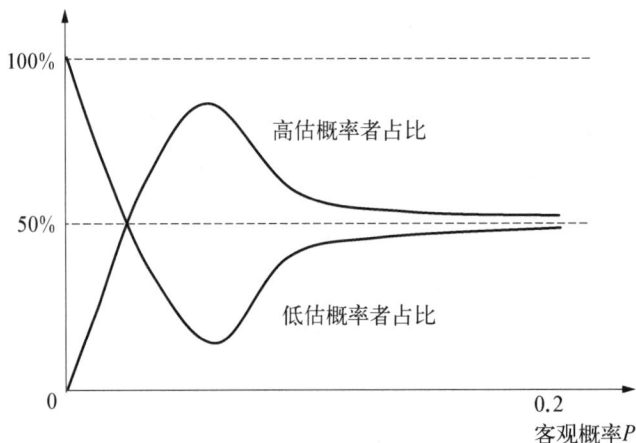

图5-12　高估(低估)概率者占比变化规律(针对保险风险)

风险判断偏差规律为:

第一,人们不是高估风险,就是低估风险;

第二,当客观概率很低时,低估概率者占比很大且低估倍数很大,高估概率者占比很小且高估倍数很大(但低估倍数低于高估倍数);

[①]　不得不说,互联网和人工智能技术已经可以大幅降低交易成本,进而将不少保单的保额降到很低的程度。如网购退货运费险,保额可能只有几元钱。但不是所有渠道所有保单都可以承受极低的保额。

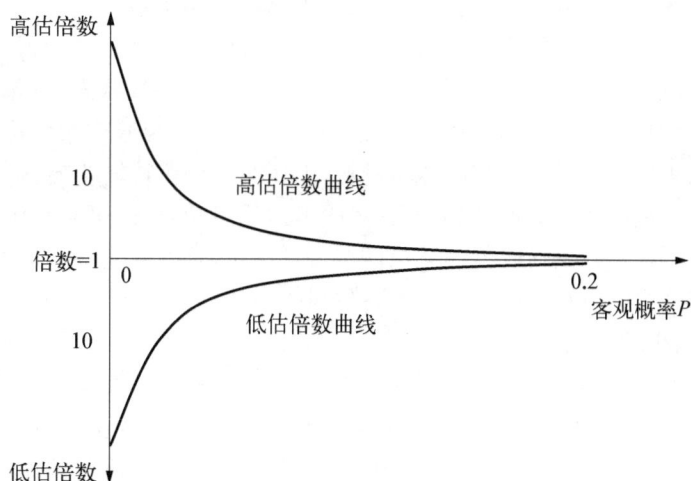

图 5‑13 高(低)估倍数变化规律(针对保险风险)

第三,随着客观出险概率的增加,高估风险者占比迅速增加,低估风险者占比迅速降低,高估倍数和低估倍数迅速降低;

第四,客观概率继续增加,大致在 0.05～0.1 之间某处时,高估概率者占比开始掉头下降,低估概率者占比开始掉头上升,双方都向 50% 逼近;

第五,随着客观出险概率增加,低估风险人群的低估倍数和高估风险人群的高估倍数都快速逼近 1(倍);

第六,尽管存在风险判断偏差,但人们坚信自己的判断是正确的。

二、风险判断偏差分析结论的特色：体现主观风险异质性

长期从事个体风险决策或保险决策的读者看到上述分析结论,多少会感到有些奇怪,因为上述分析给出了人群总体中的低估风险人群占比和低估程度、高估风险人群占比和高估程度,而不是个体的风险判断结果。

其实这正是行为保险经济学的优势所在,即,与标准保险经济学不同的是,行为保险经济学认为人们的风险判断结果不是同质的。或者说,对同样的风险,不是所有人都有一致的风险判断结果,而是有人高估有人低估。上述分析得到高估人群占比和高估程度、低估人群占比和低估程度,可用来进一步推导多少人保险需求旺盛、多少人需求疲弱,非常有利于分析保险市场的总体需求规律。

也就是说,行为保险经济学破除了标准保险经济学中的同质客观风险假设或风险评估一致性假设,用更加符合现实的异质主观风险来分析保险市场,可以得到更加符合现实的分析模式和结论。

三、风险判断偏差对投保决策的影响

将上述风险判断偏差规律与上一节的研究结论相结合,得到如下群体投保规律:

第一,人们不是高估风险,就是低估风险,因此,几乎所有人的保险需求强度都偏离理性状态。

第二,当客观概率很低时,低估概率者占比很大且低估倍数很大,高估概率者占比很小且高估倍数很大,导致保险需求呈两极分化特征。即,当客观概率很低时,多数人低估风险且低估倍数很大将导致多数人的保险需求强度远低于理性状态,基本处于放弃投保的状态;少数人会高估风险且高估倍数很大将导致少数人的保险需求强度远高于理性状态,处于急于购买保险的状态。出险概率越低,上述两极分化特征越突出。

第三,随着客观出险概率的增加,高估风险者占比迅速增加,低估风险者占比迅速降低,高估倍数和低估倍数迅速降低。从第四节分析来看,这意味着,在本章第三节的假设条件下,当客观概率大致在 0.03 左右时,高估风险者占比就会超过 50%,导致多数人的保险需求强度高于理性状态。

第四,客观概率继续增加,在 0.05～0.1 之间某处时,高估概率者占比开始掉头下降,低估概率者占比开始掉头上升,双方都向 50% 逼近。这意味着,从客观概率等于 0.05～0.1 之间某处开始,趋势大变,保险需求强度高于理性状态的人占比开始减少,保险需求强度低于理性状态的人占比开始增加,双方占比都在向 50% 逼近。

第五,随着客观出险概率增加,高估风险人群的高估倍数都越来越小,导致高估概率者的需求强度逐渐下降;低估风险人群的低估倍数越来越小,导致低估概率者不想买保险的程度也逐渐下降;双方都趋于理性。

第六,尽管存在风险判断偏差,但人们坚信自己的判断是正确的,这意味着,尽管人们的保险消费呈现如上非理性特征,但人们却以极大的信心坚持自己的决策是正确的。

第六章　理论修正：全景效用函数与投保决策

在新古典经济学和当今标准经济学教材中,一直采用伯努利1738年发明的效用函数。我们可以体会到,伯努利效用函数确实是一个非常优秀的效用函数,可以描述理性人的行为。但是,人们的行为并非那么理性,在解释人类行为的过程中,行为经济学研究已经发现了伯努利效用函数的诸多缺陷,并且对其进行了修正,例如,在保险风险对应的损失情景中,前景理论认为个体是风险喜好而非风险厌恶的。

本章第一节讨论伯努利效用函数的缺陷和前景理论价值函数,第二节对前景理论价值函数进行修正,提出"全景效用函数",第三节讨论全景效用函数对投保决策的影响。

第一节　从伯努利效用函数到前景理论价值函数

如第三章所述,在人类世界中,伯努利首次将财富的"金钱价值"和财富带来的"效用(心理价值)"区分开来,用边际递减的效用函数解决了圣彼得堡悖论,成为理性人进行风险决策的经济学基础。但是,行为经济学相关研究逐渐发现,伯努利效用函数在描述人类行为上仍有诸多缺陷,卡尼曼和特沃斯基(1979)在前景理论中针对性地提出了改进后的价值函数。

一、伯努利效用函数的特点

伯努利效用函数有四大特点:第一,个体的效用是由其财富状态或财富结果决定的;第二,只要个体拥有一定的财富,无论规模大小,都会有一定的正效用;第三,随着财富增加,个体的效用会增加,但财富增加带来的边际效用增加额递减;第四,随着财富减少(或损失增加),个体的效用会降低,但人们的边际效用减少额递增。

表 4 - 1　伯努利 1738 年计算的效用函数

财富值(百万达克)	1	2	3	4	5	6	7	8	9	10
效用值	10	30	48	60	70	78	84	90	96	100

注:达克是当时的一种货币单位;本表数据来源于卡尼曼所著的《思考:快与慢》,中信出版社,2012。

曾在第四章列出的表 4 - 1 是伯努利于 1738 年计算得出的一个效用函数版本,从中可以清晰地看到上述四个特点:第一,不同的财富值带来不同的效用值。100 万达克财富的效用是 10 个点,200 万达克财富的效用值是 30 个点,……;第二,只要个体拥有一定的财富,无论规模大小,都会有一定的正效用。可以看到,无论财富多少,效用值都是正的;第三,随着财富增加,效用增加但边际效用增加额递减。例如,财富水平从 100 万达克增加到 200 万达克时,效用增加了 20 个点(=30-10),财富水平从 200 万达克增加到 300 万达克时,效用只增加了 18 个点(=48-30),……,财富水平从 900 万达克增加到 1 000 万达克时,效用只增加了 4 个点(=100-96);第四,随着财富减少,效用降低但边际效用减少额递增。例如,财富水平从 1 000 万达克降低到 900 万达克时,效用减少了 4 个点(=100-96),财富水平从 900 万达克降低到 800 万达克时,效用降低了 6 个点(=96-90),……,财富水平从 200 万达克降低到 100 万达克时,效用大幅减少了 20 个点(=30-10)。

下面讨论伯努利效用函数的三个缺陷:一是财富值决定效用值;二是财富减少导致边际效用减少额递增;三是未体现"损失厌恶"。

二、"财富值决定效用值"有误:未考虑参照点的影响

伯努利认为,一定的财富状态或财富值对应一定的效用水平,一定的效用水平代表着一定的快乐程度。如果 A、B 两人具有相同的伯努利效用函数,则只要其财富水平相同,A 和 B 的快乐程度就应该相等。但事实并非如此。

1. 财富值相同,效用未必相等

案例 1:假定张三和李四具有相同的伯努利效用函数,现在拥有相同的财富水平 400 万元,按照伯努利效用理论,张三和李四的效用水平相同,快乐程度也应该相同。

但是,假定两人在 400 万元财富之前的状态不同,张三之前拥有 200 万元,李四之前拥有 600 万元,那么,张三和李四现在的快乐程度相同吗? 答案是显然的,张三由于财富翻倍而非常高兴,而李四则由于财富剧烈缩水而非常失望! 所以,伯努利效用理论的预测是有问题的。

再假定张三之前拥有 1 000 万元,李四之前拥有 500 万元,现在两人拥有相同的财富 400 万元。则按照伯努利的效用理论,两人现在的快乐程度应该是相同的,但实际情况是,张三明显比李四更加失望。伯努利效用理论的预测再次出现失误。

2. 财富值为正,效用可能为负

按照伯努利效用函数,无论从过去到现在是财富增加还是财富减少,只要个体现在有一定的财富,他就有一定的正效用或一定的快乐程度。

但事实上,通过案例 1 可以发现,个体会将现在与过去相比,财富增加会使个体变得快乐(获得正效用),财富减少会使个体变得悲伤(获得负效用)。但伯努利效用函数未考虑人类会因财富减少而悲伤这一状况,而是认为,财富减少时人类仍然是快乐的,只是快乐程度下降了,因此,伯努利效用理论是有缺陷的。

3. 参照点不但重要,还会移动

从案例 1 可以看出,过去财富水平(或初始财富)基础上的财富变化决定着人们的效用或快乐程度,这个过去财富水平或初始财富是个体进行决策的参照点。卡尼曼和特沃斯基曾通过如下选择问题证明了参照点的巨大作用和伯努利效用理论的缺陷。

问题1：不管你原来有多少钱，现在再给你1 000美元。请你在如下两个选项中选择一个：

A. 50％的概率赢得1 000美元，50％的概率什么也得不到；

B. 肯定得到500美元。

问题2：不管你原来有多少钱，现在再给你2 000美元。请你在如下两个选项中选择一个：

A. 50％的概率损失1 000美元，50％的概率损失为零；

B. 肯定损失500美元。

可以看出，问题1和问题2带给被试的财富最终状态是相同的，本质上都相当于请被试在如下问题中做出选择：

A. 50％的概率赢得2 000美元，50％的概率得到1 000美元；

B. 肯定得到1 500美元。

按照伯努利效用理论，被试对问题1和问题2应该做出相同的选择"B"。但事实上，对于问题1，多数被试会选择B，但对于问题2，多数被试会选择A，这就是参照点在起作用。对于问题1，被试的参照点是"现有财富＋1 000美元"，并将选择编辑为盈利的风险问题；对于问题2，被试的参照点是"现有财富＋2 000美元"，并且将选择编辑为损失的风险选择问题。由此导致了与伯努利效用理论预测截然不同的选择结果。

显然，人类在决策中不仅会考虑参照点，还会经常移动自己的参照点，不考虑参照点的伯努利效用理论在对人类选择的预测上面临困境。

4. 参照点对个体决策的重大影响

在上述案例中，伯努利效用函数仅考虑财富结果对效用的影响，没有考虑到个体会因财富变化而影响自己的效用水平或快乐程度（或悲伤程度），而财富变化必然有一个基准点，卡尼曼和特沃斯基将这个基准点称为"参照点"。正是基于参照点（往往是现状）的财富变化影响了人们的效用水平或快乐程度，人们的参照点会随时发生变化，自然导致基于参照点的决策发生变化。

1979年，卡尼曼和特沃斯基在前景理论（Prospect Theory）中提出：第一，效用是随着财富的变化而出现的，而不是随着各种财富状态而出现的。或者说，财富状态本身不带来效用，财富的变化才会带来效用；第二，既然考虑财富变化，就一定要考虑参照点，是从参照点开始的变化；第三，变化自然会有两个方向，财富增长是赢，财富缩水是亏，财富增长带来正效用或快乐，财富缩水带来负效用或悲伤。这与人们在面对选择时的心理过程是极为类似的。

三、"财富减少导致边际效用减少额递增"有误

在伯努利效用函数中，随着财富减少（或损失增加），个体的边际效用减少额递增，如表1所示，财富水平从1 000万达克降低到900万达克时，效用减少了4个点，财富水平从900万达克降低到800万达克时，效用降低了6个点，……，财富水平从200万达克降低到100万达克时，效用大幅减少了20个点。

但是，卡尼曼和特沃斯基提出的前景理论认为，无论财富增减，带来的效用都服从边

际递减规律：当财富增加时,个体边际效用增加额递减,这与伯努利效用函数一致;当财富减少(或损失增加)时,个体边际效用减少额递减,这正好与伯努利效用函数相反。卡尼曼和特沃斯基提出的理由有二:

第一,在无风险状况下,许多感觉和知觉都服从同样的规律,即心理反应是物理参数变化的凹函数。例如,就室内温度变化带来的心理感受而言,将变化 13 摄氏度和变化 16 摄氏度引起的心理感受变化,与变化 3 摄氏度与变化 6 摄氏度引起的心理感受变化相比,人们对后者的感受更加明朗。这一规律也适用于金钱变化带来的心理感受变化,因为金钱变化只是物理参数变化中的一个特定现象。由此,获得 100 元与获得 200 元的心理价值差异,高于获得 1 100 元与获得 1 200 元的心理价值差异。类似地,损失 100 元与损失 200 元的心理价值差异,高于损失 1 100 元与损失 1 200 元的心理价值差异,除非损失高到个体无法忍受的地步。基于此,卡尼曼和特沃斯基提出财富变化的价值函数(效用函数),财富高于参照点时是凹函数,低于参照点时是凸函数。也就是说,收益和损失带来的边际价值都是递减的。

第二,在风险状况下,卡尼曼和特沃斯基通过实验研究表明,人们在面临损失风险时,往往呈现风险喜好。

考虑下面的选择问题:

A. 50％的概率损失 1 000 美元,50％的概率损失为零;

B. 肯定损失 500 美元。

按照伯努利效用函数,人们应该选 B。因为在伯努利效用函数中,无论是盈利风险还是损失风险,个体的效用函数为凹函数,呈风险厌恶态度,财富期望值的效用总是大于财富效用的期望值,假定初始财富为 W_0,即

$$U(B) = U(W_0 - 500) > U(A) = 50％ \times U(W_0 - 1\,000) + 50％ \times U(W_0)$$

但实际上,多数人都会选择 A,这如何解释呢? 可能的解释就是,人们在面临损失风险(纯粹风险)时,其效用函数是凸函数,呈风险喜好态度,随着损失增加,边际负效用递减,在将现有财富 W_0 作为参照点的情况下,人们会认为:

$$U(B) = U(-500) < U(A) = 50％ \times U(-1\,000) + 50％ \times U(0)$$

此外,用其他的实验还可以得到 $U(-6\,000) < U(-4\,000) + U(-2\,000)$,……。将 $U(-500) < 50％ \times U(-1\,000) + 50％ \times U(0)$ 和 $U(-6\,000) < U(-4\,000) + U(-2\,000)$ 用效用函数图形描述,就得到代表风险喜好的凸函数。

由此,在前景理论中,卡尼曼和特沃斯基认为,"财富减少,个体的边际效用减少额递增"的说法站不住脚。并且认为,人们在面对损失风险时呈现风险喜好,随着损失增加或财富减少,个人的边际效用减少额递减。

四、未体现"损失厌恶"

人们往往有这样的感受:失去一笔钱的感受比得到同样一笔钱的感受更强烈。而且,人们往往不愿意参加对称性赌博 $(x, 0.5; -x, 0.5)$,而且,随着对称性赌博的赌注 x 的增加,人们对该赌博的厌恶程度也会增加。

由此，卡尼曼和特沃斯基提出，人们呈现"损失厌恶"，即在效用函数中，损失部分的效用函数形状比盈利部分的效用函数形状更加陡峭。这一点在伯努利效用函数中未得到体现。

五、前景理论的价值函数

对伯努利效用函数的上述三个缺陷进行改进后，前景理论形成了图6-1所示的价值函数。该价值函数具有三个特点：一是有参照点；二是盈利部分是凹的，损失部分是凸的；三是损失部分比盈利部分更加陡峭。

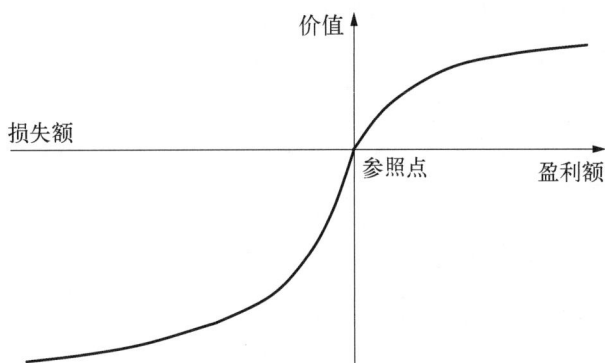

图6-1 前景理论价值函数

第二节 对前景理论价值函数的修正：全景效用函数

将前景理论价值函数运用于投保决策时，发现其仍有两个缺陷需要修正：一是价值函数未考虑保险经常承保的大额损失尤其是超大额损失；二是价值函数过于体现"小局观"或"流量决策"，无法体现财富存量对投保决策的影响。本节对上述两个缺陷进行修正，进而提出"全景效用函数"。

一、对缺陷一"未考虑大损失尤其是超大损失"的修正

在前景理论中价值函数的推导中，其实主要是小损失和中等损失风险，实验中最大的损失金额仅为6 000美元。而在保险领域中，有的产品承保中小损失风险，如汽车损失风险等，有的产品同时承保小、中、大损失风险，如企业财产保险、汽车三责险、意外伤害保险等，有的产品承保灾难性风险，如地震保险、定期寿险、航空意外险等。对于灾难性风险，或者会使财富所有者倾家荡产的风险，财富所有者往往是风险厌恶而非风险喜好的。

其实，在前景理论中，卡尼曼和特沃斯基(1979)也提到："当一个人在临近'被迫卖掉房子，不得不搬到环境更差的地点去住'这样的损失时，这个人对损失的厌恶可能会迅速增长。……，这些干扰在关于损失的价值函数上会呈现出凹域。"

因此，就保险承保风险而言，对中小损失风险，其效用函数呈边际效用减少额递减，

但当损失程度很大、危及风险承担者的基本生活时,其效用函数呈边际效用减少额递增。如图 6-2 所示,当损失额达到 L^*,以至于风险承担者净资产过少进而危及其基本生活后,单位损失带来的边际效用减少额很大,效用急剧下降,风险承担者开始呈现风险厌恶特征,若损失进一步扩大,风险承担者会呈现高度风险厌恶特征。

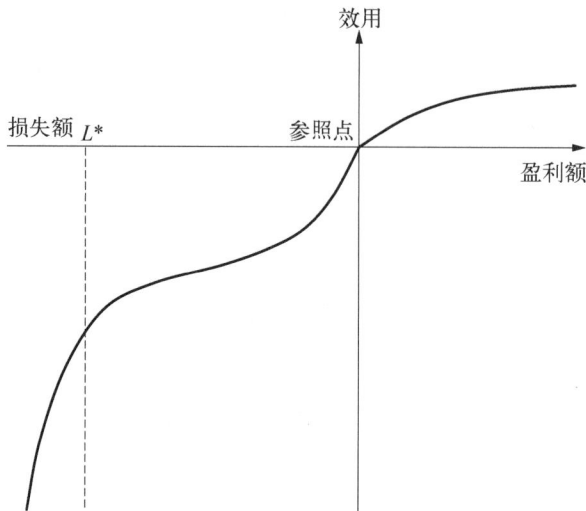

图 6-2　考虑大损失的修正效用函数

由于不同的人有不同的净资产和基本生活水准,因此,尽管其效用函数的形态是类似的,但从风险喜好到风险厌恶的转折点会有所不同。通常,个体的净资产越高、基本生活水准越低,这个转折点对应的损失规模 L^* 就越大。

二、对缺陷二"过于强调小局观"的修正:得到全景效用函数

1. 前景理论价值函数到底描述了什么?

说到底,前景理论价值函数说的是:人们常常会陷入当下的问题而不能自拔,失去大局观,主要体现为如下两点:一是价值函数有了参照点,这意味着决策者只考虑流量,即基于参照点的变化,不考虑存量,而不考虑存量显然就是缺乏全局观;二是损失厌恶,这意味着相对于获得,人们极不情愿放弃已有的东西,包括物品、感情等,意味着对自己拥有的东西估值过高,这也是一种只看到或只重视拥有的、看不到或轻视其他物品的"小局观"。

也就是说,前景理论想说的是,人们常常是流量思维而非存量思维,常常是小局思维而非全局思维,经常会陷入当下的问题而不能自拔,是非常不理性的。

2. 人们没有前景理论价值函数所描述的那样非理性

事实上,现实世界中的人们往往没有前景理论所描述的那么非理性,至少,不同的人走过的路、看过的世界往往大不相同,这些经历不可能不对其未来决策产生影响。仅就财富而言,财富水平高的人往往比财富水平低的人看过更多的世界,对未来也有更多的考量,视野往往更宽阔些。也就是说,随着财富水平的增长,个体看到的和想到的世界会不断发生变化,会越来越具备"存量思维"和"大局观",其效用函数也会有所

不同。

也就是说,前景理论价值函数并未考虑决策者的财富变动对其价值函数的影响。

3. 随财富而变的效用函数和保险需求

可以预见,在决策者兼具流量思维和存量思维的条件下,随着决策者财富增长,其"盈利带来的效用增长和损失带来的效用下降"应该是变化的。就盈利带来的效用来看,可以想见,随着决策者财富增长,盈利带来的边际效用一定是递减的,仍然服从伯努利效用函数。从损失带来的效用来看,无论财富多寡,个体总是"损失厌恶"的,损失带来的效用下降总是大于盈利带来的效用提升,但由于"损失厌恶"的程度基本不变,损失带来的边际效用绝对值也是随财富增长而递减的。这符合人之常情,对于同样金额的盈利或损失,富人显然比穷人看得要轻。

也就是说,在不同的财富水平上,决策者不但有不同的参照点,还有不同的效用函数,本书称其为"全景效用函数"。在每个财富水平或参照点处,决策者都是损失厌恶的,其盈利部分的效用函数就是该参照点右侧的伯努利效用函数,其损失部分的效用函数则体现相应程度的损失厌恶,但最终,每条效用函数的损失部分都会归并到其左侧的伯努利效用函数曲线上,在财富很低时体现效用急剧下降的特征。如图 6 - 3 所示。

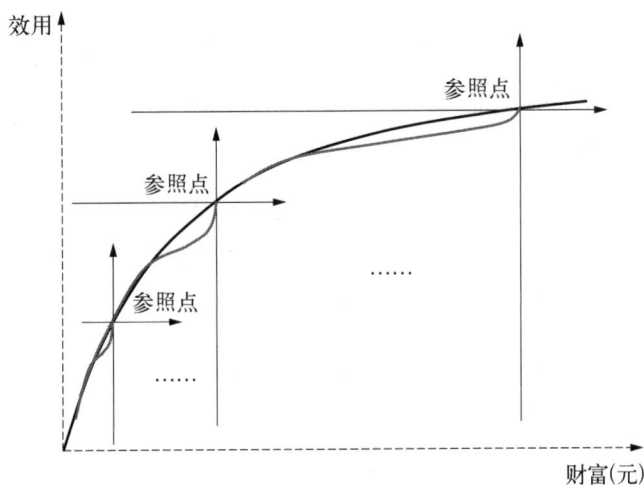

图 6 - 3　不同财富水平下的全景效用函数

三、个体在某一财富状态的全景效用函数

就任一个体的某一时刻而言,其财富水平是确定的,参照点是唯一的,因此,其全景效用函数如图 6-4 所示。其盈利部分的效用函数就是该参照点右侧的伯努利效用函数,其损失部分的效用函数则体现相应程度的损失厌恶,但最终,效用函数的损失部分归并到了其左侧的伯努利效用函数曲线上。

图 6-4 中的实线表示全景效用函数。可以看到,全景效用函数的最左端和其参照点右端均与伯努利效用函数重合,参照点左侧凸向下方的部分代表损失厌恶,其上方的虚线则表示被其取代的伯努利效用函数。

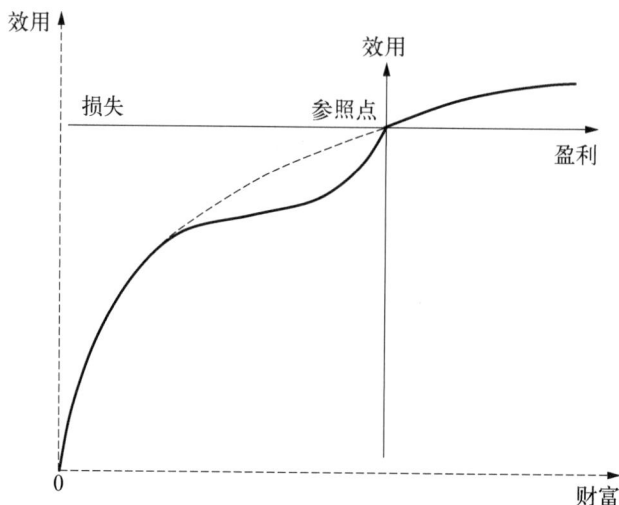

图6-4 个体在某一财富状态的全景效用函数

第三节 全景效用函数对投保决策的影响

相对于伯努利效用函数条件下的理性投保决策,采用全景效用函数后,人们的投保决策会发生变化,下面采用边际效用均衡模型进行分析。

一、投保决策思维框架

如第四章所述,基于消费选择思维,消费者面临的投保决策思维框架可以描述为:"我的期初财富为W_0,我现在有一笔新增收入I,如果购买保险,这笔新增收入正好等于最优保险购买量所需的保费,这笔新增收入也可用于购买其他商品。那么,我到底应该购买保险,还是购买其他商品呢?"

我们仍用前述案例来说明。假设张三的期初财富为W_0,其全景效用函数为$U_1(Z)$,形状如图6-4所示,Z为某项行动导致的相对于参照点的财富偏离值。期初财富W_0为张三的参照点,参照点右侧的效用函数与伯努利效用函数一致,参照点左侧的效用函数则体现相应程度的损失厌恶,且在左侧归并到伯努利效用函数上,体现出对大损失或超大损失的风险厌恶。张三有一处房产,该房产面临火灾风险,房产重建造价为L。火灾发生概率为p,一旦发生火灾,张三将遭受房产全损,损失为L。下面分析,在保险公司提供保额选择时,张三是否会投保?若投保,会选择多大保额?

二、购买保险的边际效用

在全景效用函数条件下,假定张三的参照点为W_0,由此,购买保额为X和$X+1$的保险给张三带来的效用为:

$$U_1(保额为X的保险) = p[U_1(-L+X) - U_1(-L)]$$

$$U_1(保额为X+1的保险) = p[U_1(-L+X+1) - U_1(-L)]$$

多购买 1 元保额的保险给张三带来的边际效用为：

$$MU_1 = U_1(\text{保额为 } X+1 \text{ 的保险}) - U_1(\text{保额为 } X \text{ 的保险})$$
$$= p[U_1(-L+X+1) - U_1(-L+X)]$$
$$= p\Delta U_1 \qquad (6-1)$$

显然，在张三的效用函数为全景效用函数（图 6-4）的条件下，无论参照点在哪个位置，购买保险的边际效用必然大于零，它与出险后效用函数的陡峭程度正相关。当然，由于保险赔偿是以概率 p 进行的，因此，购买保险的边际效用为 $p\Delta U_1$。

三、单位支出的保险边际效用

假定个体能够准确评估风险，个体评估概率与保险公司的定价概率均为 p；购买保额为 X 时，保险公司收取的纯保费为 pX，收取的附加保费为 αpX，总保费为 $(1+\alpha)pX$。则多购买 1 元保额支出的保费为 $(1+\alpha)p$。与式（4-5）类似，不失一般性，在已有保额 X 基础上，多花 1 元购买保险带来的边际效用，即单位支出（或多花 1 元钱）购买保险带来的边际效用可以描述为：

$$\frac{MU_{1\text{保险}}}{P_{\text{保险}}} = \frac{p[U_1(-L+X+1)-U_1(-L+X)]}{(1+\alpha)p} = \Delta U_1 \cdot \frac{1}{1+\alpha} \qquad (6-2)$$

可以看出，用全景效用函数替代伯努利效用函数后，保险边际效用的形式基本未变，与式（4-5）相比，唯一变化就是用 ΔU_1 代替了 ΔU。

ΔU 表示伯努利效用函数条件下单位赔付带来的收入效用，ΔU_1 表示全景效用函数条件下单位赔付带来的收入效用，因此，ΔU_1 与 ΔU 的区别，就是参照点左侧全景效用函数与伯努利效用函数的区别，如图 6-4 所示。

四、单位支出的其他商品边际效用

在全景效用函数条件下，单位支出（多花 1 元钱）购买其他商品带来的效用在参照点右侧，由于参照点右侧的全景效用函数与伯努利效用函数完全重合，因此，单位支出的其他商品边际效用与式（4-6）类似，不失一般性，就是在全景效用函数条件下，在消费者已经花费 $(1+\alpha)pX$ 购买其他商品的基础上，再多花 1 元钱购买其他商品带来的收入效用，即

$$\frac{MU_{1\text{其他商品}}}{P_{\text{其他商品}}} = \frac{U_1(I-(1+\alpha)pX)-U_1(I-(1+\alpha)pX-1)}{1} = \Delta U_1' \qquad (6-3)$$

其中，

I 表示新增收入，如果购买保险，这笔新增收入正好等于最优保险购买量所需的保费；

$\Delta U_1'$ 表示全景效用函数条件下参照点右侧单位支出的其他商品边际效用；

由于参照点右侧的全景效用函数与伯努利效用函数完全重合，因此，$\Delta U_1' = \Delta U'$，$\Delta U'$ 表示伯努利效用函数条件下单位支出的其他商品边际效用。

五、投保决策模型和风险厌恶的重新界定

1. 投保决策模型

显然，只有满足

$$\Delta U_1 \cdot \frac{1}{1+\alpha} > \Delta U_1' \tag{6-4}$$

时，个体才会选择投保，而且会将保额买到满足式(6-5)为止。

$$\Delta U_1 \cdot \frac{1}{1+\alpha} = \Delta U_1' \tag{6-5}$$

其中，

α 为附加费率；

ΔU_1 表示全景效用函数中单位赔付带来的收入效用；

$\Delta U_1'$ 表示全景效用函数中单位支出的其他商品边际效用。

2. 风险厌恶的重新界定

由于从伯努利效用函数变成了全景效用函数，这里需要进一步明确风险厌恶的含义。

在伯努利效用函数中，风险厌恶是指边际效用递减，进而导致个体愿意支付风险溢价购买保险。

将上述思维贯彻到"边际效用均衡投保决策"中，如式(6-4)所示，风险厌恶其实是指，消费者遭受损失后1元钱的效用超过损失发生前1元钱的效用，进而导致其愿意支付风险溢价（或附加保费）购买保险，并买到边际均衡为止。

3. 不同损失规模下个体的风险态度

上述思维体现到全景效用函数中，风险厌恶其实就是指 $\Delta U_1 > \Delta U_1'$，或者说，只要满足 $\Delta U_1 > \Delta U_1'$，个体就是风险厌恶的。即，只要1元钱赔付带来收入效用大于1元钱保费支出对应的收入效用，个体就是风险厌恶的，风险厌恶仍然是个体支付附加保费的动力。

在图6-4所示的全景效用函数曲线中，将参照点左侧按损失规模进行分段，分为小损失、中损失和大损失，如图6-5所示。

可以明显看出，对大损失和小损失而言，$\Delta U_1 > \Delta U_1'$，个体都是风险厌恶的；但对于中损失而言，$\Delta U_1 \approx \Delta U_1'$，个体接近于风险中性。

六、全景效用函数下的投保决策规律

1. 附加费率为零时的投保决策

第一，当损失规模小时，个体损失厌恶导致单位赔付带来的收入效用增大了，$\Delta U_1 > \Delta U_1'$，个体呈风险厌恶，且风险厌恶程度较大，式(6-4)得以满足，个体会选择投保，而且会足额投保。

第二，当损失规模中等时，损失部分的效用函数较为平坦，$\Delta U_1 \approx \Delta U'$，个体近似风险中性，个体是否投保无所谓。

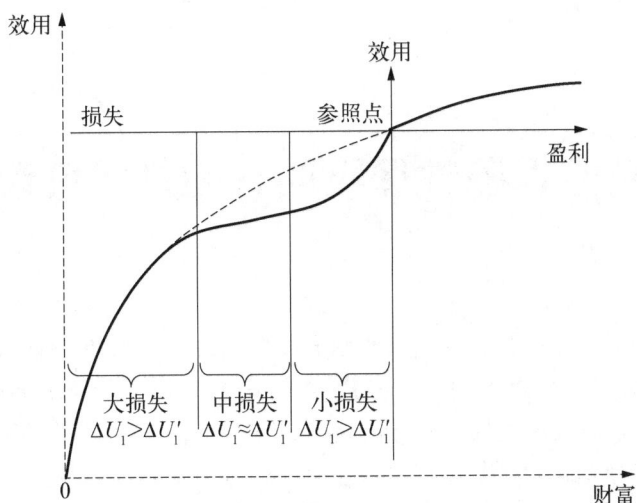

图 6-5　全景效用函数条件下个体对不同损失规模的风险态度

第三,当损失规模大时,单位赔付的收入效用与伯努利效用函数条件下基本一致,$\Delta U_1 > \Delta U_1'$,个体呈风险厌恶,式(6-4)得到满足,个体会选择投保,但不一定会足额投保(因为随着保额增大,个体会从风险厌恶变为风险中性)。

2. 附加费率大于零时的投保决策

第一,当损失规模小时,在较大程度风险厌恶的作用下,当附加费率较低时,个体仍会选择足额投保。

第二,当损失规模中等时,损失部分的效用函数较为平坦,个体通常选择不投保。

第三,当损失规模大时,对大损失的风险厌恶会促使个体投保,但通常不会足额投保。

第七章　保障性保险的行为投保决策理论

第五、六章分别从风险判断偏差、效用函数角度分析了标准投保决策理论的缺陷。第五章提出了主观风险偏离客观风险的规律,并分析了风险判断偏差对投保决策的影响;第六章提出了全景效用函数,并分析了全景效用函数对投保决策的影响。

本章在上述两章基础上构建保障性保险的行为投保决策理论。首先,鉴于行为经济学中已经有了标志性风险决策理论——前景理论,需要厘清其是否为合适的行为投保决策理论,第一节分析前景理论在解释现实保险需求方面的缺陷;接下来,第二节在标准投保决策模型基础上,放松假设,融入风险判断偏差和全景效用函数,构建个体行为投保决策模型;第三节阐述行为投保决策模型下的保险需求规律;第四节分析行为模型与标准模型下的投保规律差异;第五节讨论行为投保决策的财富效应;第六节分析企业投保决策;第七节分析政府投保决策。

第一节　前景理论无法解释现实投保决策

本节首先分析依据前景理论,个体会如何进行投保决策,然后讨论前景理论在解释投保决策方面的缺陷。

一、前景理论下的投保决策

1. 小概率损失场景的前景理论

前景理论(Kahneman and Tversky,1979;Tversky and Kahneman,1992)主要包含两部分:价值函数和决策权重函数。鉴于保险承保风险均为小概率损失风险,而且前景理论在提及保险决策时将保费支出也视为一种损失,这里仅关注损失部分的价值函数和小概率部分决策权重函数。如图 6 - 1、图 5 - 11[①] 所示。

2. 前景理论下的投保决策

与期望效用理论一脉相承,前景理论仍假定人们按照期望效用最大化法进行决策,只是将期望效用换成了期望价值,实质是相同的。

前景理论如何解释人们对小概率风险的投保决策呢? 损失部分的价值函数反映出人们对损失风险表现出风险喜好,但决策权重函数中人们对小概率事件的过度重视反映出人们可能愿意出高价购买保险。最终,当人们对小概率事件的过分看重压过风险喜好时,人们会选择为小概率风险购买保险。

---

① 如第五章所述,由于绝大多数保险风险的出险概率都低于 0.2,风险判断偏差分析范围限于 $p \leqslant 0.2$。这里沿用前景理论中小概率与中高概率的分界点 0.35,不影响研究结论。

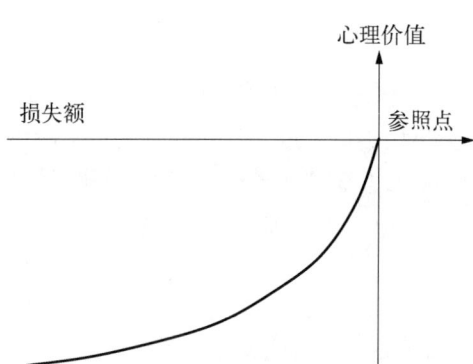

图 6‑1　损失部分的价值函数

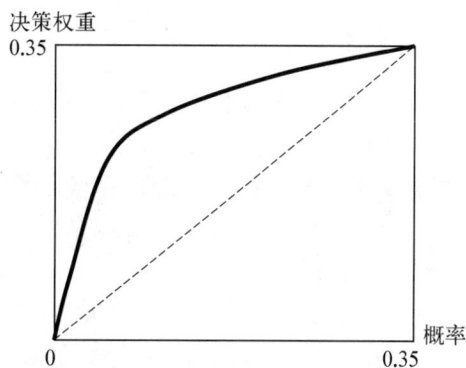

图 5‑11　小概率部分的决策权重函数

如图 7‑1 所示,假设决策者只面临出险和不出险两种状态,客观的出险概率为 p,对应的决策权重为 $w(p)$,对应的损失规模为 L,其参照点为投保决策时的财富状态;再假定保险公司只提供保额为 L 的足额保险,收取保费 $(1+\alpha)pL$。

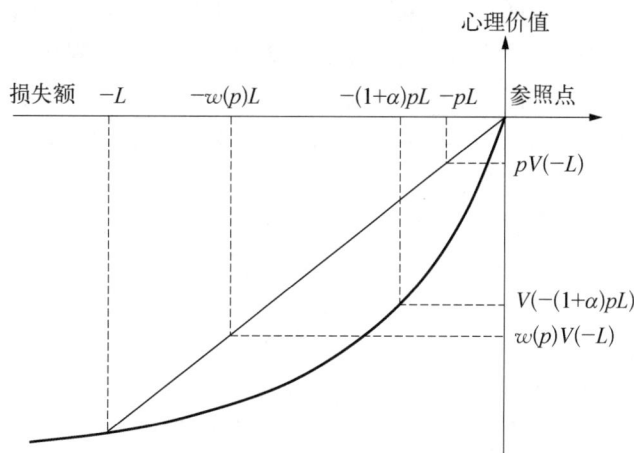

图 7‑1　前景理论下的投保决策

前景理论下,决策者内心的损失风险为 $[-L, w(p); 0, w(1-p)]$,而且,对于保险承保风险,$w(p) > p$,即决策者会高估风险。此时,如果选择不投保,其预期价值为 $w(p)V(-L)$;如果选择投保,其预期价值为 $V(-(1+\alpha)pL)$,显然,只要 $w(p)$ 足够大,总会出现投保的预期价值 $V(-(1+\alpha)pL)$ 大于不投保的预期价值 $w(p)V(-L)$ 的情形,此时,该决策者选择投保。如图 7‑1 所示。

各种情形下预期的投保决策结果如表 7‑1 所示,显然,只有当决策者严重高估风险时,才会选择为小概率风险购买保险。

表 7‑1　不同风险判断条件下基于前景理论的投保决策

小概率风险的判断(判断出险概率)		投保决策
高　估	轻微高估	不投保
	严重高估	投　保

二、前景理论在解释投保决策方面的缺陷

虽然前景理论用小概率的高决策权重（压过风险喜好）解释了保险的盛行，但卡尼曼和特沃斯基(1979)也感到，前景理论无法对复杂的保险市场给出完全合理的解释，如人们为何愿意购买中等概率范围的维修保险和医疗保险，但却通常会忽略小概率的灾难性风险。

事实上，前景理论在解释投保决策方面至少存在如下三个缺陷：

1. 假定消费者知晓概率分布与现实不符

前景理论是在实验基础上得到的，而所有实验场景都是直接向被试给出了选项的结果概率分布，被试是在已知结果概率分布的基础上进行选择。这一点与现实中的投保决策完全不符，现实中的消费者几乎没有人确切知道自己面临的风险的损失分布，例如，对于重大疾病风险，很多人既不知道患病概率，也不确切知道患病后到底会导致多少医疗费用和间接损失。

2. 人们高估小概率风险与现实不符

前景理论认为人们会高估小概率风险的出险概率，即当 p 较低时，决策权重 $w(p) > p$。但是，如第五章第五节所述，在前景理论中，决策权重函数是根据被试的决策结果推断出来的，是倒算的结果（甚至有凑结论的嫌疑），作者由此推断人们"仿佛"会高估小概率、低估大概率。但在现实中，对于保险承保的小概率风险，如第五章所述，人们既可能高估，也可能低估。而且，由于大多数保障性保险承保风险的出险概率都远低于 0.2，从第五章分析可知，对这样的风险，人们主要是低估而非高估。

3. 将保费支出视为"损失"不符合消费选择思维

如前所述，在提及投保决策时，前景理论将保费支出作为损失处理，个体投保决策是在保费损失和风险损失之间进行权衡，这不符合消费选择思维。

前景理论价值函数是用来分析不确定决策的，很难与消费选择决策对应或统一起来。例如，张三花 5 元钱买了一斤苹果，如何在价值函数中反映呢？按照上述思维，5 元钱支出是一种损失，应该体现在参照点左边；苹果是盈利还是损失呢？这个问题可能本身就不合理，一定要这样考虑，只能认定为盈利，应该体现在参照点右边。5 元钱损失和 1 斤苹果盈利如何比较呢？在损失厌恶作用下，个体是否要放弃苹果购买呢？

事实上，在消费选择思维中，消费决策（包括投保决策）是面向未来的，是对新增收入的支出规划，在新增收入或收入预算约束下，保险与其他商品相互竞争，消费者需要在购买保险和购买其他商品之间做出选择。如第四章第五节所述，买保险就是放弃了其他商品，保费支出对应的损失或成本，是放弃掉的其他商品效用，或放弃掉的保费支出的收入效用；保费支出对应的收益，则是预期赔付带来的收入效用；投保决策则要在收益与成本之间进行权衡。这一思维过程需要在全景效用函数中才能体现出来。

既然前景理论存在上述三方面的缺陷，就无法为现实投保决策给出合理的解释。

第二节　行为投保决策模型

在标准投保决策模型基础上，放松"决策者可以准确评估风险"和"具有伯努利效用函数"这两个假设，第一，假定消费者可以准确评估损失程度，但无法准确评估出险概率，用主观概率 p' 替换客观概率 p；第二，用全景效用函数 $U_1(Z)$ 替换伯努利效用函数

120

$U(W)$，就得到了行为投保决策模型。

一、行为投保决策模型：公式表述

如前几章所述，基于消费选择思维，消费者面临的投保决策思维框架可以描述为：
"我的期初财富为 W_0，我现在有一笔新增收入 I，如果购买保险，这笔新增收入正好等于
最优保险购买量①所需的保费，这笔新增收入也可用于购买其他商品。那么，我到底应该
购买保险，还是购买其他商品呢？"

我们仍用前述案例来说明。假设张三的期初财富为 W_0，全景效用函数为 $U_1(Z)$，
形状如图 6-4 所示，Z 为某项行动导致的相对于参照点的财富偏离值。期初财富 W_0 为
张三的参照点，参照点右侧的效用函数与伯努利效用函数一致，参照点左侧的效用函数
则体现相应程度的损失厌恶，且在左侧归并到伯努利效用函数曲线上，体现出对大损失
或超大损失的风险厌恶。

张三有一处房产，该房产面临火灾风险，房产重建造价为 L。保险定价使用的火灾发生客
观概率为 p，但张三心目中的火灾发生主观概率为 p'，一旦发生火灾，张三将遭受全损，损失
为 L。下面用边际效用均衡模型分析张三是否投保？如果投保，选择多大保额 X？

下面的式(7-1)、(7-2)、(7-3)和(7-4)给出了张三的行为投保决策模型。

$$\frac{MU_{1保险}}{P_{保险}}=\frac{p'[U_1(-L+X+1)-U_1(-L+X)]}{(1+\alpha)\rho}=\frac{p'}{p}\cdot\Delta U_1\cdot\frac{1}{1+\alpha} \tag{7-1}$$

$$\frac{MU_{1其他商品}}{P_{其他商品}}=\frac{U_1(I-(1+\alpha)pX)-U_1(I-(1+\alpha)pX-1)}{1}=\Delta U_1' \tag{7-2}$$

$$\frac{p'}{p}\cdot\Delta U_1\cdot\frac{1}{1+\alpha}>\Delta U_1' \tag{7-3}$$

$$\frac{p'}{p}\cdot\Delta U_1\cdot\frac{1}{1+\alpha}=\Delta U_1 \tag{7-4}$$

其中，

p' 是主观风险发生概率；p 是客观风险发生概率；

$\dfrac{p'}{p}$ 描述了决策者的风险判断偏差；

α 是附加费率，即附加保费与纯保费之比；

ΔU_1 是用全景效用函数计算的单位赔付带来的收入效用；

$\Delta U_1'$ 表示全景效用函数中单位支出的其他商品边际效用（由于参照点右侧全景效用
函数与伯努利效用函数重合，因此 $\Delta U_1'=\Delta U'$）。

显然，$\dfrac{p'}{p}\cdot\Delta U_1\cdot\dfrac{1}{1+\alpha}$ 表示多花1元钱购买保险带来的效用，$\Delta U_1'$ 表示多花1元

---

① 这里的最优保险购买量，是指消费者依据行为投保决策模型所预期的最优购买量。

钱购买其他商品带来的效用,只有当前者大于后者,即满足式(7-3)时,决策者才会购买保险。而且,决策者会一直增加保额,直到两者相等,即满足式(7-4)为止。

二、行为投保决策模型:图形表述

从行为投保决策模型可以看出,在附加费率不变的条件下,决策者是否投保取决于$\frac{p'}{p}$、ΔU_1 和 $\Delta U_1'$,而 $\frac{p'}{p}$ 的高低和分布取决于风险判断偏差规律,ΔU_1 和 $\Delta U_1'$ 的大小则取决于全景效用函数。

因此,通过描述人们的风险判断偏差规律和全景效用函数,就能揭示人们的保险需求规律。

人们的风险判断偏差规律用第五章中的图5-12和图5-13描述,这里分别称为高(低)估概率者占比函数和高(低)估倍数函数,高(低)估概率者占比和高(低)估倍数都是保险风险客观概率的函数。人们的全景效用函数用第六章中的图6-4描述,需要注意的是,图中的参照点可随决策者财富水平的变动而变动,因此,该函数有两层含义,一是不同的人财富水平不同,因而有不同的参照点和效用函数;二是同一个人,当其财富水平变化时,会有不同的参照点和效用函数。

将高(低)估人群占比函数、高(低)估倍数函数和全景效用函数合在一起,就构成了行为投保决策模型,如图7-2所示。

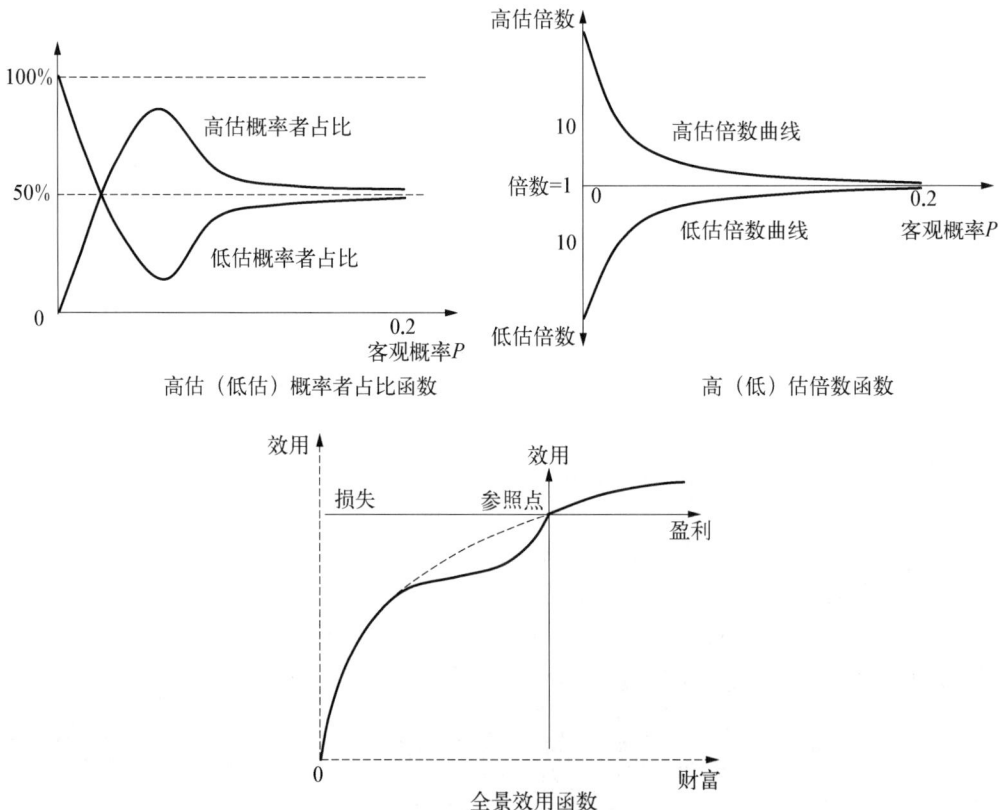

高估(低估)概率者占比函数

高(低)估倍数函数

全景效用函数

图7-2 行为投保决策模型的图形描述

该模型描述了人们的风险判断偏差规律和效用(风险态度)变化规律,可以帮助我们推断人们的投保决策行为和保险需求规律。

三、行为投保决策模型的特点: 主体异质性和群体决策规律

与标准投保决策模型相比,行为投保决策模型有非常独特的行为学特点:

第一,决策主体是异质而非同质的。在标准投保决策模型中,潜在假定决策者是同质的,会做出一致的投保决策;但在行为投保决策模型中,决策者们的风险判断结果差异很大,决策主体是异质的。

第二,得到的是群体决策规律而非个体一致性决策结果。标准投保决策模型得到的,是所有决策者近乎一致的投保结果;但行为投保决策模型得到的,是所有消费者投保决策的分布规律,可以看出多大比例的人有保险需求(以及需求强度有多大),多大比例的人没有保险需求(以及需求疲弱程度有多大)。

总之,行为保险经济学破除了标准保险经济学中的同质客观风险假设(或风险评估一致性假设)和决策一致性假设,用异质主观风险和异质决策结果来分析和阐释保险市场,更加符合现实。

第三节　行为投保决策模型下的保险需求规律

与标准投保决策模型相比,行为投保决策模型用主观概率替代了客观概率,用带有参照点的全景效用函数替代了伯努利效用函数,由此导致了模型预期的保险需求的变化。

本节分析的是,相对于标准投保决策模型(以下经常简称"标准模型")对理性人保险需求的预测,行为投保决策模型(以下经常简称"行为模型")预测的保险需求有何变化?呈现什么规律?

一、对保险风险进行分段

1. 分类基础: 客观出险概率

由于如下两点,可以客观出险概率为基础对保险风险进行分类,然后分析保险需求规律:第一,风险判断偏差,体现为高估(低估)风险者占比和高估(低估)倍数,都是客观出险概率的函数;第二,如上一章第三节对风险态度的重新界定和分析所述,决策者的风险态度是损失规模的函数,而根据保险风险的通常规律"出险概率越高,损失规模通常越小",损失规模也可以视为客观出险概率的函数,两者反向变化,如图 7 - 3 所示,由此推断,决策者的风险态度也是客观出险概率的函数。

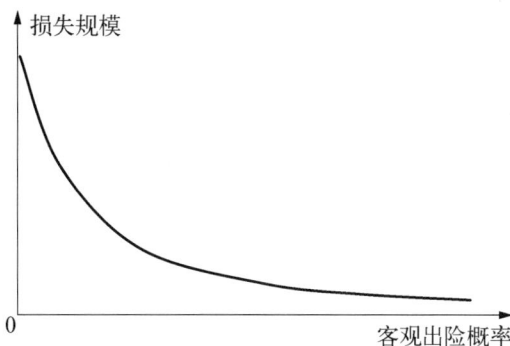

图 7 - 3　损失规模随客观出险概率变化的通常规律

既然决策者的风险判断偏差和风险态度都是客观出险概率的函数,自然可以推断,人们的保险需求也随客观出险概率的变化而变化。我们要找的就是这一变化规律。

关于"出险概率越高、损失规模通常越小"这一规律的契合实际性,这里提供三点证据:第一,著名的"汉立区三角(Heinrich Triangle)"说明,在工业事故中,每发生一次大的灾害事故,就伴随有 30 次小的伤害事故和 300 次无伤害事故。汉立区三角是在对几千件工业事故总结后提出的,大致说明损失频率和损失程度之间呈反比关系;第二,在法尼著、张庆洪等译的《保险企业管理学(第三版)》第 19 页中提到:"实践中,作为某个确定原因(如医疗费用或实物损失)的损失分布大多呈下降形态,即较小的损失经常发生,而大的损失较少发生。"该损失分布是说,针对大量个体或大量企业的某种原因导致的损失进行统计后发现,小损失通常频率较大,大损失通常频率较小,例如,就大量个体的医疗费用损失而言,医疗费用低的事件通常发生频率大,医疗费用高的事件通常发生频率小。这其实就是在说,感冒等小毛病的医疗费用低但发生概率大,癌症等大病的医疗费用高但发生概率小,因此,法尼所提的损失分布虽然是损失的概率密度函数,但也部分揭示了损失概率与损失程度之间的负向变动关系。第三,不少教材讲到风险度量时,认为可将风险按照损失概率大小和损失程度大小分为四类,分别是小概率小损失、小概率大损失、大概率小损失和大概率大损失。但事实上,大概率大损失通常是不可能出现的(除非是在非常时期(如战争年代)且处于特殊区域(如战争区域)),小概率小损失通常也极端稀少(我上课搜肠刮肚也很难举出合适的例子,举出来的例子事后想来也存在问题[①]),绝大多数风险要么属于小概率大损失、要么属于大概率小损失,这也说明了损失概率与损失程度之间的负向关系。

2. 将保险风险分三段以便后续分析

为简化分析,这里将保险风险按客观出险概率分为三段:小概率、中概率、和大概率(分别对应着大损失、中损失和小损失)。但请读者注意,实际上,保险风险皆属小概率风险,这里的三分类只是在保险风险内部相对而言的。

具体而言,这里按照高估(低估)概率者占比函数曲线的形态,将三档客观出险概率确定为:$[0, P_1]$ 对应小概率(大损失)、$[P_1, P_2]$ 对应中概率(中损失)、$[P_2, 0.2]$ 对应大概率(小损失),如图 7-4 所示。同理,将高估(低估)倍数函数曲线也按相同的三档客观概率分段,如图 7-5 所示。

此外,为简化分析,这里假定上述三档概率对应的三档损失正好对应了图 6-5 所示全景效用函数中的三档损失:大损失、中损失和小损失。如上一章所述,在全景效用函数条件下,对大损失、中损失和小损失,个体分别呈现风险厌恶、风险中性和风险厌恶,即分别满足 $\Delta U_1 > \Delta U_1'$、$\Delta U_1 \approx \Delta U_1'$ 和 $\Delta U_1 > \Delta U_1'$。

---

① 我搜肠刮肚想出来的"小概率、小损失"的例子,是我很多年前有一次从上海去浙江余姚出差,返回上海时在长途汽车站碰到卖当地特产——杨梅的,非常新鲜,用小篮子装着,我就买了一篮。到上海长途汽车站后,我打出租车回到家,一回家就向夫人汇报说我买了新鲜的杨梅,夫人问:"杨梅呢?"我才想到,自己把杨梅落在出租车上了。我曾经把这个事件屡次作为"小概率、小损失"的例子讲给同学们听,因为这件事情对我而言确实只遇到一次,是小概率的。但后来我逐渐认为,小损失是确定无疑的,但是否属于小概率则不一定。因为,计算概率的分母应该是同类事件,要是将"出差带杨梅并打车回家"作为同类事件,这个分母我也只经历过一次,出险概率变成了 100%。

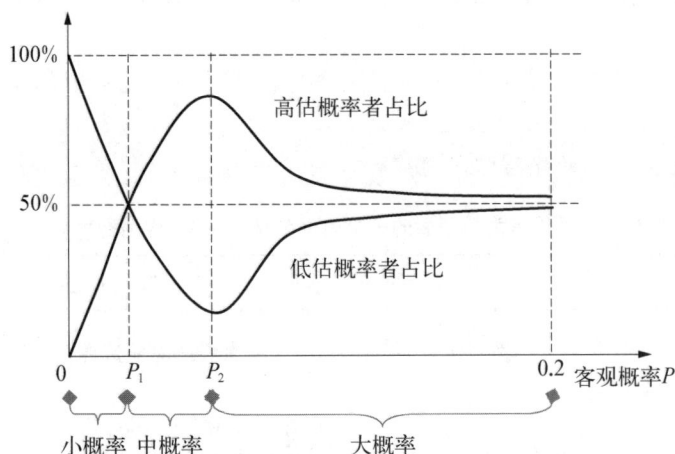

图 7-4　按高估(低估)概率者占比函数将客观出险概率分段

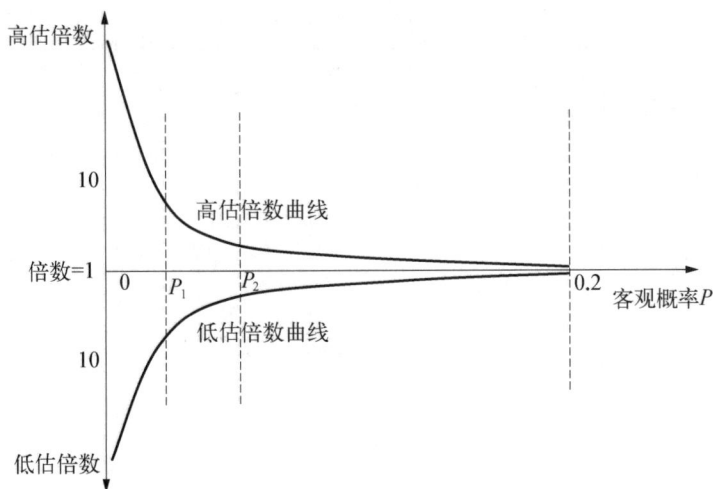

图 7-5　将高(低)估倍数函数按客观出险概率分段

二、行为模型下的保险需求

根据行为投保决策理论,只有满足式(7-3)"$\dfrac{p'}{p} \cdot \Delta U_1 \cdot \dfrac{1}{1+\alpha} > \Delta U_1'$"时个体才会投保,且会将保额购买到满足式(7-4)"$\dfrac{p'}{p} \cdot \Delta U_1 \cdot \dfrac{1}{1+\alpha} = \Delta U_1'$"为止。这意味着,有三个因素左右保险需求:高估(低估)概率程度$\left(\dfrac{p'}{p}\right)$、风险态度($\Delta U_1$ 和 $\Delta U_1'$ 的相对大小)和附加费率(α),具体而言,高估概率和风险厌恶会提升保险需求,对保险需求有正面影响;低估概率、风险喜好、附加费率会抑制保险需求,对保险需求有负面影响。

投保决策结果主要体现为三个指标:① 是否购买,由风险判断偏差、风险态度和附加费率决定;② 若买的话保额选择多大,主要由损失规模对应的效用函数或风险态度决定;③ 若买的话愿意支付的最大附加费率有多高,由风险判断偏差、风险态度和附加费率决定。

下面分别分析"附加费率为零"和"附加费率大于零"两种情形下的投保决策,分析过程和结果如表 7-2、表 7-3 所示。

1. 附加费率为零时的保险需求规律

表 7-2　采用行为模型后的三分段保险需求分析(附加费率 $\alpha = 0$)

		风险判断偏差和风险态度对投保决策的综合作用				
		是否购买		购买者的保额选择		购买者愿意支付的最大附加费率
小概率（大损失）段	高估风险者（<50%）	严重高估风险、对大损失的风险厌恶促发购买	买	随保额增加,风险态度从厌恶、中性变为厌恶。高估风险促成足额保险	足额	总体较高:随 p 增加、高估程度减弱而降低
	低估风险者（>50%）	严重低估风险完全可以压制风险厌恶的正面影响	不买	—	—	—
中概率（中损失）段	高估风险者（>50%）	风险中性条件下,较大程度高估风险促发购买	买	随保额增加,风险态度从中性转向厌恶。高估风险、风险态度（中性和厌恶）促成足额投保	足额	总体较低:随 p 增加,风险高估程度减弱、风险厌恶增强而缓慢下降
	低估风险者（<50%）	风险中性条件下,较大程度低估风险导致不愿投保	不买	—	—	—
大概率（小损失）段	高估风险者（>50%）	小幅高估风险、风险厌恶促发购买	买	高估风险和风险厌恶促成足额投保	足额	较低,随 p 增加,高估程度减弱而降低
	低估风险者（<50%）	p 较低时,低估风险可以压制风险厌恶,导致不愿投保;但随着 p 增加,风险低估程度减弱,风险厌恶占了上风,开始投保	部分购买;随 p 增加,购买者增加	对购买者而言,风险厌恶可以始终压制小幅低估风险的负面影响	足额	较低,随 p 增加,低估程度减弱而增加

2. 附加费率大于零时的保险需求

假设保险公司收取比例附加费率,而且,附加费率不随保险风险出险概率的变化而变化。

表 7-3　采用行为模型后的三分段保险需求分析(附加费率 $\alpha > 0$)

		风险判断偏差、风险态度和附加费率对投保决策的综合作用					
		是否购买		购买者的保额选择		购买者愿意支付的最大附加费率	
小概率(大损失)段	高估风险者(<50%)	严重高估风险、对大损失的风险厌恶完全可以压制附加费率的负面影响	买	随保额增加,风险态度从厌恶变为中性再变为厌恶。预计高估风险可以始终压制附加费率的负面影响	足额	总体较高:随 p 增加、高估程度减弱而降低	
	低估风险者(>50%)	严重低估风险、附加费率完全可以压制风险厌恶的正面影响	不买	—	—	—	—
中概率(中损失)段	高估风险者(>50%)	风险中性条件下,较大程度高估风险可以压制附加费率的负面影响	买	随保额增加,风险态度从中性转向风险厌恶。预计高估风险、风险态度(中性和厌恶)可以始终压制附加费率的负面影响	足额	总体较低:随 p 增加,风险高估程度减弱、风险厌恶增强而缓慢下降	
	低估风险者(<50%)	风险中性条件下,较大程度低估风险和附加费率均在抑制保险需求	不买	—	—	—	—
大概率(小损失)段	高估风险者(>50%)	小幅高估风险、风险厌恶可以压制附加费率的负面影响,选择购买	买	对购买者而言,高估风险和风险厌恶可以始终压制附加费率的负面影响	足额	较低,随 p 增加,高估程度减弱而降低	
	低估风险者(<50%)	p 较低时,低估风险、附加费率压制了风险厌恶的正面影响;但随着 p 增加,低估程度减弱,风险厌恶压制了低估风险和附加费率的负面影响	部分购买;随 p 增加,购买者增加	对购买者而言,风险厌恶可以始终压制小幅低估风险和附加费率的负面影响	足额	较低,随 p 增加,低估程度减弱而增加	

　　当然,如果附加费率过高,可能导致人们放弃购买保险,尤其是对于大概率(小损失)段的低估风险者。

从表7-3的分析结果可以得到,在附加费率大于零的条件下,随保险风险客观概率逐渐增加而变化的购买保险者占比函数、购买者选择的保额充足率和购买者愿意支付的最大附加费率,如图7-6、图7-7和图7-8所示。

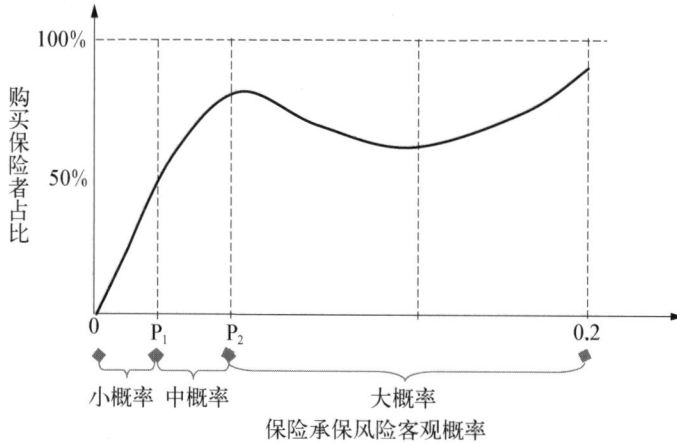

图7-6 购买保险者占比函数

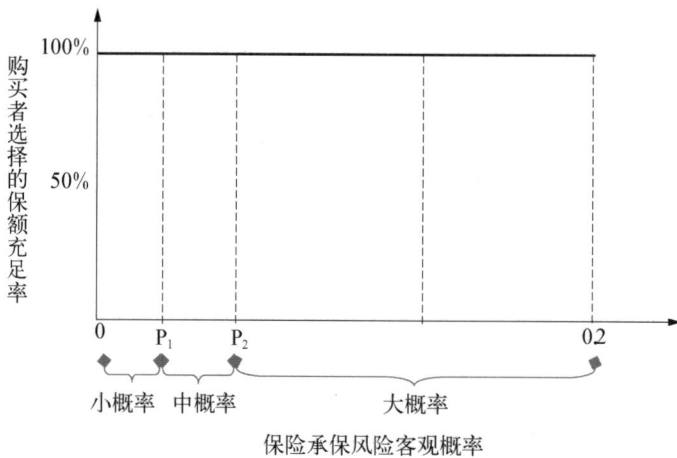

图7-7 购买者所选保额充足率的变化规律

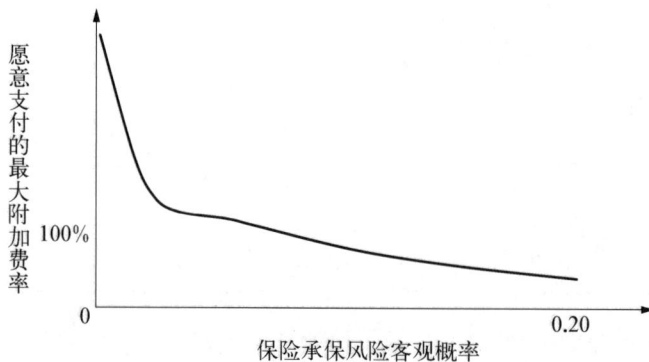

图7-8 保险购买者最大支付意愿函数

三、行为模型下的保险需求规律

总体而言,在比例附加费率且附加费率不算高的条件下,人们的保险需求规律如图7-6、图7-7、图7-8所示。

从有保险需求的人们来看,随客观出险概率由低到高,购买保险者占比先快速升高,后又有些降低,然后再继续升高。总体而言,行为模型下的保险需求规律为:**随客观出险概率由低到高,购买保险者占比呈波浪上升态势,购买者都愿意选择足额保险,愿意支付的附加费率则呈逐渐下降态势。**

购买者之所以都选择足额保险,是因为损失厌恶在起作用。在全景效用函数及其对应的投保决策框架下,投保的代价(即单位支出的其他商品边际效用)在参照点右侧,投保的收益(即单位支出的保险边际效用)在参照点左侧,在损失厌恶作用下,无论财富水平高低,人们对小损失始终呈现较高程度的风险厌恶,导致购买者愿意选择足额保险。

第四节　行为模型与标准模型下的投保规律差异

如前所述,行为投保决策模型考虑了人们的风险判断偏差,并使用了更加契合实际的全景效用函数,必然导致行为模型下的投保规律与标准模型下的投保规律出现差异。

一、行为模型与标准模型下的投保规律差异

下面分两类情形,"附加费率为零"和"附加费率大于零",对标准模型和行为模型下的投保规律进行对比分析,结果如表7-4所示。

表7-4　行为模型与标准模型下的投保规律差异

分　类		标准模型		行　为　模　型			
附加费率＝0	小概率(大损失)	都买	足额	小概率(大损失)	高估风险者	买	足额
					低估风险者	不买	—
	中概率(中损失)			中概率(中损失)	高估风险者	买	足额
					低估风险者	不买	—
	大概率(小损失)			大概率(小损失)	高估风险者	买	足额
					低估风险者	部分购买	足额
附加费率＞0,比例附加费率	小概率(大损失)	都买	部分保险	小概率(大损失)	高估风险者	买	足额
					低估风险者	不买	
	中概率(中损失)			中概率(中损失)	高估风险者	买	足额
					低估风险者	不买	—
	大概率(小损失)			大概率(小损失)	高估风险者	买	足额
					低估风险者	部分购买	足额

可见,行为模型与标准模型下的投保规律差异主要有如下两点:

第一,行为模型下,人们的保险需求明显减少,主要体现为低估风险者对小概率(大损失)、中概率(中损失)风险放弃投保。而且,对于小概率和中概率风险而言,如图 7 - 4 所示,出险概率越低,低估风险者占比越大,放弃购买保险者越多。这与现实世界的投保状况基本一致,出险概率越低,人们的保险需求越弱。

第二,附加费率大于零时,标准模型下,人们通常选择不足额保险,但在行为模型下,购买者普遍选择足额保险。对小概率风险和中概率风险而言,人们选择足额保险的原因是高估风险;对大概率风险而言,人们选择足额保险的原因是较高程度的风险厌恶。

二、行为模型下投保规律的最大特点:典型保险需求疲弱

我们不能轻视低估风险对保险需求的负面影响,因为,事实上,绝大多数保险产品承保的风险都属于上面提到的小概率风险和中概率风险,甚至大多数保险产品承保的风险都属于上面提到的小概率风险,而大多数人低估小概率风险就导致大多数人不愿购买保险。

从图 7 - 6 购买者占比函数可以清晰地看出,当保险风险客观概率处于小概率区域 $[0, P_1]$ 时,购买保险者占比显著低于 50%,而且,保险风险客观概率越低,购买保险者占比越低,当保险风险客观概率接近零时,购买保险者占比也接近零。

人们对典型保险——即承保小概率(大损失)风险的保险需求疲弱,这是保险市场或者保险业面临的最大问题。

第五节　财富效应:穷人与富人的保险需求差异

本节分析的是,在行为投保决策模型下,人们的保险需求如何随财富的变化而变化?也就是说,假定其他因素不变,只有财富水平在变,人们的保险需求有何变化? 或者说,穷人与富人的保险需求有何差异?

一、全景效用函数条件下财富对保险需求的影响

从如图 6 - 3 所示的全景效用函数可以看出,若决策者无风险判断偏差且附加费率保持不变,则:

(1) 就小损失风险而言,随着财富增加,人们始终呈现损失厌恶,进而对小损失风险始终呈现风险厌恶,满足 $\Delta U_1 > \Delta U_1'$,因此,无论财富多寡,人们对小损失风险均有较为强烈的保险需求。

(2) 就灾难性损失而言,随着财富增加,保费支出的痛感(单位支出的其他商品边际效用) $\Delta U_1'$ 在下降,但遭遇极端损失(指个体损失了全部净资产)后,无论期初财富水平高低,其财富水平都会落在效用函数最左侧,单位赔付带来的获得感(效用提升) ΔU_{1max} 是相同的,所以,财富增加后,ΔU_{1max} 高于 $\Delta U_1'$ 的程度更大了,决策者愿意支付的最大附加费率增加了。

因此,总体而言,无论财富多寡,个体都会为小损失风险和大损失风险购买保险。只不过,财富增加,会增加决策者针对大损失风险的"愿意支付的最大附加费率"。

但是,大家明显可以感受到,穷人购买的保险远比富人少,这是为什么呢?

二、马斯洛需求层次性理论的启示:保险消费滞后性

1. 马斯洛需求层次理论

马斯洛(1954)认为,人类的基本需要可分为五个层次:生理需要、安全需要、归属和爱的需要、自尊需要和自我实现的需要,正是这五类需要形成了人类各种行为的驱动力。在这五个层次的基本需要中,当前一个层次的需要被满足后,更高级的需要会立即出现,并开始控制我们的机体。当新的需要得到满足后,又有新的、更高级的需要出现,依此类推。[①]

这里以食品与其他商品的相对消费顺序为例来阐明需求的层次性。马斯洛说:"如果所有需要都没有得到满足,并且机体因此而受生理需要的主宰,那么,其他需要可能变得似乎全然消失,或者退居幕后。这时就可以公正地说,整个机体的特点就是饥饿,因为意识几乎完全被饥饿控制了。此时,全部能力都被投入到解决饥饿的活动中去。……,那些对达到这一目的没有用处的能力则处于休眠状态或隐蔽起来。在这种极端情况下,写诗的冲动、买汽车的欲望、对美国历史的兴趣、对一双新鞋的需求等,都被忘记,或者变的只具有第二位的重要性。对于一个饥饿的已经达到危险程度的人,除了食物,其他任何兴趣都不存在了。他的梦境里是食物、记忆里是食物,思想活动的中心是食物,感情的对象是食物。他只感知到食物,他只需要食物。……对于一个长期极度饥饿的人来说,乌托邦就是一个食物充足的地方。他往往会这样想,假如确保他余生的食物来源,他就会感到幸福并且不再有任何其他奢望。对他来说,生活本身的意义就是吃,其他任何东西都不重要。自由、爱、公众感情、尊重、哲学,都被当作无用的奢侈品放在一旁,因为它们不能填饱肚子。"

2. 启示:保险是一种后置性需求

显然,基于马斯洛的需求层次理论,人类的需求是随着收入和财富的增加而逐渐升级的。当然,马斯洛的需求层次理论是一个人类行为动机理论,并非消费层次理论,因为有些需要是买不来的,或者说不是完全买得来的,如爱的需要、自尊的需要和自我实现的需要。但是,需求层次理论还是给了我们非常好的启发,那就是个体的需求是随着收入和财富的增加而递进的,不同的商品位于不同的需求层次上。

将马斯洛的上述观点与消费选择决策相对应,意味着当饭都吃不饱时,食品具有极

---

① 马斯洛也指出:第一,虽然大多数人的基本需要是按照上述需求层次理论进行排序的,但这个层次并非一个完全固定的等级,也有不少例外。例如,对于有些人来说,自尊似乎比爱更重要。第二,满足是有程度不同的,并不是一个需要得到100％满足后,下面的需要才会出现。事实上,对大多数人正常人来说,其各种基本需要都部分地得到了满足,同时又都不完全满足。例如,某人大概满足了85％的生理需要、70％的安全需要、50％的爱的需要、40％的自尊需要、10％的自我实现需要。因此,现实情况是,人们会在这个层次序列中逐级增加满足的百分比。第三,新的需要的出现并非是一种突发的、跳跃的现象,而是缓慢地从无逐渐到有。例如,如果优势需要A已经满足了10％,那么需要B可能还杳无踪影。但是,当需要A得到25％满足时,需要B可能显露出5％。当需要A满足了70％时,需要B会显露出50％等。但无论如何,需求层次是明显的。正如盛洪在其《经济学精神》提出的,按照需求强度,人们可以拉一个清单,这一清单中,前一个项目没有满足时,人们一般不会考虑下一个项目,从粮食开始,然后是衣服、住宅、家具、家用电器、汽车、……登月旅游、……。

高的边际效用,值得购买,其他商品的边际效用则接近于零,包括保险,无须购买。随着收入增加,食品消费增加带来的边际效用递减(一旦吃饱了,食品的边际效用就接近于零了),其他物品的边际效用增加,扣除食物消费之后的富余收入可以购买其他物品。

那么,除食品之外,是否还有其他物品对决策者也异常重要呢?显然还有,比如衣服、住所、基本交通等,现代社会应该还包括智能手机。没有就令人无法生存的物品,会显得极端重要,于是马斯洛说,人们首先需要满足生理需求,其次才能满足安全需求,而保险需求应该属于安全需求的一部分。

3. 伯努利效用函数和全景效用函数都无法给出解释

从马斯洛的精彩叙述中可以体会到,对极度饥饿的人而言,食品的边际效用可以达到无穷大,保险的边际效用恐怕很难与之相比。从阿尔钦提出的人类的决策目标主要是为了生存来看,不购买食物会危及当下的生存,但不购买保险并不会危及当下的生存,因此,保险需求显然滞后于食物需求,或者显然滞后于满足基本生存需要的生理需求或刚性需求。

但是,无论在伯努利效用函数还是全景效用函数条件下,如第一部分所述,无论贫富,人们都会为小损失风险和大损失风险购买保险,只是愿意支付的附加费率高低有别而已。

显然,可能还有某个与财富水平相关的变量在影响着人们的保险需求,这个变量就是下文讨论的"贴现率"。

三、考虑贴现率的保险需求理论

仔细想想,对极度饥饿又缺钱的个体来说,花钱买食物可以让自己活下来,食物带来的边际效用巨大。但对于这样的个体,花钱买保险其实也只能是为了未来的食物着想,是为了消除或降低未来万一发生风险导致没钱购买食物的风险,换句话说,买保险实际上是提前购买未来发生风险条件下的食物,届时,这些食物带来的效用可能更大[①]。那为何极度饥饿又缺钱的人们不愿购买保险呢?

原因一定是,当下能够吃饭活下去比未来吃饭活下去更重要,当下都活不下去,哪里还有未来呢! 未来的食物没有当下的食物重要,其实是在告诉我们,穷人的投保决策需要考虑贴现率的影响。

多花 1 元钱购买保险和购买其他商品带来的边际效用如式(7-1)、(7-2)所示,但式(7-1)、(7-2)未考虑到,从时间上来看,保险赔付是滞后于保费支出的,或者说,要是买其他商品(尤其是食品),其效用马上就可以得到;要是买保险,获得的效用是滞后的。

本来,按照标准经济学的通常处理方式,对 1 年期保险,投保决策是不需要考虑赔付折现的。但是,如马斯洛需求层次理论所述,对饥饿且缺钱的个体来说,未来的食物带来的效用和当下的食物带来的效用有着巨大的差距,因此,这里将式(7-1)加入贴现因素,得到式(7-5)。

$$\frac{MU_{1保险}}{P_{保险}} = \frac{\dfrac{p'[U_1(-L+X+1)-U_1(-L+X)]}{1+r}}{(1+\alpha)p} = \frac{p'}{p} \cdot \Delta U_1 \cdot \frac{1}{(1+r)(1+\alpha)}$$

$$(7-5)$$

---

① 如第四章第五节"体现成本收益思维的边际效用均衡模型"所述,买保险,就是用现在钱去换出险后的钱。

其中，r 为短期（如 1 年期）保险的保险赔付的贴现率。

按照利息理论的集大成者欧文·费雪的观点，人性不耐（impatience）是人们要求利息回报（费雪指的是真实利率）的原因，个体的不耐程度越大，要求的利息回报就越高。那么，什么样的人不耐程度更大呢？财富少的人，由于其当下消费需求还有很多尚未满足，所以会比财富高的人更看重当下，对未来的不耐程度更大，因此，要求的利息回报或贴现率更高。简而言之，一个人越穷，就越看重当下，越看淡未来，不耐程度越大，贴现率也越大。基于这一理论，财富水平极低时，饥饿和食物充斥着他的大脑，几乎不可能考虑未来，贴现率近乎无穷大，之后，随着财富增长，贴现率越来越低。贴现率与财富水平的关系如图 7 - 9 所示。

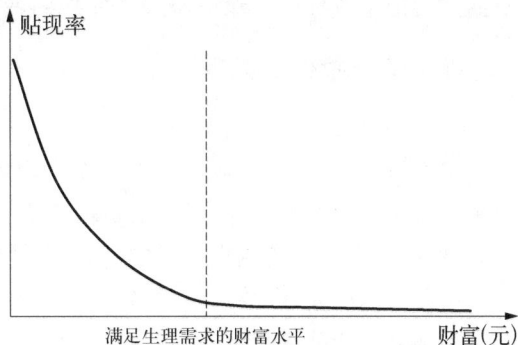

图 7 - 9　贴现率与财富水平的关系

由此，决策者购买保险的条件变为

$$\frac{p'}{p} \cdot \Delta U_1 \cdot \frac{1}{(1+r)(1+\alpha)} > \Delta U'_1 \tag{7-6}$$

由 r 随财富水平递减可知，当个体财富很低时，贴现率 r 非常大会导致个体几乎没有任何保险需求。之后，随着财富增长，贴现率 r 急速下降，通常是在满足生理需求或贴现率降到很低水平后，个体才会产生保险需求。

四、保险需求的财富效应

在其他因素（风险判断偏差、附加费率）不变的条件下，财富对保险需求的影响途径主要是两个：一是随财富而变的效用函数或风险态度，二是赔付滞后性或贴现率。

随财富而变的效用函数（如图 6 - 3）表明，无论财富水平高低，人们都愿意支付保费为小损失风险和大损失风险投保。此外，随着财富增长，人们为大损失风险投保的主观成本（即其他商品的边际效用）在逐步下降，人们愿意支付的最大附加费率增加了。

随财富水平而变的贴现率曲线（如图 7 - 9）表明，财富增长会对提升购买保险的主观收益，随着财富增加，贴现率下降，购买保险的边际效用增加了，于是，保险需求增强了。

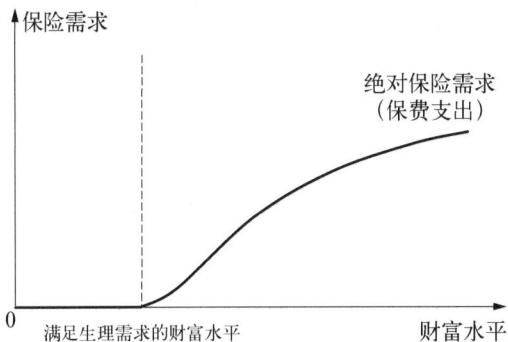

图 7 - 10　保险需求的财富效应

综合而言，由于财富水平很低时贴现率很大，导致财富水平很低的人们几乎没有任何保险需求，当收入升高到一定程度后，个体产生了保险需求，此后，随着财富增长，保费支出（绝对保险需求）逐渐增大，如图 7 - 10 所示，但"保费支出/净资产"（相对保险需求）应该变化不大。

第六节　企业的行为投保决策理论

上述行为投保决策模型不仅适用于个体投保决策,也适用于任何组织的投保决策。下面先讨论企业标准投保决策理论的缺陷,然后再建立企业的行为投保决策理论。

一、企业标准投保决策理论[①]

1. 集中持股企业的投保决策

集中持股,意味着企业所有者的资产集中于某企业或某些企业,类似于个人的资产集中于其家庭财产中,其投保决策类似于个人投保决策或家庭投保决策。按照标准投保决策理论,企业主也是风险厌恶的,愿意支付风险溢价或附加保费来购买保险。

由此可以推断,标准保险经济学认为,大量小型企业和私营企业都愿意购买保障性保险来降低企业的可保风险。

2. 分散化投资的企业的投保决策

标准经济学认为,企业所有者或股东决定着企业的投保决策,决策基准是投保是否能够提升企业价值。企业价值通常等于企业未来期望净现金流的现值,因此,要想提升企业价值,一是降低贴现率 r,二是提高期望净现金流。

$$企业价值 = \sum_{t=1}^{\infty} \frac{第\ t\ 年的期望净现金流}{(1+r)^t} \qquad (7-7)$$

投资者通常是风险厌恶的,现金流越不确定,要求的回报率就越高,这里的贴现率就越高,适当的贴现率被称为资本机会成本,它包含两部分:一是无风险收益率,二是风险报酬。

企业的现金流风险,根据其来源可分为可分散风险和不可分散风险。可分散风险是能够被投资者通过分散化的证券投资组合消除的风险,这类风险往往与公司特定事件相关,如工厂火灾爆炸、投标失败等;不能通过分散化投资消除的风险称为不可分散风险,如全国性通货膨胀、金融危机等。对于可分散风险,投资者可以轻易地、几乎无成本地通过购买基金等分散化投资方式消除,因此,不需要风险补偿或风险报酬,市场竞争将会使可分散风险的风险报酬几乎为零。也就是说,风险报酬基本是针对不可分散风险或系统性风险的风险溢价。

就投保决策来说,可保风险通常属于可分散风险(保险公司通常不愿承保系统性风险),对于可分散风险,如前所述,分散化投资的企业的股东可以通过分散化投资来无成本地消除,而购买保险还需要支付额外的附加保费,因此,仅就消除或降低可保风险而言,分散化投资的股东不会支持公司购买保险。

那么,现实中为何还有大量分散化投资的企业购买保障性保险呢? 标准保险经济学认为,对于实现了股东分散化投资的企业而言,购买保险的原因有两种:

第一种原因是被强制购买,如法律规定、政府要求或债权人要求必须购买某些险种;

---

① 本部分主要参考了 Scott E. Harrington,Gregory R. Niehaus 著,陈秉正、王珺、周伏平译的《风险管理与保险(第 2 版)》中的相关内容。

第二种原因是购买保险可以提高企业期望净现金流,进而提升企业价值。具体而言,购买保险的代价或现金流出是附加保费,收益或现金流入包括:① 降低保险服务成本,即,相对而言,保险公司在提供理赔服务和损失控制服务方面具有成本优势;② 降低了筹集新资金的可能性和成本。即,一旦可保风险发生,可能需要筹集资金来弥补损失,或者用内部资金弥补损失后被迫放弃新的盈利项目投资,或用高成本外部融资来实施新项目;③ 降低期望纳税额;④ 降低公司的破产概率,避免公司破产导致的各种交易成本等。当附加保费低于上述四类期望收益或现金流入之和时,企业投保将会提升企业价值,企业就会做出投保的决定,反之则不投保。

二、标准企业投保决策理论的缺陷

无论如何,标准保险经济学似乎都志在解释企业为何要购买保险,却少有解释企业为何不购买保险,似乎认为所有企业都会购买保险。

但在现实世界中,仍然有大量企业不愿为自己面临的财产风险和责任风险购买保险。从企业大小来看,大企业的保险需求相对较强,小企业的保险需求则相对较弱。从保险公司销售过程来看,在中国,对于中小企业而言,直到现在,财险公司向企业销售保险,最重要的工作仍然是说服客户购买保险,其次才是说服客户购买自己公司的保险。在2018年的一次会议上,一位大型保险经纪公司总经理发言时提到"大型企业对保险是刚性需求,中小企业则是弱需求,而且,小企业对保险价格非常敏感"。

标准投保决策理论至少存在如下两个缺陷:

1. 未考虑企业保险需求的财富效应

与个体保险需求的财富效应类似,企业保险需求也有财富效应。

当个人或家庭收入很低、生理需求或温饱需求尚未满足时,在贴现率高的作用下,保险竞争不过温饱类消费品;类似的,当企业属于初创期时,资金短缺,随时面临倒闭风险,保险竞争不过公司为生存而战的各种支出。

个人保险消费会随着财富增长而增加,企业也是如此。

2. 未考虑企业所有者的风险判断偏差

在标准保险经济学中给出的企业投保理由中,潜在地假定企业能够准确评估风险。但事实上,企业主也是人,不可能准确地评估可保风险,自然也就不可能像标准理论那样做出理性的投保决策。

例如,如果企业主显著低估风险甚至认为自身没有风险,那么购买保险的好处就会被低估甚至基本消失,如购买保险可以降低购买索赔处理和损失控制服务的成本、可以降期望纳税额、可以降低公司破产概率、可以避免公司破产导致的各种成本等都会被低估。接下来,如果购买保险的好处被低估甚至基本消失,购买保险的动力就显著下降甚至消失了。

三、企业行为投保决策理论

1. 企业保险需求的层次性

从企业成长阶段来看,当企业处于初创期时,企业经营风险很大,存在产品可能卖不出去、供应商可能会断货、政府补贴政策可能会发生变化、企业可能不符合环保标准被勒令关闭等风险,有随时经营不下去的可能。此时,保险风险管理往往排不上队,这一点与个人的消费决策顺序非常相像,在个体眼里,保险是一种后置的高层次需求。公司也是如此,初创公司的首要目标是活下去,要首先去找供应商、找市场,经营具有一定的可持续性,能够活下来之后,才会去考虑保障性保险需求。

例如,假定一家小型初创企业面临如下两类风险:

(1) 企业日常经营风险,风险来自供应商断货、产品质量不合格、销售渠道失败、国家补贴政策变化等,这些风险的发生将危及企业当下的生存;

(2) 概率为 0.001% 的火灾爆炸风险。

此时,如果资金极其有限,该企业主会如何决策呢? 会为火灾爆炸风险购买保险吗? 我觉得不会,企业主此时的注意力会全部集中在每天都可能遭遇的企业日常经营风险的管理上,之后,等企业走上正轨,运营正常后,才会逐渐考虑火灾爆炸风险。

2. 企业风险判断偏差导致无法准确估计投保带来的好处

如前所述,个体在风险判断中存在偏差,对于小概率风险,多数人会低估风险,少数人高估风险,这一点无论对个体还是企业都是存在的。只不过,由于企业的可保资产规模通常大于个人,其风险发生经验也超过个人,因此,其风险判断偏差可能相对较小些。而且,企业规模越大,可保风险资产越多,风险判断偏差就越小。

如前所述,理性的企业决策者应该能够准确计算购买保险带来的期望现金流入,包括:① 购买保险带来的潜在的保险服务成本降低额;② 期望的额外资金筹集成本降低额;③ 期望纳税降低额;④ 期望破产成本降低额等。但事实上,企业决策者都是人,上述现金流入都是以小概率(即保险风险出险概率)发生的,企业不可能准确地评估,不是高估就是低估。

从风险判断偏差规律来看,由于企业可投保风险通常属于小概率风险(属于图 7-4 中的 $[0, P_2]$ 段),因此,企业规模越低,就越可能低估保险风险,进而低估上述期望现金流入,导致保险需求降低甚至消失。

3. 企业保险需求强度

企业或组织的投保决策,与个体或家庭的投保决策相比,是风险承担者风险资产或最大可能损失的增加,和风险承担者净资产的扩大。从投保决策来看,由此引起的最重要的变化,是风险资产增加导致的保险承保风险发生概率的变化,而且,企业或组织规模越大,风险资产越多,保险承保风险发生概率越大。

按照图 7-6 提出的保险需求函数(即购买者占比函数)走势,结合企业风险发生概率通常属于小概率风险(属于图 7-6 中的 $[0, P_2]$ 段),则保险承保风险发生概率越大,购买保险者的占比就越高,或保险需求强度越高。

将保险需求函数与企业保险需求的层次性相结合,可以推断,企业规模越大,保险需求强度往往越高。或者,企业的保险需求强度可以视为企业规模的函数,企业规模越大,保险需求强度越大。如图 7-11 所示。

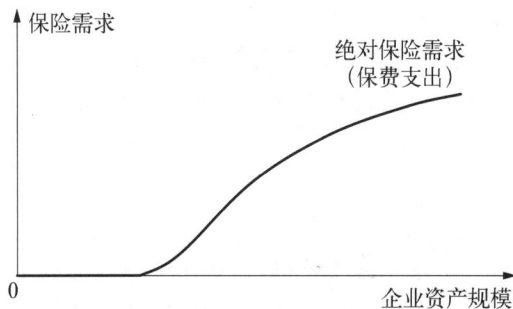

图 7-11 企业规模对企业保险需求的影响

四、影响企业保险需求的其他因素

1. 自保的可能性

企业规模越大,由于风险样本或数据的增加,企业风险判断的准确性就越高,甚至会在某些风险上逼近大数定律。例如,对于一家员工人数达 10 万人的企业,其员工工伤风险、员工重大疾病风险等可能都逼近了大数定律,再加上公司净资产规模庞大,此时,企业具备了自保的可能性。如华为、万向集团、福耀玻璃集团等就自己为员工提供大病保险,相信这个保险基金的支出是比较稳定的。

当然,企业应该通过比较自保的管理成本和保险的附加保费来做出理性的投保决策。

2. 企业集团和子公司的投保决策机制

有的企业看起来非常庞大,这意味着保险承保风险发生概率或频率很高,保险需求强度很大。但是,企业内部往往会分为多家子公司或独立核算单位,投保决策可能是由这些子公司或独立核算单位单独进行的,此时,保险需求强度可能会有所下降。

原因是,企业各子公司、各事业部都是单独核算的,而各单独核算单位的企业规模较小,风险判断比较主观,相对于集团集中投保来说,更可能低估风险,进而降低了保险需求。

第七节　政府为何也要投保巨灾保险?

在现实世界,政府也会购买各种保险,包括为一般风险投保或为巨灾风险投保。政府为一般风险投保,如购买车险、社区责任险、校园责任险等,原因往往并非风险厌恶,而是为了借助保险公司的损失管理能力来降低风险管理成本,可视为政府将风险管理服务进行外包。

但是,在资金实力明显高于保险公司的情况下,政府为何要投保巨灾保险呢?

一、标准投保决策理论的预测:政府没有巨灾保险需求

在标准保险需求理论下,政府通常没有巨灾保险需求。一方面是因为,通常所说的巨灾,相对于政府的财力而言往往并非巨灾;另一方面是因为,如果有政府也承担不起的超级巨灾风险的话,市场上的保险公司通常也因缺乏承保能力而无力承保。如果将政府视为一家超大型保险公司,除了特别小的国家外,通常,政府的资本实力和抗风险能力远超过任何一家保险公司,如果要转移风险,应该是保险公司向政府转移风险,而不是政府向保险公司转移风险。这就是将现实世界中存在的"政府也有巨灾保险需求"列为保险市场异象的原因。

不仅如此,在标准保险经济学的预测中,政府不仅不投保巨灾保险,还会帮助保险市场解决承保能力不足的问题。如本书后面会提到的,"911"恐怖袭击事件发生后,美国的恐怖袭击保险市场和再保险市场几乎崩溃了,保险公司和再保险公司不愿承保恐怖袭击保险,于是,美国国会在 2002 年末通过了恐怖袭击风险保险法案(Terrorism Risk Insurance Act,TRIA),为恐怖袭击风险的私人保险市场提供 1 000 亿美元的联邦担保

(Federal backstop),以支持恐怖袭击保险市场的正常供给和运转。

二、政府购买巨灾保险的原因分析：降低政府预算风险

在现实世界中,政府也会购买巨灾保险,例如,近几年,黑龙江省财政厅、广东各地市政府向商业保险公司购买了农业巨灾指数保险。这是为什么呢?

就政府面临的风险而言,首先,随着灾害强度和损失规模的上升,个人家庭、企业组织和政府的灾害责任节点会变得模糊起来,直至严重灾害发生时,导致灾难救助和灾后重建的责任像是完全转嫁给了政府,因此,魏钢(2017、2018)认为,严重自然和人为灾害的主要损失主体往往是政府。其次,政府虽然看起来非常庞大,每年的开支像是天文数字,但其实各级政府各部门都受到很强的预算约束,即便灾害救助部门也是如此。而自然灾害风险具有偶然性,大灾的发生地点和发生时间都具有随机性和偶然性,这和救灾资金预算的确定性或刚性存在矛盾,即便救灾资金存在一定的可调整性,其调整幅度也不可能与灾难损失一致,导致政府涉灾预算一直存在"无灾不能用、有灾不够用"的老大难问题。魏钢(2017、2018)称其为政府预算风险,认为严重自然灾害风险是政府财政预算刚性和平衡的天敌。由此导致,大灾发生时,政府救灾资金往往捉襟见肘,存在重大缺口。

这就形成了政府部门购买巨灾保险的积极性,将每年确定的救灾资金通过购买保险的方式转移至保险公司,在不确定性极强的大灾发生时,保险公司将远超年度保费或年度救灾资金的大笔款项赔付给政府,政府使用这些资金进行灾难救助。

例如,"黑龙江省农业财政年预算风险巨灾指数保险"三年试点项目于 2016 年 6 月 1 日起保,该试点项目年保费 1 亿元人民币,年保额 23 亿元人民币,被保险人是省财政厅,受益人为 28 个贫困县,由瑞士再保险公司设计,由阳光相互农业保险公司承保,瑞士再保险公司承担 80% 份额的再保险。具体保单又细分为降水过多指数保险、干旱指数保险、低温指数保险和流域洪水指数保险,当降水、干旱、低温和洪水灾害的强度达到和超过预设的指数阈值且得到正式报告时,保险公司即向保单被保险人省财政厅支付保险金,使相关保险受益贫困县及时得到保险转移支付资金,用于灾难救助和灾后重建,避免灾害致贫和返贫情况的出现,同时缓解甚至解除上级财政转移支付的难题和压力。①

---

① 需要说明的是:尽管黑龙江省农业财政巨灾指数保险具有良好的管理巨灾风险的意图,但实际运作效果并不理想。根据相关资料,2016—2017 年度,年度总保费 1 亿元,年度总保险额度 23.24 亿元,全年实现 8 551 万元的保险赔付,赔付率为 85.51%;2017—2018 年度,年度总保费为 1 亿元,年度总保额为 10 亿元,全年实现 8 094 万元的赔付,赔付率为 80.94%。尽管 2018 年发生了严重的春季旱灾,但试点保险并没有发挥购买方预期的保障作用。如果巨灾保险的赔付率非常稳定且总是不超过 90%,这显然就不是巨灾保险了。

第 三 部 分

储蓄性保险的行为保险需求理论

第八章 储蓄性保险的标准 投保决策理论

保险产品分为保障性保险、保障储蓄性保险和投资性保险,因此,投保决策也分为保障性保险投保决策、保障储蓄性保险投保决策和储蓄性保险投保决策。第三至七章已经讨论了保障性保险的标准(理性)投保决策理论和行为投保决策理论,本章主要讨论储蓄性保险的标准(理性)投保决策理论,第九章将在分析标准(理性)投保决策理论缺陷的基础上建立储蓄性保险的行为投保决策理论。

本章第一节通过分析认为无论从中国还是其他多数国家来看,储蓄性保险都是寿险业保费收入最大的主力险种,对其投保决策进行研究意义重大;第二节讨论理性人如何进行储蓄性保险的投保决策;第三节讨论折现现金流模型的起源和内涵。既然是储蓄性保险,本文就将投保人称为投资者,而不是消费者,将购买储蓄性保险的决策称为投保决策或投资决策。

第一节 储蓄性保险是人身保险 市场的主流产品

本节先对储蓄性保险进行界定,然后说明储蓄性保险是人身保险市场的主流产品。

一、储蓄性保险的界定

如第三章开头所述,储蓄性保险是指保单仅有储蓄功能没有保障功能,或虽有保障功能但保障功能几乎可以忽略不计的保险。

首先,之所以称为储蓄性保险而非投资性保险(其实不少保险公司官网就将这些产品称为投资性保险或理财性保险),主要原因是保险公司销售的投资性保险其实投资风险极低,基本都有保底收益率甚至提供固定利率,与长期银行存款类似,称为储蓄更加合适。

其次,读者可能看出来了,保障储蓄性保险与储蓄性保险似乎很难准确区分。确实如此,因为同样类别的长期保险,保险公司既可以将其设计成保障程度较高的保障储蓄性产品,也可以将其设计成保障程度极低的储蓄性产品。以期交保费两全保险为例,2016 年人身险精算新规出台之前,保险公司既可以将其设计成保障程度较高的产品,如疾病死亡保险金等于满期保单账户价值,意外死亡保险金等于满期保单账户价值的 5 倍;也可以将其设计成保障程度极低的产品,如疾病死亡保险金始终等于出险时的保单账户价值,意外死亡保险金等于客户已交保费的 1.5 倍。

因此,本文所指的储蓄性保险,就是指短期或长期的保障成分很低甚至为零的储蓄性保险产品,其设计出发点和销售卖点都是致力于满足人们的投资理财需求而非保障需求。

二、我国人身保险市场以储蓄性保险为主

我国人身险市场是一个以储蓄性保险为主的市场,这一点从历年的开门红产品就可以看得出来。[①]

1. 供需两侧的追求导致我国人身险市场以储蓄性保险为主

第一,人身保险公司必然会追求规模保费流入,一方面可以做大公司资产规模,提高公司知名度;另一方面可以通过资产与负债的利差摊平公司成本并创造利润,这是公司股东、管理层和员工的共同追求。

第二,保障性产品如意外险、短期防癌险、短期医疗保险、定期寿险等由于件均保费很低(虽然高端医疗保险件均保费较高,但销量太少),且需求有限,无法成为人身险公司的主要保费流入产品。

第三,保障储蓄性保险,如保障功能较强的终身寿险、定期或终身重疾险、长期护理保险、养老年金保险等。这些产品,除重疾险的需求较为强劲外,其他产品的需求都比较疲弱,也无法成为人身险公司的主要保费流入产品。

第四,我们不得不承认,人们对储蓄投资的需求超过对保障的需求,或者说,储蓄带给人们的边际效用超过保障带给人们的边际效用。

第五,正是因为人们对长期保障储蓄性保险的需求比较疲弱,而人身保险公司又要追求保费规模和资产规模,人身保险公司在产品开发上就逐渐将这些产品调整为储蓄性产品,如将终身寿险开发成理财型万能险,将养老年金产品逐渐设计成即交即领(现在是期满5年后领取,但第一笔领取金额往往是之前同类产品前5年的领取总额)的年金保险等。

第六,储蓄决策的关键就是利率或投资收益率,因此,为了提高产品竞争力,保险公司不得不尽可能降低保单保障水平,降低保费中包含的风险成本,以便提升客户保费投入的投资收益率,这正是保险公司在产品设计中遵循的潜在原则。

正是在上述原因决定的思维方式下,我国人身保险公司将产品进行了大量的改进,对难以通过保障这个卖点进行的销售的保障储蓄性产品如终身寿险、长期护理保险、养老年金保险等,尽量降低保障程度,将卖点集中在储蓄利率或投资收益率上。

以年金保险为例,10多年前,寿险公司们开发的多数是传统养老保险产品,即购买时分期交费、退休后才逐期领取养老金的养老保险,可惜客户根本不买账,销量很少,导致寿险公司们纷纷转向了更偏理财功能、期限更短的两全保险,导致两全保险(分红型)有几年长期位居销量榜首。最近几年,年金保险逐渐成为多数寿险公司的主流产品或开门红产品,销量大增,但现在流行的年金保险产品已经与传统养老年金保险截然不同了。以某公司的开门红产品为例,主险是一款分红型年金保险,客户分期交纳保费后,保险公司在第5个保单年度末返还总保费的约10%,然后从第六年开始每年返还总保费的约

---

① 以最近几年的开门红产品为例,各大寿险公司基本都选择了年金产品,针对的就是客户的储蓄或理财需求。

2%,直至被保险人身故,身故时返还客户所交总保费,此外,在保险期间,每年根据公司经营状况给客户进行分红。这看起来像是保险公司发行的一款保底收益率为2%的长期债券,期间每年支付利息,期末返还本金,这就使得传统养老年金保险的互助功能或保障功能基本丧失了。当然,这类保险也会提供少许保障功能,如提供交费期意外身故或全残的保费豁免功能,但风险保费占比极低。这就使得年金保险在本质上变成了一个长期储蓄产品。这就是人类本性对保险产品的塑造,是基于人类本性的保险需求与相对理性的保险供给不断互动的结果。

2. "保险姓保"新政仍难改变储蓄性保险为主的局面

为了贯彻"保险姓保"的行业发展方针,原保监会发布〔2016〕76号文《关于进一步完善人身保险精算制度有关事项的通知》,要求从2017年4月1日起,保险公司开发销售的个人定期寿险、个人两全保险、个人终身寿险和个人护理保险产品,死亡保险金额或护理责任保险金额与累计已交保费或账户价值的比例应符合表8-1中的要求,而且要求死亡保险责任不能仅仅是意外身故责任,至少应当同时包括疾病身故保障责任和意外身故保障责任。

表8-1 产品设计规定:死亡保险金额或护理责任保险金额
与累计已交保费或账户价值的比例

到 达 年 龄	比 例 下 限
18—40 周岁	160%
41—60 周岁	140%
61 周岁以上	120%

注:到达年龄=被保险人原始投保年龄+当时保单年度数-1。

显然,〔2016〕76号文较大幅度地提高了定期寿险、两全保险、终身寿险和护理保险产品的保障功能,相对弱化了这些产品的储蓄或理财功能。

但是,〔2016〕76号文并未对本来就以储蓄为主的年金保险进行约束,因此,年金保险就成为人身险公司满足客户储蓄需求的最佳选择。最近几年各大寿险公司的开门红产品纷纷选择年金产品,针对的就是客户的储蓄或理财需求,保障成分极低。

因此,从保费收入来看,我国人身保险市场的主流产品其实一直都是储蓄类产品,较早是两全保险为主,然后逐渐转变为年金保险为主。

三、全球寿险市场基本都是以储蓄险为主

从全球寿险市场来看,长期储蓄性产品都是主流。例如,根据瑞士再保险公司研究部Sigma 2012年第1期《了解寿险业盈利状况》中提供的主要保险市场的寿险产品结构显示,按照2010年保费收入数据来看,德国、美国、英国和日本这全球四大寿险市场基本都是以储蓄为主的,尤其是以养老储蓄为主。

2010年,德国寿险市场中,只有约2%的保障性保险(定期保险、抵押补偿保险和支付保障保险)保费收入和5%的意外和健康险保费收入(失能保险、长期护理保险),但有33%的养老金和年金(养老金和年金保险)和60%的储蓄(两全保险和养老储蓄)。

2010年,美国寿险市场中,有约26%的意外和健康险保费收入(失能保险、长期护理保险、重疾险和医疗费用保险)、23%的寿险保费收入(定期寿险、终身寿险、万能寿险和变额万能寿险)和51%的年金保费收入(固定年金和变额年金)。

2010年,英国寿险市场中,有1%的意外和健康险保费收入、4%的保障保费收入(定期寿险)、12%的储蓄保费收入(投资产品、养老保险)和83%的养老金和年金收入(养老金、退休收入产品)。

2010年,日本寿险市场中,意外和健康险保费收入几乎为零,有72%的寿险保费收入(67%的个人寿险,5%的团体寿险,寿险包括定期寿险、终身寿险、养老保险和团体信用寿险)和28%的年金(13%的团体年金,15%的个人年金,年金包括固定年金和变额年金)。

这不足为奇,寿险市场不可能仅仅依赖销售件均保费低且需求疲弱的保障性保险来获得如此大的保费规模和资产规模。

既然寿险业以储蓄为主,研究储蓄性保险的投保决策就意义重大。

第二节　储蓄性保险的理性投保决策理论

既然储蓄性保险的卖点是满足人们的投资理财需求,储蓄性保险的投保决策理论其实就是储蓄决策理论。只不过,储蓄性保险的储蓄期限可长可短,而且多数储蓄性保险都比一般的银行储蓄要长。以现在市场上最流行的终身年金为例,如果被保险人为零岁,就相当于购买了最长105年期的长期储蓄。

本节先讨论理性人为何要规划储蓄,然后提出储蓄性保险的标准(理性)投保决策模型其实就是折现现金流模型。

一、理性人如何规划储蓄

人们为何要储蓄呢?按照经济学理论,理性的消费者会追求一生效用的最大化,或者说,理性人会妥善安排自己一生的活动以获得最大享受。为了达到这个目标,理性人需要合理分配自己的终身收入,以获得理想的终身消费模式,这就意味着消费者必须为未来尤其是失去劳动能力或退休后做好规划而不能只考虑当前。

用于解释消费者应该如何规划当前消费和未来储蓄的、被广泛接受的两个理论分别是生命周期假说和持久性收入假说。安东和莫迪利亚尼1963年提出的生命周期假说认为,个人在开始工作期间收入较低,壮年时期收入较高,退休后则没有收入,于是,理性人会在壮年时期进行储蓄,为退休后的消费积累资金。这看起来像是常识,但安东和莫迪利亚尼的实质贡献是将这一理念处理为一个正式的模型——用于消费和储蓄研究的生命周期决策模型。与生命周期假说类似,弗里德曼1960年提出的持久收入假说认为,理性人希望拉平自己一生的消费水平,并通过评估自己的持久性收入来做到这一点。所谓持久性收入,是指个体会将其未来所有劳动收入在一生中进行均衡分配,确保其一生保持不变的消费支出水平,这一不变的消费支出水平就是其持久性收入。弗里德曼的意思是说,个体应该将壮年时期收入超出持久性收入的部分进行储蓄。

二、储蓄性保险的标准投保决策理论

1. 标准投保决策模型：折现现金流模型

接下来的问题是，在决定要储蓄的情况下，理性人会如何决定资金投向呢？从经济学来看，个人储蓄决策属于跨期配置资源，适用跨期决策理论，最重要的经济学理论基础就是贴现效用模型，最重要的金融学理论基础就是折现现金流模型。

按照折现现金流模型，储蓄决策可以采取净现值准则，即选择净现值大于零的储蓄计划。计算净现值使用的贴现率，可以视为基准收益率或要求回报率，净现值大于零，其实是说，该投资方案的实际回报率大于投资者的基准收益率或要求回报率。

按照折现现金流模型，投资者也可以直接计算投资方案的现金流出与流入的内部收益率，然后将投资方案的内部收益率与自己认为的基准收益率（或要求回报率）进行对比，如果内部收益率大于等于基准收益率，就进行投资，反之则不投资。

可见，净现值准则和计算内部收益率的方法本质上是相同的，都是通过评估投资方案的实际回报率或内部收益率是否大于等于基准收益率或要求回报率来进行投资决策。

从保险市场来看，个人购买的储蓄性保险主要是固定利率产品和有保底收益率的产品，类似于银行储蓄，投资风险极低。所以理性投资者会根据折现现金流模型计算储蓄性保险的内部收益率或投资收益率，然后将其与基准收益率（如期限相同的银行存款利率或极低风险债券利率）进行对比。

储蓄性保险的投保决策准则就是："如果该产品提供的内部收益率大于等于投资者的基准收益率（或要求回报率），就选择投保；反之就选择不投保。"

显然，储蓄性保险提供的内部收益率和投资者的要求回报率（或贴现率）是投资者决定是否购买储蓄性保险的关键变量。

2. 投保决策案例

假定有如下一款简单的5年期交保费的终身年金保险：被保险人30岁，年交保费A元，连续交5年。保险利益为，从第一个保单年度末开始，每个保单年度末被保险人均可领取保险金B元，直至死亡为止。假定基准收益率为3.5%，理性投资者该投保这一年金保险吗？

假定该被保险人的预期寿命为85岁，则可以根据公式（8-1）计算购买该年金获得的内部收益率 i。 如果 $i > 3.5\%$，就选择投保，反之则不投保。

$$A + \sum_{t=1}^{4} \frac{A}{(1+i)^t} = \sum_{t=1}^{55} \frac{B}{(1+i)^t} \tag{8-1}$$

3. 基准收益率的确定

显然，储蓄性保险的内部收益率可以根据保险条款和保险利益演示表中的相关数据计算得到。需要进一步分析的是基准收益率该如何确定。

如上面分析所述，投资决策中的基准收益率就是投资者的要求回报率，也是投资者在计算某项储蓄性保险的净现值时使用的贴现率，基准收益率、要求回报率和贴现率这三者是同一回事。

从金融理论来看，理性投资者应该根据储蓄性保险的特征，如投资风险、投资期限、流动性等,选择一个特征基本相同的、有清晰可见投资收益率的投资品的投资回报率作为基准收益率。如果找不到基本相同的投资品,可以找一个相近的,然后根据特征差异在该投资品的收益率基础上进行调整。

例如,对于保险公司销售的短期储蓄性保险,如5年期储蓄性保险,显然有一个类似的投资收益率清晰可见的产品,那就是银行5年定期存款,两者的投资风险都很低、投资期限相同且都缺乏流动性,因此,投资者应该使用5年期银行定期存款利率作为5年期储蓄性保险投资决策的基准收益率。

再比如,对于保险公司销售的长期储蓄性保险,如长期年金或终身年金,市场上无法找到特征相同的投资收益率清晰可见的投资产品,妥协一下,可以将期限类似的长期国债作为参考投资品,将长期国债的到期收益率作为参考收益率,然后根据长期年金区别于长期国债的特征进行调整,如长期年金的投资风险略大于国债,流动性也弱于国债,因此,投资者可以在国债到期收益率基础上增加风险溢价和流动性溢价,得到长期年金投资决策的基准收益率。当然,如果储蓄性保险期限特别长,如被保险人年龄很小的终身年金的保险期限最长达105年,期限类似、特征类似的收益率清晰可见的投资品就几乎没有了,在选择基准收益率时就只能进一步做妥协。

第三节　折现现金流模型的起源和内涵

在上述计算内部收益率时用到的折现现金流模型,起源是1937年萨缪尔森提出的贴现效用模型,对其追根溯源,读者可以更清晰知晓折现现金流模型的内涵,有利于深入理解人们的长期投资决策。本节先讨论贴现效用模型是如何起源和发展并成为经济学中的标准化跨期决策模型,并详细分析贴现效用模型的内涵,然后讨论贴现效用模型是如何演化为金融学领域流行的折现现金流模型的,由此明晰了折现现金流模型反映的跨期决策特点[①]。

一、贴现效用模型的起源

贴现效用模型是如何被发明并发展成经济学中的标准跨期决策模型的?它蕴藏着哪些人类对未来的考量呢?

跨期选择是对发生于不同时期的成本与收益进行权衡的决策行为。在日常生活中,许多决策或选择行为都涉及跨期情形,如储蓄和投资决策,健身和减肥决策,空调或电暖器购买决策、政府基建项目决策、企业长期投资决策、企业新产品开发决策等。跨期资源配置有多种类型,有的资源投入和产出均为货币,如储蓄和投资决策;有的资源投入为货币和非货币的组合,产出是非货币的(时间、精力等),如健身或减肥决策;有的资源投入为货币,但资源产出是非货币和货币的组合(温暖、舒适、节能等),如空调购买决策。在进行上述各种决策时,通常都会涉及长时期的资源投入和产出,因此称为跨期决策或跨期选择。

[①]　本节内容主要参考了威尔金森著,贺京同、那艺等译的《行为经济学》(2012,中国人民大学出版社)第三篇"跨期选择"。

从《国富论》算起,亚当·斯密是首位对跨期选择的重要性进行讨论的经济学家。之后,约翰·雷(John Rae,1834)首次为跨期选择理论提供了心理学基础,约翰·雷在其专著《资本的社会学理论》中提出:"'对积累的有效欲望'是决定一个社会实施储蓄与投资的关键心理因素,这进而决定了一国经济的生产率和增长率。"约翰·雷还提出了四个增进或抑制积累欲望的心理因素,其中,能够增进积累欲望的两个因素是"对后代的遗赠动机和自我克制的倾向",能够抑制积累欲望的两个因素是"人生的不确定性和及时享乐的欲望"。

之后,波希姆-鲍沃克(Böhm-Bawerk,1889)和庇古(Pigou,1920)提出:人们通常会低估未来的欲望或效用,这导致人们有偏向于当前的时间偏好。此外,波希姆-鲍沃克还为跨期决策理论提供了创新思想"时间偏好",认为跨期选择可被视为个体在不同时期配置资源的取舍行为,这与在当前的在不同的商品消费之间进行取舍的行为是类似的,后者是个体的商品偏好,前者是个体的时间偏好。

之后,欧文·费雪(Irving Fisher,1930)对上述研究工作尤其是波希姆-鲍沃克的创新思想进行了规范化处理,用无差异曲线规范地描述和拓展了波希姆-鲍沃克的分析框架,从而将跨期选择纳入了效用最大化的标准经济学分析体系。其中,当前消费用横轴表示,未来消费由纵轴表示,当前消费与未来消费的边际替代率由时间偏好和边际效用递减率共同决定。

最后,1937 年,萨缪尔森在一篇题为《略论对效用的计量》(*A note on measurement of Utility*)的短文中,提出了贴现效用模型,将费雪的无差异分析曲线分析从仅限于两时期扩展到多时期。该模型最大的特点,是用贴现率这个单一参数代表了所有与时间偏好有关的心理因素。

二、贴现效用模型的形式

贴现效用模型描述在多时期情形下,个体如何对未来多期消费束 $(c_0, c_1, \cdots, c_T)$ 进行选择。在偏好满足完备性和传递性的前提下,处于时期 0 的个体面临的跨期总效用函数可表达为 $U_0(c_0, c_1, \cdots, c_t)$,并假设:一是效用可以实施基数计量,二是个体的跨期总效用可拆分为由各期"子效用"贴现加总的形式,三是每期效用均在期末而非期间获取,由此,萨缪尔森将跨期总效用表达为:

$$U_0(c_0, c_1, \cdots, c_T) = \sum_{t=0}^{T} D(t)u(c_t) = \sum_{t=0}^{T} \delta^t u(c_t) = \sum_{t=0}^{T} \frac{u(c_t)}{(1+r)^t} \quad (8-2)$$

其中,

$c_0, c_1, \cdots, c_T$ 表示从时期 0 到时期 T 的消费计划;

$U_0(c_0, c_1, \cdots, c_t)$ 表示从时期 0 到时期 T 的消费计划 $c_0, c_1, \cdots, c_T$ 在当下或时期 0 的总效用;

$u(c_t)$ 表示个体在时期 t 消费 c_t 所获得的瞬时效用;

$D(t) = \delta^t$ 是个人的贴现函数,表示在时期 0 时,个体对时期 t 获得的效用所赋予的权重,或者说,时期 0,1,2,$\cdots$,T 的效用将分别以 1,δ,δ^2,$\cdots$,δ^T 的比例折现;

r 表示个体对未来效用的贴现率,也称时间偏好率,在萨缪尔森的模型中,r 是逐期固定不变的;

$\delta=1/(1+r)$ 是每期贴现因子,用每期贴现因子乘以时期 $t+1$ 的效用就可以得到这些效用贴现到时期 t 的值。

有了这个总效用计算公式,就可以据此计算不同选择方案的跨期总效用,进而选择总效用最大的方案,这就将多时期的跨期选择行为用标准经济学模型,即效用最大化模型进行了描述。

三、贴现效用模型的关键内涵

贴现效用模型看起来不复杂,但却蕴含了对人类跨期决策行为的深刻思考:

第一,通常,贴现率 r 为正值,于是每期贴现因子 $\delta=1/(1+r)<1$,这就意味着,对于不同时期的相同的消费额、消费效用或现金流入,人们总是偏好现在甚于将来,或者说,人们对现在的关心程度总是高于对未来的关心程度,这是人类最基本的时间偏好特性。

第二,随着时期向后延展,由于 $\delta<1$,个体的贴现函数 δ^t 将逐渐缩小,即 $1>\delta>\delta^2>\cdots>\delta^T$,因此,未来越久远,当下人们对其关心程度就越低。例如,当贴现率 $r=10\%$ 时,第 5、10、15、20、25、30、35、40 期的 δ^t 值分别为 0.621、0.386、0.239、0.149、0.092、0.057、0.036、0.022,这说明,到 40 期时,贴现函数已经接近于零了,这表明,个体对第 40 期及以后的效用基本就不太关心了。

第三,贴现效用模型中的每期瞬时效用具有边际递减的特性,即每期瞬时效用 $u'>0$ 且 $u''<0$,这使得每期瞬时效用函数有如下性质:

$$u(x_t+x_{t+1})<u(x_t)+u(x_{t+1})$$

其含义是,将资源集中在某一期消费掉所带来的效用,低于将这些资源分摊到各期消费所带来的效用。也就是说,只要个体服从边际效用递减律,他就有将一些资源推迟到未来消费的动机。

总体而言,贴现率 r 为正反映了人们更加看重当下的动机,而边际效用递减则反映了人们也有动机延后消费,个体最终决策是两种力量相互折中的结果。

四、贴现效用模型的规范性地位:理性人的跨期决策方法

贴现效用模型不仅是标准经济学模型,即贯彻效用最大化思维模式的模型,而且,该模型还获得了规范性的地位,即理性人应该据此进行跨期决策的模型。因为新古典经济学认为理性人的偏好是一致的,反之,偏好不一致通常属于非理性行为,而萨缪尔森贴现效用模型符合动态一致性。

贴现效用模型符合动态一致性主要体现在两方面:一是未来各期的折现率是固定不变的;二是个体的瞬时效用函数也是稳定不变的,这两点导致按照该模型进行决策的个体在行为选择上体现了动态一致性,即无论在哪个时点上,个体对各种选择结果的偏好顺序都是稳定不变的,今天偏好 A 甚于 B(如今天爱吃西餐甚于中餐),未来各期也是如此(未来各期也都是爱吃西餐甚于中餐)。

五、折现现金流模型的出现和内涵

如前所述,折现现金流模型的起源是贴现效用模型,那么贴现效用模型是如何变化

为金融学领域流行的折现现金流模型呢？

在贴现效用模型基础上，再做进一步的假设：假设未来每期等量的花费都会带来等量效用，$u(c_t) = c_t$，即未来消费支出 c_t 带来的效用即为 c_t，于是，贴现效用模型中的分子也可以用未来净现金流入代替，按照假定，现金流入额就等于等量效用获得额，由此，贴现效用模型就变成了折现现金流模型：

$$U_0(c_0, c_1, \cdots, c_T) = \sum_{t=0}^{T} \frac{c_t}{(1+r)^t} \qquad (8-3)$$

其中，c_t 表示第 t 期的现金流入。显然，现金流入为正时 c_t 为正，现金流入为负时 c_t 为负。

例如，假定未来三年会获得三笔现金流入（2 000，2 000，2 000），假定相应带来的效用也为（2 000，2 000，2 000），折现率每年均为 10%，则未来各期现金流入的当前效用之和为：

$$U_0(2\,000, 2\,000, 2\,000) = \frac{2\,000}{1+0.1} + \frac{2\,000}{(1+0.1)^2} + \frac{2\,000}{(1+0.1)^3} = 4\,973.7$$

可以看出，这种计算贴现效用的方式就与金融学中计算净现值的复利折现现金流公式非常类似了，至少在形式上已经完全相同了。唯一的区别是：贴现效用模型的分子是未来各期瞬时效用，折现现金流模型的分子是未来各期现金流。

因此，金融学中的折现现金流模型其实就是经济学中贴现效用模型在金融学中的运用，其内涵与贴现效用模型完全相同，是在资源投入和产出均为货币情形下的特殊运用。将萨缪尔森贴现效用模型用于跨期决策时，考虑的是在相同的投入下，有不同的选择方案，哪个方案的贴现总效用最大，就选择哪个方案。在将折现现金流模型用于储蓄决策时，采用的净现值准则，类似于贴现效用模型的思维，就是在假定参照收益率的情况下计算未来现金流入的总现值，然后与当期现金投入比较，如果净现值大于零，就选择这项储蓄。当然，储蓄行为也可以采取内部收益率法进行决策，即计算这项储蓄的内部收益率，然后与参考收益率进行比较，高于参考收益率，就选择该项储蓄，其实只是净现值准则的变形而已，内在原理都与贴现效用模型相同。

如上所述，与贴现效用模型类似，折现现金流模型也是金融学中储蓄决策的理性决策模型，当然也是储蓄性保险的理性投保决策模型。

第九章　储蓄性保险的行为投保决策理论

储蓄性保险是指短期或长期的保障成分很低甚至为零的储蓄性保险产品,其设计出发点和销售卖点都是致力于满足人们的投资需求而非保障需求,因此,储蓄性保险的决策理论其实就是储蓄决策理论。

如上一章所述,按照标准经济学理论,理性消费者的目标是终生效用最大化,因此会在壮年时期通过储蓄为退休后的消费积累资金。而且,储蓄性保险的理性投保决策模型就是金融学折现现金流模型,其决策准则是:"只要储蓄性保险提供的内部收益率大于个体的要求回报率(或贴现率),个体就会选择购买,反之则不会购买。"可见,按照标准决策模型,储蓄性保险投保决策的关键变量就是储蓄性保险的内部收益率和投资者自身的贴现率(或要求回报率)。

但是,将标准理论用于描述现实世界的储蓄性保险投保决策时,无论是贴现率还是内部收益率,标准模型都存在缺陷。就投保决策者自身的贴现率(或要求回报率)而言,标准模型有三点缺陷:一是假设人们的贴现率(或要求回报率)在未来各期保持不变;二是假设人们的贴现率(或要求回报率)与未来现金流数额大小无关;三是未考虑到储蓄型性保险还能提供收益率之外的其他功能,而其他功能可能会降低投资者对回报率的要求。就储蓄性保险的内部收益率而言,标准模型的缺陷,是假设决策准则"内部收益率大于要求回报率(或贴现率)"中的内部收益率采用客观计算结果,未考虑到客户的感知收益率(或主观收益率)与客观内部收益率往往大不相同。由于上述两类缺陷,导致标准储蓄决策模型无法解释人们在储蓄性保险中的实际决策或购买行为,也导致不少学金融出身的保险从业者无法理解人们的"异常"投保行为。

为此,本章第一节分析标准储蓄决策模型中贴现率(或要求回报率)的三点缺陷,第二节分析标准储蓄决策模型中内部收益率的缺陷。在此基础上,第三节构建符合现实的储蓄性保险的行为投保决策理论,第四节分析行为投保决策模型下储蓄性保险需求的特点,第五节分析行为投保决策理论的心理学基础。

第一节　标准储蓄决策模型中贴现率的缺陷

如上所述,标准模型假设决策者的贴现率(或要求回报率)在未来各期保持不变,且贴现率(或要求回报率)与未来现金流数额大小无关,但大量心理学实验或行为经济学实验研究表明,事实并非如此。

一、"贴现率各期保持不变"与现实不符

标准的折现现金流模型假定,个体未来各期的贴现率 r 是固定不变的,但大量实证研究反复表明,个体的贴现率 r 是时期 t 的递减函数。这意味着人们对未来期限中的前期现金流的贴现率较大,对未来期限中的后期现金流的贴现率相对较小,反映出人们的一条普遍心理特性:人们对推迟眼前的事情更缺乏耐心,而对于推迟未来的事情却不甚关心。如此,人们对未来的看法就与标准模型的描述不同了。

例如,Ainslie 和 Haslam(1992)通过实验研究发现:绝大多数被试都表示,他们更偏好可立即兑付 100 美元的支票而不是 2 年后可兑换 200 美元的支票;但这些被试同时又表示,他们更偏好 8 年后可兑换 200 美元的支票而不是 6 年后可兑换 100 美元的支票。显然,被试们的前两年的贴现率大于第 6 年至第 8 年的贴现率

再比如,2017 年诺贝尔经济学奖得主塞勒(Thaler,1981)曾通过问卷调查让被试回答:如果让被试推迟获得一笔应得的钱,那么被试需要获得多少钱才愿意。以当下获得 15 美元为例,等待时间(或延迟时间)分别为 3 个月、1 年和 3 年时,被试们要求的获得金额的中位数分别为 30 美元、60 美元和 100 美元。于是,经过复利公式计算得到:等待 3 个月、1 年和 3 年的月度平均贴现率分别为 26%、12.3% 和 5.4%。但是,等待 1 年的月度平均贴现率为 12.3% 其实意味着,如果最初 3 个月的月度贴现率为 26%,则从第 4 个月到第 12 个月的月度贴现率肯定远低于 26%;同理,等待 3 年的月度平均贴现率为 5.4% 其实意味着,如果最初 1 年内的月度贴现率为 12.3%,则从第 13 个月到第 36 个月的月度贴现率肯定远低于 12.3%。可以看出,被试们的贴现率是随时间递减的。

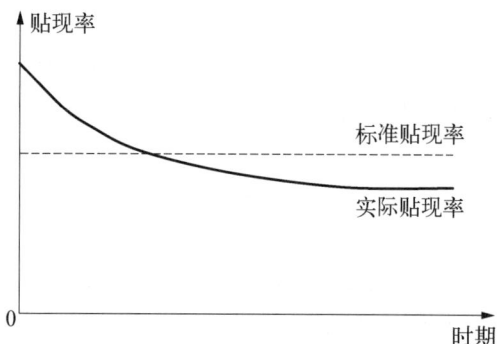

图 9-1 前高收低的实际贴现率

大量实证研究都表明,随着时间延展,人们的贴现率前高后低,而非标准折现现金流模型所假定的始终如一的贴现率,如图 9-1 所示。据此,行为经济学家构建了双曲线贴现模型(如 $D(t)=(1+\alpha t)^{-1}$ 等)和准双曲贴现模型(如 $D(t)=1$(当 $t=0$ 时);$D(t)=\beta\delta^t$(当 $t>0$ 时))来描述现实世界的贴现行为。

不过,实际贴现率曲线是在标准贴现率曲线之上、之下还是如图 9-1 所示的与标准贴现率曲线交叉,在相关研究中看不到非常明确的结论。不过,从 Frederick,Loewenstein and O'Donoghue(2002)对相关实验研究结论的综述来看,被试们在短期内(如几个月内或 1 年内)的贴现率普遍较高,高于同期的市场基准收益率,但对长期中后期的贴现率是否高于市场基准收益率,无法得到明确的结论。由于储蓄性保险期限很长,可以推断,个体的实际贴现率曲线与标准贴现率的相对位置,很可能是如图 9-1 有交叉点的样子。

这种对"眼前的未来"更缺乏耐心的人性,必然会对人们的储蓄决策(和保险公司的储蓄性产品设计)产生重大影响。例如,由于贴现率其实就是客户的要求回报

率,而贴现率前高后低,就说明,一般投资者在进行长期储蓄决策时,希望长期储蓄产品的卖方最好能够提供前高后低的收益率,而非前后一致的收益率。这点肯定会让读者费解,一个储蓄性产品,其现金流入和流出确定后,就决定了一个唯一的内部收益率,卖方怎么能够在一个产品上提供前高后低的收益率呢?且看后面分解。

二、"贴现率与现金流金额大小无关"与现实不符

标准折现现金流模型假定,贴现率大小与未来现金流金额大小无关,但许多实证研究在改变实验中的现金流数额后,发现人们对大额现金流的贴现率通常低于对小数额现金流的贴现率(Thaler,1981;Loewenstein,1987;Benzion,Rapoport and Yagil,1989;Green,Fry and Myerson,1994;Kirby,Petry and Bickel,1999 等),在行为经济学中称为"量级效应"。

例如,塞勒在研究中发现,被试对当前的 15 美元与 1 年后的 60 美元感觉无差异,同时对当前的 250 美元与 1 年后的 350 美元无差异,同时还对当前的 3 000 美元与 1 年后的 4 000 美元无差异。但通过计算可知,在这三种情形下的贴现率依次为 139%、34% 和 29%,呈现出贴现率随现金流金额增大而降低的特征。

这说明,人们在进行储蓄决策时,储蓄金额越大,未来现金流入越高,要求的回报率可能就越低,如图 9-2 所示。人性果真如此,也会对人们的储蓄决策(和保险公司的储蓄性产品设计和销售)产生重大影响。

其实,这一点在人身保险交易中已经有所体现。当客户看到长期储蓄性保险产品的利益演示表时,通过对比自己的储蓄金额和保险公司给付金额,往往会有如下

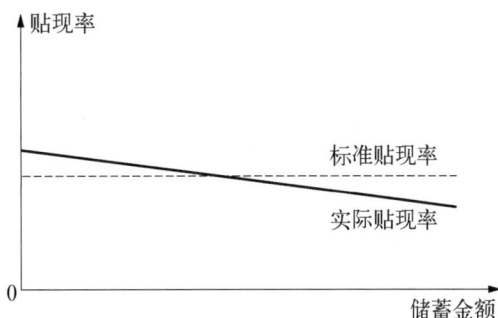

图 9-2　储蓄金额对实际贴现率的影响

感觉:储蓄金额越高,未来的给付金额自然就越高,自己对产品的满意度就越高。在实际收益率相同的情况下,客户对储蓄金额高的方案更满意,实际上就意味着:储蓄金额越高,客户要求的回报率就越低。这里以一个简化的即交即领年金保险为例来进行说明。

假设有一款某保险公司的固定利率即交即领型年金保险产品,保单规定:客户采取趸交保费方式交纳保费,从第一保单年度开始,每一保单年度末均领取金额为总保费 4% 的年金,直至被保险人身故为止,被保险人身故时返还所交保费。如果被保险人年龄为 0 岁,选择的交费规模分别为趸交 10 万元(方案 1)或趸交 200 万元(方案 2),忽略从保费中扣除的营销和管理费用,则两种方案下该保单的利益演示大致如表 9-1 所示。

面对上述两种方案,恐怕多数人会更喜欢方案 2。由于方案 1 和方案 2 的实际收益率都是 4%,因此,方案 2 的优势地位本身就显示出了所谓"量级效应",即人们在进行储蓄决策时,储蓄金额越大,要求的回报率可能就越低。

表 9-1　某简化年金保单的简化利益演示表　　　　　　　　　　　　单位：元

保单年度	方案1：交费100 000元					方案2：交费2 000 000元				
	交费	领取				交费	领取			
		生存金	累积生存金(利率4.5%)	身故金	总领取额		生存金	累积生存金(利率4.5%)	身故金	总领取额
0	100 000			100 000	100 000	2 000 000			2 000 000	2 000 000
1		4 000	4 000	100 000	104 000		80 000	80 000	2 000 000	2 080 000
2		4 000	8 180	100 000	108 180		80 000	163 600	2 000 000	2 163 600
3		4 000	12 548	100 000	112 548		80 000	250 962	2 000 000	2 250 962
4		4 000	17 113	100 000	117 113		80 000	342 255	2 000 000	2 342 255
5		4 000	21 883	100 000	121 883		80 000	437 657	2 000 000	2 437 657
6		4 000	26 868	100 000	126 868		80 000	537 351	2 000 000	2 537 351
7		4 000	32 077	100 000	132 077		80 000	641 532	2 000 000	2 641 532
8		4 000	37 520	100 000	137 520		80 000	750 401	2 000 000	2 750 401
9		4 000	43 208	100 000	143 208		80 000	864 169	2 000 000	2 864 169
10		4 000	49 153	100 000	149 153		80 000	983 057	2 000 000	2 983 057
...		...	...	...	...		...	...	...	...
101		4 000	7 489 778	100 000	7 589 778		80 000	149 795 558	2 000 000	151 795 558
102		4 000	7 830 818	100 000	7 930 818		80 000	156 616 358	2 000 000	158 616 358
103		4 000	8 187 205	100 000	8 287 205		80 000	163 744 094	2 000 000	165 744 094
104		4 000	8 559 629	100 000	8 659 629		80 000	171 192 578	2 000 000	173 192 578
105		4 000	8 948 812	100 000	9 048 812		80 000	178 976 244	2 000 000	180 976 244

三、未考虑"回报率之外的功能对要求回报率的影响"

标准折现现金流模型的决策依据只有收益率和折现率，没有考虑到，对于长期储蓄性保险，保险公司可以通过现金流设计使产品具备收益率之外的功能，而这些功能也是客户进行长期储蓄决策的依据，设计得好往往可以降低客户的收益率要求。

由于人身保险产品期限较长，最长的可达105年，这使保险公司在人身保险产品现金流设计上具有广阔的空间，进而使部分长期储蓄性产品具备了某种投资回报率之外的功能。比如，一些人之所以愿意购买年金产品，并非是因为它的投资收益率令人满意，而是因为这款产品可以帮助子女向年迈的父母尽孝；还有些人购买年金保险产品是为了保障自己关心的人（如子女）的终身利益的；也有的客户仅仅是将放在保险公司的长期储蓄视为一个安全资金账户，区别自己做生意的风险投资账户，以确保自己有一笔安全资金可以为家庭长期留存。

以帮助子女向父母尽孝为例，对于那些身在城市工作而其没有养老金的父母远在乡村的中青年人，在自己完全有能力的情况下，每年给父母直接寄钱或转账打款其实有两大弊端：一是养老金存在不确定性，比如自己可能会由于某种原因而忘记转账了，在时间上不如社保养老金发放或商业养老金给付那样规律可靠;更重要的第二点是,有些父母其实心底里认为养儿育女是应该的,但却认为养老主要是自己的事情,不太愿意花子女的钱,在这种心理支配下,每次收到子女的钱都会给父母造成某种心理上的不舒适。此时,生活在城市里的子女通过购买即交即领型年金的方式,由保险公司按照合同约定的时间和金额将年金给付给自己的父母,就可以避免上述两大问题。此时,购买者最看重的不是收益率,而是将其视为一种确定的、有规律的具备尽孝功能的产品。

因此,单纯按照收益率进行决策适合于短期储蓄性保险产品,但并不一定适合于长期储蓄性保险产品。或者说,若仍采用"内部收益率是否大于要求回报率"的方式进行决策,在储蓄性保单能够提供上述收益率之外的功能的情况下,投资者的要求回报率会下降。

第二节　标准储蓄决策模型中内部收益率的缺陷

标准折现现金流模型假定,无论储蓄的现金流出形态和现金流入形态有何不同,理性人均会使用现金流中蕴含的内部收益率进行决策,只要内部收益率大于基准收益率或要求回报率,就认为该投资方案可行。

但是,最具复杂性的长期人身保险产品的现实交易表明:客观内部收益率与客户感知收益率往往有很大的不同,而人们往往主要依据感知收益率而非内部收益率进行储蓄决策。客观内部收益率是指按照现金流出和现金流入情况计算的内部收益率,而客户感知收益率是指客户感觉到的收益率。

一、内部收益率算不出来

按照标准折现现金流模型,消费者要做出理性的长期储蓄性保险投保决策,就需要根据该产品的现金流出和现金流入计算内部收益率。但是,长期储蓄性保险往往期限很长,现金流出流入非常频繁,而且现金流入还存在不确定性[①],导致绝大多数消费者都无法准确计算其内部收益率,而保险公司其实也不想清晰地告诉客户长期储蓄产品的内部收益率,而是通过一系列令人眼花缭乱的现金流设计来吸引客户。

二、感知收益率的界定及其偏差

1. 感知收益率的第一种思维方式及其偏差

也许是广大投资者太熟悉存款和存款利息,对其他投资方式的熟悉程度要差很多,投资者确定感知收益率的第一种方式,就是广大投资者所熟悉的银行存款利率模式。银行存款通常采取趸交存款、按年支付利息的模式,投资者的感知收益率与实际利息率相同,均等于"年度利息/趸交存款"。本书将按照这种银行存款思维确定的感知收益率称为"第一感知收益率"。

在上述思维定式下,投资者很自然地就会将对存款的感知收益率计算模式,运用到期限更长的储蓄性保险上。

对于保险公司销售的5年期以内的短期储蓄性保险,投资者往往直接套用银行定期

---

① 例如,对于终身年金而言,被保险人领多少养老金取决于其能活多久,被保险人的现金流入是不确定的。

存款的利息率计算模式。例如,对于 5 年期普通型两全保险,投资者往往将趸交保费视为本金,将每个保单年度的年末现金价值与年初趸交保费(或年初现金价值)之差视为利息,来计算自己得到的感知收益率。

对于保险公司销售的 5 年期以上的长期储蓄性保险,如长期年金保险,投资者往往将自己所交保费视为存到保险公司的本金,将保险公司给付的年度生存金理解为利息给付,由此,长期储蓄性保险的感知收益率常被投资者按照公式(9-1)进行简化计算:

$$第一感知收益率 = 年度给付 / 所交保费 \qquad (9-1)$$

问题是,对于银行存款和 5 年期以内的短期储蓄性保险,第一感知收益率与实际利息率基本相同,但对于长期储蓄性保险,如长期年金保险和长期两全保险,第一感知收益率与实际利息率往往大相径庭。

当然,随着长期储蓄性保险销量的增加,随着相关金融知识的逐渐普及,投资者会逐渐具备理解甚至计算长期储蓄性保险的内部收益率的能力,但这种能力的普及过程还很漫长。

2. 感知收益率的第二种思维方式及其偏差

除上述思维方式外,投资者还会通过简单计算"总保险金给付额/总保费"的方式来计算长期储蓄性产品的感知收益率,投资者看到的"总保险金给付额/总保费"越大,感知收益率越高,本书将其称为"感知收益倍数"。读者可以看出,这是一个反映整个储蓄期限总收益水平的感知收益率,而非年度收益率。

$$感知收益倍数 = 总保险金给付额 / 总保费 \qquad (9-2)$$

但是,由于无法理性地计算内部收益率,这一停留在"自己的投入在多长时间内变成了多少倍"层面的感知收益方式,往往会使投资者低估长期复利效应,进而导致投资者严重高估极长期储蓄性保险的实际收益率。

这其实是对"储蓄期限对投资收益的影响"估计不足,或者是对复利效应估计不足,可以用锚定与调整启发式给出一定的解释。即在计算自己所交保费的累计投资收益时,理性人会采用复利计息模式进行计算,但是,从本息累积额增长来看,通过复利产生的年度利息在前期增长额较小,后期增长额较大,但多数投资者会按前期增长额来估计后期增长额,导致估计不足或调整不足,进而低估复利效应。反过来就是,当看到复利效应驱动的长期积累后的巨大成果时,会感到其提供的收益率高于自己的预期,感知收益率高过了实际收益率。

在现实的投保决策中,投资者到底会采取哪种思维方式呢? 根据具体投保方案、现金流形式和保险销售员的讲解方式,有时第一种思维方式会占上风,有时第二种思维方式会占上风。

三、案例一:延期给付型储蓄性保险的感知收益率

假定投资者面对如下两种储蓄方案,A 方案类似于银行储蓄,B 方案则是典型的延期给付型储蓄,我们看看标准模型的决策方式有何问题:

A:现在投入 10 万元,从投入时间算起,未来 30 年,每年年末收到 4 000 元利息,30 年年末收到 10 万元本金;

B：现在投入 10 万元，从投入时间算起，第 5 年年末收到 21 665 元[①]；第 6 年至第 30 年，每年年末收到 4 000 元；30 年年末收到 10 万元本金。

如果采用标准模型进行决策，投资者对 A 方案和 B 方案的收益率评价和决策结果应该是完全相同的[②]。

但现实是，从保险业的实际交易状况来看，人们显然更喜欢方案 A 而不是方案 B。因为，尽管按照标准模型，A 和 B 提供的内部收益率是完全相同的，但客户感知到的收益率却可能完全不同。对于 A，感知收益率与客观实际收益率相等，都是 4%；但对于方案 B，投资者很可能会采用感知收益率的第一种思维模式，在前 4 年，客户没有拿到任何利息，感受不到投资收益的存在，感知收益率几乎为零，获得感极差；但第 5 年年末时客户的感知收益率急速攀升；之后，从第 6 年开始，感知收益率又恢复到 4% 的水平。如此，人们对于选项 B 的感知收益率如图 9-3 中的粗实线所示，与 4% 的实际收益率有着很大的不同。

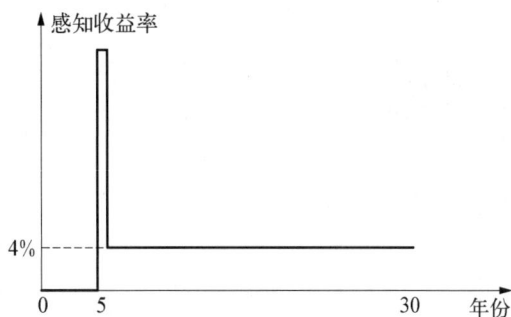

图 9-3　方案 B 的感知收益率

仔细想想，人们喜欢或要求前高后低的回报率，而方案 B 在前期提供的感知收益率几乎为零，因此，方案 B 对人们的吸引力自然会很差。

四、案例二："年金保险+终身万能险"的感知收益率

1. 客户的选择：储蓄期限越长越好

某寿险公司销售一款普通年金保险，同时销售一款终身寿险（万能型），方便客户将年金保险的生存金存入万能险投资账户，普通年金保险的保险期限 15 年，交费期 10 年。

某个家庭开始考虑这款保险，投保人是爸爸，打算年交保费 100 050 元，其中 100 000 元用于购买普通年金保险（交费期 10 年，每年 100 000 元），50 元用于购买终身万能寿险（交费期为终身，每年交费 50 元）。上述保单的运作方式是，客户按年缴纳保费，依据普通年金保险合同，保险公司会在保单第 5、6 年度按年交保费的 100% 支付特别生存金，在保单第 7—14 年度按年交保费的 65% 支付年金，在第 15 年末按基本保险金额支付满期保险金。

该家庭投保时，在被保险人方面有三个选择：0 岁的孩子、30 岁的爸爸和 60 岁的爷爷，在上述交费额度条件下，对应的基本保险金额分别为 411 380 元、406 310 元和 333 000 元，若被保险人在保险期限内身故，保险公司给付所交保费（不计利息），保险合同结束。所有生存金、年金和满期保险金自动进入终身寿险万能账户，按月复利计息，保证年化利率不低于 2.5%，客户用钱，可从万能账户随时领取，实际年化利率按照保险公司的资产投资收益率高低浮动，2018 年的结算利率的实际年化利率在 5% 以上。

于是保险营销员为该家庭中的爸爸提供了三份保单利益演示表，被保险人分别是 0 岁的儿子（男）、30 岁的爸爸和 60 岁的爷爷，如表 9-2 所示。保险公司提供的利益演示

---

① 21 665 = 4 000×(1+1.04+1.04²+1.04³+1.04⁴)。

② 有的读者可能会认为投资者在 A 方案中得到的一直是单利 4%，在 B 方案中前 4 年得到的是复利 4%，但实际上，投资者完全可以通过将 A 方案前 4 年支付的利息再投资而获得 4% 的复利收益。

表9-2 三个年龄被保险人的"普通年金+终身万能险"保单利益演示表(万能账户年化利率4.5%)

	方案1: 被保险人0岁					方案2: 被保险人30岁					方案3: 被保险人60岁			
年度	年龄	当年生存金	万能账户价值	现金价值	年度	年龄	当年生存金	万能账户价值	现金价值	年度	年龄	当年生存金	万能账户价值	现金价值
1	1	0	51	46 890	1	31	0	51	46 920	1	61	0	51	47 020
2	2	0	53	123 290	2	32	0	53	123 360	2	62	0	53	123 630
3	3	0	55	209 920	3	33	0	55	210 020	3	63	0	55	210 410
4	4	0	58	307 540	4	34	0	58	307 660	4	64	0	58	308 170
5	5	100 000	61	317 500	5	35	100 000	61	317 630	5	65	100 000	60	318 250
6	6	100 000	103 612	330 650	6	36	100 000	103 545	330 730	6	66	100 000	103 311	330 730
7	7	65 000	212 966	378 480	7	37	65 000	212 757	378 440	7	67	65 000	212 072	376 850
8	8	65 000	291 102	429 700	8	38	65 000	290 698	429 450	8	68	65 000	289 470	425 420
9	9	65 000	372 461	484 490	9	39	65 000	371 802	483 950	9	69	65 000	369 985	476 450
10	10	65 000	457 588	543 100	10	40	65 000	456 578	542 160	10	70	65 000	454 207	529 890
11	11	65 000	546 564	507 880	11	41	65 000	545 195	506 400	11	71	65 000	542 427	487 290
12	12	65 000	639 659	470 720	12	42	65 000	638 020	468 570	12	72	65 000	634 999	440 690
13	13	65 000	737 031	431 490	13	43	65 000	735 096	428 540	13	73	65 000	732 106	389 330
14	14	65 000	838 876	390 090	14	44	65 000	836 629	386 170	14	74	65 000	833 725	332 190
15	15	411 380	945 400	411 380	15	45	406 310	942 835	406 310	15	75	333 000	940 013	333 000

（续表）

方案 1：被保险人 0 岁					方案 2：被保险人 30 岁					方案 3：被保险人 60 岁				
年度	年龄	当年生存金	万能账户价值	现金价值	年度	年龄	当年生存金	万能账户价值	现金价值	年度	年龄	当年生存金	万能账户价值	现金价值
16	16		1 415 488		16	46		1 407 003		16	76		1 328 691	
17	17		1 484 818		17	47		1 475 483		17	77		1 393 214	
...	...		...		...	...		...		...	...		...	
50	50		6 536 342		20	50		1 688 025		20	80		1 594 182	
...	...		...		...	...		...		...	...		...	
80	80		25 149 872		50	80		6 495 011		30	90		2 498 072	
...	...		...		...	...		...		...	...		...	
90	90		39 409 668		60	90		10 177 636		40	100		3 914 461	
...	...		...		...	...		...		...	...		...	
104	104		73 908 871		74	104		19 087 133		44	104		4 684 883	
105	105		77 304 231		75	105		19 963 993		45	105		4 900 106	

数据来源：某寿险公司某营销员提供。

表,至少会按照保证利率2.5%、中档利率4.5%和高档利率6.0%来演示,鉴于篇幅所限,这里仅展示中档利率4.5%的保单投入和产出。

保险营销员提供上述三个方案后,该家庭中的爸爸果断选择将孩子作为被保险人的方案。

2. 案例启示

尽管从本质上来说,保险公司提供的普通年金的预定利率和万能险的结算利率,在表9-2中的三种方案中都是相同的。但事实上,大量该类产品的市场交易说明,绝大多数客户都会选择将孩子作为被保险人,而且,不仅是客户,保险营销员们也认为,将孩子做被保险人,投资收益看起来更好。

这就说明,对于意图将储金一直积累下去(不打算中间取出)的长期储蓄性保险而言,在其他条件不变的情况下,保单储蓄期限越长,人们的感知收益率越高。这是为什么呢?

看来,对于意图将储金一直积累下去(不打算中间取出)的长期储蓄性保险,人们在评估感知收益率时往往采取第二种思维方式,即"感知收益倍数=总保险金给付额/总保费",进而,在低估复利效应的情况下,往往会认为,被保险人年龄越小,保险储蓄期限越长,投资收益率越高。

第三节　储蓄性保险的行为投保决策理论

显然,对于储蓄性保险,投资者并不像标准的金融学折现现金流模型那样,只要储蓄性保险的内部收益率大于基准收益率,就选择购买,而是对储蓄性保险产品的内部收益率和基准收益率都有自己的主观看法。既然如此,就需要用新的模型来描述人们对储蓄性保险的投保决策。

一、储蓄性保险的行为投保决策理论

1. 储蓄性保险的行为投保决策模型

如前所述,多数投资者无法准确计算内部收益率,只能简单计算感知收益率,投资者的要求回报率也与基准收益率或标准贴现率不同,因此,将标准储蓄决策模型中的内部收益率替换成感知收益率,将标准储蓄决策模型中的基准收益率替换成具备前述主观特征的要求回报率或贴现率,就得到了储蓄性保险的行为投保决策模型,即

投资者根据"感知收益率 R' 是否大于要求回报率 r'"进行决策。若 $R' \geqslant r'$,就投保;若 $R' < r'$,就不投保。

其中,

感知收益率 $R' \neq$ 标准模型的内部收益率 R,投资者会根据不同的储蓄性产品采取前述某种感知收益率思维方式判断该产品的感知收益率高低;

要求回报率 $r' \neq$ 标准模型的要求回报率 r,投资者会根据储蓄性保险的保险期限、储蓄金额和保单额外功能(投资功能之外的功能)综合确定要求回报率。

2. 行为投保决策模型的特色:决策变量的变动性

在标准储蓄决策模型"折现现金流模型"中,对于同一储蓄产品,决策需要考虑的两

个关键变量,是内部收益率 R 和要求回报率 r,且两者均为单一数值。理性投资者通过参考类似产品可见收益率找到自己的要求回报率,通过欲购买产品的现金流出和流入计算其内部收益率,然后进行简单比较就可得出是否投资的结论。

但在行为投保决策模型中,对同一储蓄产品,决策需要考虑的两个关键变量,是感知收益率 R' 和要求回报率 r',且两者均非单一数值,在保险期限内不同时间段,两者的数值是不同的。投资者会通过对感知收益率 R' 和内部收益率 r' 的综合比较,得到是否投资的结论。

下面进一步阐述行为投保决策模型中感知收益率和要求回报率的变化特征或规律。

二、感知收益率的变化规律

如前所述,投资者对感知收益率有两种思维方式,下面分析这两种感知收益率的变化规律。

1. 第一感知收益率的变化规律

如前所述,对于保险公司销售的 5 年期以内的短期储蓄性保险,投资者往往直接套用银行定期存款的利息率计算模式。对于保险公司销售的 5 年期以上的(不断返还生存金的)长期储蓄性保险,如长期年金保险,投资者往往将自己所交保费视为存到保险公司的本金,将保险公司给付的年度生存金理解为利息给付,按公式(9-1)"第一感知收益率=年度给付/所交保费"计算。

因此,对(不断返还生存金的)长期储蓄性保险而言,保险期限内不同时期的感知收益率,主要取决于保费交纳方式和保险金给付方式。对同样的保险金额或储蓄总金额,交费期限越短,意味着保单初期的感知收益率的分母越大,保单初期的感知收益率越低;保险生存金给付时间滞后,意味着生存金给付之前时期的感知收益率几乎为零。

例如,如果保险公司将(不断返还生存金的)长期储蓄性保险设计成即期给付形式,即首期交费 1 年末就开始给付生存金,之后每隔一年支付一次,投资者就可能将生存金当作年度利息,进而认为该产品每年都是有一定的感知收益和感知收益率的。但如果保险公司将长期储蓄性保险设计成延期给付的模式,如 5 年后甚至退休后才开始给付生存金,投资者在保单生效后前 5 年甚至退休前就感受不到利息的存在,投资者会简单认为该产品前 5 年或退休前的感知收益率很低甚至为零。

因此,对于延期给付的产品来说,投资者的感知收益率往往低于客观内部收益率,而且,延期程度也大,投资者的感知收益率低于客观内部收益率的程度越严重。

2. 第二感知收益率的变化规律

如前所述,对于将储蓄持续积累至期末(中间不取出)的长期储蓄性保险,投资者还会通过简单计算"总保险金给付额/总保费"的方式来得到感知收益倍数,投资者计算得到的"总保险金给付额/总保费"越大,感知收益率越高。

因此,对于同样内部收益率的产品,储蓄期限越长,投资者看到的"总产出/总投入"越大,感知收益率往往越高。

实际案例如表 9-2 所示,当爸爸作为投保人面对交纳保费总额相等的三个投保方案时,一般会选择将 0 岁儿子作为被保险人的方案,因为该方案的"总保险金给付额/总保费"最高。简单计算一下,方案 1(被保险人 0 岁)、方案 2(被保险人 30 岁)和方案 3(被保险人 60 岁）的最高第二感知收益率“总保险给付金/总保费”分别约为 77.2 倍、20 倍和 4.9 倍。所谓最高，是指总保险给付金取了被保险人活至 105 岁时的最高值。

如前所述，之所以做出上述选择，其实是因为投保人对复利效应估计不足，可以用“锚定与调整启发式”给出一定的解释。如表 9-2 所示，当投保人选择 0 岁孩子为被保险人时，所有生存金都进入万能账户的时间是第 16 年，当时的万能账户金额为 1 415 488 元，第 17 年的万能账户金额为 1 484 818 元，1 年内仅增长了 69 330 元；但从第 104 年到第 105 年，1 年内万能账户金额增长了 3 395 360（＝77 304 231－73 908 871）元。由于投资者往往会被自己的投资额的首期利息或前期利息额锚定，对后续利息尤其是末期利息往往估计不足或调整不足，导致投资者往往会低估后期利息增长，105 岁时的最终总领取额往往远超投资者的预期，导致投资者对该投资方案产生好感。可以将这种好感或选择理解为，投资者的感知收益率高过了实际收益率。而对于储蓄期限越来越短的方案 2 和方案 3 来说，虽然投入的保费相同，但被保险人 105 岁时的最终领取额却只有 19 963 993 元和 4 900 106 元，投资者的感知收益率相对较低。

从复利效应的估计偏差大小来说，储蓄期限越长，投资者被前期利息锚定后，保单末期需要调整的力度就越大，导致调整的不足程度就越大，估计偏差就越大。因此，相对方案 2、3，投资者往往会较为严重地高估方案 1 的投资收益率。

三、要求回报率（或贴现率）的变化规律

如前所述，投资者的要求回报率呈如下变化规律：① 随着保险期限内的时间进展，投资者的要求回报率或贴现率呈现前高后低的情形；② 储蓄金额越高，投资者的要求回报率或贴现率越低；③ 储蓄性保险投资收益之外的功能越多，投资者的要求回报率越低。

第四节　行为投保决策模型下的储蓄性保险需求

下面采用行为投保决策理论分析人们对储蓄性保险的需求，我们将会看到，投资者非理性因素将会严重影响其对长期储蓄性保险的需求，而需求疲弱导致的销售费用高反过来会进一步降低人们对长期储蓄性保险的需求。

一、第一感知收益思维条件下：保险公司无法提供前高后低的感知收益率

标准折现现金流模型中所说的回报率，是指整个期限内所有现金流共同决定的唯一内部收益率，并没有收益率前高后低或前低后高的说法。但是，行为经济学研究表明，人们的要求回报率，从长期来看是前高后低的，结合前面的感知收益率思维模式，这意味着，消费者购买长期储蓄性保险，要求提供前高后低的第一感知收益率。

人们要求前高后低的第一感知收益率，就意味着要求保险公司尽快返还生存金，而且生存金额越高越好，但是，保险公司却无法提供这样的产品。原因是，2017 年原保监会发布的 134 号文要求，保险公司销售的长期储蓄性保险必须在 5 年后才可以返还生存金，这就导致保单前 4 年的第一感知收益率几乎为零，客户得到的是前低后高，而非前高后低的感知收益率，自然会引发投资者的不满，导致需求疲弱。

二、第二感知收益思维条件下：计算能力、思维能力缺乏导致投资者犹豫不决

在第二感知收益思维方式下，投资者通过计算感知收益倍数来度量投资收益率，感知收益倍数＝总保险金给付额/总保费。

但是，对同一个长期储蓄性保险产品，往往有多个感知收益倍数，到底以哪个作为决策基准，往往令人头痛。例如，投资者打算购买一个终身年金保险产品，保单利益演示表会演示到被保险人105岁时结束，进而可计算一个最大感知收益倍数。但实际上，当被保险人提前死亡或提前退保时，保单会提前结束，据此，投资者可以计算得到与各种保单可能结束时间对应的各种感知收益倍数，基本规律是，保单结束越早，感知收益倍数越低。接下来的问题是，面对如此众多的感知收益倍数，决策基准是什么？购买这份保单是否合算？投资者思考起来并不容易。

也就是说，长期储蓄性保险的投保决策对投资者的计算能力、思维能力要求非常高，而大多数投资者都无法达到这样的要求，进而会形成决策困难，导致潜在投资者们犹豫不决，无法下手。

三、需求疲弱导致销售费用过高，进一步降低了长期储蓄性保险的吸引力

主流保险经济学理论一再提及附加保费过高会对保障性保险需求造成负面影响，同理，对于长期储蓄性保险；如果附加保费过高，会使保单前期的现金价值过低，或者"现金价值＋生存金给付"过低，导致客户在保单前期不但无法获得理想的感知收益率，甚至会得到负的感知收益率。

以一款终身年金产品为例，假如客户采取10年期交保费，每年交保费100 000元，则保单前10年的利益演示如表9-3所示。可以看出，如果客户在保单前期退保，客户实际得到的回报率是负的，只有到第10个保单年度退保时，才可以获得正的回报率[①]。也就是说，购买长期储蓄性保险的前提条件其实是长期持有，只有长期持有，才可能得到较为理想的回报率。

表9-3　某终身年金保险前10年利益演示表　　　　　　　　　　　单位：元

保单年度	年交保费	累计缴费	现金价值	生存金	身故保险金
1	100 000	100 000	37 700	0	100 000
2	100 000	200 000	99 300	0	200 000
3	100 000	300 000	172 000	0	300 000
4	100 000	400 000	251 900	0	400 000
5	100 000	500 000	338 100	0	500 000
6	100 000	600 000	431 900	0	600 000
7	100 000	700 000	532 900	0	700 000

---

① 这里的原因，主要是前期销售费用过高，但也有保险公司防止客户退保的因素。从第9、10年现金价值的跳跃性大幅增加中，读者可以体会到，保险公司极不情愿客户在保险期限还未到10年时就退保。

（续表）

保单年度	年交保费	累计缴费	现金价值	生存金	身故保险金
8	100 000	800 000	641 800	0	800 000
9	100 000	900 000	759 100	0	900 000
10	100 000	1 000 000	1 162 900	1 162 900	

实际上，正是因为消费者对于长期储蓄性保险的需求比较疲弱，才导致保险公司需要花费巨大的前期业务成本来促成交易，进而导致保单前期现金价值较低。这反过来又形成了长期储蓄性保险的一大劣势，即短期持有的实际回报率极低，这一缺陷自然会也降低人们对长期储蓄性保险的需求。

第五节 储蓄性保险行为投保决策理论的心理学基础

理论分为三种：规范性理论、描述性理论和解释性理论。如果某类行为规律能同时有上述三种理论，则既可以通过规范性理论说明个体应该如何行为才是理性的，也可以通过描述性理论说明个体实际上是如何行为的，还可以通过解释性理论说明个体为何会那样行为。

就储蓄性保险的投保决策理论而言，折现现金流模型和决策准则"内部收益率是否大于基准收益率"就是规范性理论，而第三节提出的储蓄性保险的行为投保决策模型"感知收益率是否大于要求回报率"就是描述性理论。但是，描述性理论并未说清楚人类为何会呈现出这样的决策或行为规律，即人们的贴现率为何前高后低？人们的贴现率为何会随储蓄金额增大而降低？人们为何使用感知收益率而非客观收益率进行决策？因此，还需要更深入的基于心理学和脑科学的解释性理论。

一、人们的贴现率（要求回报率）为何前高后低？

贴现率前高后低可以用心理学中的"双自我模型"或"双系统模型"进行解释。如第二章第五节所述，由于人类同时拥有爬行动物脑、哺乳动物脑和大脑皮层，使得人类其实至少有两套思维系统：理性思维系统和动物思维系统（或直觉思维系统），而且，这两套系统有截然不同的思维模式。

我们的理性思维系统主要依赖于近200万年进化而来的大脑皮层，尤其是其中的前额叶皮质。理性思维系统的优势是具有抽象思维、长期规划等能力，劣势是会消耗大量的能量且运行缓慢。我们的动物思维系统可能主要依赖于爬行动物脑和哺乳动物脑，尤其是哺乳动物脑，具有更为久远的近2.4亿的历史，动物思维系统的优势是已经进化得相当完善，对外部世界的反应快如闪电，几乎是自动进行的，而且几乎不需要消耗能量，劣势是不会进行抽象思维和长远规划。

麦克卢尔等（McClure et al., 2004）通过功能性磁共振成像技术发现：当被试（实验对象）接受即时奖励时，其大脑边缘区域亮起，说明该区域产生大量的神经活动，而这一区域属于哺乳动物脑区域；当研究者向被试承诺未来给予被试某些奖励时，被试的大脑边缘区域完全不亮。与此相对照，当被试选择那些承诺未来（不是当下）给予奖励的选项时，其前额区域的活动会明显增强。

麦克卢尔等（McClure et al.，2004）总结道："人们对短期选择缺乏耐心主要是受到了大脑边缘系统的影响，当面对立即可得的回报时，这一系统会被优先激活，但这一系统对远期的未来回报则反应迟钝。人们对长期选择的耐心则主要受前额叶及相关组织的影响，这一系统会促使人们对各种抽象的回报进行权衡，其中也包括那些发生于遥远未来的回报。"这说明动物思维系统缺乏耐心，理性思维系统则擅长长远规划。

我们的动物思维系统似乎完全不懂"未来"是什么东西，内在原因很可能是因为我们的生活在狩猎时代的远祖面临的生命风险太大，寿命较短，而且捕获的猎物也很难储存和保鲜，于是不得不将自己的想法锁定在当下，而这套思维系统通过代际遗传保留在了现代人类的大脑中。随着人类逐渐发明了工具和语言，尤其是农耕文明以及后来工业文明的来临，食物逐渐可以储存，寿命逐渐延长，投资可以带来长远利益等，促进了大脑皮层的发育，人类逐渐形成了可以规划未来的理性思维系统。

显然，极端短视的动物思维系统和擅长长远规划的理性思维系统均与储蓄性保险决策有关，尤其是与长期储蓄性保险决策有关，因为长期储蓄性保险就是要进行最长远的人生规划。在进行储蓄性保险的决策时，就理性思维系统而言，其决策方式类似于标准经济学中的折现现金流模型，即采用始终一致的贴现率进行决策；就动物思维系统而言，其决策方式非常简单，只看重当下的即刻回报，不考虑未来，即动物思维系统对未来的贴现率无穷大。

理性思维系统要求未来各期采用统一的贴现率，动物思维系统要求在开端就用最大的贴现率，在这两股力量的共同作用下，多数人都会呈现前高后低的贴现率。

二、人们的贴现率为何会随现金额增大而降低？

人们的贴现率会随现金额增大而降低，对长期储蓄性保险而言，就意味着储蓄金额越大，现金流入和现金流的金额就会越大，要求的回报率就越低。人们为何会呈现这样的特征呢？

按照利息理论的集大成者欧文·费雪的观点，人性不耐（impatience）是人们要求利息回报（费雪指的是真实利率）的原因，个体的不耐程度越大，要求的利息回报就越高。那么，什么样的人不耐程度更大呢？财富少的人，由于其当下消费还有很多尚未满足，所以会比财富高的人更看重当下，对未来的不耐程度更大，因此，要求的利息回报或贴现率更高。简而言之，一个人越穷，就越看重当下，越看淡未来，不耐程度越大，贴现率也越大。基于这一理论，长期储蓄金额越低的人，往往也是财富较低的人，其要求的贴现率较大；反之，长期储蓄金额越高，财富水平往往越高，越可以考虑长远的未来，要求的利息回报越低，贴现率越低。

我个人的另一种解释是，在利息率相同的情况下，当长期储蓄金额较低时，比如储蓄10万元，固定利息率为4%，每年领取利息，期末领取本金，则客户每年可领取4 000元。这4 000元相对于个体的月收入或年收入而言要低很多，这就使得客户觉得做这项储蓄意义不大；当长期储蓄金额较大时，比如在保险公司储蓄200万元，固定利息率为4%，每年领取利息,期末领取本金,则客户每年可领取 80 000 元。这 80 000 元相对于个体的月收入或年收入而言还是一笔较大的数额,感觉还是可以用来买不少东西,这就使得客户觉得做这项储蓄意义相对较大了。人们心目中似乎有一个利息收益锚定点,只有高于这个锚定点,这个收益才算是能起到某种作用,低于这一锚定点是不值得进行储蓄的。

三、人们为何使用感知收益率而非客观收益率进行决策?

这一点非常好理解,人类是主观的,世界对于人类个体来说实在是太复杂了,每个人对于世界都是盲人摸象,各有各的理解而已。所以,整个经济学其实都在贯彻主观性决策思维,经济学中的"效用"最大化,其实就是主观收益的最大化。

在储蓄决策中,理性人应该根据整个储蓄期限的现金流出和现金流入计算内部收益率,或者根据自己的贴现率(要求回报率)计算净现值,进而做出理性的储蓄决策。但是,计算长期储蓄性保险的内部收益率,对于大多数人都是非常困难甚至遥不可及的,大多数人只能依赖自己的储蓄经验来看看到底自己每年可以获得多少利息,进而通过感知利息率来做出投资决策,或者通过简单计算最终总领取额与储蓄本金的比例来估算感知收益的高低。

上述简化思维方式的根源,是人们与长期储蓄产品接触的时间尚短,尤其是与可以长达 105 年储蓄期限的长期储蓄性保险接触时间更短,导致人们还没有学会如何理解和计算其内部收益率,更没有通过进化将计算内部收益率的本领代际遗传给后代。

也就是说,对于长期储蓄性保险,人们的理性思维系统尚不具备理想的规划和计算能力,只能在动物思维系统和理性思维系统的共同作用下,通过快捷计算方式得到某种感知收益率,并据此做出投保决策。

第 四 部 分

行为保险供给理论

第十章 传统保险供给理论的
缺陷和改进思路

从本章开始,将在分析传统保险供给理论的基础上构建行为保险供给理论。为使读者大致清楚本书分析保险供给的思路,本章先行对传统保险供给理论的缺陷和改进思路进行大致介绍。

需要说明的是,在经济学中,供给分析和市场分析是很难分家的,企业的供给决策一定是在市场环境(如竞争市场或垄断市场)下做出的,因此,保险供给理论也很难将保险供给分析和市场分析分开来讨论。尤其是,我们在后面会看到,由于保险需求疲弱,保险公司会通过各种供给手段来改变需求,进而大幅改变保险市场。所以,本章所指的传统保险供给理论的缺陷和改进,既涉及对传统供给理论的缺陷分析和改进,也涉及对传统市场理论的缺陷分析和改进。

本章第一节分析传统保险供给理论的缺陷,第二节提出改进思路和行为保险供给理论的框架。

第一节 传统保险供给理论的主要缺陷

传统保险经济学对供给的分析包括:① 基于未来成本的保险定价,主要讨论精算定价,也会讨论保险产品的金融定价方法(如资本资产定价模型等);② 保险企业的组织形式(股份制、相互制等)和运营效率;③ 逆向选择和道德风险;④ 保险分销;⑤ 保险产业组织、市场集中度和垄断;⑥ 保险公司的风险管理;⑦ 保险监管;⑧ 税收对保险供给的影响;等。(Dionne,2013;Zweifel and Eisen,2012;魏华林、朱铭来、田玲,2011;张庆洪,2004;王国军,2014;张洪涛,2006;卓志,2001;王健康,周灿,2014;博尔奇,1999 等)

总体来看,传统保险经济学中的供给理论至少存在六大缺陷。一是漠视保险市场明显存在的"强供给"特征,没有解释清楚"为何存在保险代理人制度"这一最重要的保险供给现象;二是对保险定价的经济学研究严重不足,拘泥于基于成本的精算定价,无法解释"风险成本相同的产品为何在市场上呈现出的高高低低的价格"这一现象;三是未考虑保险公司有时也无法准确评估风险,未分析"风险成本不可预知"的保险产品定价问题,无法解释财险市场"头破血流"的价格竞争;四是对价格管制关注不足,无法解释保险行业铲除不尽的各种"市场乱象";五是大幅落墨于逆选择和道德风险对保险市场的影响,认为保险市场失灵的主要原因就是逆选择和道德风险,忽略了更加重要的"保险需求疲弱"对保险市场的影响;六是没有回答"高尚的产品为何导致落魄的行业形象"这一最显著的行业问题。下面逐一进行具体分析。

一、漠视"强供给"特征,未对选择保险代理人制度给出清晰解释

保险公司很早就发明了保险代理人制度,强势出击,寻找和说服一个个潜在客户,消耗了巨大的销售成本,也达成了大量的保险交易。保险公司显然有多种销售模式可供选择,为何要选择保险代理人制度呢? 为何要如此强力营销呢? 这显然是一个重要的经济学问题,但传统保险经济学近乎忽略了。

究其原因,很可能是学者们的思维方式受到了传统经济学分析模式的影响。在传统经济学中,将所有产品都看成是同质的,消费者都是有需求的,并不存在有的产品需求强、有的产品需求弱的问题,任何产品的交易都是非常容易的。在交易非常容易的假设下,强力营销这桩事情被归入了市场营销学中,但却无法被融入传统经济学中。

刚进入保险研究领域时,我就发现了上述的剧烈冲突,明明在保险行业中,营销是极端重要的,但无论是经济学还是保险经济学,对此都几乎只字不提,令人非常困惑。①

二、对保险定价研究不足,无法解释高高低低的价格现象

只有在完全竞争的市场均衡状态下,保险定价才等于精算成本(包括资本成本)。但完全竞争假设是极其苛刻的,至少包括:保险公司是同质的,数量很大,没有大小和品牌强弱之分;公司可以自由进入和退出保险市场;保险产品是同质的,没有产品创新这回事儿;保险公司可以准确评估保险标的的风险;有一个庞大的资本市场,保险公司可以方便地从资本市场通过支付市场回报率的方式获得资本等。

从现实来看,保险市场显然不属于完全竞争市场,因此,保险经济学需要仔细分析具有一定垄断势力条件下的保险定价。但是,传统保险经济学在分析保险产业组织时,通常只是根据市场集中度指标(如赫希曼-赫芬达尔指数等)判断是否存在垄断,如果存在垄断,就笼统地说保险公司会赚取垄断利润,会造成一定的社会福利损失,进而讨论是否需要进行社会规制或采取政府管制措施,并未具体分析具有一定垄断势力条件下的保险定价。

事实上,保险市场上的产品定价显然不是精算师说了算,也不是产品定价一定要覆盖所有成本。大家可以看到,市场上同一产品的保险定价五花八门,例如,不同公司销售的保障范围类似、保险期限相同的重大疾病保险,同年龄同性别被保险人的价格高低不同。再比如,同一企业购买保障范围、保险期限完全相同的同一财险产品,各家保险公司的报价也是五花八门。保险经济学显然需要解释这些高低不同的价格现象,这是经典的经济学分析范围。

实际上,除受监管约束外,保险产品的实际定价与众多因素有关,这些因素至少包括:第一,竞争市场还是垄断市场。竞争市场,保险公司是价格接受者,是受价,要通过寻找最优产销量来实现利润最大化。垄断市场,保险公司要觅价,要找到一个使自己利润

---

　①　后来,我在阅读中发现了一个有趣的故事:营销学界影响力巨大的菲利普·科特勒教授,本来是学经济学出身的,是芝加哥大学经济学硕士和麻省理工学院经济学博士。在麻省理工学院,科特勒师从萨缪尔森、莫迪利亚尼、索洛、迈尔斯等知名经济学家。毕业后,科特勒进入了罗斯福大学经济学系任教,之后对市场营销越来越感兴趣,但是,科特勒发现传统经济学对于"营销渠道、广告、促销、产品特色等对市场的影响"研究严重不足,而这些内容很难被传统经济学体系所容纳。于是,科特勒果断脱离了经济学领域,利用一个机会成为西北大学凯洛格商学院的市场营销学教授。1967年,《营销管理》出版(这一年科特勒36岁),1996年,此书被评为史上最伟大的50本商业图书之一。

最大化的价格。第二,公司的成长阶段。成熟公司有客户基础,有品牌价值,每年都有可观的租值回报或可观的会计盈利,显然具有一定的垄断势力,自然会将保险价格定在预期盈亏平衡点之上;新公司没有客户信任基础,在市场竞争压力下,只能将价格定得低于甚至远低于成熟型公司,通过股东承担亏损来扩展市场。显然,不同成长阶段的公司会有不同的定价策略。第三,公司追求利润最大化还是规模最大化。不同公司在不同阶段的追求是五花八门的,例如,国企可能比民企更重视规模而非利润,有的公司会在利润高时强调规模,在规模扩张后又强调利润,而降价是追求规模扩张的常规手段。显然,公司追求不同会导致其定价策略不同。

可见,上述几点都会影响保险价格,但传统保险经济学的供给分析显然落墨严重不足。

三、未分析"风险成本不可预知"的保险产品定价问题,找不到保险市场的杀价底线

在传统的经济学供给分析中,需要通过预测产品的成本结构,包括固定成本、可变成本、边际成本,以及平均固定成本、平均可变成本和平均总成本,来分析追求利润最大化(或亏损最小化)的公司在各种市场条件下的产品定价。

一般商品的生产成本通常是清晰可预见的,但部分保险产品的生产成本[①]是无法预知的,尤其是保单销售出去后才发生的风险成本或赔付成本。即当保险标的很少、或保险期限很长、或属于缺乏风险数据的新业务时,保险公司的未来赔付成本是高度不稳定或不可预知的[②]。

成本无法预知,该如何定价呢?保守一点会定价较高,冒险一些会定价较低。事实上,无论是保守定价还是冒险定价,其实都是一场赌博,都是一种冒险,因为赔付(现值)都可能超过甚至严重超过纯保费(现值)。因此,风险成本不可预知的保险产品定价,必然是"赌博型定价"。

更重要的是,从价格竞争来看,这给了保险公司制定更低价格的理由,会诱发制定更低价格的冲动,这会严重降低保险定价的底线,导致极端的杀价竞争。

上述内容是传统保险经济学供给理论没有涉及的。

四、对价格管制关注不足,无法解释保险行业的各种"市场乱象"

通常情况下,价格是由市场供求决定的,即所谓"市场价格"。但在保险市场上,由于担心保险公司之间的恶性价格竞争可能危及保险业的偿付能力或客户利益,监管层对保险价格或保险费率进行了管制,价格管制思维基本遵从精算定价原理。但从经济学思维来看,具有一定市场势力的保险公司会根据其成本结构和面临的需求曲线确定一个最优定价,以实现利润最大化。

由于两种思维方式下的保险定价几乎不可能一致,这就导致,价格监管思维"精算定价思维"与公司定价思维"利润最大化导向的定价思维"必然产生矛盾。于是,在价格监

---

① 这里将保险公司的供给行为视为生产行为,将其供给成本称为生产成本,听起来可能会有些奇怪。读者可以参看法尼著,张庆洪译的《保险企业管理学》,该书也采用了保险生产和保险生产成本这样的说法。

② 这里所说的"风险成本不可预知",其实主要是指风险成本高度不稳定,但由于保险产品特有的"先销售、后发生风险成本"特性,本书就将其称为"风险成本不可预知"了。

管规定下,保险公司必然会出现各种应对行为,产生各种奇异的"市场乱象"。但传统保险经济学对此严重缺乏关注。

五、大幅落墨于逆选择和道德风险问题,忽略了远为重要的"保险需求疲弱"对保险市场的影响

传统保险经济学往往大谈道德风险和逆向选择问题,却忽略了本书在行为保险需求理论中阐明的"低估小概率风险导致保险需求疲弱"问题。但事实上,"低估小概率风险导致保险需求疲弱"才是影响保险市场(包括保险供给)的最大因素,其影响程度远高于逆向选择和道德风险。

原因很简单,逆向选择和道德风险的前提都是人们能够准确评估风险,但这一前提或假设根本就不成立。正如行为保险需求理论中阐明的那样:愿意积极购买保险的,是那些高估风险的人,而高估风险者并不一定是逆选择理论所预期的高风险者;不愿意来买保险的,是那些低估风险的人,而低估风险者并不一定是逆选择理论所预期的低风险者。

而对于保险承保的典型风险"小概率、大损失风险"而言,低估风险者往往占大多数,且风险的发生概率越低,低估风险者占比就越高。因此,出险概率很低的时候,愿意买保险的人很少。人家不愿意买保险,何来买了保险之后才有的道德风险?何来保险公司依据预期道德风险进行提价导致的保险需求降低问题?

六、没有回答"高尚的产品为何导致落魄的行业形象"这一行业重要问题

我曾经在课堂上无数遍地演示保险产品的互帮互助本质,听过课的同学们没有不说保险好的;不仅不认为不好,还会认为保险产品非常高尚。

问题是,经营如此高尚产品的保险公司和保险行业却有着很差的社会形象。不少行内人士畅想着保险行业的未来,认为当我国保险业发展到美国保险业那样发达的程度时,保险业的形象问题就消失了,保险从业人员不但钱袋满了,社会地位也大幅升高了,心情也会无比舒畅。但麦肯锡的研究报告(McKinsey and Company,2010)表明,即便在美国,保险行业的形象在各行各业排名中也是严重靠后甚至垫底的。

上述现象说明,保险行业形象差一定有其固有的、内在的经济学原理。但是,如此明显且重要的行业现象,传统保险供给理论却几乎没有给出任何解释,甚至只字不提,令人遗憾。

第二节　改进思路和行为保险供给理论框架

本节主要针对上一节提出的保险供给理论的六大缺陷,提出改进思路,后面各章实施改进的结果将形成本书的"第四部分:行为保险供给理论"和"第五部分:保险市场的行为经济学"。

一、树立标准保险供给理论

传统保险供给理论内容较多,但并未在消费者完全理性、保险公司完全竞争、公司追

求利润最大化条件下,系统分析保险公司的供给行为。也就是说,传统理论并未清晰描述出,在需求方和供给方均完全理性、市场完全竞争的理想条件下,保险供给行为和保险市场到底呈现什么样的状态。

为此,在对传统保险供给理论进行改进前,第十一章"标准供给理论:理想化的保险供给"分析了消费者完全理性、保险公司完全竞争、公司追求利润最大化假设条件下保险公司的供给行为模式,以便之后进行对比分析和修正。具体内容包括保险公司的偿付风险和最优资本水平、保险公司的销售模式、保险公司的成本曲线与市场均衡价格等。分析结果表明,在消费者理性和市场完全竞争条件下,保险公司的销售模式为"门店＋互联网"模式,并将快速过渡至"互联网"模式;每家保险公司都在销售同样的产品,具有同样的市场规模,具有同样的成本结构和成本曲线;每家保险公司都是市场价格的接受者,市场价格正好等于保险公司的各项成本(包括资本成本)。

二、理论修正和行为保险供给理论框架

接下来,在消费者非理性、保险公司可能无法准确评估风险等更符合实际的假设条件下,针对第一节提出的传统保险供给理论的四大缺陷,本书第四部分"行为保险供给理论"将分四章进行改进。

对强供给和保险代理人现象,将在第十二章"供给改变需求"中进行深入分析。该章假设消费者是非理性的,保险需求疲弱,于是,保险公司采取各种手段,包括产品设计策略、产品组合销售策略、保险代理人制度、各种销售技术等,来改变客户需求。由此,与标准保险供给理论相比,保险公司的实际成本结构和客户的实际需求曲线发生了巨大的变化,保险公司的成本大幅上升了,客户的需求曲线也大幅向上移动了。

对同一保险产品高高低低的价格现象,本书将保险定价分为"风险成本可预知的保险定价"和"风险成本不可预知的保险定价"进行分析。在可以准确评估风险的假设条件下,第十三章"风险成本可预知的保险定价",分析了保险公司在不同成长阶段的保险定价,和追求市场份额而非利润最大化时的保险定价;在无法准确评估风险的假设条件下,第十四章"风险成本不可预知的保险定价"分析了保险公司必然会采用的"赌博型"定价,进而解释了保险公司定价底线与一般公司定价底线的不同之处。我们将会发现,一般商品的成本结构通常是可预知的,产品定价的最低点或底线是"停产点",但由于部分保险产品的风险成本不可预知,导致其定价底线也不可知,随之而来的"赌博型"定价会使保险市场的价格竞争比其他市场更为惨烈。

对价格管制问题,将在第十五章"价格管制及其影响"中进行分析。在分析保险价格监管思维"精算定价思维"与经济学定价思维"利润最大化思维"相互矛盾的基础上,该章分析了价格管制对保险公司行为和保险市场的影响,并以商业车险为例对价格管制及其影响进行了案例分析。

三、理论修正和保险市场的行为经济学框架

接下来,在消费者非理性、保险公司可能无法准确评估风险等更符合实际的假设条件下,针对第一节提出的传统保险供给理论的最后两大缺陷,本书第五部分"保险市场的行为经济学"将分两章进行改进。

对传统保险经济学忽略了"保险需求疲弱对保险市场的影响"这一问题,将在第十六章"保险市场失灵及其解决办法"中进行分析,具体内容包括,传统保险市场失灵理论的"失灵",保障性保险市场失灵的主要原因和基本规律,长期储蓄性保险市场失灵的主要原因,以及保险市场失灵的解决办法。

对传统保险经济学没有回答的"高尚的产品为何导致落魄的行业形象"这一行业重要问题,将在第十七章"保险市场的动态性和行业形象问题"中进行讨论,不仅解释了保险业形象差的原因,还分析了哪些保险产品形象更好,哪些保险产品形象更差。此外,第十七章还分析了保险需求的动态性及其供给策略、保险供给的动态性及其应对策略。

此外,针对从2014年兴起的互联网保险这一供给端变革现象,第十八章"互联网保险的行为经济学"对互联网保险的产品选择、产品设计、交易基础、营销价值创造和精准营销进行了行为保险经济学分析。

第十一章　标准保险供给理论：
理想化的保险供给

保险供给理论主要用来描述和解释保险公司的行为，尤其是定价和营销行为。所谓标准供给理论，描述和解释的是追求利润最大化的股份制保险公司，在消费者完全理性和市场完全竞争条件下的行为。标准供给理论的潜在假设还包括：保险公司是同质的，数量很大，没有大小和品牌强弱之分；公司可以自由进入和退出保险市场；保险产品是同质的；保险公司可以准确评估保险标的风险；有一个庞大的资本市场，保险公司可以方便地从资本市场通过支付市场回报率的方式获得资本；等等。

完全竞争市场自然已经有大量存在偿付风险的同质保险公司存在，本章第一节回顾保险公司的产生原理，第二节阐述保险公司的偿付风险，第三节分析保险公司的最优资本水平，理解偿付风险和最优资本有助于理解之后的保险公司成本结构和定价行为，第四节讨论保险公司的销售模式，第五节讨论保险公司的成本曲线和市场均衡价格，第六节说明，基于消费者完全理性和市场完全竞争假设的保险市场是美妙的乌托邦市场，需要更加契合实际的保险供给理论。

第一节　保险公司的产生

标准保险经济学认为，风险汇聚对参与者均有好处，但组织风险汇聚却成本巨大。由于在降低风险汇聚成本方面具有比较优势，保险公司得以产生。

一、风险汇聚的好处

当个体面临风险时，如果个体风险是相互独立的，可以通过参加风险汇聚（risk pooling）安排来降低自身的风险。所谓风险汇聚安排，就是参加者共同承担所有成员的损失，更具体而言，如果每个个体的风险都是相同的，则每个参加者平分所有成员的损失。

例如，张三和李四各有一辆价值 10 万元的汽车，两辆车在下一年都有被盗的可能性，但两车被盗风险是相互独立的。假定每辆车都有 10% 的机会被盗，导致 10 万元的损失；有 90% 的机会不会被盗，没有损失。在面临上述风险的情况下，张三和李四可以维持现状，也可以加入风险汇聚安排（即张三、李四将平分所有损失）。

表 11-1 给出了维持现状和参加风险汇聚安排两种情况下张三或李四的损失分布，可以看出，风险汇聚不改变每个人的期望损失，但将损失的标准差由 3 万元减少到 2.12 万元。标准差减少的原因是，汇聚安排改变了每个人面对的损失分布，减小了极端值（0 和 10 万元）的出现概率，增大了中间值的出现概率。

表 11-1　张三(或李四)在参加或不参加风险汇聚下的损失分布

	张三或李四	承担的损失额(元)	概　率
没有风险汇聚	没有被盗	0	90%
	被盗	100 000	10%
期望损失＝1万元,标准差＝3万元			

	张三或李四	承担的损失额(元)	概　率
两人风险汇聚	张三、李四均没有被盗	0	81%
	张三被盗、李四没有被盗	50 000	9%
	张三没有被盗、李四被盗	50 000	9%
	张三、李四均被盗	100 000	1%
期望损失＝1万元,标准差＝2.12万元			

　　如果王五也面临同样的风险,也加入上述风险汇聚安排,三人平分所有损失,则,三辆车同时被盗的概率降至 0.1%,每个人承担 100 000 元损失的概率被降至 0.1%,结果是,每个人的标准差进一步减少,但每个人的期望损失仍保持在 1 万元,每个人的风险进一步降低了。

　　可以预见,当更多的具有相同损失分布的车主加入汇聚安排时,每位车主的期望损失仍然保持不变,但出现极端值或承担极端损失(0 元和 10 万元)的概率进一步减小,标准差继续减小,风险汇聚进一步降低了每个人面临的损失风险。

二、风险汇聚的极致——达到大数定律

　　当风险汇聚安排的参加者越来越多且各自的风险相互独立时,在极限情况下(参加者无穷多时),每个参加者的损失分布的标准差将非常接近于零,这意味着每位参加者的风险可以忽略不计了,这就是大数法则的作用。

　　也就是说,风险汇聚的作用是,当参加者的数量很大时,每个参加者承担的损失(平均损失)非常接近于每个参加者的期望损失值,而且,每个参加者承担的损失的不确定性非常小,可以忽略不计。

　　上述分析建立在风险汇聚参加者的风险相互独立的假设之上。事实上,除相互独立之外,参加者风险之间还可能是正相关或负相关的,负相关的风险可以相互对冲、相互抵消,但正相关的风险则可能带来巨灾风险。例如,同一区域不同标的的地震风险和台风风险是正相关的,地震或台风的发生会造成大面积灾难。但是,只要不同标的的风险不是完全正相关,风险汇聚都会起到降低风险的效果,而且,正相关性越弱,风险汇聚效果(风险降低效果)越明显。

三、保险公司的出现

　　1. 风险汇聚的成本

　　既然风险汇聚能够降低每个参加者的风险,那么,对于厌恶风险的人来说,他们迫切

希望参与风险汇聚安排以降低甚至消除自己的风险。

但是，进行风险汇聚安排需要成本，尤其是要进行规模很大的风险汇聚安排时。这些成本包括：① 分销成本，吸纳参加者的营销成本和签订风险共担合同的协议成本；② 核保成本，评估参加者风险大小，确定其是否可以加入风险汇聚安排的成本；③ 理赔成本，出险后处理索赔事件所花费的成本，如评估损失大小、控制索赔欺诈等的成本；④ 收集成本：与后期发明的保险运作机制不同，风险汇聚安排是在风险事故发生后才向每个汇聚参加者收集其应分担损失的，这部分花费称为收集成本。

由于与风险汇聚相关的一些事项需要所有参加者的参与和协商，风险汇聚运作起来显然成本很大。尤其是，要在数量庞大的参加者之间达成大家均认可的汇聚协议和运作方法，非常困难，或者成本巨大。简单想象一下，如果通过建立微信群来沟通，一方面微信群的入群人员数量有上限，另一方面微信沟通可能无法达成复杂的汇聚协议；如果要把大家聚集起来开个现场会议，在参加者数量庞大的情况下，是无法找到如此大规模的会场的，即便找到了，比如某个大型露天广场，大家也没法有效地协商。那是不是还需要实行代议制呢，每个小群体选举一些代表进行开会和协商；所有这些都需要花费巨大的时间和金钱成本。

2. 汇聚安排成本促成了保险公司的产生

保险公司的出现，使得所有汇聚参加者仅须面对保险公司即可，而不需要每个参加者都去面对其他所有的汇聚参加者，保险公司作为一个中介平台统一与所有参加者协商并签订协议，极大地降低了风险汇聚成本。此外，保险公司可以雇佣各种专业人员进行各个环节的专业操作，如收取保费、核保、理赔等，专业化和分工显然可以大幅提高效率，从而降低整个汇聚成本。

此外，保险公司还可以采取事前收费、事后理赔的方式来降低运作成本，因为，原始的事后收费可能会遇到一些未遭受损失的参加者的抵制。

正是由于保险公司可以降低风险汇聚成本，才使得风险汇聚变成了一个成本收益可行的风险管理安排，促成了风险汇聚的实现，也促成了保险公司的产生。①

第二节　保险公司的偿付风险

一家保险公司成立后，即便保险公司可以准确评估风险，按照准确评估的期望损失收取纯保费，也可能出现收不抵支的状况或存在偿付风险。根本原因是：虽然承保保险标的数量增多可以降低承保风险，但是，即便承保的同质标的足够多，保险公司的总赔付仍具有一定的不确定性。

一、不考虑准备金投资（仅考虑负债端）的偿付风险

下面的分析忽略保费创造的准备金产生的投资收益，或者说分析的是仅考虑承保业务（或负债端）条件下的偿付能力问题。

---

① 进一步地，随着互联网技术逐步盛行，人们对风险管理和保险的需求逐步升高，更具成本比较优势的网络互助平台产生了，其工作内容本质上也是风险汇聚。

保险公司的基本运作模式是先收保费，后提供风险保障和保险赔付。保费与赔付的重大区别在于，无论保险公司承保多少同质风险标的，保费总收入是固定的，但保险总赔付是有不确定性的。因此，无论保险公司承保多少同质风险标的，总结而言，仍存在收不抵支的风险。

例如，假定一家保险公司承保一年期定期寿险，每张保单的保险金额均为1元，每个被保险人在一年内的死亡概率均为0.1，每张保单的纯保费等于期望损失1元。[①] 假设仅考虑纯保费和保险赔付，不考虑附加保费或保险公司的其他开支和利润，且纯保费按期望损失确定。可以预见，保险公司的收入就是承保保单的纯保费，支出就是对客户的赔付，收入与支出的主要区别是，无论保单数量是多少，保险公司的收入是确定的，但支出（或赔付）是一个概率分布，或支出是不确定的。通过计算，随着承保保单数量的增加，保险公司收入和支出如表11-2所示，由于支出是一个概率分布，所以用期望值、方差、标准差和变异系数（＝标准差/期望值）来描述。

表 11-2　保险公司的收入和支出随保单数量的变化情况

保单数量	收　入	支　出			
		期望值	方　差	标准差	变异系数
1	0.1	0.1	0.09	0.300 0	3.000 0
2	0.2	0.2	0.18	0.424 3	2.121 3
3	0.3	0.3	0.27	0.519 6	1.732 1
4	0.4	0.4	0.36	0.600 0	1.500 0
5	0.5	0.5	0.45	0.670 8	1.341 6
6	0.6	0.6	0.54	0.734 8	1.224 7
7	0.7	0.7	0.63	0.793 7	1.133 9
8	0.8	0.8	0.72	0.848 5	1.060 7
9	0.9	0.9	0.81	0.900 0	1.000 0
10	1.0	1.0	0.90	0.948 7	0.948 7
…	…	…	…	…	…
100	10.0	10.0	9.00	3.000 0	0.300 0
…	…	…	…	…	…
1 000	100.0	100.0	90.00	9.486 8	0.094 9
…	…	…	…	…	…
1 000 000	100 000.0	100 000.0	90 000.00	300.000 0	0.003 0

注：假定保险公司仅收取纯保费，纯保费＝期望损失。

从表11-2可以看出，第一，无论承保同质标的数量如何，保险公司的收入是确定的，但支出（赔付）是不确定的。这说明，仅靠纯保费，保险公司面临收不抵支的风险，即偿付

① 本案例来源于法尼著，张庆洪等译的《保险企业管理学（第三版）》，经济科学出版社，2002。

风险。进一步地,按照精算定价的思路,保险公司可以通过收取安全附加保费来降低自己的偿付风险,降低自己偿付能力不足的概率。但是,由于支出分布的尾部很长,且安全附加的收取额度受到市场竞争的抑制,保险公司必然还存在一定的偿付风险,可能需要股东投入资本来应对。

第二,随着承保同质标的数量的增长,支出分布的标准差在持续扩大,但变异系数在逐渐缩小。这说明,尽管同样面临收不抵支的风险,但随着承保标的数量的增加,在保证同样偿付能力的条件(如以95%的概率保证足额赔付)下,保险公司需要的"额外资金与保费收入之比"越低,即,"(安全附加保费+股东资本)/保费收入"逐渐降低。

下面结合上述案例作进一步分析和体会。假定保险标的数量 n≥1 000 后,总赔付近似服从正态分布。则 n=1 000 时,期望值=100,标准差≈9.5,"盈利(=收入-支出)"的分布如图 11-1 所示;n=1 000 000 时,期望值=100 000,标准差=300,"盈利(=收入-支出)"的分布如图 11-2 所示。

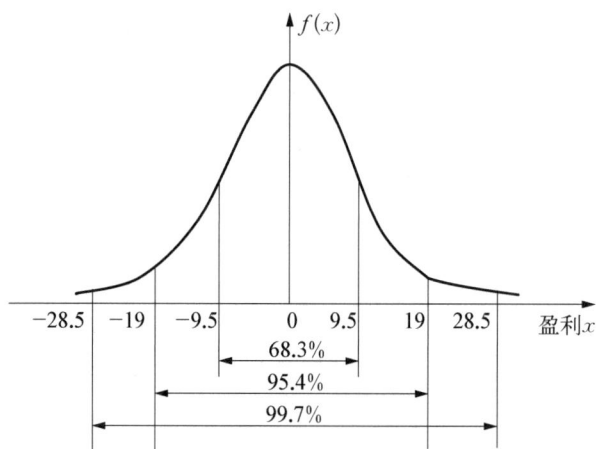

图 11-1　承保标的数量为 1 000 时盈利的概率分布

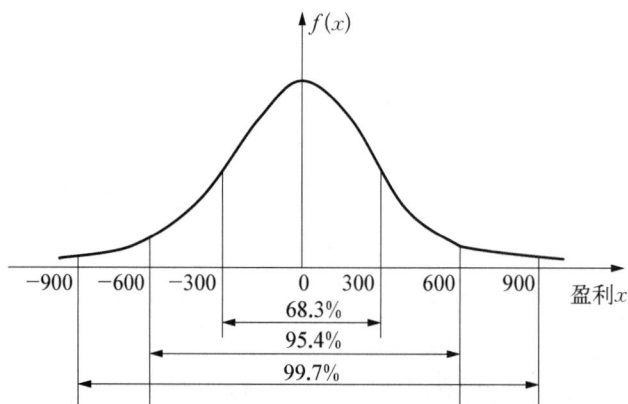

图 11-2　承保标的数量为 1 000 000 时盈利的概率分布

可以看出,第一,虽然承保标的数量为 1 000 000 比承保标的数量为 1 000 的盈利概率分布更分散,但是,当假设总赔付近似服从正态分布时,保险公司的亏损概率没有变化,仍然为 50%。

第二,由于承保标的数量为 1 000 000 时的收入远高于承保标的数量为 1 000 的收入,导致前者的变异系数 0.003 远低于后者 0.094 9。这意味着,如果保险公司收取同样比例的安全附加保费,承保同质保单数量越多,偿付风险越低。这一点可以通过下面的案例分析进一步体会。

例如,如果保险公司收取的安全附加保费为纯保费的 2%,则上例中,承保标的数量分别为 1 000 和 1 000 000 时,安全附加保费分别为 2 和 2 000,保险公司盈利的概率分布分别变为图 11-3 和图 11-4。

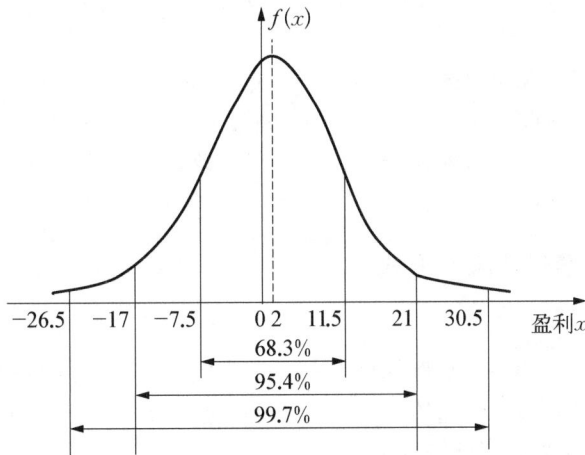

图 11-3 承保标的数量为 1 000 时盈利的概率分布(收取安全附加保费)

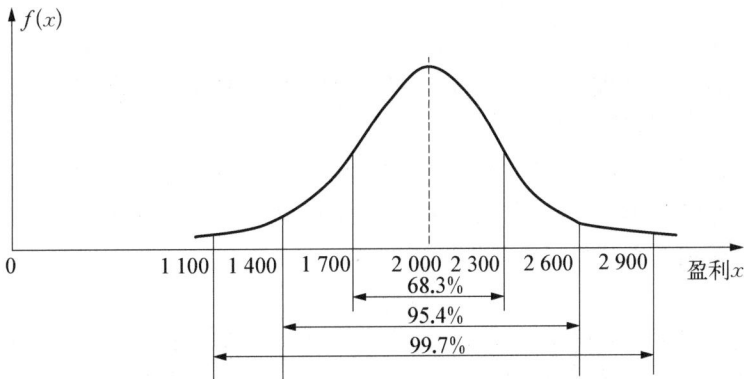

图 11-4 承保标的数量为 1 000 000 时盈利的概率分布(收取安全附加保费)

可以明显看出,在可以收取一定比例安全附加保费的情况下,承保保单数为 1 000 时,保险公司仍有很大的可能性发生亏损或出现偿付能力不足,但承保保单数为 1 000 000 时,保险公司的亏损概率几乎为零。

二、考虑准备金投资(资产端)后的偿付风险

对于短期保障性保险来说,保险定价往往会考虑准备金投资收益的支撑,即准备金投资收益率越高,保险定价可以越低。但是,保险定价是基于准备金投资收益预期来确

定的,保单卖出后,准备金投资收益率可能低于预期,进而可能导致偿付风险。

对于长期人身险来说,通常都具有一定的储蓄性或保单现金价值,会在销售时对客户做出储蓄利率的承诺,普通保险承诺按预定利率支付现金价值利息,分红险和万能险则承诺保证利率或保底利率。因此,保险公司除面临事故给付(如死亡给付、疾病给付)的不确定性之外,还面临长期的准备金投资收益的不确定性,可能出险投资收益率无法覆盖保险定价时确定的保单预定利率或保证利率的情形。而且,由于人身险保单期限过长,最长可达 105 年,导致保险公司面临巨大的投资收益不达预期导致的偿付风险。

第三节　保险公司的最优资本水平

保险公司一旦出现无偿付能力(即赔不出钱)问题,就会失去消费者的信任,而且会对整个社会传递出保险业不可靠的信息,可能引发集中退保等社会问题,因此,保险公司有效应对偿付风险异常重要。保险公司应对偿付风险的方式很多,但最重要的或最终的方式,是通过股东投入资本来应对。

一、保险公司应对偿付风险的方式

1. 承保更多保险标的

显然,就保障性业务来说,承保的同质保险标的越多,总赔付的相对分散程度(变异系数)越小,在安全附加保费相同的情况下(如均为纯保费的 2%),未来赔付超出纯保费收入的可能性越小,保险公司就越安全。

但是,保险业务数量不是保险公司想做多少就做多少的,这一应对策略会受到现实限制。

2. 收取安全附加保费

显然,在承保标的数量一定的情况下,安全附加费率越高,未来赔付超出保费收入的可能性越小,保险公司就越安全。

但是,收取附加保费意味着提高价格,而提高价格必然受到市场竞争的约束。尤其是在标准的完全竞争市场条件下,每家保险公司都是市场价格的接受者而不是定价者,想要通过提高价格覆盖偿付风险是不可能的。

3. 再保险

保险公司可以通过将已承保业务部分分出的方式来降低自己的偿付风险,分出方式可以分为比例再保险和非比例再保险。

以比例再保险为例,假设有 A 和 B 两家财产保险公司,分别在中国北方和南方开展财产保险业务,2019 年,两家公司收到的保费均为 10 亿元,总赔付的概率分布相同,总赔付的期望值均为 6 亿元。假定南方财产风险与北方财产风险的发生原因不同且不会相互影响,两家公司的承保风险是相互独立的。此时,如果 A 公司将自身保险业务的 50% 分给 B,B 也将自身保险业务的 50% 分给 A,则两家公司的保费收入仍然分别为 10 亿元,但 A 或 B 的总赔付的概率分布却由于相互独立风险的汇聚而变得更加集中了(变异系数降低了),由此,在安全附加保费不变的条件下,两家公司偿付能力不足的概率都降低了。

此外,保险公司也可以通过超赔再保险(非比例再保险)方式直接将尾部风险切割转移出去,大幅降低自己的偿付风险。

因此,仅仅是通过保险公司之间的分入分出,就可以降低个别保险公司和整个行业的偿付风险。

4. 管理投资风险

将准备金投资考虑进来,会发现准备金投资有收益也有风险,而投资风险也可能危及保险公司偿付能力,因此,管好投资风险也是提升偿付能力的手段。

保险准备金投资主要包括股权投资和债权投资,股权投资相对债权投资的风险要大一些,因此需要控制股权投资的比例。此外,无论是股权投资还是债权投资,其内部又可分为风险较高的资产和风险较低的资产,预期收益率较高的资产和预期收益率较低的资产,期限较长的资产和期限较短的资产,保险公司需要通过构建合理的投资组合,在控制风险的条件下追求尽可能高的收益率,并保证一定的资产负债匹配水平。

5. 股东投入资本来应对风险

类似于向客户收取安全附加保费,保险公司也可以由股东直接投入资本来应对偿付风险。将股东资本与保费收入合并,共同应对赔付风险,偿付能力不足的概率自然会降低。而且,在保险业务数量和业务质量一定的条件下,股东投入的资本规模越大,保险公司偿付能力不足的概率越低。

事实上,各种风险管理方式具有相互替代性,比如,股东投入资本越多,对再保险的需求就会降低,保险公司也可以承担更大的投资风险;反之,安排更多的再保险,对投资风险进行更严格的管控,可以降低股东投入的资本数量。

但无论如何,资本都是保险公司应对偿付风险的最后一道防线。

对于股份制保险公司而言,通常会由股东出资注册成立保险公司,股东出资的一部分花在了公司初期的运作,如房租、培训和薪水等方面,剩余的则形成公司最初的资本,用来应对可能的超额赔付问题。此外,在保险公司运营期间,随着保险业务数量增多,公司资产和负债规模增大,可以通过发行股票、将利润留在公司、发行资本债券等方式增加资本,以提高公司的偿付能力。

二、保险公司持有资本的成本

要想让投资者向保险公司注入资本,就需要向投资者提供市场化的资本回报率,或者说,需要提供投资者将资金投资到其他地方、承担类似风险可以获得的回报率,简称市场回报率。

为方便分析,以下分析均以"与保险公司投资组合完全相同的基金"为参照物进行比较分析,假定该基金的税后投资回报率就是市场回报率。

1. 税收因素抬高保险公司资本成本

首先应该考虑到的是,保险公司持有资本的成本并不是投资者得到的市场回报率,因为保险公司可以将资本去投资获得一定的投资收益率,所以,保险公司持有资本的成本,应该从"提供给投资者的市场回报率"中扣除"资本在保险公司本来可以获得的投资收益率"。其次需要考虑的是,与参照物"与保险公司投资组合完全相同的基金"相比,资本进入保险公司获得投资收益需要缴纳更多的税收,导致将资金投入保险公司做资本的税后投资收益率远低于投入基金获得的税后投资收益率。

假定投资者面临两个投资机会,一是将钱投入保险公司做资本,二是将钱购买"与保险公司投资组合完全相同的基金",保险公司资本与基金的税前投资收益率完全相同,我们比较一下投资者从两种机会中获得的实际税后投资收益率。

当投资者将资金投入保险公司作为资本时,资本的投资收益首先需要缴纳增值税(部分投资收益需要交纳,我国目前税率多为3%),投资收益成为公司利润后要缴纳企业所得税(我国税率为25%),最后,投资者从公司领取剩余利润或红利时,还要缴纳个人所得税(我国税率为20%);而当投资者购买基金后,基金公司会收取一定的管理费,部分基金投资收益也要缴纳增值税(税率多为3%),但是,基金投资收益几乎不需要缴纳企业所得税和个人所得税。因此,将钱投入保险公司做资本比投入基金要缴纳更多的税收,导致前者的实际税后投资收益率显著低于后者,由此导致保险公司需要承担一定的资本成本。

例如,如果基金税后回报率为8%,但保险公司资本的税后投资收益率为4%,则保险公司持有资本的成本率=8%−4%=4%。

2. 股东风险厌恶抬高资本成本

与投资到"与保险公司投资组合完全相同的基金"不同的是,入股保险公司的投资者除了需要承担投资组合的投资风险外,还需要承担保险公司的偿付能力风险。

例如,投资者投入资本后,如果这些资本面临的偿付能力不足的概率为0.5%,意味着这些资本有0.5%的概率会为保险赔偿填窟窿;当然,反过来看,保险公司也有赔付低于预期的可能性,此时,投资者的资本不但不需要填窟窿,还可以获得超额投资回报。

因此,投资者的风险分散程度或风险态度也会对保险公司的资本成本造成影响。对于可以通过资本市场完美分散风险的保险公司投资者来说,保险公司资产通常只是其资产组合中的很小一部分,即便保险公司遭遇巨灾赔付,投资者的资本被保险公司用来赔偿客户,该投资者的资产组合也只会受到很小的负面影响,这样的投资者其实风险中性的,并不在乎保险公司的偿付能力风险,保险公司基本不需要为其提供额外的风险回报。反之,对于那些主要持有保险公司资产或者保险公司资产在其资产组合中有较大占比的投资者而言,保险公司的巨灾赔付显然会对其资产组合产生较大的负面影响,标准经济学通常假定这些投资者是风险厌恶的[①],要求保险公司提供更高的回报。

3. 保险公司的资本成本

综上所述,保险公司持有资本的成本,第一是由保险公司的多重征税形成的,即是由资本投资收益需要缴纳企业所得税和个人所得税导致的,第二是由保险公司重要股东的风险厌恶导致的,两者都需要保险公司给予补偿。

保险公司如何补偿股东资本成本呢? 或者说,钱从哪儿来呢? 当然是要通过保险业务赚钱来补偿,换句话说,在资产投资收益一定的情况下,保险公司需要通过提高保费水平来覆盖资本成本。显然,在保险业务量一定的情况下,保险公司持有的资本越多,在偿付能力增强的同时,需要支付的资本成本也就越高,保单价格水平也越高。

---

① 事实上,保险公司的股东并不一定是风险厌恶的,我们会在后面分析股东风险喜好对公司经营行为的影响。

三、保险公司对持有资本量的权衡

1. 保险公司的最优资本水平：单个公司的考量

保险公司如何决定要持有多少资本呢？保险公司持有资本的目的是为了降低偿付风险，满足客户的索赔要求，我们可以从两个极端进行分析。

一个极端是保险公司没有任何资本，保险价格比较低廉，但保险公司出现无偿付能力（或赔不出钱）的概率很高，很可能高达50％，这会让理性的客户很不放心，于是保险购买意愿很低，保单卖不出去几份。

另一个极端是保险公司将资本水平提高到极限，保证绝对的偿付能力，需要多少资本呢？以承保保障性保险的保险公司为例，忽略投资风险，保险公司需要计算每张保单的最大可能赔付额，将所有保单的最大可能赔付额相加得到公司的最大可能赔付额，再减去"保费收入扣除公司各种营运成本之后的余额"，就是公司需要准备的资本数额。这样的资本数额会远超保费规模，由此形成庞大的资本成本，造成昂贵的保险价格。按照经济学中的需求定律，这会大幅降低保险需求，保单也卖不出去几份。

所以，在没有保险监管的条件下，保险公司的资本水平需要在两个极端之间进行平衡，理论上应该可以找到最优点，在最优资本水平下，保险销量达到了最大化。如图11-5所示。

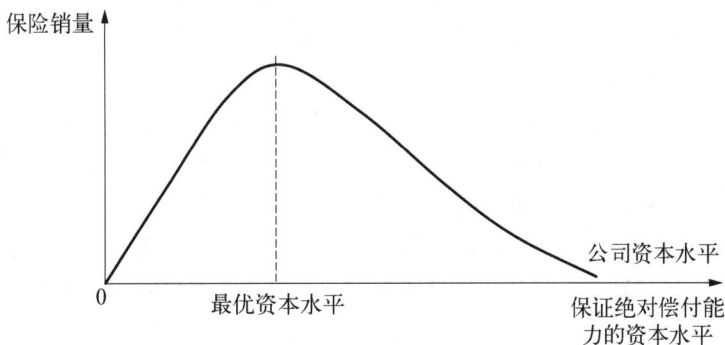

图 11 - 5　保险公司产品销量与资本水平之间的关系

2. 保险公司的最优资本水平：市场均衡的考量

在完全竞争的市场条件下，保险公司可以无成本地自由进入或退出保险市场。在某一时刻，如果市场上保险公司的资本水平普遍较高，保险产品价格一定普遍较高，同时也意味着保险公司的会计利润绝对额较高。这一定会吸引新的进入者，而新进入者可以通过降低资本水平进而降低保险价格的方法迅速获得市场，并保证投资者获得较为理想的投资回报。

因此，在市场完全竞争条件下，在投资者可以通过资本市场完美分散风险的条件下，假设没有保险监管，不考虑保险准备金投资收益，市场均衡的保险价格水平一定会被降低到一个最优的程度，这个最优资本水平对应着理性客户可以容忍的最高偿付风险水平。当然，如果投资者无法完全分散风险，意味着保险公司股东是风险厌恶的，保险公司的资本水平会较高一些。

可以想象,随着保险公司或保险行业资本水平的增加(或偿付能力的提升),保险销售量应该会先升后降。因为偿付能力上升会导致客户信任度增强和需求量增加,但偿付能力过高则会导致保险价格过高进而降低需求量。由此推断,市场均衡的资本水平应该是这个倒 U 形销售量曲线的顶点对应的资本水平。而在完全竞争的市场均衡条件下,此时的保险价格正好可以覆盖保险经营的各种成本,包括资本成本。

我相信,在消费者完全理性和市场完全竞争的条件下,从单个公司角度分析的最低资本水平和从市场均衡角度分析的最优资本水平,应该是一致的。

第四节 保险公司的销售模式

标准经济学中,企业的目标通常是追求利润最大化,由于保险公司经营面临不确定性,保险公司只能追求期望利润最大化,所以,本节主要讨论追求期望利润最大化的保险公司的分销模式。

一、期望利润最大化

在标准经济学中,企业的目标是追求利润最大化,但是,追求利润最大化这一目标其实只适用于那些在可预测环境中经营的公司。

保险公司是因风险汇聚而生的,其主营业务面临着很大的不确定性,即在一定的保费收入下,保险公司的赔付支出、提取保险责任准备金和投资收益等都存在较大的不确定性。赔付支出的不确定性在第二节"保险公司的偿付风险"中已经讨论过了;市场利率和股市的上下波动往往会造成保险公司投资收益的波动,市场利率的变化还会导致提取寿险责任准备金和长期健康险责任准备金数额的巨大变化,导致人身保险公司营业成本的大幅波动。上述变化都会严重影响保险公司的利润水平。

因此,保险公司的利润有极大的不确定性,保险公司只能追求期望利润最大化而非利润最大化。当然,当面对上下波动的利润时,风险厌恶的保险公司股东或投资者会获得额外的风险溢价或回报。在可以获得包含风险溢价的市场回报率的预期下,理性的保险公司决策者能够容忍短期的利润波动,并追求长期利润总和或长期平均利润的最大化(即期望利润最大化)。

二、期望利润最大化下的保险销售模式:门店+互联网

如第三章所述,在保障性保险标准投保决策理论之下,在附加保费可以接受的情况下,人们的投保意愿强烈。而附加保费水平取决于保险公司的营运成本,包括分销成本、理赔成本和公司管理成本的高低。

1. 附加保费水平不高、保险需求旺盛

从理赔成本来看,只有出险才需要理赔,才需要支出理赔费用,所以,保险理赔费用总体来说是比较低的。此外,从产品设计来看,保险公司还可以通过提高保单免赔额来大幅降低保险理赔费用。(理性的投保人本来就会选择较高的保单免赔额,正好吻合了保险公司通过高免赔设计降低理赔费用的目标。)

从公司管理成本来看,包括核保管理、信息系统管理、人力资源管理、财务管理等费

用开支,其中,可能比较大的是核保成本和信息系统管理成本。总体而言,公司营运成本类似于固定成本(不精确),存在一定的规模经济,即保单数量增多,单位保单的管理成本就越低。

从分销成本来看,分销成本的高低主要取决于客户的购买意愿,客户购买意愿越强烈,保单销售越容易,保单分销成本就越低。标准保险经济学认为,人们不但愿意支付附加保费,还很容易理解保险产品①,因此,只要保险公司将自己的产品陈列在商店柜台中,或陈列在自己的网站上,消费者就会积极主动地,而且能够几乎不费成本地进行选择和购买。与其他刚需产品的销售类似,在保险销售中,并不存在劝说或鼓动客户购买保险的销售环节,只有劝说客户购买某家公司某款产品的环节。而保险产品也没有什么仓储物流成本,因此,在标准经济学中,保险产品的交易费用或分销成本很低。

总体而言,客户购买意愿强劲导致保险分销成本很低,保险分销成本低导致附加保费低,附加保费低导致保险购买意愿强劲,……,在这样的循环力量推动下,保险需求旺盛。

2. 主流保险分销方式：门店＋互联网

可以想见,在人们投保意愿强烈的情况下,保险公司完全可以通过开设门店销售绝大多数保险产品,门店的数量要多但店面不需要大,因为保单陈列并不需要占用很大的空间。

我们可以想象,在城市的街道上,每个便利店或每个商业银行网点旁都有一家甚至几家保险专卖店,门面不大但装修精致,悬挂醒目的保险公司或保险中介公司Logo,销售各种保险产品,人们则自发前往门店进行选购。如果消费者对保险产品不够熟悉和理解,晚饭后遛弯时多去几趟附近的保险小店,与保险小店的小妹多聊几次,就什么都明白了。

在互联网普及后,人们则越来越多地通过保险公司官网、淘宝、天猫、京东等互联网平台用电脑或手机下单购买,由于只是购买一纸协议,也不需要快递寄送,只需从网上下载电子合同和电子发票,互联网交易会逐渐成为最主流的保险销售渠道。

3. 不会出现保险代理人制度

人们投保意愿强烈意味着保险销售员不需要约客户见面,不需要劝说和鼓动人们购买保险,只需要劝说人们购买某家公司的某款产品,而理性的消费者具备货比三家的能力,自然也不会出现保险业现在普遍流行的成本高昂的保险代理人制度。

第五节　公司成本曲线与市场均衡价格

按照标准经济学,在完全竞争市场条件下,保险公司是市价接受者,其产量则取决于其成本曲线。因此,本节先讨论保险公司的成本结构,然后画出保险公司的成本曲线,最

---

①　很多论文都在讨论产品复杂性对消费量的影响,通常都认为,产品复杂性越高,消费者越难理解,买的就越少,这一点是确定无疑的。但是,并不能因此推断说,因为保险产品很复杂,所以购买的人少了很多。原因是,假定有两类都挺复杂的产品,一类是汽车,另一类是保险,假定两者的复杂程度是相同的(事实上很难相同,而且前者往往比后者还要复杂),但人们更喜欢汽车,在购买汽车欲望过于强烈时,对复杂汽车产品的学习动力也非常强大,于是复杂性并不会成为汽车交易的巨大障碍。对,我的意思是说,喜欢会战胜复杂性,不喜欢才会导致复杂性真的成为交易障碍。

后找到市场均衡价格和公司均衡产量。

一、保险公司的成本结构

供给分析的基础是知晓公司的成本结构,知晓公司的固定成本、可变成本、总成本和边际成本,进而画出平均可变成本、平均总成本和边际成本曲线,即三种成本随产量的变化情况。

这里需要注意的是,虽然用词是"成本",但经济学中的供给分析是对未来生产进行决策,阿尔钦称为"生产规划"[①],因此,上述所有成本都是面向未来的,是对生产成本的估计。

在本章开篇的假设条件(完全竞争、消费者理性、公司决策者风险厌恶、没有保险监管等)下,保险公司的成本结构特点如下:

保险公司的固定成本,是不生产销售也要支付的费用,主要包括:总公司和分公司的房租、水电费、各部门办公费、交通费和差旅费,以及各级管理人员的薪酬福利等。如果使用自有物业或写字楼办公,固定成本不是物业或楼宇建造价值的摊销,而是未来生产期间将其出租的市场租金,即自己使用无法出租的机会成本。

保险公司的可变成本,是指不生产销售就不需要支付的费用,或者说,是随着销量变动的费用,主要包括:核保成本、赔付成本、理赔费用、销售费用、税收和资本成本。其中占比最大的应该是赔付成本。如上一节所述,由于消费者是完全理性的,保险需求旺盛,所以保险公司的销售费用很低。之所以将资本成本归入可变成本,是因为,产量越大,保险公司的偿付风险越大,需要的资本越多,资本成本就越高。从资本供给能力来看,由于保险业所需要的资本仅占资本市场资本供给能力中的很小的一部分,因此,在不考虑保险监管约束的条件下,可以认为保险业的资本供给是充足的,由此,资本成本就是指扣除资本税后投资收益的保险公司要向其股东支付的"与其投资组合和承担风险相称"的税后市场回报。

保险公司的边际成本,是指产量的单位增加带来的成本增加,其实就是单位产量增加带来的可变成本增加额。

读者可能会想到是否应该区分财产保险和人身保险,或者说区分短险和长险来讨论保险公司的成本结构,因为长险的收入和支出都是长期的,而不是短期的。不过,上述分析的各项成本,都会有不同的支出上的时间长度,而这些成本,无论发生时间长短,反映在公司成本曲线中的,都是我们估计的现值,是将该成本的未来现金流出估计出来后折现得到的。

二、保险公司的成本曲线

1. 成本曲线不分长、短期

首先需要搞清楚的是,传统经济学在成本分析或供给分析中,分为短期和长期进行讨论。短期是指一种生产要素之量(如劳动力数量)可变而其他要素之量(如土地数量、机器数量)不变,长期是指所有生产要素之量都可以变。划分短期和长期的原因,是因为

---

① 感兴趣的读者可参看张五常所著的《经济解释(二零一四合订本)》卷二"收入与成本"的第六章"生产的成本"中的第三节"阿尔钦的贡献"。

经济学家以为只调整一种生产要素（如调整劳动力）时间较短，而调整所有生产要素则需要较长的时间。

但是，本书的保险供给分析不区分短期和长期，原因有如下几点：第一，是根据张五常教授在经济解释中的说法："这个以时间分短、长的概念今天已遭淘汰，不是因为调整不需要时间，而是我们无从肯定调整一种生产要素所需要的时间一定比调整多种生产要素为短。"第二，传统的成本曲线，其横轴代表着的产量一般是没有时间的一刹那，而就算横轴代表一段时间的产量，传统上永远是把短期与长期的成本曲线画在同一图形中。因此，时间是相同的，无法区分短期还是长期。① 第三，在保险需求旺盛的假设条件下，保险公司扩大产量太容易了，不就是多卖一些虚拟合同并建立相应的理赔处理能力吗，现在连合同和条款印刷都免掉了，合同和条款都在网络上保存供客户查询和下载。唯一需要跟着销量扩张而增加的生产要素就是资本（理赔能力可用资本来解决），而资本的扩张是相对容易的，并不需要很长的时间。

2. 成本曲线的形状

在本章开篇的假设（完全竞争、消费者理性、公司决策者风险厌恶、没有保险监管等）条件下，下面分析保险公司的成本曲线。

首先需要清楚的是，如阿尔钦所述，成本曲线是针对一个生产计划而言的。我体会，成本曲线所描述的，是生产计划预计的时间内，公司的产量与成本之间的关系，我的理解，这个时间可以是1天、1个月、1个季度或1年，对于保险公司来说，我觉得理解为1个季度或1年比较好。

接下来分析在预计时间内，保险公司的各种成本如何随产量变化。

一是固定成本（FC）和平均固定成本（AFC）。在完全竞争的市场条件下，保险公司都是同质的，没有新旧之分，也没有大小之分。任一保险公司的固定开支，包括总公司和分公司的固定开支，基本是固定的，平均固定成本随产量增加而下降，如图11-6中的AFC曲线所示。

二是可变成本（VC）和平均可变成本（AVC）。可变成本主要包括核保成本、赔付成本、理赔费用、销售费用、资本成本和税收。可变成本肯定会随着保险产量的增加而增加，因为产量增加带来的边际成本肯定是正的。接着分析平均可变成本的变化：首先，随着产量增加，平均期望赔付成本②不会发生变化（但实际平均赔付面临随机波动性，为简化分析，这里忽略这一点）。其次，当产量很低时，即便只配备很少量的理赔人员、销售人员和相关设施，理赔人员和销售人员的工作量也不够饱满，相关设施的使用率也偏低，平均理赔费用和销售费用较高；之后，随着产量增加，平均理赔费用和平均销售费用下降。产量再增加，原有的人员和相关设施就不够用了，需要增加人员和相

① 这也是张五常教授在经济解释中提出来的。之前我总是觉得成本曲线（成本随产量变动）一定有时间因素，否则产量怎么会上升呢？但要是有时间因素，就意味着生产要素可以调整。传统经济学说有的调整快，有的需要很长时间才能调整，这一说法其实已经越来越不符合实际，因为，随着科技和金融的发展（如融资租赁等），原来调整较慢的生产要素现在调整加速了。如政府开发工业用地、招商引资的速度在加快，专业做工业企业产业园的公司越来越多，可以把工厂建设很多前期工作提前完成，工业企业规模扩张的速度比以前快多了。既然生产要素的调整加快了，短期与长期之分的重要性就下降了。

② 赔付成本只能是期望意义上的，而这里考量的是平均可变成本中的平均赔付成本，因此称为"平均期望赔付成本"。

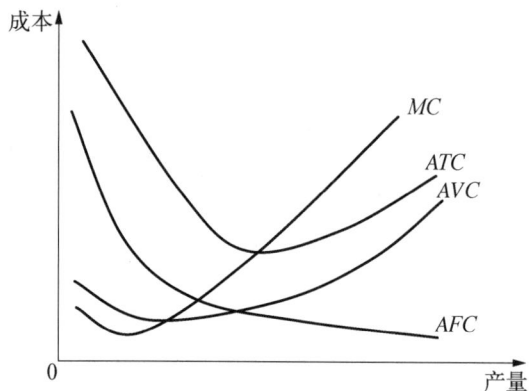

图 11-6 完全竞争条件下任一
保险公司的成本曲线

关设施,而新增人员的专业程度和熟练程度较差,平均理赔费用和平均销售费用会有所上升;如果产量再增加,新增人员的熟练程度会进一步下降,平均可变成本的上升幅度会加大。综合来看,平均可变成本先略降然后缓慢上升最后较快上升,如图 11-6 中的 AVC 曲线所示。

三是平均总成本(ATC)。平均总成本等于平均固定成本(AFC)与平均可变成本(AVC)之和,如图 11-6 中的 ATC 曲线所示。

四是边际成本(MC)。如前所述,在消费者理性、保险需求旺盛的假设下,保险公司的边际成本主要是指赔付成本,也包含少量核保、理赔和销售费用。边际成本是可变成本在边际上的增量,首先,当产量很低时,产量增加的边际成本有所下降(带动平均可变成本下降);产量再增加,边际成本开始上升,当边际成本超过平均可变成本后,带动平均可变成本上升,边际成本曲线正好穿过平均可变成本从下降转为上升的那一点(碗形的底部)。同时,当边际成本低于平均总成本时,拉动平均总成本下降,当边际成本大于平均总成本时,总成本才会上升,因此,边际成本曲线正好穿过平均总成本曲线的碗底。如图 11-6 中的 MC 所示。

三、完全竞争市场下的均衡价格和公司产量

在完全竞争的市场条件下,每家保险公司都是同质的,开发和销售同样的产品,采用同样的销售技术和渠道,有着同样的成本结构和成本曲线。每家公司都没有定价权,都是市场价格的接受者,接受市场均衡价格,阿尔钦称为"受价"。

市场均衡价格在哪里呢? 完全竞争的市场均衡价格正好等于每家公司的边际成本(MC),再等于平均总成本(ATC),如图 11-7 所示。

这里有三点重要含义:第一,市场价格等于边际成本意味着保险公司的边际收益等于边际成本,意味着保险公司实现了利润最大化。第二,保险公司的边际成本曲线与市场价格线相交,决定了保险公司的产量或销量;第三,市场价格等于公司的平均总成本,是在市场竞争压力下形成的。即如果保险公司的平均总成本低于市价,公司盈利,会有更多的公司进入保险市场,进而压低保险价格;如果公司的平均总成本高于市价,公司亏损,会使有的公司退出市场,进而提

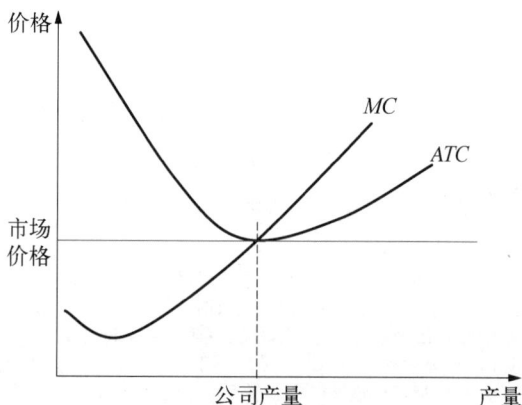

图 11-7 完全竞争条件下任一
保险公司的价格和产量

升保险价格。由此,市场均衡价格一定等于每家公司的平均总成本,每家公司的经济利润均为零。

经济利润为零的市场均衡价格,是指保险公司的收入正好覆盖成本,即"保费收入＋投资收益"正好可以覆盖"总成本",总成本包括固定成本和变动成本。

巧合的是,上述保险价格也正好等于保险公司根据保险精算原理制定的保险价格。因为,精算定价就是基于成本的盈亏平衡定价,正好就是完全竞争市场状态下的均衡价格。精算定价中的保费等于纯保费与附加保费之和,纯保费对应赔付成本;附加保费对应保险公司的其他成本,包括营运成本、税收和预期利润,其中,营运成本费用对应核保、理赔、销售等成本,预期利润就是资本成本的估计值。

完全竞争的市场均衡价格也称为"公平保费",意指保险消费者支付的价格是公平的,公平保费正好覆盖保险公司的各项成本,包括资本成本。[①]

第六节 乌托邦式的完全竞争市场

本章分析了完全竞争市场条件下的保险供给行为,包括成本结构、产量、定价和销售模式等,但是,上述分析与现实世界中的保险市场相去甚远。

一、假设太多且有的相互矛盾

本章的分析其实内含三大假设:

第一,假设消费者是完全理性的,能够准确评估保险公司的偿付风险,并且能够确定一个最优的偿付风险水平。偿付风险高于最优水平,消费者认为风险过大,不愿购买保险;偿付风险低于最优水平,消费者认为公司持有了过多的资本,保单定价过高。在最优偿付风险水平上,消费者愿意通过支付包含资本成本的保险价格来购买保险。

第二,假设保险公司的股东追求利润最大化,而且是风险厌恶的。如果公司存在偿付风险,会要求额外的风险溢价或回报。偿付风险越大,要求的投资回报越高。

第三,假设保险市场是完全竞争市场,而完全竞争本身包含着太多的潜在假设,包括:① 保险公司是同质的,数量很大,规模很小,没有大小和品牌强弱之分;② 公司可以自由进入和退出保险市场;③ 没有保险监管;④ 保险产品是同质的,每家都卖同样的产品,没有保险产品创新这回事;⑤ 保险公司可以准确评估保险标的风险,确定期望赔付或纯保费,进而预知自己的产销成本;⑥ 有一个庞大的资本市场,保险公司可以方便地从资本市场通过支付市场回报率的方式获得资本等。

但上述关于完全竞争的假设①和⑤其实有一定的相互冲突,假设①要求保险公司数量很大但规模很小,但规模很小意味着保险公司承保的保险标的数量较少,进一步意味着保险公司无法准确评估风险,或者即便能够准确评估风险,也会由于标的数量过少而存在赔付的较大不确定性,导致预期成本波动过大。这会进一步导致需要很高的资本才能将其偿付风险控制在一定水平之下。

---

① 公平保费有两种定义,一是指纯保费,二是指完全竞争的市场均衡保险价格,这里是指后者。

二、假设大多不切实际

上述假设基本上都不切实际,例如:

第一,在面对保险和保险公司时,消费者其实是非理性的,不但自身的保险需求疲弱,而且无法准确判断保险公司的偿付风险大小,更无法确定最优偿付风险水平。[①]

第二,保险公司可能追求利润最大化,也可能在某些时候追求规模最大化。保险公司管理层和承保决策者可能在某些时候极度风险厌恶,拒绝接受对公司利润最大化目标有利的业务,也可能在某些时候呈现风险喜好,为实现短期保费目标而低价获取业务,忽视未来赔付风险。

第三,绝大多数完全竞争市场的假设条件,保险市场都不满足,如:① 保险公司不是同质的,规模有大有小,有新入行的公司,也有成熟的公司,不同公司的品牌也有强弱之分;② 由于牌照管制,资本无法自由进入保险市场,退出也不容易;③ 有保险监管机构,对保险市场进行严格的监管,包括产品设计管制、价格管制等;④ 保险产品五花八门,不同公司之间的同类产品总是存在这样那样的区别,保险公司会通过产品创新来扩展自己的市场;⑤ 有时候,保险公司也无法准确评估保险标的风险,进而无法预知自己的产销成本等。

因此,我们需要大幅放松假设,研究现实保险市场上的保险供给行为。

---

① 保险市场上流行着这样的观点:消费者购买保险产品时,不需要考虑保险公司的偿付能力水平高低,因为所有保险公司的保险赔付都有中国保险保障基金(甚至政府)兜底。

第十二章　供给改变需求

看到"供给改变需求",读者可能会联想到著名的萨伊定律"供给创造需求",但两者的含义大不相同。萨伊定律是说,需求一定是由供给创造的,因为只有通过供给生产要素或商品创造了财富,获得了收入,才能转化为消费能力或真实需求[①]。这里讲的"供给改变需求",是指保险公司通过各种供给手段或行为改变客户对保险的看法和购买行为。具体而言,保险消费者的非理性,导致其对保障性保险和长期储蓄性保险的需求都比较疲弱,需求疲弱实际上是说,消费者对保险的效用评价值过低,与理性状态下的保险需求曲线相比,现实的保险需求曲线大幅向下移动了,这对保险供给方形成了巨大的压力。于是,保险公司通过各种手段来改变消费者对保险的看法,提升消费者对保险的效用评价值,推动保险需求曲线向上移动,以提升保险交易量和公司利润,这里称为"供给改变需求"。

此外,在传统经济学中,面对向右下方倾斜的需求曲线,具有一定市场势力或垄断势力的厂商通常会通过各种定价方式,如价格歧视、两部收费、搭售等,来侵占消费者剩余,扩大自己的收益或利润。上述通过定价方式扩大利润,隐含的前提或假设是,消费者对商品的需求是旺盛的,于是,只要通过一些巧妙的几乎不花什么成本的定价方式,不必改变客户的需求曲线,公司就可以扩大自己的利润。但在保险市场中,上述前提或假设并不成立,保险公司面对的是疲弱的需求,需求曲线太过靠近左下方,压得供给方喘不过气来,仅靠定价来追求利润几乎无法生存。保险公司的首要任务,是推动保险需求曲线向上移动,才能有销量,才能活下来。事实上,推动保险需求曲线向上移动,既拓展了量,也提高了价,干得好,公司可以获得高利润。

也就是说,在保险市场上,保险公司追求利润最大化,"拓量"和"抬价"比"定价"更重要。本章讨论保险公司力图改变需求的各种手段,第一节讨论保险公司如何通过产品设计来提升保险产品的吸引力,称为"保险产品的行为学设计";第二节讨论保险公司如何通过"捆绑销售"策略和"买就送"策略来提升保险产品的销量;第三节讨论保险公司如何发明和光大了一种能够迅速扩大销量的制度"保险代理人制度";第四节讨论保险销售人员如何通过各种手段提升客户的保险效用评价值,称为"保险营销的价值创造";第五节专门讨论提升客户效用评价值的独特方法"创造情感价值的五大策略";第六节讨论保险公司如何针对不同产品选择最优渠道,以便降本拓量。结合上述对实际保险供给行为的讨论,第七节分析被供给塑造之后的保险市场,即分析保险公司的实际成本结构和客户

[①]　萨伊的原话是:一种产品一经产出,从那时刻起就给价格与其相当的其他产品开辟了销路。参看萨伊所著的《政治经济学概论》,商务印书馆,1963。

被改变后的实际需求曲线,我们将会看到,通过上述各种手段,保险业成功地推动需求曲线大幅向上移动了。

第一节　契合人性：保险产品的行为学设计

说到底,商业或商品如果不符合人性,不被消费者喜欢,就没有了发展的根基。而受到大脑进化不完美的约束,人性并非完美,人们会有很多非理性行为,在面对保险时尤为如此。直到现在,普通消费者对保险仍存在一些厌恶情绪,尽管也可能理性地认为自己应该购买保险,但仍然对保险这种必然支付保费却不一定获得赔付的产品心生一些厌恶;尽管也可能认为自己需要为退休后的生活早做储备,但仍然对当下交钱未来领钱的养老年金保险心生一些厌恶。这就使得保险产品无法吻合人性的需要,使得保险业缺乏自然发展或正常发展的良好根基。

所谓保险产品的行为学设计,就是要让产品尽量吻合人性的需要,甚至是吻合人性中的非理性需要,进而使人们能够接受本来不愿接受的保险产品。

下文中,第一部分从保险发展历史出发,解释保险产品行为学设计的必要性,第二、三部分讨论保障性保险的行为学设计策略及其对公司的好处,第四部分讨论长期储蓄性保险的行为学设计策略及其对公司的好处,第五部分讨论提升保险体验效用的策略。

一、保险产品行为学设计的必要性

从历史来看,最早的保险产品都是纯保障性的。首先,最早的财产保险是纯保障性的,例如,最早的海上保险是纯保障性的,最早的火灾保险也是纯保障性的。其次,最早的人身保险产品也是纯保障性的。据史料记载[1],最早的人身保险与航海和国际贸易有关,承保船长、商人因海盗袭击等导致的死亡保险,这些保单往往是临时性的、短期的,与一次航行或一单航运生意相关,是纯保障性的。之后,人身保险逐渐将被保险人范围扩展至船员,也是承保海盗袭击导致死亡或被劫持的风险。再之后逐渐将人身保险扩展至各行各业的普通大众和家庭成员。

就财产保险而言,我们可以想象,当1662年伦敦大火发生之后,人们对火灾的恐惧使伦敦居民产生了购买火灾保险的需求,但是随着建筑科技、消防技术和社会安全管理水平的发展,现在的钢筋混凝土建筑物的火灾风险以及其他风险的发生概率都大幅降低了。按照行为保险需求理论,出险概率的降低(以及对风险发生机理的掌握和熟悉)意味着保险需求强度的下降(读者可参看图7-6和图7-8)。现在住在钢筋混凝土建筑物中的居民很少再担心火灾的发生了,对家庭财产保险的需求非常疲弱。[2]

就人寿保险而言,早期从事海上贸易的船长、商人和船员显然风险巨大,出去就不一定能够回来,出险概率高就会推动相关保险业务的发展。但随着造船技术、航行技术、天

① 参看了休伯纳著的《人寿保险经济学》中回顾人身保险发展史的相关内容。
② 尽管总有人提及美国屋主保险(homeowners insurance)的流行,以此来证明中国人缺乏风险意识。但根据一次会议上某全球四大会计师事务所的调研结果,实际情况是,美国大多数居民的房屋结构与我国大多数居民的房屋结构不同,绝大多数人中国人居住在钢筋混凝土结构的住房里,而多数美国人居住在木质结构的房屋里,后者的火灾等风险远高于前者。按照行为保险需求理论,美国人自然会多买屋主保险或家财险。

气预测技术等的发展,从事海上航行的死亡概率大幅下降了,保险需求也会随之下降。此外,当将人寿保险从航运业推广至各行各业人员及其家庭成员时,出险概率可能会进一步降低,这自然就会导致保险公司面临疲弱的人寿保险需求。

就养老年金而言,全世界都存在需求严重不足的情形,被称为"年金谜题",中国保险市场更是如此,消费者对退休前交费、退休后领取年金的养老年金接受度很低。

为此,在资本和保险公司管理人员的推动下,追求利润最大化的保险公司必然会寻求扩张保险业务的方法,从行为学角度改进产品设计使之符合人性,显然是方法之一。

二、针对小概率风险的保险设计策略:增加或放大储蓄功能

不得不承认,多数消费者更喜欢投资而不是保险。也就是说,假如消费者有一笔余钱,一家公司向其推销保险,另一家公司向其推销投资产品,消费者往往更容易被后者打动[①]。

人们喜欢投资胜过保险,也可以从消费者购买保障性保险后的思维方式中得到体现,即便在美国,许多投保人购买屋主保险后,往往将其视为投资而非保障,他们在购买屋主保险时就期望"即便不发生损失也能收回投资(保费)",为此,沃顿商学院的昆鲁瑟教授曾感叹道:"对这些人来说,很难理解'购买保单后最好的回报就是没有回报'这句保险经典。"(Kunreuther,2013)

针对消费者普遍存在的这一人性特点,保险公司对保险产品进行了改进,一是实行"保险＋储蓄"策略,二是实行"以保险名义、卖理财产品"策略。

1. "保障＋储蓄"策略:设计返还型产品

针对消费者不愿为小概率风险投保的现象,保险公司将承保小概率风险的保险产品加入储蓄成分,设计成"保障＋储蓄"形式。

(1)财险业案例:投资性家财险[②]

从财险业来看,"保障＋储蓄"策略主要体现在投资性家庭财产保险产品上。

家庭财产保险价格不高,通常的家庭只需要几百元甚至几十元就可以得到基本保障,但在我国,家庭财产保险需求一直非常疲弱。针对消费者不愿投保家庭财产保险这一问题,保险公司将家财险与储蓄捆绑,将其设计成理财型家庭财产保险。

我国最早是在1983年由中国人保开发了"长效储金型"家财险,实际就是"家庭财产两全保险",投保人用储金的利息支付家财险保费,保险期限到期时,保险公司向投保人返还储金(王和,2008)。2000年之后,华泰财险、人保财险、天安财险、太保财险等公司纷纷推出投资性家庭财产保险,通常都会尽量压缩保障成分,使得保障性保费近乎忽略不计,以便突出客户喜欢的投资功能。先是设计成固定利率型产品,2002年转变为浮动利率型产品,这类投资增值型产品受到了广大消费者或投资者青睐。2008年,原保监会对投资性家财险进行了限制,明确投资型产品可销售规模与公司偿付能力充足率150%以

---

① 这里将保障性保险需求与投资需求扯到一起进行比较,看起来不符合经济学的分析模式,但实际上,如第四章所述,保障性保险属于消费,而收入－消费＝储蓄,消费多了,投资或储蓄就少了,反之消费少了,投资或储蓄就多了,两者之间存在此多彼少的竞争或替代关系。现实反映出来的是,多数人认为,将相同数量的资金用于投资带给人们的效用通常比将相同数量的资金用于投保给人们带来的效用要大,也就是说,人们喜欢投资甚于保险。这一点,从国人巨大的储蓄投资金额和严重的保险保障缺口可以得到反映。

② 下文不再区分"储蓄性"和"储蓄型"、"投资性"和"投资型"、"保障性"和"保障型"。

上的溢额挂钩,随后几年投资性家财险几乎绝迹。2010 年之后,安邦财险、天安财险等公司又经过监管批复大量销售投资型家庭财产保险,保险期限包括 1 年期、2 年期、3 年期等,承诺回报率往往高于银行同期存款利率,销量大幅增加。2015 年开始,随着我国经济中杠杆率或债务风险日趋增大(总杠杆率"(非金融企业债务+居民债务+政府债务)/GDP"超过了 250%),防范金融风险成为最重要的国家任务,金融业监管开始趋紧,保险业监管提倡"保险姓保、回归本源",投资性家财险再一次从保险市场上几乎绝迹了。

根据吴志军(2009)的总结,财险业的投资性产品起源于 1960 年代的日本,当时日本经济高速增长,为增加保险产品的吸引力,财险公司纷纷开发投资性非寿险产品,将投资与家财险、意外险、健康险组合,成为日本非寿险市场上的重要组成部分,在之后的 40 年中得到了迅速发展,1998 年,日本的投资性非寿险产品的保费一度占到了产险总保费的 60%。韩国也在 1969 年开始效仿,先开发销售固定利率型非寿险产品,然后转为变动利率型产品,2000 年时,投资型非寿险保费达到 56 亿美元,占非寿险保费的 47.8%。

采取"保障+储蓄"设计模式后,为了覆盖前端销售成本并为客户提供有竞争力的投资收益,保单设计上往往会长期化,财险公司开始经营更多的长期保险了。

(2)寿险业案例:长期储蓄性意外伤害保险

尽管意外险价格不高,但大家的购买意愿还是不高,于是,大量保险公司将其设计成储蓄性意外伤害保险,并拉长保险期限,除承诺在保险期限内为客户的意外事故提供高额保障外,即便不发生意外事故,也承诺到期还本付息。

以阳光人寿 2018 年销售的返还型意外险产品"真心守护 B 款保障计划"为例,保险期限为 30 年,客户可月交或年交(在线扣款、银行转账、POS 收款均可)。保障范围包括:① 航空意外及伤残给付基本保额的 20 倍、公共交通意外及伤残给付基本保额的 8 倍、普通意外及伤残给付基本保额的 1 倍;② 意外伤残按照"伤残等级对应的给付比例乘以基本保额"给付意外伤残保险金;③ 按被保险人"实际住院日数×基本保险金额的 0.05%"给付意外住院津贴保险金,最多 250 元/天,最长可达 5 400 天;④ 被保险人年满 80 周岁前发生意外伤害事故,符合当地社会医疗保险规定的基本医疗保险范围内的必要且合理的医疗费用,按照其实际支出的费用金额给付意外医疗保险金,100% 报销,无免赔;⑤ 其他身故及满期给付累计已交保费的 120%。2018 年,该产品上市 10 个月,标准保费就达到 8.37 亿元。

2.“以保险之名,卖理财产品”策略

有些保险产品干脆更进一步,直接在保单中开设投资账户,将保单里的保障性降到最低水平,或者将储蓄性提高到最高水平,客户所交保费基本全部用于投资而不是购买保障,以满足消费者追求投资收益的偏好。

在中国,当前最流行的相关产品就是包含投资账户的万能险,客户可以通过购买万能险来投资,也可将其他长期保险(如年金保险)的生存金、分红金转入万能账户获取投资收益。

三、保障性保险“增加储蓄功能”策略前后的利润对比分析

这里以家庭财产保险为例来进行分析。假定一款家庭财产保险的保费为 80 元,保

障内容包括房屋、装潢、室内财产等的损失,保额共计 150 万元。下面讨论某保险公司采用"增加储蓄功能"策略前后的利润状况。

1. 原始策略:仅销售纯保障性家庭财产保险

第一种情形是"增加储蓄功能"之前。对于上述家庭财产保险而言,从市场总体来看,由于出险概率很低,导致绝大多数人严重低估风险,进而严重低估保险带来的效用或保险价值,假定低估家财险价值的人占比为 95%;同时也会有少数人严重高估风险,进而严重高估保险带来的效用或保险价值,假定这一比例为 5%。于是,占比 5% 的高估风险者购买了家庭财产保险,占比 95% 的低估风险者没有购买家庭财产保险。

假定该公司家财险业务的保单数量为 100 万,保费收入 8 000 万元,综合成本率为 95%,则承保利润为 400 万元(承保利润=保费×(1-综合成本率)=80 000 000×(1-95%)=400 万)。再假定这些业务创造的可投资准备金为 6 000 万元,年投资收益率为 5.5%,则投资收益为 330 万元。该公司的家庭财产险业务税前利润合计 730 万元。

2. 新策略:同时销售纯保障性家财险和储蓄性家财险

假定该公司的纯保障型家财险销量仍为 100 万单,获得的税前利润仍为 730 万元。

此外,该财险公司还销售储蓄型家庭财产保险,保费为 2 万元起步,多交不限,保险期限是 5 年,保险公司的承诺是,每年确保按 4% 单利计息,5 年末返还所有本金和利息,并每年赠送上述 150 万元保额的家庭财产保险。下面核算储蓄型家财险给该公司带来的年度利润。

假定储蓄型家庭财产保险的销量为 200 万单,单均趸交保费 3 万元,总保费收入为 600 亿元;保单销售手续费为 2%,即 12 亿元;单均每年赔付支出为 50 元,每年赔付总支出 1 亿元,为简化计算,假定 5 年赔付总支出 5 亿元均在 5 年末支出;再假定该家财险业务创造的准备金的年投资收益率为 5.5%。则该储蓄性家财险业务 5 年末的本金、利息和赔付总支出为 725(=600+600×5×4%+5)亿元。5 年末的资产总额为 768.5(=(600-12)×(1+5.5%)⁵)亿元。则储蓄性家财险创造的公司盈利为 43.5(=768.5-725)亿元,假定折现率为 8%,则创造年度税前利润 7.41 亿元。

上述分析未考虑储蓄型家财险业务扩张带来的资本要求增加,假定与上述 600 亿保费业务相对应的最低资本要求是 50 亿元(即保险公司在未来 5 年保险期限内需持增持 50 亿元的资本),资本成本率 5%,则年度资本成本增加 2.5 亿元,该储蓄型家财险给公司带来的年度税前利润降至 4.91(=7.41-2.5)亿元[①]。

综合来看,纯保障型家财险创造的年度税前利润为 730 万元,储蓄性家财险创造的年度税前利润为 4.91 亿元,两者合计创造年度税前利润为 4.983 亿元。

3. 采用"增加储蓄功能"策略前后的利润对比

从上述分析可见,当该公司仅销售纯保障型家财险时,该公司家财险业务的年度税前利润仅为 730 万元;当该公司同时销售纯保障型家财险和储蓄型家财险后,该公司家财险业务的年度税前盈利增加至 4.983 亿元。

当然,上述分析并不精确,但反映出的基本规律是:储蓄型家财险销量的大幅增加会带来公司资产负债规模的大幅增长,进而带来偿付能力风险的增加,保险公司需要增加

---

① 并不精确,这里有税收调整问题没有考虑。

资本来应对风险,如果在该业务带来的税前盈利能够超过资本成本,那就是非常好的产品策略。

四、长期储蓄性产品的设计策略

寿险公司最典型的长期储蓄性产品就是养老年金,期限很长、储蓄性极强,同时承保长寿风险。但是,被保险人退休后开始领取年金的典型养老年金在我国几乎没有市场,由于人类固有的短视本性,无论保险公司如何推动,消费者都很难接受这种产品。

1. 提前返还策略

为此,针对年金保险产品,寿险公司在产品设计上普遍采取了提前返还策略[①],甚至设计成了"即交即领"产品,即从客户缴纳首期保费当年末,就可以开始领取年金,直至终身。这样的产品设计策略几乎被所有寿险公司的年金保险产品采纳,取得了非常好的效果,销量大增。

根据第九章提出的"储蓄性保险的行为投保决策理论",提前返还或即交即领策略成功的原因,是这种设计符合了人类喜欢长期储蓄产品提供一定水平的感知收益率而非客观内部收益率的要求,符合了人们喜欢长期储蓄性产品提供前高后低的感知收益率的内在需求。

2. 通过长期复利收益展示吸引客户

保险产品在销售时,通常都会为客户提供保险利益演示表。保险利益演示表是由公司制作的或由公司信息系统自动生成的销售工具,也可以视为产品设计的组成部分。

对于长期储蓄性保险而言,保险公司通常会向客户展示,如果客户不将生存金(包括年金)领走,经过长期积累后,当被保险人到105岁时的账户总价值。由于保险期限很长(最长可达105年),在复利累积的作用下,105岁时的账户总价值与初期投入的保费相比,往往是很惊人的、令人惊喜的一个跳跃,此时,在"货币幻觉"的作用下,消费者往往会觉得购买该产品比较划算[②]。

此外,保险销售员根据保单利益演示表向客户介绍保单利益时,还会将客户所交保费作为初始本金,将被保险人到105岁时的账户总价值作为投资终值,核算出投资期间每年客户获得的单利(而不是复利)。读者可以想象,在储蓄期限很长或被保险人年龄很小的情况下,这个单利往往会在20%以上。这种展示单利的做法也会提升长期储蓄性保险的吸引力。

3. 策略实施效果

"提前返还策略"和"通过长期复利收益展示吸引客户"的特征在于,在不增加公司实际给付成本(内部收益率其实不变)的情况下,保险公司仅仅通过改变保险给付现金流的特征,或者通过一种对产品现金流的有效展示,就增加了年金产品对客户的吸引力,进而增大了销量。在产品本身有利润的情况下,销量提升自然会提升公司的利润水平。

---

① 其实,最早实施提前返还策略的产品,是长期两全保险。

② 所谓货币幻觉,是指消费者无法理性计算货币时间价值的情形。

五、提升保障性保险体验效用的策略

所谓保险体验效用,是指客户购买保险之后在保险期限内体会到的保险价值。由于绝大多数保障性保险购买者都无法获得保险赔付,所以保险的体验效用通常比较差。[①]

针对保险产品体验效用差的特点,保险公司可以采取如下策略来增加保险产品的体验效用或吸引力:

第一,在续保时采用无赔款优待策略,对客户的失望体验进行保费补偿。这在车险定价上常常使用,可以使客户有一定的获得感,提升车险产品的吸引力。

第二,未来可能的发展方向,是通过互联网、物联网、大数据、云计算等技术对保险标的进行全方位风险监控,并实时将风险变化转化为保险费率变化,并实时向客户传递保险费率变化的信息,使客户更有效地将保险与风险相连接,增加保险的体验效用。例如,未来车险可能按单天费率、单程费率收费,而不是现在的按年一次性收费,增加客户对车险产品的体验效用。再比如,2018年,有着150年历史的美国人寿保险巨头恒康保险宣布,将停止承保传统人寿保险,只销售通过可穿戴设备和智能手机追踪健身和健康数据的"互动式"保单。

上述策略都可以在成本收益可行的条件下,增加保险产品的吸引力和销量,进而提升公司的客户满意度和公司利润水平。

第二节　提升魅力:捆绑销售和买就送

除进行产品设计的改进外,保险公司还通过销售组合(或组合销售)的方式来提升产品吸引力。第一种方式,是通过将吸引力弱的保险产品与吸引力强的保险产品进行捆绑销售,以带动需求疲弱的保险产品的销量。第二种方式,是通过"买就送"策略,尤其是通过赠送某种主观附加值高的产品来带动需求疲弱的保险产品的销量。

一、捆绑销售:"年金保险＋万能险"策略

1. 年金保险＋万能险

如前所述,真正养老年金的需求非常疲弱,于是,保险公司采取了"提前返还"策略,将其改造成即交即领型产品,提高了产品吸引力。

不过,客户如此早地将资金从寿险公司取走,既不符合客户的长期利益(只是满足了客户本能上的"感知收益"要求),也不符合保险公司维持资产负债规模以便获取利润的利益。为此,寿险公司又设计了附加险,通常是一个纯粹的投资险或保障功能极低储蓄性保险,如万能险。这样,客户可以将自己领取的生存金直接存入附加万能险的投资账户,享受与保险公司资产投资收益联动的具有市场竞争力的投资收益。通过这样的设计,既满足了客户的本能利益要求或感知收益要求,也保证了寿险公司获取和运营长期资金以便获取利润的经营要求。

---

① 有关体验效用的详细内容,包括体验效用的含义和体验效用对投保决策影响,读者可以参看本书第十七章第一节"体验效用对保险需求的动态影响"。

不过，2017年，保险业面临的宏观环境有变，中国经济中的债务风险越来越大，金融保险业面临的经营风险也越来越大，金融监管开始提倡各金融行业"各种各的责任田"，保险业提倡"回归保障、保险姓保"。于是，2017年，原保监会出台134号文件，要求寿险公司在年金保险产品设计上确保5年内不得返还，以保证保险资金的长期性，降低寿险公司经营风险。结果是，134号文件实施后，寿险公司的年金保险销量开始大幅下滑，这也验证了消费者的短视本性有多严重。

于是，保险公司将其改造成了双主险设计，即"年金保险＋万能险"，万能险也是主险，客户需要缴纳少量的保费。

双主险中，年金保险可能是分红险，也可能是固定利率的普通年金（分红险的保证利率和普通年金的预定利率又有高低之分），期限可能很长也可能较短（最短是10年期，再短就不能称为年金了）。

双主险中，万能险通常是一个终身寿险，其保障功能满足监管机构的最低要求（当然客户可以要求增加保障程度，但这种情况通常不会出现），以便突出投资功能。为了增强万能险的吸引力，各家保险公司均会给出极具竞争力的结算利率，例如，2019年，很多公司都给出超过5%的年化结算利率。除允许客户将年金保险的生存金转入万能险的投资账户外，保险公司还允许客户将保费之外的更多资金以"追加保险费"的方式交入万能险的投资账户，享受具有竞争力的投资收益，但追加保险费通常有最高限制，如最高限额为年金保险全部交费的4倍。最后，万能险投资账户具有较高的流动性，客户可以"部分领取账户价值"的方式取现。这就使得万能险具备了"灵活交费"、"灵活领取"和"高收益率"的"吸粉"特征。

从客户角度来看，客户更希望购买的是万能险，而保险公司往往是将"年金保险＋万能险"作为一个整体销售的，因此可以将其视为捆绑销售。

不过，这一捆绑销售的奇异之处是，我们很难分清到底"谁绑了谁"。粗看起来，年金保险是捆绑商品，万能险是被捆绑商品，但实际上，人们真正想买的是万能险，而不是年金保险，因此，万能险应该是捆绑商品，年金保险是被捆绑商品。但仔细想想，对客户而言，单买万能险是没有意义的，因为单买时，万能险就没有了保费来源。无论如何，这是一个奇妙的捆绑销售。

2. "年金保险＋万能险"策略的利润分析

显然，"弱吸引力产品"是年金保险，"强吸引力产品"是万能险。保险公司的意图，是通过强吸引力的万能险来带动弱吸引力的年金保险的销售。

事实上，将结算利率维持在高位的万能险，是很难为保险公司创造利润的，因为将客户所交保费去投资，保险公司资产端的投资收益率其实与给客户的结算利率已经相差无几甚至持平了。保险公司的意图，显然是想从年金保险中获利。

保险公司有两个选择：一是只卖5年末才能领取生存金的年金保险，二是将上述年金保险与万能险绑定销售。第一种选择的结果是年金保险销量很低，利润很薄甚至赚不到钱；第二种选择的结果是年金保险销量大增，但同时给公司带来了大量的万能险业务，万能险业务大幅增加了公司的资产和负债，进而增大了公司偿付风险，偿付风险加大需要增加相应的资本。因此，对保险公司而言，只要第二种方案的资本增加带来的资本成本低于年金保险销量增加带来的利润，就有利可图。

二、买就送：大额保险＋养老社区入住资格

一些寿险公司利用长期保险资金在全国兴建了大量的高端养老社区（内设医疗和康复机构），初步形成了养老社区高端品牌，对高端人群形成了极大的吸引力。于是，部分保险公司将高端养老社区入住资格作为赠送品，力求带动大额保险的销量。

1. 高端养老社区入住资格的两种获取方式

要想入住保险公司开发的高端养老社区，可以通过两种方式获得入住资格：一是缴纳入住资格费用或入门费（某知名养老社区的入门费为 20 万），入门费是客户履行入住协议的保证金；二是购买保险公司的某款产品，保费达到一定的额度（通常要求交费总额达到 200 万元以上）。

2. 入住时需要缴纳的费用

无论入住资格是用第一种方式还是第二种方式获得的，真正入住时都需要缴纳大额押金（某知名养老社区的押金为 200 万左右）和按月支付服务费用。

大额押金，是客户使用社区设备、设施以及应对可能突发的健康事件的服务押金。服务费用按月支付，通常包括房屋使用费、居家费用和餐费。客户入住养老社区一段时间后，如果要退出社区，退得过早的，保险公司要收取一定的手续费后返还入门费和押金，如果住满较长时间（如 3 年）后退出社区，保险公司全额返还入门费和押金（不计利息）。

入门费和押金退还是不计利息的，意味着养老社区获得了入门费和押金的利息，这实际上是一种潜在的服务费收费方式。可以这样理解，正是由于入门费和押金不付利息，所以按月支付的服务费用看起来不太高（如上海某知名养老社区的一室一厅在 1 万元左右）。

3. 通过购买大额保险获得入住资格的运作特征

第一，通过购买大额保险取得入住资格，其实意味着保险公司放弃了本来可以得到的入门费的利息，所以，保险客户是得到了一定的优惠。

第二，通过购买大额保险取得入住资格后，入住时可以选择交大额押金，也可以选择不交大额押金。如果选择不交大额押金，意味着保险合同账户价值就起到了大额押金的作用，但保险公司却失去了本来可以得到的大额押金的利息，因此，入住后的月度服务费用就要大幅上涨，某家养老社区的上涨幅度在 70％左右。

第三，通过购买大额保险取得入住资格后，入住时的月度服务费用，可以自己支付，也可以选择从保险合同账户价值中直接抵扣或支付。

第四，有的公司会对保险客户的月度居住费用有少许优惠。

4. 买就送：购买大额年金保险，赠送高端养老社区入住资格

这样，从保险角度而言，保险公司的销售就有了两套方案，一是销售大额保险，主要是长期年金保险或"长期年金保险＋万能险"，二是销售大额保险，赠送高端养老社区入住资格。不少客户会选择第二种方案。从供给角度来看，保险公司也会力推第二种方案，以推动保险业务和养老社区业务同步增长。

近年来，保险公司创办的高端养老社区逐渐具备了相当高的品牌影响力，尽管单买高端养老社区入住资格的实际价格并不高，但是，高端养老社区品牌提升造成养老社区

入住资格的主观价值不断攀升,于是,通过赠送高端养老社区入住资格这一具有高度吸引力(或高主观价值)的产品大幅带动了年金保险的销售。听行内人士说,某家寿险公司的大额年金产品的销量中,大约1/4是靠养老社区入住资格来带动的,而该公司近年来的利润水平非常丰厚,在行业内排名前三。

看来,第二种方式的销量显然远高于第一种方式的销量。在这个销售组合中,高端养老社区的盈利几乎不受影响,因为养老社区虽然让渡了入门费的利息,但也节省了养老社区自身的销售费用。但保险业务的利润水平可以大幅提高,原因是,"买就送"策略不仅提升了本来需求疲弱的保险产品的销量,对保险业务还可能有如下好处,即在销售组合吸引力高的条件下,保险公司可以适当降低销售费用(佣金或手续费),甚至可以适度降低保单的客户利益,而这两者可以大幅提高保险公司的利润水平。

第三节　奇异制度:选择保险代理人制度的经济学分析

我一直认为,保险业最大的标签就是有独特的保险代理人制度,保险经济学必须回答,保险代理人制度是如何产生的? 保险公司为何要采用保险代理人制度? 代理人渠道适合销售什么特征的产品?

一、英国是如何发明保险代理人制度的?

最早的保险代理人是在英国出现的,下面叙述在英国寿险业发展中保险代理人是如何出现的(Schwentker,1958)。

1. 1558—1690年:没有保险代理人

大约460年前,也就是1558年左右,英国人发明了人寿保险,最早的人寿保险不是由保险公司承保的,而是由个人承保的。这里的个人承保人,类似于大家熟知的早期劳埃德咖啡馆的个人承保人,这种承保方式大约持续了150年。

当时,在伦敦的某些咖啡馆,那些觉得需要人寿保险的人主动找到个人承保人,双方直接签订人寿保险合同,或者在经纪人的帮助下签订保险合同。那时没有保险代理人的参与,没有任何的主动推销或激进推销(aggressive selling)。所谓主动推销,是指销售员主动寻找可能需要保险的人,通过游说使他们确信自己真的需要保险,最后引导他们购买保险。

2. 1690—1750年:没有保险代理人

17世纪下半叶和18世纪上半叶,随着独立人寿保险协会(separate life insurance association)的成立,个体承保人组成的独立人寿保险协会作为承保人开始承保人寿保险,然后再将保险业务分摊在个体承保人头上,有组织的承保活动开始了。

同样,当时没有保险代理人,协会主要依赖广告和老客户推荐获得新客户。

3. 1762年公平人寿保险公司成立:没有保险代理人

1762年,世界上第一家现代意义上的人寿保险公司成立,之所以称为"现代",是因为公平人寿保险公司首次使用生命表为保单定价,并首次签发了均衡交费的终身寿险保单。

同样,公平人寿没有雇佣保险代理人,甚至,在之后的200多年里,公平人寿一直没有雇用保险代理人①。公平人寿管理层对销售的态度类似于银行家,管理层认为,只要开设保险网点,那些需要保险的人就会自动上门,公司既没有必要也没有愿望进行任何形式的主动销售或激进推销(aggressive selling)。只要通过保单持有人的口口相传,再加上广告、传单等宣传方式来吸引客户就足够了。公平人寿的保守销售模式也形成了自己的优势:由于保单获取成本很低,公平人寿给客户的回报很高。

尽管上述销售模式现在看起来很保守,但公平人寿的保险业务还是一直保持增长了很长时间,一直是英国的领先寿险公司之一,直到进入21世纪才因为以往的养老年金业务利差损问题栽了跟头。需要说明的是,这种"银行家销售模式"在英国的许多保险公司一直是主流,持续了很长时间。

4. 1792 年:代理人终于出现

由于公平人寿营运成本很低、给客户的回报很高,公平人寿当时在伦敦声望卓著,具有垄断地位。

1792年,为避开公平人寿的锋芒,威斯敏斯特(Westminster)寿险公司(威斯敏斯特是伦敦的一个区,显示该公司也位于伦敦市区)明智地选择了伦敦周边的郊区市场。但是,公司既不可能让郊区客户到公司(公司在伦敦市区)投保,也不可能派公司员工去郊区展业,于是,公司决定在伦敦郊区招聘代理人来展业。

对于代理人选拔,公司看中的是其正直品行和对客户是否可保的判断力,于是,公司雇佣的代理人主要是银行家、律师和商人,这些人熟悉当地市场,并且具有判断被保险人是否可保的信息和能力。威斯敏斯特寿险公司向这些代理人支付5%的佣金。

需要说明的是,尽管代理人出现了,但这些代理人的销售模式不是主动销售,只是在从事主业的同时,顺带做一些客户主动购买的寿险业务。而且,从行使的功能来看,这些代理人的主要功能更像是核保(判断是否可保),而不是销售。

之后,大量寿险公司模仿了威斯敏斯特寿险公司的代理人模式,这种模式一直持续到19世纪中期。

5. 1850 年:代理人巡视员出现

1850年左右,一些英国寿险公司开始雇佣代理人巡视员(inspectors of agents),这些巡视员是公司领薪雇员,但主要不在办公室工作,而是被分配在不同的地区进行巡视。他们受到了系统的保险产品培训和保险销售培训,能够为客户和代理人提供专业建议。

巡视员们在自己负责的地区行走,联系本地区的保险代理人,与代理人一起或者自己单独去拜访客户,劝说客户购买保险。这是英国历史上最早的主动销售,有计划的主动推销(aggressive selling)终于出现了。代理人的功能变成了为巡视员提供潜在客户名单,然后,巡视员自己或者与代理人一起去说服客户购买保险。

这种方式很快在英国流行起来,但是,直到100多年后的1950年左右,在英国,领薪巡视员的上述销售方式还是远没有美国保险代理人的销售方式那样咄咄逼人。

后来,英国保险公司的团险业务大量采用了上述销售方式,即公司领薪雇员负责销售团体保险业务,同时会与当地代理人密切配合。

---

① 看到一份资料说,公平人寿的各级管理人员都是精算师出身或都有精算师资格,我觉得,精算师绝对当家的公司不太能够容忍激进推销方式的出现。

二、美国是如何发明和壮大保险代理人制度的？

1. 美国寿险业早期：保险代理人的出现

早期，美国寿险业务发展滞后于英国，因此，美国寿险公司自然会学习英国寿险公司的成功销售模式(Schwentker，1958)。

于是，早期，美国大量寿险公司采用了当时英国流行的"银行家销售模式"，公司管理者认为，那些需要寿险的人自然会找上门来购买保险，而且，主动招揽寿险业务有失尊严。所以，早期的多数美国寿险公司基本不雇用代理人。

尽管也有少数寿险公司雇用了一些代理人，但这些代理人也主要是银行家、律师和商人，在他们的社区具有很高的社会地位和声望，这些代理人只是顺带做一些客户主动购买的保险业务。

2. 1840 年：相互保险公司推动美国代理人制度建立

直到 1840 年，在美国，与现在很相似的保险代理人制度才建立起来。

当时，英国人发明的相互制保险制度迅速传播到美国，美国成立了大量的相互制寿险公司。但是，与股份制寿险公司不同的是，新成立的股份制寿险公司有充足的资本，但新成立的相互制寿险公司几乎没有资本，唯一的资金来源就是保费收入。这就导致，在相互制保险公司开设初期，公司开支缺乏资金来源，公司工作人员嗷嗷待哺。

于是，为了让保费收入来得更快些，以便覆盖公司的各种开支，相互制保险公司开始招募大量的保险代理人。从此，保险代理人再也不是银行家、律师和商人这些兼职人员，而是那些将所有精力都投入保险销售、靠此养家糊口的专职保险代理人。

与之前任何保险销售方式相比，这些代理人的销售方式都是非常激进的，要努力劝说和鼓动各种潜在客户购买保险，因为，他们主要靠保险销售佣金来养家糊口，正如相互制保险公司要靠保费来养家糊口一样。

正是依靠比较激进的保险代理人制度，美国早期的相互制保险公司在短期内就取得了非凡的成功。接下来，这些相互制保险公司开始凭借代理人制度去抢占股份制寿险公司的地盘。

为了存活下去，股份制寿险公司也被迫采用了相似的保险代理人制度。由此，激进销售的保险代理人制度在美国寿险市场扎根并磅礴生长。

三、中国保险代理人制度的出现、贡献和问题

改革开放后，我国保险业恢复营业，但寿险业发展比较慢。1992 年，友邦保险首次在中国大陆地区引入保险代理人制度，保费高速增长，其他公司迅速跟进。从此，保险代理人制度，成为保险业高速发展的强大动力。

现在，全国保险代理人数量高达 800 多万人，大型寿险公司的代理人队伍动辄几十万，头部公司的专属代理人人数超过了 100 万，对保险业的发展做出了巨大贡献。以寿险业为例，保险代理人销售的保费收入（包括专属代理人和中介公司代理人）占比超过50%，新业务价值贡献可能在 70% 甚至 80% 以上。可以说，寿险业的利润大多数是保险代理人创造的。

不过，保险代理人制度也给行业带来了巨大的问题，包括：① 代理人只有佣金而无

底薪和福利保障,受佣金利益和生存压力驱使,容易出现销售误导;② 准入门槛低,谁都可以卖保险,给人感觉形象不佳;③ 代理人队伍往往是大进大出,年脱落率可能高达60％以上。以年脱落率60％估算,每年都有四五百万新人加入保险代理人队伍,也有四五百万保险代理人脱离保险代理人队伍,这导致了行业巨大的增员成本和培养成本。

四、为何选择保险代理人制度?

保险公司的很多业务条线都有保险代理人在展业,但最集中的是寿险公司的个人寿险业务。因此,这里主要是问:为何寿险公司的个人寿险业务的销售,主要采用代理人制而非员工制?

这是个保险业的经典问题,但理论上的解释一直不清不明,而人类主观上或情感上往往倾向采用员工制。这导致行外人士,甚至部分行内高管,看着代理人制总有些不顺眼,甚至试图"复辟"员工制。之所以说复辟,是因为保险业本来采用的是员工制销售模式,后来才逐渐发明了代理人制度。

采用代理人制还是员工制,属合约经济学的内容,即是说,代理人制是合约,员工制也是合约,都是保险公司购买销售人员的销售服务的合同,如何选择才能使公司收益最大化是公司决策的核心。

1. 保单销售工作容易计量,具备实施代理人制的基础

保险代理人赚取的是一单一单的佣金,类似于工厂内工人收入按生产件数计算的计件工资制或件工合约。容易想清楚的是,某类工作要想采用件工合约,这类工作的工作量或成果一定是容易计量的,或者说量度费用很低。例如,工人在工厂里加工衬衫衣领,工作成果就是衬衫衣领,工作量很容易计量,或计量成本很低,这才可以实施件工合约,按件算工资。

保单销售也是如此,工作量就是保单数量和每单保费收入,非常容易计量,自然就使保单销售具备了实施完全佣金制或件工合约的基础。或者说,实施只拿佣金的保险代理人制度,具备很强的工作性质基础。

反过来,有些工作往往需要大量分工协作才能完成,完成后也很难区分或精确计量每个人的实际贡献,这类工作是很难实施件工合约的,如保险公司的产品开发、培训组织、销售管理、风险管理等工作。这类工作不具备采用佣金制的工作性质基础,通常只能实施员工制,工作人员赚取年薪或工资加奖金,其工作效果和对应的奖金,由其上司主观衡量后确定。

2. 个险销售为何采用代理人制:研究思路

具备采用代理人制的工作性质基础,并不一定真的要采用代理人制,员工制仍然是可选项。那寿险公司为何要对个险销售实施代理人制度呢?

假设寿险公司有两个选项:一是员工制,销售人员赚取基本工资加奖金,奖金根据销售量确定,假定是销售保费收入的5％;二是代理人制,销售人员只赚取佣金,佣金率是销售保费收入的20％①。

员工制下销售人员的基本工资如何决定呢? 倒转过来定。为了能在成本相同的条

---

① 事实上,不同产品(保险期限长短、交费期限长短、保障性产品还是储蓄性产品等)的佣金率大不相同,这里为分析简便,将佣金率假设成统一的20％。

件下比较收益,假定保险公司按照实施代理人制所预测的销售保费收入来确定基本工资,即将代理人制下销售保费收入的15%作为基本工资。这就使得两种制度下公司的单位保单的销售成本持平了,制度好坏就看产出比较了。

接下来,保险公司该如何选择呢?

3. 个险销售为何采用代理人制:边际均衡分析

尽管是保险公司的决策,但保险公司需要根据销售人员的决策来做出自己的决策。因此,这里先对销售员的决策做一分析。销售员肯定会追求自身利益的最大化,如何实现呢? 按照经济学的边际分析方法,销售员会在边际收益等于边际成本时实现自身利益的最大化。

销售员的边际成本是多销售一单保险所耗费的成本。而且,单位时间内,销售的保单数越多,工作时间会越长,占据家庭团圆时间的可能性就越大,越可能通过请客吃饭送礼来拉动产出,边际成本于是越高。也就是说,边际成本随保单销量的增加而增加的,这是各行各业的基本供给规律。而且,无论保险公司对销售人员采取员工制还是代理人制,销售员的边际成本是不受影响的,都服从边际成本上升定律(或边际报酬下降定律)。

销售员的边际收益,就是销售一单保险(假定单单相同)所获得的收入增加额。明显地,销售员的边际收益会受到公司制度选择的影响:① 如果公司实施员工制,销售员赚取工资加奖金,销售员的边际收益是一单保险对应的奖金,比如是保费的5%。每月固定工资,像是企业固定成本不算入边际成本一样,是不能算进边际收益的;② 如果公司实施代理人制,销售员只赚取佣金,则销售员的边际收益是一单保险对应的佣金,比如是保费的20%。

无论采取何种制度,销售员都会追求自身利益最大化,并通过选择边际收益等于边际成本时的销量来实现。显然,对销售员而言,在边际成本变化规律不变的条件下,相对于员工制,代理人制下的边际收益大幅增加(从保费的5%增加到了20%)。这意味着,相对于员工制,在代理人制度下,同样的销售员会卖出更多的保险。如图12-1所示,代理人制度下的均衡点比员工制下的均衡点要靠右得多,销售数量大幅增加。

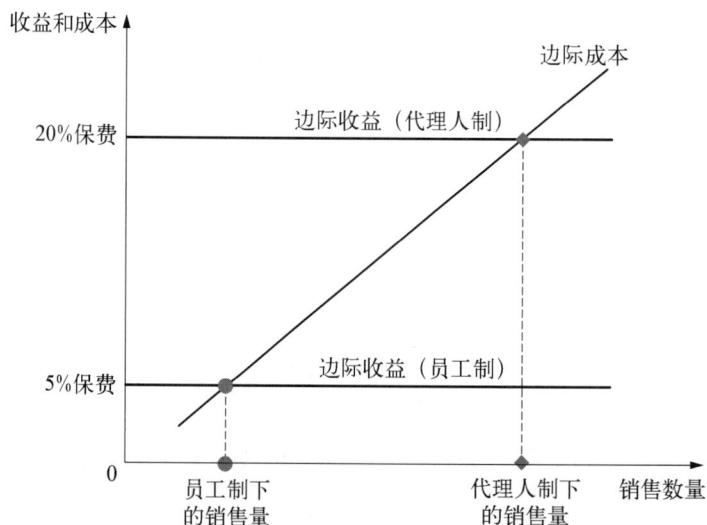

图12-1 代理人制和员工制下的均衡销售量

这就说明，在追求个人利益最大化的驱使下，在公司的单位保单的销售费用支出相同的情况下，员工制下的保单销量远低于代理人制下的保单销量。这应该就是保险公司采取代理人制的主要原因[①]。

其实还有一种极端的选择，那就是实施年薪制。此时，销售员卖保险的边际收益为零，那为何还要去卖保险呢？有的读者可能会认为，公司一定会设计考核指标的，要求一定要卖掉多少单才能领取工资，那样的工资就不是年薪制了，而是变相的佣金制。

4."沉没收入"的概念

经济学有所谓沉没成本的概念，沉没成本不是成本，在理性人做决策时是不会考量的，理性人按边际成本进行决策。

这里提出一个"沉没收入"的概念，即一旦有了一定数额的预期固定收入，这个固定收入会在个体心理上成为"沉没收入"或"沉没收益"。当领导安排工作时，个体会本能地考虑该项工作的边际收益和边际成本，前者大于后者才会愿意干这项工作，但在计算边际收益时，个体是不会考虑"沉没收入"的。

而保险公司给销售员的固定工资和社会保险，就相当于"沉没收入"，尽管给了销售员一定的"尊严"，但对销售员的工作激励，相对代理人制度，是大幅下降了。

5. 推波助澜：保险销售的边际成本很高

另一个推波助澜的原因是，保险销售的边际成本很高。边际成本高的原因是众所周知的"保险难卖"。难卖的原因是人们不愿买，或者认为保险的价值远低于价格。为何会这样，本书第二、三部分提出的行为保险需求理论已经给出了详尽的解释。

这意味着图12-1中的边际成本曲线非常靠上，使得保险销量无论是在员工制下还是代理人制下都偏低，当然，代理人制下的销量还是远大于员工制下的销量。但要命的是，在保险销售边际成本很高的情况下，员工制下的销量会很低，甚至接近于零，这是保险公司绝对无法忍受的。

也可以这样理解，由于个险保单的销售成本过高，需要很高的边际收益才能覆盖成本并形成收益，因此，保险公司只有采取代理人制度才能将边际收益最大化，进而对销售形成有效的激励。

说得更透彻一些，由于需求疲弱，导致销售员往往要接触几十个潜在客户后才能成交一单，或者要经营某个潜在客户好几个月甚至好几年后才能成交保单，这使得保险销售的边际成本实在是太大了，包括金钱成本和心理溃败成本。因此，保险公司必须将边际收益提高到很高的程度，才能激励销售员把保单卖出去。

这也是保险公司放弃员工制，采用代理人制的原因。

五、保险代理人渠道的产品选择

在销售成功率很低、销售边际成本很高的情况下，为了扩大边际收益，或者为了在保险公司存活下来，保险代理人渠道销售的主要产品一定是"大产品"，即那些件均保费较高的产品，如终身寿险、年金保险、长期重大疾病保险等，此外，保险代理人会顺带销售一些单价较低的产品，如意外险、定期寿险、医疗费用保险等。因此，中国的800万保险代

---

① 事实上，金字塔式的保险代理人制度的收入体系相当复杂，这里只是极端简化之后的分析。

理人其实主要在销售重疾险、年金保险、终身寿险和一些财产保险。

第四节　提升效用：保险营销的价值创造

在保险产品中，能称得上刚需产品的可能只有车险，其他保险产品的需求强度或多或少都有些疲弱，这里所说的疲弱，从经济学意义上而言，就是不愿意支付保险定价那么多的代价去购买。行业内有句玩笑话说："要是把保险白送给客户，客户还是要的。"这并未说明保险需求强劲，而是说明，保险产品在消费者心目中的价值低于价格，甚至严重低于价格（这正是需求疲弱的内涵）。

这反过来又说明，之所有那么多保险产品卖了出去，或者未来还会卖出更多，保险营销肯定发挥了巨大的作用，保险营销员往往会通过各类营销手段提升客户心目中的保险效用，这里称为"保险营销的价值创造"。

一、保险业高速增长主要是强大营销的结果

1. 保障意识觉醒不是保费高速增长的主要原因

我国保险业的保费收入一直保持高速增长，远超 GDP 增长速度。当然，如果剔除前几年（主要是 2015—2017 年）流行但现在基本消失的短期理财性保险，保费的增长速度会下降很多。但是，即便只保留保障性保险和长期储蓄性保险，保费增长速度还是远高于 GDP 增长速度，大致会在 GDP 增速的两倍以上。

有一种观点认为，既然人们买了这么多的保险，就说明人们的保险购买意愿是比较高的。很多保险业研究报告也将保费收入增长归功于"家庭保障意识觉醒"。

但事实并非如此，上述观点将保费收入高速增长归功于需求端的保险意识觉醒，其实是对保险业实际运行状态的误解，不熟悉保险业供给或营销过程，不知道这么多的保费收入是如何从客户手中流入保险公司的。

2. 强大营销力才是保费快速增长的主因

我们可以从保险公司的销售人力（保险营销员数量）和销售费用来体会一下保险公司的营销力量有多强大。

从销售人力来看，在保险从业人员中，即便不算保险公司内部从事销售的雇员，作为保险中介的保险营销员数量占比也在 80%—90% 之间，保险业从业人员大致在 1 000 万左右，从事保险营销的人员数量至少在 800 万以上。

从销售费用来看，简单看一下保险公司利润表就可以知道，保险公司的营运成本支出，绝大多数都花在了营销费用上。首先是手续费佣金支出，寿险公司的营运成本支出中，手续费佣金支出占比高达 55% 左右，财险公司的手续费佣金支出占比相对较低，在 30% 左右（原因是，与寿险公司相比，财险公司的销售更多地依赖有劳动合同的雇员，而且以车险和企业保险为主的财险的销售难度远低于寿险）。其次，保险公司的业务及管理费中也有大量支出直接用于支持销售，包括大量销售支持人员的薪酬支出、对销售队伍的培训费支出等。可以大致推断，保险业的营业支出中，75% 左右是营销支出。① 这些钱是怎么花

---

① 更具体的保险公司营销费用案例计算，可参看第十六章第三节"保险市场失灵的解决办法"中的相关内容。

出去的，为什么要花这么多呢？

可以说，正是庞大的销售人力和巨额的营销费用，造就了这么多年快速增长的保险市场。或者说，这么多年来保费收入增长如此之快，并不代表消费者有强烈的保险购买意愿。虽然不可否认，消费者的保险购买意愿在缓慢增长，但保险业保费的快速增长主要是保险业强大营销力量作用的结果，主要是保险公司各渠道销售人员（包括保险中介机构的销售人员）用自己的销售能力创造了这个市场。

那么，保险营销员或保险销售员到底靠什么把那么多保险卖出去呢？

二、保险产品的价值：使用价值和心理价值

从经济学来看，消费者将保险买回了家，就说明，消费者获得的价值高于保险产品的价格，那么，消费者到底获得了哪些价值呢？ 或者说，保险营销员到底为客户提供了哪些价值呢？

1. 一般产品的使用价值与心理价值

在现代经济学中，产品的价值就是人们消费这个产品给自己带来的满足感，称为效用。通常，能带来效用的产品价值主要包括两部分：

一是产品的使用功能所带来的效用，简称使用价值。例如，吃了面包、馒头可以充饥，驾驶汽车可以代步，在这个过程中，消费者就获得了效用或使用价值；

二是产品的地位性心理价值。随着财富水平提高，人们消费商品不再仅仅是为了满足使用功能，还希望所购商品能够彰显自己的社会地位，于是，除产品本身的功能外，企业越来越多地对产品赋予标识消费者地位的心理价值。[①]

总体来看，无论是产品的使用价值，还是地位性心理价值或炫耀性心理价值，都处于现代经济学的效用理论范围之内，这种价值感或满足感完全是主观的，只要客户感觉到或相信有这样的价值，就愿意为此支付相应的价格。

2. 保险产品的使用价值和心理价值

就使用价值而言，① 保障性保险产品的价值在于降低或消除消费者所面临的风险，消费者支付保费后，通过消除自身的风险而获得使用价值，该价值等于"投保的期望效用－不投保的期望效用"。② 长期储蓄性保险产品的价值主要在于将消费者的收入比较均衡地分配在一生中的各个阶段，满足各个阶段的消费需求，帮助消费者实现终身效用最大化。

就地位性心理价值而言，由于保险产品是无形产品，客户购买保险后，保单就会躺在抽屉里或睡在网络上不见天日，根本起不到炫耀或彰显地位的作用，通常不具备任何体现地位性的心理价值。

令保险业倒霉的是，保险产品不仅不具备任何地位性心理价值，而且其使用价值也

---

① 这种潮流起源于 20 世纪 30 年代的美国，当时，汽车逐年普及，福特汽车、通用汽车等公司面临了严重的产能过剩问题，通用汽车公司的总裁斯隆先生率先认识到，必须采取心理学战略，将产品设计进行分级，从经济适用的雪佛兰到顶级豪华的凯迪拉克，让每一位消费者购买到与其社会地位相匹配的汽车，并通过广告宣传让高档车给客户带来地位和尊贵的感觉，以此来提高产品本身的价值。这一策略果然奏效，人们不断追求体现更高社会地位的产品的欲望和行动促进了汽车消费的不断升级，也带动了高端汽车交易的增长。从此，各行业各公司纷纷聘用心理学家、社会学家和人类学家，共同研究如何为产品赋能，即赋予产品更多的心理功能或心理价值，进而获得高价和高额利润。

因为行为保险需求理论中提到的各种原因(如低估风险和短视)而大打折扣。

也就是说,对大多数客户来说,保险营销员无法依靠保险产品自身的价值来获得客户的认可和购买,那么,成功的保险营销员到底给客户提供了什么价值,进而使消费者获得的价值高于保险产品的价格呢?

三、营销价值的概念

这里要提出一个新的为客户创造价值的概念:当人们对产品的价值严重低估时,其出价往往低于产品成本,于是,企业和销售员需要通过为客户提供"客户认定的产品价值之外的价值",简称"营销价值",使得"产品价值+营销价值"大于"产品价格",进而激发客户购买。

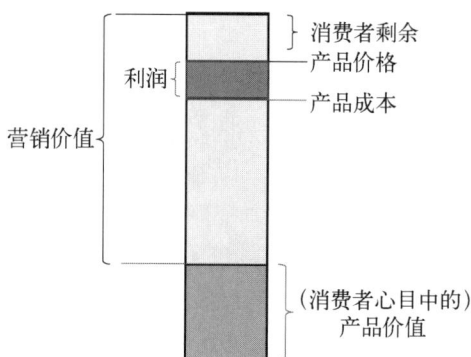

图 12-2 产品的营销价值及其对交易的促成作用

如图 12-2 所示[①],消费者心目中的产品价值远低于产品价格,于是,销售员通过向客户提供营销价值,使得客户获得总价值提升为"产品价值+营销价值",超过了"产品价格",进而触发了购买行为。此时,消费者获得了正的消费者剩余(=产品价值+营销价值-产品价格),公司则获得了利润(=产品价格-产品成本)。

具体而言,保险营销员主要提供三方面的营销价值:一是矫正和提高客户的感知风险,通过提高感知风险来提升保险产品价值;二是挖掘保险产品的功能价值,如债务隔离、婚姻财富管理、家族财富传承、税收筹划等方面的价值;三是提供产品之外的价值,主要是指保险销售员为客户提供与保险产品无关的情感价值。

四、保险营销员创造营销价值的三个方法

1. 通过提升感知风险创造营销价值

当客户低估风险时,保险营销员通过风险案例说明风险所在,提升客户的主观风险。当客户的主观风险或感知风险提高后,也就自然提升了保险产品的主观价值。如第六章提出的行为投保决策模型所述,提升客户的感知概率 p',就是提升了客户的保险边际效用,也就是提升了保险的主观价值,如式(7-1)所示。

$$\frac{MU_{1保险}}{P_{保险}}=\frac{p'[U_1(-L+X+1)-U_1(-L+X)]}{(1+\alpha)p}=\frac{p'}{p}\cdot\Delta U_1\cdot\frac{1}{1+\alpha}$$

$$(7-1)$$

在塔勒布的经典著作《黑天鹅》中,就提到一个美国保险营销员利用故事来提升潜在

---

① 本图的构思线索来源于张维迎所著的《经济学原理》(西北大学出版社,2015)第 248 页图 8-7"创新与价值创造"。

客户主观风险的例子："你坐在飞机上,打算去纽约度周末。你旁边坐着一名保险推销员,因为是推销员,所以他喋喋不休。对他而言,闭嘴不说话是需要努力的。他对你说,他的表弟在律师事务所工作,而他的表弟的一个同事的姐夫的商业伙伴的双胞胎兄弟在中央公园被袭击和杀害了。那是在2019年[1],假如没有记错的话,可怜的被害人只有38岁,有妻子和3个孩子,其中一个先天不足,需要在康奈尔医学中心接受特别看护。"之后,塔勒布描述了这名潜在客户将作何反应:"你可能在纽约逗留期间避免走进中央公园。你知道你能够从网络或某本小册子上得到犯罪统计数据,而不是依靠一个喋喋不休的推销员讲述的逸事。但你没有办法。有一段时间,中央公园的名字会在你脑海中唤起那可怜的、不该死去的人躺在被血染红的草地的画面。你需要很多统计信息才能战胜你的犹豫。"

Rottenstreich and Hsee(2001)和Sustein(2003)的研究可以为此提供证据,这两项研究都表明,当损失场景栩栩如生时,人们会产生强烈的情感反应,此时人们对损失后果非常恐惧,以至于几乎忽略了概率的影响,表现出"情感满溢(affect-laden imagery)"(Rottenstreich and Hsee,2001)或"概率忽视(probability neglect)"(Sustein,2003)现象;反之,当只是听到某某风险事故,但缺乏栩栩如生的场景时,就不会引发人们的情感反应,人们的主观风险的改变幅度很小。Kahneman(2011)将这一现象总结为,结果越生动,决策权重或主观风险越大。

这说明,若能将某些风险事故案例讲得栩栩如生,甚至将潜在客户的风险讲得令其毛骨悚然,再将保险解决方案适时提供,保险营销员就能显著提升潜在客户的主观风险水平,大幅提升保险解决方案的主观价值。[2]

2. 通过挖掘保险产品的功能创造营销价值

除产品条款所展示的保单保障功能以及现金价值投资收益之外,保险营销员会继续深挖保险产品可能的所有功能,往往会不遗余力地将保险产品所有可能对客户的好处全部挖掘出来,挖掘出来的功能可能远远超出精算师和产品开发人员的想象。

可能被挖掘出来的保单功能包括:债务相对隔离功能、婚姻财富规划功能、财富传承功能、税务规划功能、资金融通功能、隐私保护功能、杠杆功能、收益锁定功能、移民规划功能等(曾祥霞等,2017)。经过对保险功能的深入挖掘,就会提高保单价值。

从行为投保决策模型来看,在保险营销员的挖掘和灌输下,客户的保险边际效用在式(7-1)的基础上进一步增加了"额外功能边际效用",如式(12-1)所示。显然,保险营销员提供的额外功能越多,保单价值就越高,保险需求越大。

$$\frac{MU_{1保险}}{P_{保险}} = \frac{p'\Delta U_1 + 额外功能边际效用}{(1+\alpha)p} \qquad (12-1)$$

3. 通过提供与保险产品无关的情感价值创造营销价值

上面两项营销价值主要还是从产品出发的,意在使客户充分认识到保险产品的内在价值。但是,第一,由于很多消费者心目中保险产品的主观价值很低,甚至根本不愿意考

---

[1]　这一时间被我大幅延后了,以便靠近现在的时间,引发读者的代入感。

[2]　一次我在杭州一家酒店为保险公司提供培训,正好碰到《大额保单操作实务》作者之一的刘长坤老师也在该酒店搞保险实战训练营,邀请我晚上去听他的课。我听了就知道,刘老师就有这样的本事,能通过与潜在客户环环紧扣的对话使客户的主观风险骤然升高,甚至令客户毛骨悚然。

虑和谈论保险这回事儿,所以,保险营销员其实很难有合适的机会向客户阐释上述保险价值;第二,即便保险营销员有机会向客户阐述上述保单内在价值,客户可能还是觉得保险产品价值低于价格。

因此,保险营销员必须为客户提供额外的价值,才能够促使客户做出购买保险的决定,这些价值是与保险完全无关的,是保险营销员通过与潜在客户的不断互动形成的,这里称为"情感价值",其创造的效用可称为"情感效用",以区别于"产品效用"。这方面有大量的心理学研究成果可用,保险营销员可以通过"四两拨千斤"的方式,通过付出较低的成本,使客户获得较高的情感价值。例如,保险营销员可以利用五类方法提供情感价值,分别是:招人喜欢创造价值(基于喜好原理)、赠送礼物创造价值(基于互惠原理)、引证说服创造价值(基于社会认同原理)、权威说服创造价值(基于服从权威原理)和机会稀缺创造价值(基于稀缺原理)。具体内容请读者参看本章第五节。

从行为投保决策模型来看,在保险营销员与潜在客户的不断互动下,客户的保险边际效用在式(12-1)的基础上进一步增加了"情感边际效用",如式(12-2)所示。显然,保险营销员提供的情感效用越多,保单价值就越高,保险需求越大。

$$\frac{MU_{1保险}}{P_{保险}} = \frac{p'\Delta U_1 + 额外功能边际效用 + 情感边际效用}{(1+\alpha)p} \tag{12-2}$$

五、营销价值创造是保险业快速增长的源泉

营销价值已经超越了传统经济学中关于产品价值或效用的讨论范围,但却是很多行业的实际做法,寿险行业尤其如此。如行为保险需求理论所述,无论是小概率保障性保险还是长期储蓄性保险,多数人的需求都比较弱,或者说,多数人对保险的主观评估价值远低于保险价格,所以,不愿支付保费进行购买。但是,在保险营销力的作用下,部分客户所获得的"保险产品价值+保险营销价值"终于超过了"保险价格",于是,这些客户做出了购买保险的决定。

事实上,保险营销员行使了一份企业家职能。在《经济发展理论》中,经济学大师熊彼特曾经将企业家创新归纳为五个方面:一是引入新产品,二是引入新技术(即新的生产方式),三是开辟新市场;四是发现新的原材料;五是实现新的组织或管理方式。在保险行业,尤其在寿险行业,保险营销员就起到了开拓新市场的功能,因此,成功的保险营销员往往具备一定的企业家精神。他们通过接触客户,不但要提升客户对保险功能的认知,还要通过提供大量的保险之外的情感价值来促动客户购买保险,进而开拓了巨大的保险市场。用经济学语言来讲,就是保险营销员群体通过为客户创造价值,大幅提升了消费者的保险效用,使消费者的保险需求曲线大幅向上移动,进而极大地增加了保险市场的交易量。

所谓"保险是卖出去的,而不是买进来的"这句话的核心含义就是如此。

第五节 提升情感效用:创造
情感价值的五大策略

如第四节所述,由于各种非理性原因,对多数人而言,"保险产品的主观价值"低于

"保险价格",为此,保险销售员一方面需要通过提高客户的感知风险、提高客户对保险产品功能的认识来提高保险产品的主观价值,另一方面需要提供"保险产品之外的情感价值"促进客户的购买,进而创造了庞大的保险市场。"创造情感价值"主要是指与客户建立情感链接并采取若干销售技术促成保单交易的过程。

事实上,情感价值创造才是保险营销价值的关键所在。原因有两点,一是因为不创造情感价值,保险销售员连与客户说话的机会都没有,自然也就无法为客户提供保险之内的价值,即提高风险感知和对保险功能的认识;二是因为在所有的营销价值创造中,保险销售员在情感价值创造方面的投入相对更大,或者说情感价值在营销价值中所占的份额更大。

说到这里,我们就能够体会,为什么对于保险营销员而言,他们对于保险之外的知识的重视程度远远超过对于保险知识的重视程度,因为保险本身为客户提供的价值是有限的,大多数时候,仅仅谈及保险的价值是无法促动客户购买的。一句话总结就是:"卖保险的功夫在保险之外"。

创造保险情感价值(保险产品之外的价值)主要有五大策略,分别是:招人喜欢策略(基于喜好原理)、赠送礼物策略(基于互惠原理)、引证说服策略(基于社会认同原理)、权威说服策略(基于服从权威原理)和机会稀缺策略(基于稀缺原理),下面分别讨论这五大策略是如何创造情感价值的。[①]

一、策略一:招人喜欢创造情感价值

心理学中有一个"喜好原理",基本含义是,大多数人更容易答应自己认识和喜欢的人提出的要求,而不是陌生和厌恶的人提出的要求。由此衍生的购买行为就是:人们会看在朋友的面子或关系上买东西,而且,面子或关系对人们购买行为的影响往往比产品本身的影响要大得多。

这看起来似乎太简单了,不就是要向熟人销售吗? 但问题是,熟人毕竟是少数,如何让更多的人喜欢自己才是最重要的。所以,关键问题是,如何才能让更多的、自己并不熟悉的潜在客户喜欢自己,以便提升签单率呢? 基于喜好原理,可以衍生出如下六种招人喜欢策略,有助于保险销售员为客户创造情感价值。

1. 包装策略

研究表明,人类会自动地给长相好看的人添加一些可能根本就不存在的正面特点,心理学中称为"光环效应"。这里的"长相好看"也可更换成各种较为突出的正面特点,如穿着得体、官衔、获奖、业绩突出等,同样会带来光环效应。需要特别强调的是,正面特点带来的光环效应是被对方"自动添加的",即光环效应是人类具有的一种动物性的自动反应机制,是人类经过长期进化产生的无法抑制的本能反应。由此,保险销售员会利用包装策略,通过注重穿衣打扮等方式招致客户的喜欢。如果在包装之外,还能向客户展现出自己善良、诚实、业绩突出等正面特征,往往会招致客户更深层次的喜欢。

---

　　①　这五大策略的思路来自西奥迪尼所著的《影响力》(中国人民大学出版社,2006),与保险相结合的具体策略,则来自我对各种保险销售策略的观察和对各类保险销售书籍中销售技术的总结。在我兼职当保险代理人期间,我几乎购买了市面上能买到的所有保险销售高手撰写的"销售秘籍",试图揭示他们成功的奥秘。

2. 相似性策略

心理学研究表明，人们喜欢与自己相似的人，更重要的是，人们会自动地对跟自己相似的人做出正面反应。这里说的相似性范围很广，无论是观点相似，还是个性、背景、出生地或生活方式等相似，人们都会对对方产生好感。一位美国的研究人员曾经核对了保险公司销售记录，发现如果销售员在年龄、宗教、政治立场、吸烟习惯等方面与顾客相似，那么顾客购买保险的可能性会更大。于是，保险销售员会利用相似性，尽可能找到与客户的相似之处，例如，与客户是老乡，曾在同一座城市念书，曾去同一个景点旅游等，喜欢同一本书，喜欢同一个电视剧等，都能博得潜在客户的好感。显然，平时多读书、多交往、多思考，增强自己的知识和见识，有利于扩大与更多潜在客户的交集或相似性，进而创造更大的情感价值。

3. 恭维策略

人类的本性之一就是喜欢被人恭维，于是保险销售员会利用这一人类本性来获得潜在客户的好感，进而创造情感价值。一个相关的经典案例是，世界上"最伟大的汽车销售员"乔·杰拉德会做一些表面上看起来愚蠢又麻烦的事情，每个月，他都会向自己数量庞大的每位老客户寄送节日贺卡，上面打印着"新年（或情人节或感恩节等）快乐，我喜欢您！"杰拉德说："贺卡上除了节日祝福还有我的签名外，什么也没有，我只不过告诉他们，我喜欢他们。"想象一下，每位吉拉德的客户在一年内都会收到12张吉拉德的节日贺卡，这些客户会有什么感觉呢！吉拉德懂得并实践着人性中的一个重要事实：人们特别喜欢听别人的恭维或奉承。

4. 多接触善合作策略

研究表明，人们喜欢自己熟悉的东西，对自己接触过的人会更有好感。但是多接触未必一定会带来合作，只有当接触环境是处于合作而非敌对环境时，多次接触才会带来合作。于是，保险销售员会利用接触与合作来赢得客户的喜欢，但在接触客户时，一定要创造合作而非敌对环境。一个相关案例是，客户在购买汽车时，汽车销售员往往假装与客户站到一条战线上，亲自去找老板要求降价销售，或代表客户争取优惠条件，而不是与客户站在对立面，将公司利益与客户利益对立起来。这其实是做给客户看的，销售员可能只是乘机去喝了一杯咖啡而已，根本就没去找自己的上司，因为销售员清晰地知道可能的优惠幅度，他仍然在利用自己那点儿权限，但展示给客户的却是与客户的合作，这样的合作往往能够带来客户的喜欢，创造情感价值，进而提高销量。

5. 条件反射和关联策略

研究表明，糟糕的消息会让报信人也蒙受不白之冤，因为人们总是自然而然地讨厌带来坏消息的人，哪怕报信人跟坏消息一点关系也没有。于是，保险销售员会尽力为客户带来好消息，或者以好消息的方式向客户报告相关事项，以免遭受客户条件反射式的反感和厌恶。反过来，人们也会因为与销售员相关的正面事件而喜欢上销售员。很多企业已经深知并自如地运用这一正面关联策略，例如，在车展时，汽车旁边总有一位漂亮女模特，因为，企业认为，只要将漂亮女模特跟自己的汽车联系在一起，消费者对汽车的反应就变得跟对女模特的反应一样。再比如，企业总是将自己和名人联系在一起，大家知道，中国人寿、中国平安和太平保险曾分别聘请姚明、葛优和成龙做形象代言人，目的就是利用关联策略，提高客户对自己的喜好程度。

　　基于条件反射原理和关联策略,保险销售员会尽可能地将公司、自己和产品与美好的东西联系在一起,尽力展示积极的联系,隐藏消极的联系,努力让潜在客户觉得公司、自己和产品更美好、更高大上、更值得喜欢。

　　6. 无穷链策略

　　即通过链接朋友的朋友的朋友的……,客户数量理论上可以达到无穷大。保险销售员非常注重经营人脉圈子,尤其需要借助客户的人脉圈子,请熟人将自己介绍给熟人的熟人,就是利用了无穷链策略。

二、策略二:赠送礼物创造情感价值

　　心理学中有一个"互惠原理",基本含义是,人们往往具有这样的心理:"如果人家给了自己什么好处,自己应当尽量回报",更直白地说,礼物是带钩的,接受礼物往往会带来回报义务。"回报义务"虽然并非合同约定,但却具有强大的约束力,因为接受礼物后,人们会对对方产生亏欠感,这种心理负担是如此沉重,以致只有回报对方才能驱除这种负债感,让自己从心理压迫中解放出来。由此衍生出的购买行为就是:人们往往更容易答应向自己赠送礼物的人提出的购买要求。

　　于是,我们可以看到,各行各业的商家都在通过赠送礼物的方式来扩大自己的销量,保险行业自然也不例外。这里所讲的赠送礼物是个广义的说法,凡是保险销售员向潜在客户提供的、增进其心理价值的东西或服务,都属于这里所讲的赠送礼物。例如,为客户提供健康饮食信息,请客户吃饭,请客户旅游,免费为客户提供其他公司保单的保全服务,向客户的孩子赠送玩具,向客户的父母赠送保健品,请客户听免费的专家讲座,为客户的孩子上学、家属就医等提供帮助,为客户提供生意上的帮助等。总之,所有通过自己的劳动、服务和其他花费使潜在客户体验到价值的东西,都可以为销售员的保险业务提供附加价值或情感价值,起到赠送礼物带来的回报功能。

　　1. 赠送礼物策略的三大优势

　　赠送礼物往往能带来非常好的销售效果,因为它具有如下三点优势:第一,如前所述,赠送礼物可以使潜在客户产生负债感和回报欲望,进而可能会答应本来不打算购买的产品。第二,主动权完全掌握在销售员手中,或者说销售员操控了一切。因为送礼者掌握着是否赠送礼物、赠送什么礼物,赠送之后提出什么样的要求,而被赠送者往往被牵着鼻子走,在被动形成的亏欠感压力下做出购买产品的决定。第三,以小博大,小礼物往往会换来大业务。因为人对任何东西衡量的都是心理价值而不是价格,用相同价格购买的同样的东西,不同的人会有不同的心理价值,所以,销售员可以通过交流和相关信息的掌握,洞悉潜在客户最缺什么,什么东西价格很低但在其内心的心理价值却很高,进而可以通过小礼物,用很少的付出给客户带来较高的心理价值。

　　2. 如何实施赠送礼物策略

　　如何实施赠送礼物策略呢? 保险销售往往分两步,一是争取与客户的见面和认识机会,同时实施赠送礼物策略,这里称为春播阶段;二是向客户销售保险产品,称为秋收阶段。

　　春播阶段:为认识越来越多的潜在客户,播下成功的种子,保险销售员需要充分利用互惠原理。在这个阶段,直接向陌生人派发礼品显然不大合适,往往需要创造合适的机会,例如,组织大家参加免费健康讲座(其实是保险销售员出钱安排场地请专家出场的),组织大家观看文艺活动(其实是保险销售员出钱请人表演的),组织大家进行体育比赛(其实是保险销售员出钱安排场地购买奖品的),组织同乡会同学会商会活动等(其实是保险销售员出钱出力的),在各种组织中充当秘书或秘书长(保险销售员免费出力的),为各种组织搭建网络交流平台如微信群等(保险销售员免费出力的)。保险销售员会通过组织上述活动,在无形中实施了赠送礼物策略,使被服务对象产生了无形的亏欠感。需要注意的是,如果这些服务是以保险销售的名义提供的,潜在客户的亏欠感就会大打折扣,所以,在春播阶段,销售员往往只是在为未来销售做铺垫,并不急于达成销售目标。

秋收阶段:所谓秋收阶段,就是在前期显著提升了自己在对方心目中的心理价值后,提出让对方购买保险的请求。如果还是不成功的话,一是可能需要继续做春播工作,二是可以采取著名的"拒绝——后撤策略"来促成,即先向客户提出一个大要求(特点是大保单、大保费),如果对方认为保费支出太高无法接受,就再提出一个相对较小的要求(中保单、中保费),对方往往容易答应。为什么呢?因为从大要求换成小要求,就相当于向对方做出了让步,让步也是赠送礼物的一种隐性表现形式,其特别之处在于不需要花费金钱,但对方照样会产生亏欠感,有利于销售促成。

三、策略三:引证说服创造情感价值

心理学中有一个"社会认同原理",基本含义是:在无法确定自己该做何种选择,或不清楚什么是正确的时候,人们会通过观察和模仿他人的行为来行事。或者说,当模糊不清、不知如何是好时,人们往往会这样想:"人家那么做肯定有那么做的道理,人家咋办咱就咋办吧!"显然,在面临决策困难时,社会认同原理为人们判断如何正确行事提供了一条捷径,人们无须去搜寻相关信息,也不用努力思考,就可以通过观察他人的行为做出自己的决策。

1. 社会认同为人类的选择烦恼提供了捷径

显然,决策越困难,人们对社会认同原理的依赖性就越大。那么,现代人类的决策困难程度相对以往增大了吗?在当今社会,商品和服务琳琅满目,收入的提高显著提升了人们的购买力,人们面临越来越多的消费和购买决策(以及其他决策)。但是,社会经济的发展导致专业化分工越来越细,除自己从事的工作领域外,我们每个人几乎不是任何领域的专家。于是,人们在购买物品时依靠自己做出正确决策变得越来越困难,人们不得不花费大量的时间和精力去比较、琢磨和选择。心理学研究表明:选择越多越痛苦,现代人已经由于选择过多而陷入前所未有的痛苦之中(施瓦茨,2013)。显然,由于社会认同原理节省了人类的选择成本,必然会受到当今人类更热烈的欢迎和更多的使用,或者说,人们不得不更多地依赖社会认同原理进行决策,以简化生活,解除选择痛苦,提升幸福感。

社会认同原理衍生出的购买行为就是:当人们无法判断自己是否该购买某件物品,或者该物品是否合适自己、是否合算时,人们会根据别人的购买/不购买行为做出选择。或者说,人们会买别人买的东西,不买别人不买的东西。人们会这样想:"别人都在做的事,肯定错不了。别人都不做的事,肯定不是什么好事。"

2. 社会认同引发卖家采用引证说服策略

既然人们会使用社会认同原理做出自己的决策以节约自己的成本,各种组织就会利用这一原理来扩大自己的利益,本文称之为"引证说服策略"。例如,寺庙门口往往摆放着一本募捐册,上面写满了之前捐赠人和捐赠额的信息,似乎在向参观者说:"捐钱吧,很多人都捐过了! 您捐款的数额不能太低啊,您看人家捐的都在 200 元以上啊!"再比如,房产销售商会动员大量的潜在顾客在同一时间前去看房,甚至安排"托儿"整夜排队,制造楼房热销甚至想买也买不到的"盛况",促使人们迅速做出购买决策。再比如,各类电商和网络平台纷纷采用公开的用户评分来降低客户的决策难度、提升销量,而从客户给某卖家"差评"之后所导致的卖家激烈反应(如实施"电话轰炸"或直接给钱要求改为"好评"),就可以看出社会认同原理的巨大威力。

一位销售专家总结说:"95％的人都爱模仿别人,但只有 5％的人能首先发起行动,所以,要想把人说服,销售人员提供的任何证据都比不上别人的行动。"也就是说,销售员的首要工作是促使那 5％的人采取行动,然后,剩余的 95％的人会通过模仿做出行动。

如上所述,引证说服策略其实是一种促成策略,即在消费者已经有购买欲望但仍有不确定性的时候,可以使用引证说服策略助推一把,达成销售目标。

3. 保单销售中最常见的引证说服策略

销售员与顾客就保险业务沟通后,客户可能觉得这款保险产品还不错,但多数情况下顾客仍然会犹豫不决,如果没有进一步的销售措施,多数顾客会选择不买。按照社会认同原理,当人们处于不确定状态时,别人的行动往往会让其下定决心采取同样的行动。于是,销售人员可以使用引证说服策略进行促成,这里的引证说服策略有三个层次,效果逐渐增强。

第一层次:销售员可以举例说,某顾客和您的家庭情况差不多,也购买了同样的保险。但是,由于新顾客并没有亲眼见到销售员所说的老顾客购买场景,所以,社会认同的影响力相对较弱,不一定奏效。

第二层次:每卖出一份保险,销售员都应该做好详细记录,或者将客户的投保单的要约部分和投保人签字部分做备份(注意为客户的私密信息保密),或者直接将客户的保单首页做备份,放在自己的文件夹里。当与新客户面谈接近结束时,如果客户还是有些犹豫不决,就可以从文件夹里拿出老客户购买同样产品的投保单信息或保单复印件,或者大量的类似记录给客户看,以此来证明确实有很多客户已经购买了该产品。此时,社会认同原理的影响力会更强大些,往往会促使客户做出购买决策。

第三层次:如果客户还是有些犹豫,可以让客户直接拨打自己的老客户的电话,就保险产品进行交流。购买过同样产品的老客户通常会认可该产品,会做出正面的评价。于是,在社会认同原理的强大作用下,新客户就会做出购买的决策。

4. 保险产品说明会中的引证说服策略

我国寿险业大量采用产品说明会这一销售方式,产品说明会之所以成功,是因为综合运用了本节所讲的所有营销策略,包括招人喜欢策略(基于喜好原理)、赠送礼物策略(基于互惠原理)、引证说服策略(基于社会认同原理)、权威说服策略(基于服从权威原理)和机会稀缺策略(基于稀缺原理),这里着重就引证说服策略进行分析。

产品说明会通常分为四个环节:销售员邀约客户、现场专家讲座、现场认购和晚餐。在产品说明会上,经过专家讲座环节的"权威说服"之后,一些顾客已经产生了购买保险的想法。为了现场促成,在认购环节,主办者同时采用两大营销策略:一是赠送礼物策略,即一定数量的先行购买的客户会获得寿险公司赠送的礼物,后面的购买者则得不到礼物,以此催促或换取有购买想法的人迅速做出购买决策;二是引证说服策略,每当一位客户做出购买决策后,主持人往往会大声宣读客户的名字和认购金额,同时宣布客户所获得的礼物。当看到与自己相似的人越来越多地做出购买决策后,在社会认同原理的驱使下,犹豫不决者逐渐加入了购买者的大军,最终,产品说明会往往能够获得不同程度的成功。

5. 保险专家型销售策略——专注细分市场

社会认同原理通常是有效的,那么,什么情况下它能够发挥出最大的威力呢?心理学研究发现,当人们面对不确定情况不知如何是好时,与其相似的人的行为对人们的影响力是最大的。或者说,当我们观察到与自己类似的人的行为时,社会认同原理能发挥出最大的影响力。

从销售策略来说,销售人员要想将自己的业务规模显著扩大,有两种策略:一是向所有类型的客户销售所有类型的产品,即宽泛化策略;二是向某一类型的客户销售适合这类客户的某些类型的产品,即专业化策略,例如,只向教师群体、医生群体、个体工商户群体、外企白领群体、国企高管群体、私营企业主群体、某商会会员群体、某老乡会群体等中的一类群体销售保险。显然,从销售难度和所需的知识储备来说,宽泛化策略难度更大且需要更多的知识储备。反过来,选择专业化策略往往能够以较低的成本获得较大的销售收入。

但是,采用专业化策略的好处远不止于此。当采用专业化策略时,由于接触的顾客们有很大的相似度,且有较多的内部交流,于是,当销售员说服一个顾客做出购买决策后,就给该顾客所在的潜在客户群树立了一个可以模仿的榜样,当说服该顾客群内的其他顾客购买保险并接近成交时,销售员就可以说:"您看,与您同样的某一位顾客刚刚购买了这款保险。"在社会认同原理的作用下,人们往往会做出购买决策。

进一步地,当某位销售员在某一顾客群销售了多份保险时,随着群内人们的口口相传,该销售员就会成为这个群体购买保险时必选的保险销售员,卖得越多,口碑越好,垄断性就越强,销售就会越容易。

四、策略四:权威说服创造情感价值

心理学中有一个服从权威原理,所谓服从,就是按照别人的指示去做事。例如,游泳馆的救生员告诉游泳者们某个地方有危险不要过去,游泳者们通常会听从这样的劝告。所谓服从权威原理,是指人们会在权威的指令下做任何事情,无论这件事情自己本身是否愿意去做,也无论这件事情是否合理,是否会对他人造成严重伤害。比较极端的案例发生在"二战"期间的纳粹集中营中,在上级命令下,年轻的德国士兵杀害了上百万的无辜民众。

最早研究服从原理的是著名心理学家米尔格拉姆,他想弄清楚"二战"期间为什么德国士兵会服从上司命令杀死那么多无辜民众。大家都会想到的原因是:德国士兵如果不执行上司的命令,可能会被枪毙,也就是说不服从会导致非常严重的负面后果。但米尔格拉姆著名的电击实验研究结果更加令人震惊:"即便不执行权威的指令不会给自己带来严重的负面后果，人们仍然会选择服从权威的指令行事，对别人施以酷刑。[①]"看来，服从权威很可能是人类的一种本能，有根深蒂固的进化基础，在人类的进化长河中，人们无意识地、不加思考地选择服从权威，有利于自身的生存繁衍。

既然人们会听权威的，就有大量的企业利用这一原理来说服客户购买自己的产品，给我印象最深的是高露洁牙膏广告，镜头中的说服者是个身穿白大褂、戴眼镜的中年男士，看起来很像是一位科学家或医生，"扮作"权威来说服观众。

1. 权威说服策略一：发出权威信号

研究表明，在没有真正权威的情况下，有几种象征权威的符号也能十分有效地触发人们的顺从，分别是头衔、衣着和身份标志。

首先，头衔或光环能够让人们更容易顺从，例如，保险销售员在公司或行业获得过一些奖项，或者在某类竞赛中获得过奖励，或者曾经给某些重要人物做过保险规划，那就可能会让客户认为是保险领域的权威，从而更容易引发顾客对保险规划方案的认可和购买。

其次是衣着，即穿着剪裁得体、相对高档的服装去面见客户。研究表明，剪裁得体的西装能够唤起陌生人的顺从和尊重。在得克萨斯州曾进行过一项研究，研究人员安排一名 31 岁的男子在好几个地方闯红灯穿马路，有一半时间他身着笔挺的西装，打着领带；另一半时间他穿着便装（衬衫和长裤）。研究人员在远处观察，记录有多少在路边等候的人会跟着这个 31 岁的男子闯红灯横穿马路。结果，他穿西服时跟他横穿马路的人是他穿便装时的 3.5 倍。

最后是身份标志，如汽车、手表等的档次往往也会让人联想到这些东西的主人的档次和权威性，档次越高，越容易引发人们的顺从。

2. 权威说服策略二：使自己成长为权威

从寿险营销员的长远发展来看，最有效的手段还是将自己逐步打造成金融理财和保险规划领域内的权威。于是，第一，寿险营销员会通过学习来获得一些专业资格证书或学位证书，如金融理财师（RFP、AFP、CFP 等）资格，MBA、EMBA 学位等。第二，随着业务规模逐渐做大，获得公司和行业赋予营销员的各种头衔和光环，如成为 MDRT 成员（The Million Dollar Round Table，简称 MDRT）等。第三，在销售经验累积的基础上，出版专业书籍，并请更为知名的人士为自己的书籍背书（写序或荐读）。

上述三种方式，可以使保险销售员在提升自己知识、见识、行业地位的同时，逐渐成为客户心目中的权威。更重要的是，随着销售员权威性的不断提升，会引发更大程度的客户顺从，客户层面也会不断上升，创造的情感价值会越来越大。

五、策略五：机会稀缺创造情感价值

心理学中有一个"稀缺原理"，所谓稀缺原理，与人们常说的"物以稀为贵"非常相

---

① 在电击实验中，研究人员安排被试扮演老师和学生，扮演后称为"老师被试"和"学生被试"。实验任务是：老师要求学生背单词，然后检查背诵结果，背诵错误的学生将受到惩罚。实验过程中，学生被试背诵完成后，被绑在了椅子上，身着白大褂的研究人员将电极安装在他身上。然后，老师被试开始检查其背诵成果，一旦发现背诵错误，就会对学生被试进行电击，错一次，电击一次。而且，随着错误次数增加，电击强度也不断增加。结果，研究人员发现，"老师被试"越来越进入了自己的角色，对"学生被试"的惩罚完全按照研究人员的安排进行，尽管遭到电击的学生被试号叫着请求老师被试放松惩罚，但老师被试仍然毫不留情，最终，电击强度甚至提高到了 400 伏，学生被试昏倒过去了。

似。但是,"物以稀为贵"并没有全面展示稀缺原理的含义,更全面的稀缺原理的含义是"机会越稀缺,价值越高",即人们获得某件商品的机会越稀缺,人们认为该商品的价值就越高。

1. 机会稀缺的两种情况

一种情况就是常说的"物以稀为贵"。显然,如果某种商品产量很少,人们购买到该商品的机会就很少,人们就会认为这种商品的价值更高。这就是很多商品销售过程中,会提到产量有限,或者说是"限量版",或者说"数量有限、欲购从速"的原因。

第二种情况是指虽然物品数量并不少,但由于商家操纵,使得人们以某种条件获得该商品的机会严重降低了,由此导致人们认为应该抓紧购买。例如,虽然某款手机的产量非常大,但是以活动价格购买该商品的机会是很少的,而且只有 1 天的店庆时间,于是,不少人做出了迅速购买的决定。

2. 数量有限策略和最后期限策略

依据稀缺原理,商家们开发了两大销售策略,以便说服顾客迅速做出购买决定:第一种是数量有限策略,商家告诉顾客,这种商品供不应求,不会随时都有,想要买的话就要赶快买。第二种是最后期限策略。商家告诉顾客,要赶紧下决心购买,要不然之后的购买价格会更高,甚至根本买不到了。无论如何,商家都是向顾客传达一个意思,购买该商品的机会有限,欲购从速,这样对顾客是最有利的!

大量商家都在使用这些策略,宣称自己的商品"数量有限、欲购从速";或者"数量有限、先到先得"。但几乎所有的商品的数量都不是有限的,因为有限的商品只能给商家带来有限的利润。对于商家来说,给顾客造成商品稀缺程度的能力越高,顾客对该商品的主观价值就会越高,从而给商家带来更大的销量和利润。

3. 机会稀缺策略的保险促成效果巨大

可以看出,机会稀缺策略是一个很好的销售促成策略,当保险销售员已经使用了前面介绍的招人喜欢策略、赠送礼物策略、权威说服策略后,客户通常已经有了一定的甚至较强的保险购买意愿,此时,保险销售员可以采用机会稀缺策略,即数量有限策略和最后期限策略,增加保险产品或保险计划在客户心中的主观价值,增加客户购买保险的紧迫感,促使客户做出迅速购买的决策。

例如,中国保监会 134 号文要求,截至 2017 年 9 月 30 日,所有寿险公司都要停售快速返还型保险和附加万能险,即从 2017 年 10 月 1 日起,所有寿险产品在保险期限前 5 年都不得返还生存金,返还的生存金不能进入附加万能险账户。于是,在 134 号文正式开始实施之前的最后一个月(2017 年 9 月),保险公司的大量销售员就利用最后期限策略,促成了大量快速返还型年金(附加万能险)保单的销售。

六、结论

创造情感价值主要有五大策略,分别是:招人喜欢策略、赠送礼物策略、引证说服策略、权威说服策略和机会稀缺策略,本节详细讨论了五大策略的心理学原理,以及保险销售员如何使用这五大策略来创造情感价值。

从五大策略的分类来看,招人喜欢策略、赠送礼物策略和权威说服策略主要属于前期销售策略,引证说服策略和机会稀缺策略则主要属于销售促成策略。最终,客户获得情感总效用为上述五项策略的分效用之和。

可以看出，为了给客户提供营销价值，保险销售员既需要花费大量的心理成本，也需要花费大量的金钱成本。从金钱成本来看，以保险营销员为例，估计会占到其佣金收入的 40% 左右。正是保险销售员大规模的心理成本投入和金钱成本投入，为客户创造了巨大的营销价值，补偿了客户对保险产品价值的低估，进而创造了中国庞大的保险市场。

第六节　不同产品的渠道选择

第三节分析了保险业采用代理人制度的必然性。但现实还要更复杂一些，因为，在保险业内部，产品线之间有很大差别，如单价有高有低、需求强度也强弱不同、客户有企业也有个人/家庭等，这导致保险公司会对不同的产品，采用不同的营销渠道。下面先分析各种产品特征对渠道选择的影响，然后综合分析保险公司的渠道选择。[1]

一、产品需求强度对渠道选择的影响

如行为保险需求理论所述，人们对保障性保险的需求强度主要与承保风险的出险概率有关，在保障性保险主要承保的"小概率风险"领域，承保风险出险概率越高，愿意购买保险的人越多。对保险供给来说，这意味着，保险产品承保风险的出险概率越高，保险公司越可以采取"轻"一些的销售方式，如互联网销售、门店销售和电话销售，用较少的销售资源覆盖较大量的保险客户。

如行为保险需求理论所述，人们对长期储蓄性保险的需求较为疲弱，这意味着保险公司需要采用"重"一些的销售渠道，如代理人渠道或经纪人渠道来销售。

如行为保险需求理论所述，就企业客户来看，通常企业客户的保险需求高于个人或家庭，且企业规模越大，保险需求越强劲。而且企业通常不购买长险，而是购买短险，每年续保。在有较稳定需求的情况下，保险公司可以采用雇员制销售企业保险。

二、产品单价和复杂性：大单还是小单

尽管不是绝对的，但通常，保险产品单价和保单复杂性通常是成正比的，保单越复杂，越可能是个大单（指单价高）。

保险产品价格高低（和保单复杂性高低）对营销渠道选择也有很大影响。如果一张保单保费很低（且复杂性较低），如只有 100 元左右，是很难通过"重"渠道（如代理人渠道）进行销售的，其经济学原理是：小单意味着单价低，单价低意味着佣金低，佣金低意味着销售员的边际收益低，而代理人渠道或"重"渠道的销售费用天然较高或边际成本天然较高，于是，边际成本大于边际收益，不会有保单成交。反之，如果一张保单保费很高，如

---

① 在保险经济学中，关于保险分销的研究（Regan, and Tennyson, 2003；Hilliard, Regan, and Tennyson, 2013），主要关注三类问题：一是讨论分销渠道选择，如是选择直接销售还是间接销售（中介渠道）更有效率；二是讨论保险公司和代理人之间的委托代理关系；三是讨论保险销售如何监管。关于分销渠道选择，研究财险销售渠道选择的多，研究寿险销售渠道选择的极少。学者们发现，明明直接销售渠道更有效率，但保险公司却往往同时使用直接销售渠道和中介销售渠道，然后接着讨论为何会这样，于是就提出了各种理论解释，包括：第一，消费者的渠道搜寻成本过大、渠道转换成本过高等，这导致消费者转换渠道需要一个缓慢的学习过程；第二，保险公司渠道选择很可能与产品特性有关，但没说清楚两者之间的确切关系或因果关系。

年交保费高达 50 万元,则一方面保单相对复杂且为客户相当重要的家庭决策,需要面对面沟通,另一方面,大单的高额佣金提高了销售员的边际收益,尽管边际成本仍然很高,但边际收益远高于边际成本,交易量还是可观的。

因此,"重"渠道如代理人渠道主要销售大单,如终身寿险、年金保险、长期重大疾病保险等。当然,这一说法并不绝对,在客户购买上述大单时,代理人可以为其搭配小单,形成一个保险产品组合来满足客户的需求,但只卖小单的代理人是注定无法生存的。

"轻"渠道如互联网渠道和电话销售渠道,则主要销售单价较低(复杂性较低)的保单。当然,这也不是绝对的,也有少量人会通过互联网渠道购买大单,也有少量人会通过电话渠道购买大单[1]。

三、购买频率对渠道选择的影响

一直以来,保险业面临的最大问题就是与客户的情感链接过于疲弱,导致消费者其实与保险公司没啥感情。核心原因是保险交易频率过低,一方面是保险购买频率低,更严重的是保险使用频率或理赔频率更低。

从购买频率对渠道的选择来看,显然,客户购买频率越高、理赔频率越高,越可以采取"门店"方式;反之,购买频率低和理赔频率低会使门店门可罗雀。

因此,保险业通常不会采用门店方式销售保单和处理保单索赔[2]。

四、保险公司的渠道选择

从上述分析来看,保险产品的需求强度、产品单价、产品复杂性、购买频率等都会影响到保险公司的销售渠道选择。例如,需求强度越低,就越不可能通过门店或互联网进行销售;产品单价过低导致的佣金过低则会导致保险代理人失去销售积极性;产品复杂性过高则会导致客户无法做出决策,需要销售人员与之面对面沟通。各种因素影响下的保险业渠道选择如表 12-1 所示。

表 12-1　保险业的营销渠道选择

需求强度	购买频率	产品单价	产品复杂性	产品举例	渠道选择
强(刚需)	低(1年一次)	中等	较复杂(但消费者熟悉度高)	车险	电话销售、网络销售为主,其他渠道为辅
较强	很低	较高	复杂	重疾险	代理人渠道为主;互联网渠道、电销渠道为辅
较弱	低(1年1次或多次)	低	较简单	意外险	互联网、电销

---

① 大家可能已经关注到外资寿险公司中经营绩效优良的中美联泰大都会人寿,该公司的利润水平很高,但最大的销售渠道居然是电销,这说明该公司的电销团队经过多年历练掌握了某种销售秘籍,属于行业特例。
② 当然也有特例,华泰保险(主要是华泰财险)就在全国开了大量保险门店(我没有看到过),主要用来处理车险等业务。

需求强度	购买频率	产品单价	产品复杂性	产品举例	渠道选择
弱	低(1年1次或多次)	很低	较复杂	家财险	互联网
弱	很低	高	较复杂	定期寿险、终身寿险、年金保险	代理人渠道为主
较强	低	很高	较复杂	企业、政府投保的各类财产保险和责任保险	公司业务部门

从表12-2可以看出，越是复杂的、单价高的、购买频率低的保险产品，越需要通过代理人渠道面对面销售；越是简单的、单价低的保险产品，就越是需要通过互联网渠道来销售；此外，对于刚需产品（如车险）和大额保险（如企业和政府保险）则适合由保险公司雇员销售。

第七节 被供给塑造后的保险市场

第十一章"标准保险供给理论：理想化的保险供给"假设消费者是理性的，保险需求旺盛，于是保险公司不会采用保险代理人制度，而是采取"门店＋互联网"的销售模式，销售费用很低，导致可变成本曲线和边际成本曲线都比较靠下，最终，保险市场呈现价格较低、成交量巨大的理想状态。

但从本章的分析可以看出，在保险消费者非理性、保险需求强度大幅低于理想状态的现实条件下，保险行业采用各种手段提升保险需求，最具代表性的是实施了主动出击的保险代理人制度。上述手段使保险公司的销售费用远高于理想状态，因此，保险公司的实际成本结构和保险需求曲线都有别于第十一章叙述的理想状况，这自然会对保险市场造成巨大影响。

一、保险公司的实际成本结构

下面分析在一个经营计划的预计时间内，考虑消费者非理性和保险公司的应对措施后，保险公司的各种实际成本曲线有何变化。

一是固定成本（FC）和平均固定成本（AFC）。在消费者非理性条件下，保险公司采取了激进的销售模式，于是，在保险公司总部和各分公司，就会配备大量与销售管理相关的部门和工作岗位，为前线销售部队提供各种支持性服务。这会提升保险公司的固定成本和平均固定成本，因此，平均固定成本曲线向上移动了。

二是可变成本（VC）和平均可变成本（AVC）。可变成本包括赔付成本、核保理赔费用、销售费用、税金和资本成本。保险公司实施"供给改变需求"的各种策略后，任一产量对应的其他可变成本基本不变，但销售费用大幅增加了，因此，保险公司的可变成本和平均可变成本大幅上升了，平均可变成本曲线大幅向上移动。

三是边际成本（MC）。边际成本是可变成本在边际上的增量，销售费用大幅上升导

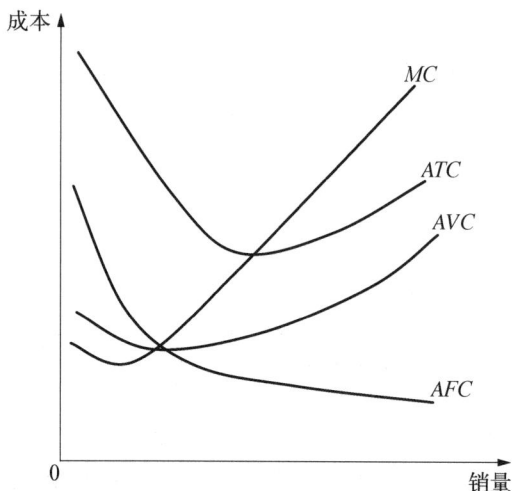

图 12 - 3　一个典型保险公司的实际成本曲线

致可变成本大幅上升,边际成本也大幅上升,边际成本曲线大幅向上移动。

图 12 - 3 给出了一个典型保险公司的实际成本曲线,与第十一章图 11 - 6 给出的完全竞争市场条件下任一保险公司的成本曲线相比,所有成本曲线都向上移动了,只不过,平均固定成本曲线的上移幅度要小一些,而平均变动成本曲线、平均总成本曲线和边际成本曲线的上移幅度要大一些。

另外,读者可能已经看出了图 12 - 3 中措辞与标准经济学的不同,在标准经济学中,横轴是产量,但图 12 - 3 中,横轴是销量。之所以用销量而非产量,是因为保险交易和保险生产的特殊性,这特殊性体现为:一般商品是先生产后销售,保险交易是先销售后生产(核保、理赔、投资等),而且决定保险交易量大小的关键环节是销售而不是生产。因此,这里用了"销量"而非"产量",更能反映保险业的实际特征。

二、保险公司的实际需求曲线

在完全竞争的市场条件下,每家公司都没有定价权,都是市场价格的接受者,但实际上,由于各种各样的原因,其实每家公司都有一定的定价权,一个典型原因是需求疲弱导致消费者对保险商品的信息掌握不足,保险公司可以通过销售渠道和销售队伍形成一定程度的市场分割,其他原因还有产品设计特色、公司品牌等。因此,一家典型保险公司面对的需求曲线总是向右下方倾斜的,当然,在保险市场日趋激烈的竞争环境下,需求曲线向右下方倾斜的程度并不大。

此外,考虑到消费者非理性导致的需求疲弱,起初,保险公司面临的向右下方倾斜的需求曲线是非常靠下的。面对如此靠下的需求曲线,保险公司实施了行为学产品设计、捆绑销售、买就送、保险代理人制度、创造营销价值等"供给改变需求"策略,竭力将保险需求曲线向上推动。最终,实际需求曲线远高于消费者主观固有的初始需求曲线,如图 12 - 4 所示。

因此,我们观察到的保险公司面临的比较靠上的实际需求曲线,主要是保险公司自己创造出来的,而非消费者主观固有的。这是保险需求曲线区别于其他产品需求曲线的最大特征。

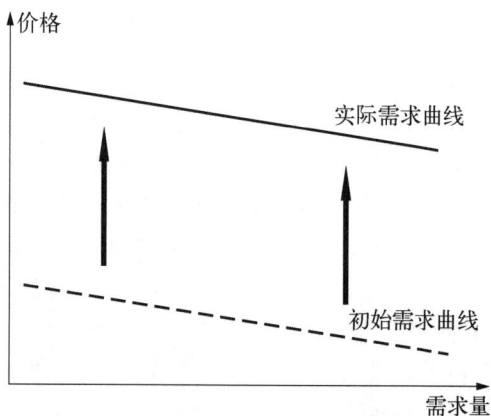

图 12 - 4　实际需求曲线远高于初始需求曲线

三、被供给改变的保险市场

结合保险公司的实际成本曲线和向右下方倾斜的需求曲线,我们可以找到保险公司的实际交易量和实际交易价格。但我们无法在典型公司层面与第十一章中完全竞争市场、消费者理性条件下的公司销量和价格相比,因为完全竞争市场下的公司是原子化的小公司,与实际公司规模相差很大。

从现实世界的保险市场来说,几乎每家保险公司都会采取不同程度的"供给改变需求"策略,进而对保险市场造成如下影响:① 从需求端来说,相对于客户的初始需求曲线,整个保险市场的实际需求曲线大幅向上移动了,但实际需求曲线仍低于消费者完全理性条件下的理想需求曲线,因为,供给改变需求不可能全面开花结果;② 从供给端来说,销售支持费用和销售费用大幅上升,导致平均总成本曲线和边际成本曲线上升。

最终的市场均衡结果是:

第一,从交易量来看,在供给改变需求策略的推动下,保险市场实际交易量高于各保险公司实施供给改变需求策略之前的市场交易量,但仍低于客户完全理性、市场完全竞争条件下的理想市场交易量。

第二,从交易价格来看,由于成本上升,保险市场实际成交价格高于客户完全理性、市场完全竞争条件下的理想市场交易价格。

第十三章　风险成本可预知的
保险定价

　　现实世界中的保险公司,除可以通过第十二章讨论的供给改变需求策略扩大客户需求进而扩大利润外,还会通过定价策略来追求利润最大化。不过,如第十章提及的市场上高高低低的保险价格和头破血流的价格竞争那样,保险公司的实际定价策略与第十一章描述的理想状况"每家公司都是价格接受者、同产品同价格、价格正好覆盖成本"完全不同。

　　影响保险定价的因素很多,本章第一节分析保险定价的复杂性和分析思路,决定从保险产品特性角度,将保险定价分为两大类进行讨论:风险成本可预知的保险定价和风险成本不可预知的保险定价(本章讨论风险成本可预知的保险定价,第十四章讨论风险成本不可预知的保险定价)。接下来,在保险产品风险成本可预知的条件下,第二节分析处于不同成长阶段的公司的保险定价,第三节分析保险公司在追求市场份额而不是利润最大化时的保险定价。

第一节　保险定价的复杂性和分析思路

　　在保险市场上,我们可以看到形形色色、高高低低的价格现象。一家企业购买某种财产保险,不同保险公司给出的报价可能相差一倍以上甚至更多。人身险产品的价格也是高高低低的,比如,同样的普通年金保险,有的公司预定利率为 4.025%,有的公司是 3.5%;同样的分红险或万能险,不同公司的保证利率也高低不同,有的是 2.85%,有的 2.5%,有的是 1.8%;类似的长期重疾险或定期寿险,不同公司的售价大不相同,差距可能高达 60% 以上。

　　无论在财险市场还是寿险市场上,都会存在剧烈的价格竞争现象,尤其是在财险市场上,行内人士总在感叹杀价程度为何会如此激烈,为何有的公司报价会低到不可思议的程度,难道它们想要自杀吗?

　　上述现象显示出保险定价的复杂性,是典型的经济学问题,需要保险经济学给出解释。

一、定价差异的根源

　　从理论上来看,正是因为保险市场不符合完全竞争市场的各种假设条件,即保险公司是不同质的,保险产品也是不同质的,才导致了保险定价的差异性。因此,下文分别从保险公司不同质和保险产品不同质两个角度分别描述其对保险定价产生的影响。

1. 保险公司不同质导致定价差异

从成长阶段来说，保险公司至少有成熟型公司和初创型公司之分，这两类公司的市场认可度和成本结构迥异，不可能按统一的价格销售，也不可能获得相同的利润水平。就仿佛一个刚毕业的大学生与一个大学毕业后已经工作 20 年的资深技术人员或管理人员，两者不可能获得相同的薪资水平。

从利益追求来说，保险公司的追求往往并非单纯的利润最大化，而是有多元的追求，包括利润、规模、安全性和企业价值等。也就是说，不同公司甚至同一公司在不同阶段的追求往往存在差异，这也是不同质的表现，不同的追求会导致不同的定价。例如，欧美成熟型公司往往比我国保险公司对安全性更加重视，会导致前者的定价高于后者；部分公司在某些时候会将市场份额作为第一追求目标，而这一目标往往需要通过降价抢业务来实现。

2. 保险产品不同质会导致定价差异

保险产品是不同质的，有的产品销量很大，保额损失率基本稳定或可预知；有的产品销量很少，或者是创新产品，保额损失率非常不稳定或不可预知。也就是说，针对未来的保险产销计划，固定成本和"可变成本中的销售费用"是基本可预计的，但可变成本中的"风险成本"有的可预计、有的不可预计。这使得保险公司在定价时，对前者（保额损失率基本稳定的产品）的成本结构和具体数值是基本清晰的，但对后者（保额损失率非常不稳定的产品）的成本结构和具体数值是不清晰的，自然也会导致不同的定价方式。对前者，本书称为"风险成本可预知的保险定价"，对后者，本书称为"风险成本不可预知的保险定价"。

之所以称为风险成本可预知，而不是保额损失率可预知，是因为保险定价分析需要知道保险公司或保险产品的成本结构，而风险成本正是成本结构中最大的一部分。此外，风险成本可预知其实也是一种不精确的说法，因为如第十一章所述，即便满足大数定律，保险公司的赔付也是不稳定的，只不过波动性或离散系数要小很多了，拥有适量资本的保险公司完全可以应对。

二、保险定价的分析思路

上面给出了导致保险定价差异的公司层面和产品层面的原因，每个原因又可分为多种情况，由此可以排列组合出多种情形，这样分析起来有些困难。因此，具体分析时最好是以某个原因为统领，按其包含的情形进行分类，然后在每一分类中考虑另一原因包含的各种情形。

保险产品与其他商品最大的区别就是先收费后提供服务，且提供服务的成本可能可以预测，也可能无法预测，即前面所说的风险成本可预知和不可预知。因此，这里选择以保险产品不同质来统领分类，将保险定价分析分为两大类：一是"风险成本可预知的保险定价"，二是"风险成本不可预知的保险定价"。

风险成本可预知的保险产品通常是那些标的较小且数量庞大的保险产品，如车险、意外伤害保险、定期寿险等。风险成本不可预知的保险产品通常是那些标的较大且数量较少的保险产品，如企业财产保险、船舶保险等。

本章主要分析风险成本可预知的保险定价，具体而言，是在假设所有承保业务风险成本可预知的条件下，第二节讨论不同成长阶段的保险公司会如何定价，第三节讨论同一公司对规模的追求高于对利润的追求时会如何定价。下一章专门讨论保险业独有的风险成本不可预知条件下,保险公司如何定价。

此外,本章假定风险成本可预知,从面向未来的生产和销售计划来看,经营保险产品就与经营其他商品非常类似了,即在销售产品之前,公司就基本能够预知未来的成本结构,这样,我们就可以采用通常的经济学方法来分析保险公司的定价决策。

第二节　不同成长阶段公司的保险定价

市场上的保险公司有大有小,有新有旧,往往处于不同的成长阶段,为了简化分析,本书仅将市场上的保险公司分为成熟型保险公司和初创型保险公司。这一节分析,对于风险成本可预知的保险产品而言,成熟型公司和初创型公司的定价方式有何区别。

一、成熟型公司的定价

对成熟型保险公司而言,它往往承保能力强劲,销售渠道健全,销售队伍强劲有力,在广大消费者心目中建立了自己的市场声誉和品牌,有一定的市场势力。因此,成熟型公司不但可以获得大量保险业务,还可以制定较高的价格,定价通常在该业务的平均总成本之上,不但可以覆盖可变成本,还可以通过大量业务覆盖固定成本,并获得品牌溢价。

某成熟型保险公司的均衡销量和均衡价格如图 13 - 1 所示,该公司获得的利润为"(均衡价格−ATC_D)×均衡销量",即长方形 ABCD 的面积。如上一章第七节所述,由于保险交易量主要受销售力量推动,图 13 - 1 横轴用"销量"和"均衡销量"而非"产量"和"均衡产量"。

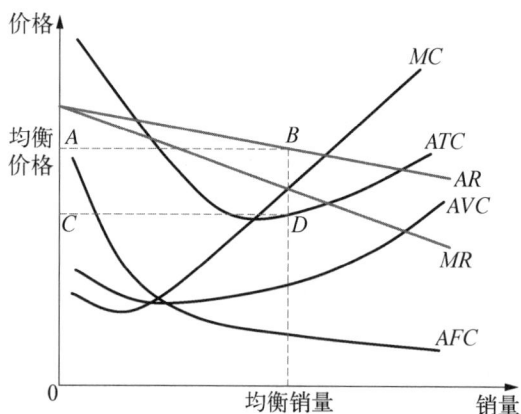

图 13 - 1　一个成熟型保险公司的定价

二、初创型公司的定价：大于等于停产点

1. 初创型公司的经营特点

对于一家成立不久和经验不佳的初创型保险公司而言,它的销售渠道往往还没有理顺,与专业中介的谈判力虚弱(例如,一家小型财险公司找 4S 店老板谈车险业务时,4S 店既会对手续费率的高低提出要求,也会要求保险公司提供一定数量的送修车,而初创型财险公司往往只能满足第一个要求,但无法满足第二个要求,因此容易被成熟型公司杀下马来),销售队伍也不成熟,在广大消费者心目中缺乏市场知名度和品牌。因此,初创型公司不但很难获得大量业务(股东业务除外[①]),而且为了获得部分保险业务,往往只能制定比成熟型公司低得多的价格。

---

① 有的新公司成立后,连自己母公司的业务也拿不到。因为母公司在以往购买保险的过程中,已经形成了强烈的购买习惯甚至是利益关联,而要切除这些习惯和利益关联,往往非常困难。

　　但是,初创型公司的运营也有不少固定成本开支,包括房租、总公司员工和部分分公司员工的工资福利、信息系统建设和运营等支出,这些固定成本开支需要大量保险业务参与分摊后才能实现盈利。这就导致初创型公司在保险业务量少的条件下,是很难盈利或必然亏损的。

　　2. 基于停产点的定价

　　对于初创型公司而言,在公司品牌和市场知名度缺乏的情况下,为了获得业务,往往只能将价格定在"停产点"之上,即只要满足"价格＞平均可变成本"即可。可变成本为风险成本和变动营运成本(包括核保费用、理赔费用和销售费用等)之和。初创型保险公司的决策者往往认为,只要价格高于可变成本,保费收入就可以覆盖其可变成本,并给公司经营做出正的边际贡献"保费＋相应投资收益－可变成本",至于所有业务的边际贡献之和是否能覆盖甚至超出固定成本,进而实现盈利,就无法顾及了。

　　此外,当通过中介渠道获取客户时,竞争手段除低价之外,更主要的是通过向渠道支付高于竞争对手的手续费来获得客户。此时,虽然客户支付的价格并不一定会大幅降低,但由于支付的手续费较高,保险公司实际到手的扣除手续费之后的保费就降低了。无论如何,初创型保险公司的价格底线应该还是"停产点"。

　　显然,基于停产点的定价方式很容易使公司造成亏损,这些亏损以及由此形成的资本短缺只能由股东出资来填补。

　　如图 13-2 所示,与成熟型保险公司相比,初创型保险公司的生产销售计划要小得多,也就是说,图 13-2 的横轴单位长度代表的销量比图 13-1 的横轴单位长度代表的销量要低得多。此外,与成熟型保险公司相比,初创型保险公司的平均可变成本应该变化不大,但平均固定成本(原因是业务量太少)通常会高一些,这导致初创型公司的平均固定成本曲线也相对高一些。

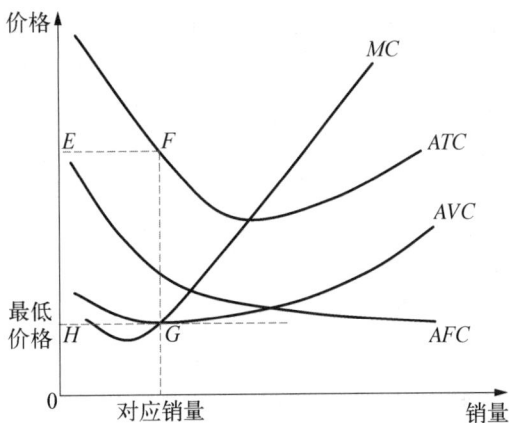

图 13-2　一个初创型保险公司的最低定价

　　根据上述定价原理,初创型公司的最低定价为边际成本曲线与平均可变成本曲线的交点 G 对应的价格,此时,价格等于边际成本等于平均可变成本,最低价格线与初创型公司边际成本线的交点决定了该公司的停产点销量。如果采用了最低价格,则亏损规模为长方形 EFGH 的面积,如此严重的亏损只能由股东来承担。

　　那初创型公司到底定多高的价格呢? 答案是,这取决于该公司的成本结构和需求曲线,但必须在停产点以上,否则就要关门停产。从第十二章可以看出,保险公司应该通过各种"供给改变需求"策略努力推高自己面临的需求曲线,为自己的定价和发展创造空间。

　　3. 一个数字化的例子

　　假定,对于某种风险成本已知的保险业务,假定每笔保险业务都是同质的,每笔保险业务的平均期望风险成本 ARC 为 500 元,单位保费的变动营运成本率 VOCR 为 25%,每笔业务带来的投资收益为 30 元,营业收入为保费收入与投资收益之和,每笔业务的保费为 AP。则依据"停产点"定价法,需要满足"营业收入>可变成本(风险成本+变动营运成本)",即

$$AP + 30 > 500 + AP \times 25\%$$

$$AP > 626.7(元)$$

也就是说,对于初创型保险公司而言,这种保险业务的定价底线是 626.7 元/笔。只要每笔业务的保费大于 626.7 元,该保险公司就可以用收入(保费+对应投资收益)覆盖该保单的风险成本和变动营运成本,超出部分将为覆盖公司固定营运成本做出贡献。但最终能否覆盖全部固定营运成本就看业务数量多少了。

三、中国保险市场上各种公司的盈利状况

以 2017 年度为例,在中国保险市场上,少数大公司几乎稳赚不赔,但不少中小保险公司要不处于亏损状态,要不处于盈亏边缘,其经营目标经常只能是尽量降低亏损或使亏损最小化。

根据微信公众号"保险一哥"统计,2017 年度,81 家财险公司中,47 家盈利(净利润合计 456 亿元),34 家亏损(净亏损合计 53 亿元)。78 家寿险公司中,51 家盈利(净利润 1 217 元),21 家亏损(净亏损 63 亿元)。财险业的基本规律是,公司保费规模越低,越容易呈现亏损状态。具体而言,保费大于 100 亿元的 10 家公司无一亏损,保费在 10 亿至 100 亿之间的 37%亏损,保费低于 10 亿元的 58%亏损。

第三节 追求市场份额时的保险定价

本节描述保险公司在追求保费规模或市场份额目标时的定价行为,我们将会看到,保险公司很可能会通过降价来获得保费超常增长,这将降低公司利润水平。据报道,国内财险业每隔两三年都会出现一波低价竞争的轮回,有的公司好不容易降低了综合成本率,提升了利润,马上又会投入到降价抢业务的过程中。

一、保险公司为何要追求保费规模?

由于学习曲线、规模经济、客户品牌认知等原因,大型保险公司通常可以获得不错的利润,其定价策略可以采取目标利润定价法,例如,某家头部财险公司可以将综合成本率达到 97%作为年度经营目标。但是,除追求利润外,保险公司还会追求规模或市场份额,利润是"里子",市场份额是"面子",排名靠前的大型保险公司往往两者都想要。

保险公司之所以非常重视市场份额这个"面子",原因可能包括:第一,利润其实是保费带来的结果,保险公司往往把保费收入作为上层目标,而把利润作为下层目标;第二,保险公司许多激励制度的设计,往往与保费收入而不是利润挂钩,如佣金、分支机构的费用支出等;第三,保险界和消费者都普遍认为,保费收入是衡量一家保险公司能力、形象

和声望的尺度;第四,保险公司的股东或者投资者往往认为市场份额或保费规模增长率是该公司未来发展潜力的代名词,市场份额萎缩或保费规模增长率下降甚至负增长,就意味着该公司未来发展前景黯淡,进而会对公司管理层形成巨大的心理压力;第五,当下的市场份额可能会为未来利润增长创造条件,可能符合公司追求长期利润最大化或期望利润最大化的目标。

二、追求保费快速增长的定价策略及其后果

显然,为了提升市场份额,保险公司必须使自己的保费增长率高于行业平均保费增长率;为了提升保费收入排名,保险公司必须使自己的保费增长率高于排名相对靠前的竞争对手的保费增长率。降价几乎是追求短期保费快速增长的必由之路,这也是国内一些大型保险公司在追求市场份额时的常见定价策略。

要实现上述增长目标,保险公司通常会采取如下策略:一是降低价格;二是放松承保条件;三是增加销售方面的投入。仔细分析,上述三个策略其实都是在降价,首先,放松承保条件其实就是把风险较高的业务用较低的价格进行承保,本质上是在降价;其次,增加销售方面的投入,最简单的方式就是提高中介渠道的手续费,这就意味着单位保费收入中扣除销售费用之后的收入降低了,本质上也是在降价。

从长期来看,保费收入增长与利润增长也许是一致的,保费收入增长会带来利润增长,但从短期来看,为追求市场份额提升或保费排名提升而采取上述降价策略,必然会提高单位保费收入的赔付成本或销售成本,进而降低公司的承保利润或最终利润水平。

三、一个数字化案例[①]

假定一家保险公司追求增长和利润。增长用保险业务数量或保单数量 PN(Policy Number)来度量。保单数量 PN 与保单平均价格 AP(Average Price)的乘积就是保费收入 PI(Premium Income)。公司成本包括风险成本 RC(Risk Cost)、固定营运成本 FOC(Fixed Operating Cost)和变动营运成本 VOC(Variable Operating Cost)。风险成本是保单数量 PN 与平均期望风险成本 ARC(Average Risk Cost)的乘积。变动营运成本 VOC 包括手续费佣金、广告费、业务推动费等销售费用,这里将其视为保费收入的一个百分比,即变动营运成本率 VOCR(Variable Operating Cost Rate)。

忽略保险准备金和公司净资产的投资收益,则期望利润 EP(Expected Profit)等于保费收入 PI 与风险成本 RC、固定营运成本 FOC 和变动营运成本 VOC 之差。

即公司期望利润

$$EP = PI - RC - FOC - VOC$$
$$= PN \times AP - PN \times ARC - FOC - PN \times AP \times VOCR$$

表 13-1 给出了该保险公司初始状况,以及 5 种行动方案导致的 5 种增长状况(业务数量增长率分别为 10%、20%、30%、40% 和 50%)下的经营数据和公司利润。

---

① 本案例来自《保险企业管理学》(法尼著,张庆洪等译,2002)。

表 13 - 1　短期增长目标与利润目标的冲突

	初始状况	五种增长状况				
		A	B	C	D	E
保险业务的数量 PN	100	110	120	130	140	150
平均每笔业务的保费 AP	10	9.9	9.8	9.7	9.6	9.5
保费收入(销售额)PI=PN·AP	1 000	1 089	1 176	1 261	1 344	1 425
每笔业务的平均期望风险成本 ARC	7	7.02	7.04	7.06	7.08	7.1
总的期望风险成本 RC=PN·ARC	700	772	845	918	992	1065
固定营运成本 FOC	100	100	100	100	100	100
每单位保费的变动营运成本率 VOCR	0.15	0.157 5	0.165 4	0.173 6	0.182 3	0.191 4
变动营运成本 VOC=PI·VOCR	150	172	195	219	245	273
利润 EP=PI-RC-FOC-VOC	50	45	36	24	7	-13
销售利润率 EP/PI	5.00%	4.10%	3.10%	1.90%	0.50%	-0.90%
相对于初始状况的增长率						
保险业务量增长率		10%	20%	30%	40%	50%
销售额(保费收入)增长率		8.90%	17.60%	26.10%	34.40%	42.50%

从表13-1可以看出,该保险公司确立了短期增长目标,保险公司设定的五种行动方案 A、B、C、D、E 将导致五种水平的销售额增长,保单销售数量由原来的 100 分别达到110、120、130、140 和 150。

同时,这里假定保险公司为了追求保费增长,采取了如下策略:一是降低价格,而且,保险业务量增长越快,降价越多。从表 13 - 1 可以看出,保单销售数量由原来的100 分别达到110、120、130、140 和 150 时,保单价格从原来的 10 降低到了 9.9、9.8、9.7、9.6 和 9.5。二是降低承保标准,这将导致期望赔付上升,单位业务的平均期望风险成本增大。从表 13 - 1 可以看出,保单销售数量由原来的 100 分别达到110、120、130、140 和 150 时,每笔业务的平均期望风险成本从原来的 7 增长到了 7.02、7.04、7.06、7.08 和 7.10;三是单位保费的销售成本增加,导致单位保费的变动营运成本率上升。从表 13 - 1 可以看出,保单销售数量由原来的 100 分别达到110、120、130、140 和150 时,单位保费的变动营运成本率从原来的 0.15 增长到了 0.157 5、0.165 4、0.173 6、0.182 3 和 0.191 4。

从计算结果可以看出,短期来看,增长目标和利润目标之间是相互竞争关系,保险业务量增长率越高,销售利润率越低,甚至会形成亏损。当该公司采取激烈增长行动方案 E 时,保险业务量增长了 50%,但由于价格降低,保费只增长了 42.5%,同时,由于赔付率上升和销售成本上升,公司销售利润率(利润/保费收入)变成了-0.9%。

图 13 - 3 给出了公司利润额随保险业务量增长率的变化曲线,图 13 - 4 给出了利润额随保费增长率的变化曲线,可以看出,短期内,保险业务量增长越快或保费增长越快,利润额下滑越严重,规模增长目标与利润目标呈竞争关系。

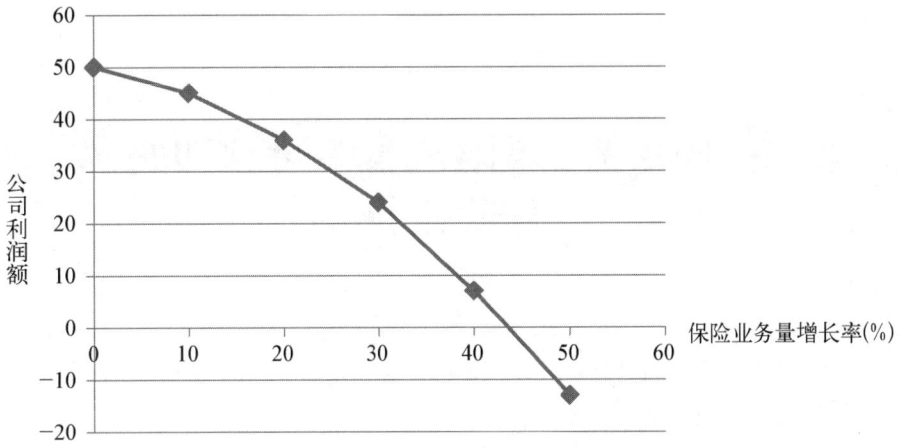

图 13－3　公司利润额随保险业务量增长率的变化曲线

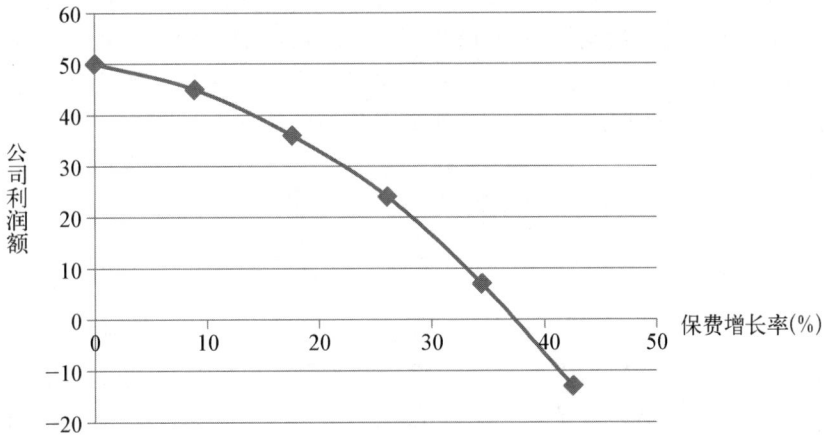

图 13－4　公司利润额随保费增长率的变化曲线

第十四章 风险成本不可预知的
保险定价

上一章将保险定价分为"风险成本可预知的保险定价"和"风险成本不可预知的保险定价",并且分析了风险成本可预知的保险定价。

本章分析风险成本不可预知的保险定价,具体而言,第一节分析哪些保险产品的风险成本是不可预知的;第二节分析风险成本不可预知的保险产品必然会出现的赌博型定价;第三节分析面对风险成本不可预知的保险业务,欧美发达国家的财险公司和再保险公司为什么比我国的财险公司采取更加保守的定价;第四节分析面对风险成本不可预知的业务,保险定价为何会随巨灾事件的发生和不发生而波动;第五节讨论保险公司定价的底线到底在哪里,以此来解释财险市场头破血流的价格竞争。

第一节 风险成本不可预知的保险
业务及其承保策略

在做产销计划时,部分保险产品的风险成本不可预知,进而导致其可变成本不可预知,是保险业的最大特征之一,这给保险定价带来了巨大的麻烦或不确定性。下面先分析哪些保险业务的风险成本是不可预知的,然后分析对应的承保策略(含定价策略)。

一、哪些业务的风险成本不可预知?

1. 标的小数量大的短期保险业务

通常,保险标的价值较小且数量庞大的保险业务,如车险、意外伤害保险、定期寿险等,在承保标的数量很大的情况下,保险公司的保额损失率或风险成本是基本稳定或可预知的。

但事实上,即便对于车险、意外伤害保险、定期寿险等产品,风险成本可知性对不同的公司也不一样。对于大公司而言,由于承保业务数量较大,比较容易达到或接近大数定律,风险成本预知性较强;对于小公司而言,由于承保业务数量较少,不容易接近大数定律,这就导致小公司对风险成本的预知性相对较弱。

此外,一些专业型公司对某些产品的风险成本可预知程度要高于大公司,例如,对于信用保险而言,全球信用险巨头裕利安怡信用保险公司的风险成本可预知程度远高于其他公司,包括大型保险巨头。

2. 标的大数量少的短期保险业务

那些保险标的价值较大且数量较少的保险业务,如船舶保险、大型企业财险保险、货物运输保险等,保险公司无法准确评估未来赔付,保额损失率或风险成本是不稳定的或不可预知的。

3. 可能出现巨灾风险的短期保险业务

对地震保险、洪水保险、恐怖袭击保险、农业保险、核电站保险等可能遭遇巨额赔付的保险业务,其风险成本不但具有高度不确定性,其巨灾损失还可能对保险公司甚至保险业的资本造成重大冲击。

4. 缺乏数据和经营经验的短期保险业务

这类业务往往是新开发产品,由于风险数据缺乏,保险公司无法预知风险成本,可能是抱着试试看的态度做少量销售,通过销售和其他途径逐步积累数据和经验。

5. 长期人身险业务

长期人身保险,如终身寿险、长期重大疾病保险、年金保险等,一是未来死亡率和发病率无法准确预测,二是未来给付支出的折现率不好预测,而且后者(折现率)的不可知性远大于前者(发生率),导致长期人身保险的风险成本无法准确估计。

6. 保险期限短的长尾业务

保险期限短但实际责任期限长的长尾业务,如采用期内发生制的责任保险,由于尾巴过长且未来通货膨胀程度未知,会导致未来事故发生率和实际赔付无法准确预测。

7. 保险期限长且经验数据缺乏的保险业务

如最近几年开展的保险期限长达 10 年的建筑工程内在缺陷保险(Inherent defects insurance,简称 IDI),虽然有国外的费率可以借鉴,但定价是缺乏数据支撑的,未来赔付成本具有较大的不确定性。

二、风险成本不可预知业务的承保策略

对于风险成本不可预知的保险业务,保险公司的定价就无法做到心中有数,可能的承保策略有两种:一是放弃承保;二是赌博性承保。

可能放弃承保或只做少量业务试试的,是那些保险业之前没有做过且缺乏风险数据的业务,如前几年的网络风险保险,当前的老年人专属疾病保险和医疗费用保险等。

适合赌博性承保的,是那些保险业已经做过甚至有长期承保经验的保险业务,如船舶保险、大型企业财产保险、长期人身保险、建筑工程 IDI 保险等。这里说的承保经验是指保险业有,但具体到某家公司可能有也可能没有,但有以往的或国外的价格或费率可以参考,或者有行业编制的纯风险损失率(对于有行业自律公约的大型商业风险,包括道路、铁路、地铁的建筑安装工程一切险,电厂、电网、石化、港口、商业楼宇的财产险等来说,我国有中国保险行业协会制定的"纯风险损失率")可以参考。

若采用赌博性承保,保险公司有两种选择,一是冒险低价承保,二是保守高价承保。这里所说的低价承保或高价承保,是指某保险公司以低于或高于历史经验费率承保。事实上,在风险成本不可预知的情况下,无论是低价冒险承保还是高价保守承保,承保公司在这类业务的支出上都有较大的不确定性,或者说,其经营总是具有一定的赌博性,因此,其定价实质属于"赌博型定价"。只不过,定价高一点,赌输的概率小一点,定价低一点,赌输的概率大一点。

其实,正是因为或主要因为保险公司的定价有赌博成分,才需要股东投入资本来应

对偿付风险。

第二节 赌博型定价与价格竞争

上节指出,对风险成本不可预知的七类保险产品,保险公司只能采用赌博型定价,本节将这七类产品分为短期保险产品和长期保险产品,第一部分讨论短期保险产品(对应上一节提到的第一至四类业务)的赌博型定价,第二部分讨论长期保险产品(对应上一节提到的第五至七类业务)的赌博型定价。

一、短期保险的赌博型定价与价格竞争

1. 赌博型定价必然导致价格波动大

在未来成本不确定的情况下,说实话,如果要承保,保险公司只能选择赌博型定价,或者说,无论定多高的价格,其定价中一定包含赌博成分,一定无法确保保费与相应投资收益之和一定能够覆盖赔付及其他成本。在未来成本高度不确定的条件下,也无法确保在保费和相应投资收益基础上增加适量资本后一定能覆盖赔付及其他成本。当然,保险公司可以通过再保来分散部分风险,但分保后仍然存在上述的赌博性。

无论定多高的价格,都含有赌博成分(因为不可能使定价高于保险金额),意味着无论定多高的价格,保险公司在该业务上的最终收支,都可能盈利也可能亏损,当然,盈利的可能性大但盈利规模小,亏损的可能性小但亏损规模大。这就给保险公司创造了较为广阔的定价空间,反正是一场赌博吗!

2. 大、小公司的赌博程度有差异

不过,对于同类业务,不同公司定价的赌博程度是不同的。成熟型大公司定价依据的风险数据较多,实际承保业务数量也较多,相对而言,比较接近大数定律,而且在获取业务上有一定的品牌优势,对低价的容忍度较低,其赌博程度要小一些。反过来,小公司的风险数据较少,实际承保业务数量也较少,离大数定律较远,且缺乏品牌优势,对低价的容忍度要大一些,其赌博程度要更大些。

3. 赌博型定价必然导致激烈的价格竞争

上面提到,赌博型定价自然会导致定价幅度大,这里是说,小公司比大公司赌博性更大,现实是两类情况的叠加,自然会导致同一业务的市场报价差距非常大,或者说,自然会导致激烈的价格竞争。

例如,要承保一艘大型船舶的一年期船舶险,由于同类标的承保数量较少,保险公司预测的风险成本是高度不确定的,而且不同公司的预测结果也不相同。假定根据过去若干年的承保和理赔经验,大公司核算的保额损失率在 0.05% 至 0.1% 之间,小公司核算的保额损失率在 0.01% 至 0.2% 之间(承保业务量少的小公司得到的平均损失率的波动范围通常会超过承保业务量大的大公司的平均损失率的波动范围,因为前者更加缺乏大数定律的平衡作用或保护作用),则双方的报价自然会有所不同,而且很可能差异很大。大公司的纯费率报价大致在 0.05% 至 0.1% 之间;而急于获得业务的小公司可能会狠狠杀价,可能会将该船舶险的纯费率最低杀至 0.01%,报价只有大公司的 1/5 到 1/10。

显然,保险标的越稀罕,保险业务越不满足大数定律,风险成本未知程度越大,保险

公司之间的定价差异就越大。此外,如果定价过低,保险公司还面临无法分出或需要溢价分出的现象。例如,在比例再保险方式下,直保定价过低,可能出现以高于直保纯保险费率的再保纯费率分出的现象。

二、长期保险的赌博型定价及其后果

1. 长期保险定价的赌博性更大

对于上面提到的第五、六、七类业务,其共同的特点是保险责任期限很长,导致保险公司无法准确预测未来的事故发生率和折现率,继而无法预知风险成本,自然也会导致一定的赌博型定价。

相对于短期保险而言,由于预知长期保险的风险成本还需要预测未来很长时间内的准备金投资收益率或未来净支出折现率,导致长期保险的风险成本的不可预知程度更大。而且,短期保险风险成本预测失误或定价失误后,保险公司可以在下一期(即下一年)续保时以调整费率来应对。但长期保险风险成本预测失误或定价失误后,其错误会一直持续到保单结束,是非常痛苦的无法更改的失误。

2. 案例:长期人身保险的赌博型定价

这里仅以长期人身保险为例进行说明。人身保险公司的经营有一个很大的特点就是业务长期性,目前最长的保险期限是 105 年(如新生儿投保各类终身保险),这就使人身险公司在以一定的条件承保后自身面临极大的不确定性,尤其是那些承诺客户现金价值以固定利率增长的普通人身险保单。

尽管未来的保险期限最长可达 105 年,中等保险期限的也有几十年,而且完全的资产负债匹配是不可能实现的,但是,人身险公司在确定普通人身险保单的预定利率时,却往往根据当下的利率环境来确定预定利率,而无法理性地根据未来几十年甚至上百年可能的利率变化来确定保单预定利率。

市场利率是变化无常的。如果未来市场利率走低,进而导致寿险业投资收益率走低,寿险公司按照当前较高的市场利率确定保单预定利率,其实就属于高价获取业务。反之,如果未来市场利率走高,进而导致寿险业投资收益率走高,寿险公司按照当前较低的市场利率确定保单预定利率,其实就属于低价获取业务。(当然,保险公司未必能够获得这个好处,因为客户可以通过退保或保单贷款的方式将资金拿出来进行其他投资。)

寿险公司之所以按照"当下市场利率"而非"未来保险期限内的预期市场利率"来确定保单预定利率(以及保证利率),很可能是由寿险公司面临的压力决定的,即如果不按当时市场利率而按未来可能更低的市场利率来确定保单预定利率,使保单预定利率低于当前市场利率,保单根本卖不出去。因为寿险产品不但面临其他寿险公司的竞争,更面临着其他金融业的储蓄业务和理财业务竞争。当然,从深层次来看,应该是由保险公司经营者的任期制决定的,即经营者认为最重要的,是在任期内实现保费目标和利润目标,而遥远的利率变动并不会影响当下的公司利润。

3. 公司之间的定价差异

与短期保险定价中大、小公司有差异一样,对于长期保险,不同公司的定价也有很大差异。以过去几年大卖特卖的普通长期年金保险为例,不少公司采用了监管规定的最高预定利率 4.025%,但也有公司采用了 3.5% 的预定利率,有公司甚至只卖分红年金,他们的定价赌博程度显然是越来越低。

4. 赌博型定价的不利后果

以日本寿险业为例，日本经济在"二战"后开始高速增长，尤其是 1960—1980 年间，GDP 年增长率基本都在 10% 以上，经济起飞和高速增长阶段通常资金比较稀缺，市场利率较高（平均存款利率大于 4%，平均贷款利率大于 7%），因此这段时期内日本保险业销售的寿险产品大多利率很高（预定利率为 4% 至 6.3%），高利率为保险公司带来大量保费的同时，也为日后的危机埋下了隐忧。到了 1990 年代，日美冲突、日元升值等原因造成日本经济危机，GDP 增速甚至出现了负增长，政府采取了货币宽松政策，资金不再短缺，市场利率接近零利率，日本寿险业的投资收益率从 1991 年的 6.2%一直下滑到 2002 年的 1.15%，寿险业以及个别"寿险型财险公司（以长期储蓄保险业务为主的财险公司）"产生了严重的利差损问题。2000 年左右，7 家寿险公司和 1 家大量从事长期储蓄业务的财险公司倒闭。[1]

在中国，在 20 世纪 90 年代，1992 年邓小平南巡后，中国经济进入快速增长通道，1994、1995 年通货膨胀率高涨，我国银行存贷款利率很高，保险产品的预定利率也水涨船高，寿险业销售了大量长期保证高利率的保险产品，最高承诺利率高达复利 8.8%[2]，但随后银行存、贷款利率不断下降，保险公司的投资收益率也随之下降，寿险公司在 2000 年之后的投资收益率平均水平在 5% 左右，导致了较大的利差损问题。从 1999 年开始后的 13 年间，原保监会将寿险产品预定利率一直维持在 2.5% 的水平，部分意图就是为了消化 1990 年代高利率保单的利差损。未来，如果中国经济增速下行且货币宽松，市场利率还可能继续下行，寿险业的投资收益率还会走低，老保单的利差损还会增加。不仅老保单的利差损还会增加，2010 年代保险公司销售的大量预定利率为 4.025% 的年金保单也可能在未来产生大量的利差损。

我认为，寿险业开发并销售如此长期的普通寿险，包括保底收益率较高的分红险和万能险，有些自不量力，或者是对行业习惯的一种盲从。一旦未来保险期限内经济形势发生重大变化，如经济长期低迷，市场利率走低或长期处于零利率甚至负利率，或者发生更严重的金融危机和经济危机，寿险业将会受到巨大的负面影响，到时能否生存下去都是问题，很难兑现对客户的承诺。而上述不利情形在未来那么长的期限内的发生概率可不低。

第三节　保守型定价：风险厌恶和模糊厌恶的影响

如上节所述，对风险成本不可预知的保险业务来说，公司之间的定价差异很大。这一节要说的是，对风险成本不可预知的保险业务，欧美发达国家的财险公司和再保险公司往往会比我国的财险公司采取更加保守的定价，直白地说，就是定价要相对高一些。

这是为什么呢？昆鲁瑟等人（Kunreuther et al.，2013）给出了系统性的理论解释。昆鲁瑟等人认为，尽管从标准经济学理论来看，对于股东分散化投资的保险公司而言，股

---

[1]　本段关于日本寿险业的分析，主要参考了周国端所著的《保险财务管理：理论、实务与案例》（中信出版社，2015）。

[2]　实际上，个别公司个别产品的预定利率曾高达 13%。

东是风险中性的,分散化投资的保险公司股东并不在乎承保风险,只要长期有理想的期望利润即可。但实际上,一方面股东可能无法实现完美的分散化投资,进而会表现出风险厌恶,另一方面由于公司管理人员无法实现自身职业资产的分散化,导致保险公司管理层也呈现风险厌恶。由此,保险公司在承保风险时追求期望效用最大化而非期望利润最大化。不仅如此,相关研究表明,当面临承保风险无法准确评估,如对出险概率模糊不清的时候,保险公司的核保师还会呈现模糊厌恶。

下面分别讨论保险公司管理层风险厌恶和模糊厌恶对保险定价的影响。

一、管理层风险厌恶与保险定价

保险公司追求期望利润最大化至少有两个潜在假定,一是保险公司股东或投资者可以通过资本市场实现完美的分散化投资,二是公司管理层的目标与股东目标一致,也是追求期望利润最大化。但实际上,这两点都不现实。

首先,保险公司股东可能没有实现分散化投资,此时,保险公司是其投资资产中的很大一部分甚至最大部分,即便公司管理层与股东行为一致,股东控制的保险公司也是风险厌恶的。其次,当股东实现了分散化投资,保险公司风险对其投资组合绩效只会形成微小影响时,就意味着保险公司股东众多,但每个股东的持股比例都很低,股东对公司的控制能力很弱,此时,公司管理层的追求就决定着公司的追求,而公司管理层往往是风险厌恶的,追求期望效用最大化而不是期望利润最大化(Greenwald and Stiglitz,1990)。

保险公司管理层为何会风险厌恶呢?基于与投资者分散化投资一致的风险分散原理,对于公司管理层来说,其最大的资产"人力资本"已经投入了保险公司,而且,为了使公司高管行为与公司发展保持一致,高管们可能还持有一定的公司股份,这就使得管理层的个人资产与公司发展紧紧联系在了一起,无法实现理想的分散化投资。于是,当保险公司由于巨灾风险等原因出现无偿付能力甚至破产时,管理者的职业声望会受到很大损失,而且管理层往往无法像投资者那样通过分散投资来分散自己的风险,因此,股东分散化投资的保险公司的管理层往往也呈现风险厌恶(Greenwald and Stiglitz,1990)。

从现实来看,可以想象,如果保险公司出现无偿付能力甚至破产,实现了分散化的投资者仅仅损失了其投资组合中的很小一部分,但公司管理者却可能损失了其全部的年终奖、失去了工作机会、甚至毁了自己的职业生涯。为了降低这样的风险,公司管理者会要求公司持有更多的资本或安排更多的再保险,以提升公司偿付能力,降低公司破产风险。而持有更多的资本意味着更高的资本成本,导致更高的保险价格。

除要求公司持有更多资本之外,风险厌恶的管理层还会采取如下承保行为或决策:① 在期望损失相同的情况下,损失的标准差越大,公司核定的保费水平就越高,这其实就是标准差保费原理,保险公司根据标准差大小收取安全附加保费。② 对于那些对公司偿付能力带来重大威胁的巨灾保险业务,为降低公司的偿付能力不足风险或破产风险,公司往往会拒绝承保,或者将保费提高到匪夷所思的地步,或者将保险金额或最大赔付额控制在自己能够承受的水平内①。

---

① 保险公司还可能在产品设计上做手脚,表面上看保险金额或最大赔付额很高,但实际上,即便发生大灾,实际赔付也远低于保额或最大赔付额。

在竞争的市场条件下,提高保险价格将会失去部分客户,进而可能降低公司的期望利润;拒绝承保(主观)风险过大的保险业务自然也会降低公司的期望利润。公司管理层风险厌恶程度越强,上述情况越明显。

上述情况之所以会出现,根源是公司所有权与管理权的分离和信息不对称,公司所有者缺乏管理者所拥有的公司风险信息,无法准确评估公司到底应该持有多少资本,到底应该收取多高的保费,到底是否应该拒绝承保那些看起来风险很高的标的。由于信息不对称,股东无法区分保险公司绩效好或绩效差的真正原因,例如,如果财险公司绩效差,股东无法区分,到底是管理出了问题(如以低价承保了高风险),还是运气太差(承保业务当期偶发事故过多,但期望利润其实挺高的)。由于无法区分是管理问题还是运气问题,只要绩效差,股东和股价都会惩罚管理层,在这种情况下,管理层的策略自然是行为越保守越好,倾向于持有更多但更贵的资本,尽量控制承保风险,降低坏绩效出现的概率。

2004年时我听说,一位财险公司的总承保师因为一起海底管道工程保险事故而失去了职位,该事故使公司发生大额赔付,这里既有运气问题,也有承保决策问题(如是否安排了足够的再保险)。

二、管理层模糊厌恶与保险定价

对于巨灾风险,如台风风险,当历史数据不足以让精算师和核保师准确评估风险的出险概率和损失的概率分布时,精算师和核保师对于该风险是模糊不清的,此时,精算师只能根据仅有的少量数据估计一个出险概率和损失分布。当精算师据此制定保险费率时,精算师会将出险概率估计值和损失估计值扩大一些,于是保费也被提高了。例如,如果风险是清晰的,保费是 z,但如果风险是模糊的(其实一样大,只是缺乏数据,心里没底),精算师确定的费率会增加到 $z'=(1+\alpha)z$,α 反映精算师对风险的模糊程度,模糊程度越高,确定的费率就越高(Kunreuther,1989)。

核保师看到精算师给出的费率后,会将此费率作为一个参照点,然后根据自己的估计进行调整。核保师首先考虑的是,该风险如果以极端情况发生会对公司偿付能力造成什么影响,或者公司利润会缩减多少,由此确定最终的保险费率。也就是说,核保师实际盘算的是,万一该风险导致公司遭遇巨灾,自己会不会丢掉工作,以此来决定是否承保或以什么条件承保,例如,需要制定多高的费率,需要将保额或最高赔付额限制在什么水平,是否干脆拒绝承保。

1973年,一位美国保险监管官员 Stone 提出,为了确定某个风险的承保条件,核保师会聚焦于确保偿付能力不足的概率低于某个门槛概率,而不是聚焦于最大化期望利润。这个门槛概率反映了一家公司可以忍受的临界偿付能力不足概率(threshold insolvency probability)(Stone,1973)。假定保险公司将临界偿付能力不足概率设置为 3/1 000,就意味着公司会通过设定保费使自己承担巨灾损失的概率低于 3/1 000;反过来,这也意味着保险公司不会去关注那些使自己无偿付能力的概率低于 3/1 000 的风险事件。

前几年,经过与核保师交流,沃顿商学院巨灾研究中心主任 Kunreuther 教授确信,这种安全第一模型(safety-first model)仍然是美国保险核保师的行为模式(Kunreuther,2013)。

三、一项巨灾风险定价的调查研究

Kunreuther 等人对美国的保险公司和再保险公司的核保师进行了调查,询问:"当准备承保某工厂的地震风险,地震导致的财产损失风险分别为如下四种情况时,会如何确定保费?"

第一种情形:已知概率(p)和已知损失(L);

第二种情形:模糊的概率(Ap)和已知损失(L);

第三种情形:已知概率(p)和不确定的损失(UL);

第四种情形:模糊的概率(Ap)和不确定的损失(UL)。

已知概率(p)是指这一风险事件有充足的历史数据,进而"所有专家一致同意损失发生概率为p";模糊的概率(Ap)是指"估计概率是p,但专家们并非普遍赞同,专家们的意见有很高的不确定性";已知损失(L)是指所有专家一致同意,如果发生损失,损失规模为L;不确定的损失(UL)是指损失的专家最优估计值是L,但专家们的估计值是一个区间,如从$L_{\min}$到$L_{\max}$。

例如,人寿保险的承保风险就属于第一种情形,精算师可以确定出险概率和损失规模;很多风险都属于有大量数据可以确定出险概率,但出险后的损失规模是不确定的,如汽车第三者责任风险等,属于第三种情形;卫星损失风险或新产品缺陷风险则属于出险概率模糊,但损失规模明确或已知的风险,因为只有极少甚至没有数据来推算概率,但一旦出事通常会导致财产全损,属于第二种情形;地震损害风险和地下存储化学品的环境损害风险则属于第四种情形,模糊的概率和不确定的损失。

在对核保师的调查中,概率被设置为 1/100 或 5/1 000,出险后的损失规模被设置为100 万美元或 1 000 万美元(Kunreuther,Hogarth and Mezaros,1993)。上述四种情形被随机发送给了美国主要的财险公司和再保险公司的核保师,请他们给出需要收取的保险价格。表 14-1 给出了,如果第一种情形下的保费水平为 1,其他三种情形下的保费水平分别为多少,或者给出了模糊或不确定情形下保费与风险清晰情形下的保费比率。

表 14-1　概率模糊性和损失不确定性对保险定价的影响

四种组合	4 种情形下的保险定价				被调查核保师数量
	情形 1	情形 2	情形 3	情形 4	
	已知概率 p、已知损失 L	模糊概率 Ap 和已知损失 L	已知概率 p、不确定损失 UL	模糊概率 p、不确定损失 UL	
$p=0.005$;$L=100$ 万美元	1	1.28	1.19	1.77	17
$p=0.005$;$L=1\,000$ 万美元	1	1.31	1.29	1.59	8
$p=0.01$;$L=100$ 万美元	1	1.19	1.21	1.50	23
$p=0.001$;$L=1\,000$ 万美元	1	1.38	1.15	1.43	6

注:比率是根据被调查者给出保费的平均值计算得到的。

从表 14-1 可以看出，在情形 4（模糊概率、不确定损失）下，核保师给出的保费是情形 1（已知概率、已知损失）下保费的 1.43 倍至 1.77 倍，情形 2 的保费水平也高于情形 1，这说明，无论已知损失还是不确定损失，模糊概率都会导致核保师要求更高的保费，显示了核保师对模糊风险的厌恶，进而要收取高价。情形 3 的保费水平高于情形 1，显示了核保师的风险厌恶，进而要收取高价。

管理层风险厌恶，是指在期望损失不变的条件下，损失的标准差越大，精算师和核保师的倾向定价越高；管理层模糊厌恶，则是指在期望损失不变的条件下，风险越是模糊不清，精算师和核保师的定价越高。核保师风险厌恶导致保险公司追求期望效用最大化而非期望利润最大化。但模糊厌恶在期望效用模型中并未考虑，在期望效用模型中，无论风险是否存在模糊性，对于同一风险，核保师应该收取相同的保费。

由于财险公司往往面临巨灾风险，而巨灾风险本身风险较大，且存在一定的模糊性，所以，管理层风险厌恶、模糊厌恶往往发生在财险公司和再保险公司。另外，对巨灾风险的风险厌恶和模糊厌恶也主要发生在成熟保险市场或发达保险市场，较少发生在发展中国家保险市场，因为发达国家的巨灾保险市场比较发达，而发展中国家的巨灾保险市场往往尚未建立。

四、案例：瑞士再保险公司的保守型定价模式

据瑞士再保险公司（以下简称"瑞再"）中国区总裁陈东辉（2018）介绍，瑞再有很强的风险管理文化，在对机构主管的绩效考核中，风险管理具有一票否决的地位。总公司对全球各机构主管反复宣导一个理念："瑞再这家公司存活了 155 年，最重要的原因永远都是风险管控。"瑞再会反复问自己的一个关键问题："若发生百年一遇的巨灾，我们是否仍能保持 AA 的评级？"

将上述文化贯彻的定价中，瑞再使用 100 年的维度来度量风险，就是要把 100 年的巨灾成本计算清楚，再将其平摊到每年的定价中，这就会导致瑞再的定价中包含着一个较大的巨灾附加保费。此外，瑞再的核保非常严格，被称为有"核保天条"，这一点我在一次会议上有了体会。在一次保险学术会议上，我碰到了曾在瑞再总部工作过 13 年的一位老法师，这位老法师说：瑞再在中国开展业务与瑞再的核保规则有巨大的冲突，因为瑞再要求，某些业务，预计综合成本率高于 90% 就不能承保；有些业务，综合成本率高于 95% 就不能承保；而中国的大部分业务都无法达到这些要求。咋办呢？说都要到瑞再总部去特批，特批成功后才能承保。

陈东辉（2018）将其归纳为再保和直保的风险认知差异：在成熟型再保险公司眼里，关注的是 100 年的平均风险，过去 100 年肯定发生过大灾啊，于是，哪怕最近这些年风平浪静，再保险公司也要在定价中加上巨灾附加。但是，在我国大部分直保公司眼里，往往关注的是一年的风险，最多关注三到五年的平均风险，如果过去三年或五年的赔付率很低，就认为可以低价承保，再保险公司也应该低价分入。于是，双方必然有一定的定价冲突。

五、我国保险公司为何不采取保守型定价？

为何我国的保险公司往往不采取上面所讲的保守型定价呢？

第一，是因为我国保险公司的存活时间还是很短，最长只有四十年左右的时间，绝大

部分保险公司的存活时间在二十年以内,存活时间短意味着巨灾经验少。不仅如此,过去四十年,我国消费者对保险的接受度较低,投保数量少导致保险公司承保的巨灾业务少,并未经历超大规模的巨灾风险,例如,汶川地震发生时,保险公司几乎毫发未损。保险公司历史短和消费者投保巨灾风险少,导致绝大多数保险公司管理层、精算师和核保师压根儿就没有过遭遇巨灾的经历,自然在定价决策时就很难将其考虑在内。

第二,可能是因为任期制的原因,对于未来几十年才能出现的巨灾风险或利差损问题,当前任职的管理层认为压根就不需要考虑,因为那时自己早已不在该岗位甚至早已退休了。

第三,虽然绝大多数保险公司的股权都不是完全分散的,但股东对保险经营的规律也缺乏科学的认识,对保险经营潜藏的巨大风险也缺乏认知,自然也就无法在公司决策中扮演保守型角色。

第四节　巨灾前后风险认知波动导致定价波动

面对风险成本不可预知的业务,尤其是上一节提到的风险大小模糊不清的情形,保险公司定价除采取上述赌博型定价和保守型定价(保守型定价其实可以视为赌博型定价中定价较高的情形)外,保险定价还会随着巨灾事件的发生和不发生而波动。即巨灾发生后,保险公司往往大幅度提升保险费率,甚至直接拒保新业务和不愿续保老业务;但随着时间流逝,保险公司会逐渐降价,直到下次巨灾发生后才会改变定价惯性。

在保险经济学中,将保险公司在巨灾前后的定价波动称为"承保周期"。为何会出现承保周期呢? 学者们给出的理论解释主要有两点:一是说巨灾发生后,大额赔付导致保险业出现资本短缺,而此时通过外部融资筹集资本的成本比较高,由此导致保险公司成本上升,进而导致价格上升;二是说,原因在于市场疲软时期保险定价过低,导致无法在巨灾发生后有充分的资金应对(Harrington, Niehaus and TongYu, 2013)。下面从保险公司承保决策者的主观风险变化角度给出解释。

一、风险认知转变会导致定价转变

心理学研究表明,在个体进行风险判断时,近期发生的事件会比早期发生的事件更易被从记忆中提取,从而对风险判断产生更大的影响。但随着时间推移,曾经发生的风险事件在大脑的诸多记忆中会变得越来越不重要,甚至被逐渐遗忘,个体对该风险的感知程度逐渐下降。

对保险公司的承保决策者来说,面对模糊性风险,主观上的风险感知会取代理性的风险评估,触发理赔的大额理赔事件发生后,承保人的主观风险会呈现先快速升高后逐渐降低的过程,即在保险事故刚刚发生后的一段时间里,随着经济损失不断显现,承保人的感知风险逐渐增加,趋于严重高估风险,此时,承保人的恐惧程度较大,其保险定价会相应地显著升高,甚至直接拒绝承保。随着时间推移,承保人进入适应过程,主观风险会逐渐下降,其保险定价也会逐渐下降。可以预见,风险事件越严重,承保人的主观风险上升程度会越大,之后的适应期也会更长。[①]

---

① 更详细的风险认知转变导致保险定价转变的讨论,请读者参看第十六章第三节中的相关内容。

二、美国财险市场案例：恐怖袭击保险

下面是昆鲁瑟等人（Kunreuther et al.，2013）提到的美国恐怖袭击保险在911前后的定价差异。

昆鲁瑟等人（Kunreuther et al.，2013）认为，虽然同样是小概率大损失风险，但恐怖袭击风险其实与飓风等自然灾害风险不同，自然灾害的"元凶"自然并不会根据人类的防灾行为而改变自己的行为，保险公司可以根据巨灾模型使用历史数据和工程数据来确定保费，但恐怖袭击分子的行为却会随着反恐措施的变化而不断变化，这使得恐怖袭击概率是高度模糊不清的（highly ambiguous），属于典型的模糊性风险。

由此，对恐怖袭击概率的有限认知使得保险公司无法依据通常的基于出险概率的定价方法，只能使用情景分析法，主观构建特定的恐怖袭击场景，根据有限的情景构建来定价。再加上担心恐怖袭击赔偿大幅降低偿付能力，保险公司收取的保险费率可能高得惊人。

尽管恐怖袭击保险承保实务中并不确切知晓恐怖袭击发生的概率，但我们却可以通过保险公司收取的实际价格来倒算恐怖袭击概率。例如，如果保险公司向一家公司财产的100万保额的恐怖袭击保险收取5万美元的保费，那么，假定这个保费是精算公平保费，则造成100万美元财产损失的恐怖袭击风险的潜在概率，将不超过1/20（＝5万美元/100万美元）。这也就意味着，假定没有管理费用，如果出险概率低于1/20或者损失规模小于100万美元，从长期来看，保险公司将获得利润。

以2001年发生的911恐怖袭击事件为例，911事件发生后，保险公司不但大幅提高了保险费率，而且还降低了客户的保额。例如，911事件发生之前，芝加哥的奥黑尔机场（O'Hare Airport）拥有7.5亿美元保额的恐怖袭击保险，年保费为12.5万美元。911事件发生后，保险公司仅提供1.5亿美元保额的恐怖袭击保险，而且将年保费提高到了690万美元（Jaffee and Russell，2003）。这么高的保费，如果是精算公平的，意味着奥黑尔机场下一年度的恐怖袭击风险概率约为1/22（＝690/15 000）[1]，这可是一个非常高的概率，远高于911事件之前保险公司的估计值。

除提高保费和降低保额之外，很多保险公司直接拒绝承保恐怖袭击风险，原因是，如果承保恐怖袭击保险，就不得不购买再保险，或者需要从外部获取资本来保证自己的偿付能力充足率。但是，一方面国际再保险公司也纷纷拒绝提供恐怖袭击再保险，另一方面，投资者也不愿为承保恐怖袭击保险的保险公司提供资本或者（提供时）要求很高的回报率。例如，911事件发生后的2001年秋季，对承保恐怖袭击风险的保险公司而言，投资者提供资本的条件是资本年回报率达到20%（Kunreuther，2002）[2]。

高昂的保费、被限制的保额和被拒绝承保，导致了恐怖袭击保险市场和再保险市场的中断或崩溃。正是出于对这种奇异的保险定价和供给行为的关注，美国国会在2002年末通过了恐怖袭击风险保险法案（Terrorism Risk Insurance Act，TRIA），为恐怖袭击

---

[1]　这一结果并不精确，原因是：一方面，690万美元保费并非都是纯保费，另一方面，发生损失后，赔付规模不一定会达到1.5亿美元。

[2]　如果正常回报率是8%，这意味着风险中性投资者要求20%回报率的行为，就表明其认为：有10%的概率会损失掉他们的所有投资，90%的概率获得20%的回报。例如，假定投资者向保险公司提供资本100美元，则对于风险中性的投资者而言，有10%的概率会损失全部100元，有90%的概率会获得120元，期望收益＝10%×0＋90%×120＝108（美元），期望回报率仍为8%。

风险的私人保险市场提供 1 000 亿美元的联邦担保(Federal backstop)。具体做法是：美国政府为保险公司提供免费的再保险服务,恐怖袭击事件发生,联邦政府可以即时支付赔款,但事后要求保险公司进行部分返还。这样就解决了保险公司无法获得再保险的问题,保险公司也无须去为恐怖袭击风险寻找新的资本。

事实上,在 911 事件发生之前,无论是财产业主还是保险公司,都不在乎恐怖袭击风险,在某些同时承保各种风险的财产险保单里,保险公司甚至没有考虑过要为恐怖袭击风险单独收取保费,恐怖袭击保险的供给不存在问题。但是,911 事件发生后,无论是财产业主还是保险公司,对恐怖袭击风险的感知都大幅上升了。刚刚遭遇大额赔款的保险公司担心若再次遭遇恐怖袭击,自己的资产负债表或偿付能力会再次受到严重打击;原来不考虑恐怖袭击风险的客户也开始寻求购买恐怖袭击保险,并愿意支付较高的保费。

可见,风险的不确定性和模糊性既影响保险需求,更影响保险供给,可能导致保险费率上蹿下跳,还可能导致市场失灵或市场崩溃,需要政府出面干预或担保。

第五节　保险价格竞争的底线到底在哪里？

市场上有大量的保险公司同时存在和报价承保,对同样的标的和业务,不同公司的报价大不相同,有高有低,在价格是最主要竞争手段的条件下,保险公司之间相互担心的,往往是人家的报价更低。经常听到行内有人抱怨,说有些公司报价过低,把市场搞乱了。

那么,保险价格竞争的底线到底在哪里？或者说,不同公司有不同的报价,报价的最低点在哪里呢？

一、保险价格竞争的四个底线：追求利润最大化的选择

保险价格竞争的第一个底线,或第一道关卡,以短期保障性保险为例,是综合成本率等于 100%(长险的价格底线很难描述),即保险公司的价格底线是不能出现承保亏损。甚至有公司将综合成本率目标设定在 95% 左右,其价格底线是至少实现 5% 的承保利润。这样的定价通常是成熟型保险公司作出的,估计是公司管理层按照股东资本回报率的要求,结合预期资产投资收益率,倒推得到最低综合成本率,作为承保定价的底线。

保险价格竞争的第二个底线,或第二道关卡,是公司在该业务上实现盈利,即在考虑资产投资收益后,公司最终能够实现盈利即可。这意味着保险公司(主要是财险公司)允许出现承保亏损或综合成本率大于 100%,只要资产投资收益能够覆盖承保亏损即可。这样定价的通常是成长型保险公司。

保险价格竞争的第三个底线,或第三道关卡是停产点,即公司认为将价格定在平均可变成本之上即可,认为以自己的竞争实力,能够用收入覆盖可变成本就算不错了。当然价格可高尽可能高,高于平均可变成本的部分就可以用来覆盖部分固定成本,那就更满意了。这样定价的通常是刚入行的、市场认可度很低的初创型保险公司。

保险价格竞争的第四个底线,或第四道关卡,是赌博型定价导致的。在风险成本不可预知的赌博型定价条件下,风险数据较少、承保标的较少、公司规模较小、市场认可度较低的公司通常定价更低。如果有全能的上帝知道不可预知风险的期望风险成本,就会

知道,这个低点(尤其是冒险型赌博定价的低点)经常会击穿平均可变成本(=上帝知道的期望风险成本+公司可预知的其他成本平均值)。这就使市场报价的最低点进一步下降了。

上述前三道关卡,是各行各业都存在的价格竞争现象。

但第四道关卡,则是保险行业特有的价格竞争现象。也就是说,保险行业的价格竞争底线比其他行业更低,可以低于(上帝才知道的)平均可变成本。这就导致保险业,尤其是财险业的价格竞争比其他行业更加激烈,杀起价来会"头破血流"。

需要声明的是,基于不同的成本结构和市场地位,不同的公司会选择不同的定价底线,上述四个价格底线,是不同类别保险公司追求利润最大化的定价底线,是保险公司的理性选择,属于正常价格竞争。

二、恶性价格竞争:导致更低的价格底线

所谓恶性价格竞争,是指保险公司故意将价格定在利润最大化定价或最优定价之下,以便抢夺业务,不但对竞争对手造成负面影响,也对自己的经营造成负面影响。

不过,由于很难确切知道每家公司每种业务的成本结构和需求曲线,我们很难知晓每家公司每种业务的利润最大化定价或最优定价,自然也就无法知晓每家公司是否实施了恶性价格竞争。

理论上来说,有一个简便的方法可以识别"极端恶性价格竞争",那就是看保险定价是否低于平均可变成本,因为无论是成熟型公司还是初创型公司,其利润最大化定价都不可能低于平均可变成本。但是,保险是事前定价的,判断定价是否低于平均可变成本的前提是保险公司知道平均可变成本,因此,这一简便方法只适用于"风险成本可预知的保险产品"。

无论如何,恶性价格竞争会导致更低的价格底线,保险市场的价格竞争会更加激烈。

三、保险公司为何敢于进行极端恶性价格竞争呢?

如上所述,极端恶性价格竞争,是指以低于平均可变成本的价格承保风险成本可预知的保险业务,显然,长期这样干的公司是活不下去、必然被市场淘汰的,理性的公司不会持久地实施极端恶性价格竞争。如果是短期操作或少量操作,期望未来能够扳回来,也是一场赌博,赌输的可能性很大。但是,由于如下三个原因,保险公司可能实施极端恶性价格竞争,而且在实施极端恶性价格竞争后能够比其他行业实施极端恶性价格竞争的公司活得更久。

1. 预收费制度导致保险公司不容易失去流动性

与实体经济企业产品销售中的"一手交钱、一手交货"不同,保险业的业务特征是"先拿钱、后服务",即保险公司先拿到客户的钱,然后才为客户提供保险服务。正是收费与赔付之间的时间差,给了保险公司一个更大的降价空间,即便在风险成本已知的情况下,保险公司也可能将价格降至平均可变成本(期望风险成本+平均变动营业成本)之下,这样当然会导致业务大幅亏损,但只要新保费能够进来,并足够用来赔偿前期所有业务的当期赔付,公司就不会失去流动性,在不失去流动性的情况下,保险公司可能会抛开对成本收益或盈亏的考量,采取借新还旧的手段来滚动运营,形成庞氏骗局。在风险成本未

知的情况下，上述情形更可能出现。

例如，在先收保费后提供理赔和服务的情况下，财产保险公司可能会将车险价格降到最低，只要能保持流动性，就可以用新保费支付旧业务的理赔款，从而形成庞氏骗局。寿险公司更是如此，由于寿险保单期限更长，导致赔付更加滞后于收费，寿险公司可能形成更大更久的庞氏骗局。

2. 保险公司可以通过财务手段掩盖问题

如果保险公司实施了庞氏骗局式的欺诈性定价行为，在财务报表上必然体现为大幅亏损。但是保险公司可能会采取大幅低估短期保险未决赔款准备金和长期保险未到期责任准备金（主要是寿险责任准备金和长期健康险责任准备金）的方式，通过做假账来降低公司账面负债和风险成本，进而美化资产负债表和利润表。甚至，公司在严重亏损的情况下，不是通过补充资本来满足偿付能力，而是通过制造虚假资本的手段掩饰庞氏骗局。

3. 极端恶性价格竞争的体制根源

保险公司为何会采用庞氏骗局式保险定价呢？根源可能是领导任期制导致的公司管理层道德风险，只为自己的任期和升职考虑，不考虑公司的长远利益。具体而言，由于任期制和追求升职等原因，为了获得保费增长并保证表面意义上的利润水平，保险公司或其业务部门往往会故意低价承保，然后通过做假账和制造虚假资本的手段蒙混过关。

上述任期制问题导致的欺诈性定价，可能是分公司对总公司的欺诈，也可能是总公司对股东的欺诈，甚至是股东对监管当局的欺诈。分公司对总公司的欺诈往往源自分公司负责人的道德风险，总公司对股东的欺诈则来自职业经理人对股东的道德风险，股东对监管当局的欺诈则来自股东对监管机制的道德风险。所谓监管机制形成的保险公司股东道德风险，是指中国社会保险保障基金对所有保险公司提供的保险机制、保险行业缺乏退出机制以及保险牌照价值带来的股东道德风险。

第十五章　价格管制及其影响

保险公司经营最大的特点是先收费再提供保障,先收费产生保险准备金或保险负债,进而形成投资资产。一方面,保险负债和投资资产的价值都存在较高的不确定性,负债价值升高和/或资产价值缩水会危及保险公司的偿付能力;另一方面,上一章第五节所述的激烈价格竞争可能导致公司亏损,甚至可能导致保险准备金不足。上述两点都可能使保险公司面临无法偿付客户债务的风险。

为保护投保方的合法权益,保险监管机构对保险业进行严格监管,包括市场准入监管、公司管理监管、市场行为监管、保单条款和保险费率监管、偿付能力监管等。本章聚焦于保险费率监管,而费率监管往往会形成价格管制。

通常情况下,价格是由市场确定的,即所谓"市场价格"。但在保险市场,仔细研究监管机构颁布的相关管理规定,会发现监管机构对保险价格或保险费率进行着严格的管制,这自然会对保险市场造成巨大的影响。

本章第一节分析监管层的保险价格监管思维及其与经济学最优定价思维之间的矛盾;第二节分析价格管制对保险市场的影响;第三节分析恶性价格竞争的监管难题;第四节以商业车险市场为例,分析价格管制对车险市场的影响。

第一节　保险价格监管思维及其与经济学定价思维的矛盾

在我国,由于担心保险公司之间的恶性价格竞争可能危及保险业的偿付能力或客户利益,监管层对保险价格或保险费率进行了管制,监管层的价格管制思维基本遵从精算定价原理。但从经济学思维来看,保险公司会根据其成本结构和面临的需求曲线确定一个最优定价,以实现利润最大化。本节讨论价格监管思维"精算定价思维"与公司定价思维"利润最大化导向的定价思维"之间的矛盾。

一、保险价格监管规定

依据我国保险法,保险监管机构对保险业的监管目标是维护保险市场秩序,保护投保人、被保险人和受益人的合法权益。保险法第一百三十五条规定:"关系社会公众利益的保险险种、依法实行强制保险的险种和新开发的人寿保险险种等的保险条款和保险费率,应当报国务院保险监督管理机构批准。国务院保险监督管理机构审批时,应当遵循保护社会公众利益和防止不正当竞争的原则。其他保险险种的保险条款和保险费率,应当报保险监督管理机构备案。"

也就是说,保险公司开发保险产品,其价格或费率是需要监管"审批"或"备案"的。为此,原中国保监会制定了《财产保险公司保险条款和保险费率管理办法》(2010)和《人身保险公司保险条款和保险费率管理办法》(2015 年修订),详细规定了保险公司应该如何确定保险费率,即如何定价。两个管理办法都明确,保险公司要指定精算责任人,要求保险公司充分尊重精算责任人的专业意见,精算责任人则要保证"保险费率厘定合理,结果满足充足性、适当性和公平性原则"。

依据上述两个管理办法,保险公司开发的所有保险产品,其保险费率都要严格按照监管机构批准或备案的费率进行销售,若想改变销售价格,必须重新报送审批或者备案。若有违背,将由监管机构处以 10 万元以上 50 万元以下的罚款;情节严重的,还可以限制其业务范围,责令停止接受新业务或者吊销业务许可证。这可不是说着玩的,每年都有大量的价格违规处罚案例,涉及各种保险产品。

二、保险价格监管思维:基于精算定价原理的成本定价

1. 监管层采用精算定价思维

从《财产保险公司保险条款和保险费率管理办法》和《人身保险公司保险条款和保险费率管理办法》中,已经可以看出监管层的价格监管思路就是精算定价思路。而在更具体的监管规定《财产保险公司产品费率厘定指引》(2017)中,价格监管的精算思维得到了更充分的体现。

《财产保险公司产品费率厘定指引》同时适用于审批型保险产品费率厘定和备案型保险产品费率厘定。指引中说明:产品保费包括风险保费和附加保费,附加保费包括费用附加、风险附加和利润附加;保险费率由基准费率和费率调整系数组成,厘定基准费率包括厘定纯风险损失率和厘定附加费率,费率调整系数是风险差异的合理反映。

《财产保险公司产品费率厘定指引》明确,保险公司应遵循"非寿险精算的原理和方法",按照合理、公平、充足的原则,科学厘定费率,保险公司总精算师和精算责任人应确保费率厘定结果合理、公平、充足。

所谓合理性原则,是指保险公司不得因费率过高而获得与其承保风险不相称的超额利润,不得在费率结构中设置与其所提供服务不相符的高额费用水平,从而损害投保人、被保险人的合法权益。

所谓公平性原则,是指费率水平应该与被保险人和保险标的的风险特征相匹配,且不得根据风险特征以外的因素做出歧视性的费率安排。

所谓充足性原则,是指费率水平不得危及保险公司财务稳健和偿付能力或妨碍市场公平竞争,计入投资收益后的费率水平原则上不得低于其所对应的各项成本之和,费率结构中所设置的费率调整系数不得影响费率充足性。

《财产保险公司产品费率厘定指引》还提出,保险公司应以数据分析为基础,设置合理的费用附加、风险附加和利润附加。费用附加应根据公司产品定位和销售策略,结合历史费用水平和费用变动趋势等综合确定;风险附加应根据公司对费率不足风险的容忍程度,结合基础数据质量、产品风险特征和资本成本要求等综合确定;利润附加应根据公司资本成本、市场竞争和战略决策,结合投资策略、税收调整等综合确定。

从上述保险费率监管规定中可以看出,保险价格监管的思维模式就是精算定价思维

模式。

2. 精算定价思维的本质是成本定价思维

精算定价思维模式实质就是基于成本的定价思维模式,这一点在《财产保险公司产品费率厘定指引》所要求的合理性原则和充足性原则中有明确反映。例如,在合理性原则中,要求保险公司不能将费率定得过高以获得超额利润;在充足性原则中,则要求计入投资收益后的费率水平原则上不得低于其所对应的各项成本之和。

明显可见,监管意图是让保险公司的保费收入正好能够覆盖各项成本,包括赔付成本、经营管理费用和资本成本,而且不允许保险公司获得超额利润。

三、监管定价思维与经济学定价思维的矛盾

1. 精算定价正好等于完全竞争市场均衡价格

将监管定价思维与经济学定价思维相比,我们就会发现,监管所要求的基于精算原理的成本定价,正好等于完全竞争市场条件下的市场均衡价格。

在完全竞争市场条件下,每家公司都是市场均衡价格的接受者。如图 11-7 所示,完全竞争条件下,市场均衡价格等于每家公司的边际成本等于每家公司的边际收益等于每家公司的平均总成本,每家公司都实现了利润最大化(因为边际收益等于边际成本),且每家公司的经济利润为零(因为市场均衡价格等于平均总成本)。而经济利润为零的市场均衡价格,正好使保险公司的收入覆盖成本,即"保费收入+投资收益"正好可以覆盖"赔付成本+各种经营费用+资本成本"。

在风险管理与保险理论中,完全竞争的市场均衡价格也称为"公平保费",意指保险消费者支付的价格是公平的,公平保费正好覆盖保险公司的各项成本,包括资本成本。

2. 可惜完全竞争市场是乌托邦

如果所有保险公司的保险交易都能按照"完全竞争市场均衡价格"或"公平保费"进行,那将是一个"似乎完美"的保险市场。但学过经济学的读者都知道,完全竞争市场的假设条件过于苛刻,现实中几乎没什么市场能够满足,保险市场不可能是完全竞争市场。

如第十一章第六节所述,如果保险市场是完全竞争的,至少要满足如下条件:① 保险公司是同质的,数量很大,规模很小;② 保险公司没有品牌强弱或市场认可度高低之分;③ 没有准入监管,企业可以自由进入和退出保险市场;④ 保险产品是同质的,每家公司都卖同样的产品,没有产品创新这回事;⑤ 保险公司可以准确评估保险标的风险,确定期望赔付,进而预知自己的风险成本;⑥ 有一个庞大的资本市场,保险公司可以方便地从资本市场通过支付市场回报率的方式获得资本;等等。

问题是,上述假设在保险市场基本都无法达到:① 保险公司不是同质的,规模有大有小,有新入行的公司,也有成熟的公司;② 保险公司品牌也有强弱之分;③ 由于牌照管制,企业无法自由进入保险市场,退出也不容易;④ 保险产品五花八门,不同公司之间的同类产品总是存在这样那样的区别,保险公司会通过产品创新来扩展自己的市场;⑤ 有时候,保险公司也无法准确评估保险标的风险,进而无法预知自己的风险成本;⑥ 保险公司从资本市场上融资的难度高低有别;等等。

3. 监管定价思维必然与保险公司实际定价思维产生矛盾

保险公司的实际定价思维是什么呢? 从经济学来看,保险公司追求的是利润最大

化,这一点未必完全正确,但基本可以描述保险公司的定价思维,因为不追求利润最大化的公司会被市场淘汰。阿尔钦为此辩护的著名看法是:"尽管由于无知或非理性使得某些企业并没有真正实现利润最大化,但市场经济本身就提供了一种选择'适者'和淘汰'不适者'的机制。只有那些能够实现利润最大化的企业才能生存,而不去追求利润最大化或无法实现利润最大化的企业都会面临困境甚至被迫破产。"

进一步地,追求利润最大化的保险公司,会按照各自的边际收益等于边际成本的均衡点确定产量和价格。在保险市场不是完全竞争市场的情况下,基于利润最大化思维的保险定价几乎不可能等于监管要求的定价水平。例如,有品牌、市场认可度高、有核心竞争力的成熟型公司的定价水平必然较高,几乎必然会获得超额利润[1],这一利润水平会超过市场化的平均资本回报率,我们在保险市场上经常看到优质公司的 ROE 高达 20％以上,甚至超过 40％。而市场认可度低、缺乏核心竞争力的公司则只能将价格定在停产点(或平均可变成本)之上但接近停产点的地方,以便获得业务,在覆盖平均可变成本这条底线后能覆盖多少固定成本就覆盖多少固定成本,亏损几乎是必然后果。反之,如果市场认可度极低、缺乏竞争力的公司按照监管要求定价,要求价格必须覆盖所有成本,很可能什么业务都拿不到(除了股东业务),公司亏损规模会更大。

保险公司的上述选择,从经济学来看,都是不同公司追求利润最大化下的理性选择,也是公司发展的必由之路,但却违反了保险费率监管的基本规定,可以看出,这是由监管定价思维和保险公司实际定价思维的不同所导致的必然结果。

第二节　价格监管对保险市场的影响

上一节得到结论说,基于精算思维的价格监管与基于利润最大化思维的保险公司实际定价存在天然的矛盾,这必然会对保险市场造成重大影响。此外,由于监管机构的风险态度比保险公司更加风险厌恶,这也会体现在价格监管上,对保险市场造成影响。

一、监管定价形成价格管制

监管规定要求每家保险公司的每个保险产品,包括审核型保险产品和备案型保险产品的价格,都必须覆盖所有成本,包括资本成本,并且不能形成超额利润。

从公司市场势力或经营水平来看,自然有强弱和高低之分,这里为分析方便,只讨论两类公司:市场势力很弱的初创型公司和市场势力很强的有核心竞争力的成熟型公司。就公司规模而言,前者规模通常很小,但后者规模则可大可小。

对于初创型保险公司来说,由于市场势力太弱,其利润最大化的定价必然低于监管要求。因此,在初创型公司眼中,按监管规则确定的价格类似于经济学中的政府"最低限价",是一种潜在的价格管制。

对于具备核心竞争力的成熟型保险公司来说,由于市场势力强大,其利润最大化的定价必然高于监管要求。因此,在成熟型公司眼中,按监管规则确定的价格类似于经济

---

① 当然,就经济学思维而言,保险公司不可能获得超额利润,某公司较高的利润必然是因为其有某些突出的竞争能力,高于市场平均水平的利润是这些核心竞争力带来的租值。上面所说的超额利润是指相对于监管定价要求而言的。

学中的政府"最高限价",也是一种潜在的价格管制。

二、价格管制的心理学基础:监管层风险厌恶程度高于保险公司

上一章不少内容都涉及保险公司的风险态度,我们发现欧美成熟型保险公司尤其是再保险公司倾向于高度风险厌恶,而我国的保险公司的风险厌恶程度要相对弱很多。几年前我曾经听到几家保险公司高管在一起聊天,说老板最关心的是利润,风险管理远没有利润那样重要,监管机构则远比老板重视风险管理。

保险监管机构显然比保险公司更加风险厌恶,主要原因是保险监管机构承担着保护消费者利益和防范保险业系统性风险的重要职责,这一职责通过国家行政管理体系得到了强化,为了对上一级行政部门负责,保险监管机构往往比保险公司更加重视行业风险管理。

而对保险公司而言,其风险态度相对要喜好的多,原因包括:一是多数股东都难以理解或适应保险公司开业后需要很多年才能盈利的经营特征,往往将其他行业的盈利周期体现在对保险公司管理层的要求和考核中,导致保险公司的行为急功近利,风险防控趋于放松;二是我国保险公司经营时间普遍较短,尚未发生过多家公司同时倒闭之类的系统性风险事件,公司股东和管理层大脑中很难形成像瑞士再保险公司那样警钟长鸣的经营思维和决策习惯;三是我国保险行业既有严格的牌照管制或准入管制,又缺乏退出机制或淘汰机制,每家公司似乎都有显性的中国保险保障基金风险保障和隐性的政府信用背书,导致部分保险公司经营中存在较高的道德风险。

保险公司的上述风险喜好特征和行为,会进一步增加监管层的监管压力,导致更强的监管层风险厌恶。

监管层风险厌恶程度较大,很可能是其采用精算思维或成本思维进行价格监管的原因,其心理预期很可能是:"各家公司果真如此定价,则每家公司的每个产品都会盈利,都不会给公司带来偿付能力问题,每家公司的财务都非常稳健,自己的偿付能力监管和消费者利益保护也就成功了。"

也正是基于上述原因,监管层对"过高定价"的容忍程度很可能远高于对"过低定价"的容忍程度,因为前者不但不危及保险公司的偿付能力,还会增强保险公司和整个保险业的偿付能力。因此,最低限价的威力也就高于最高限价的威力了。

三、价格管制的实质:形成无数个最低限价

面对监管层的上述价格管制,保险公司可能采取的行为是:保险公司向监管机构申报保险费率时,会尽量将申报费率逼近自己产销计划中利润最大化的保险费率。因为按照监管规定,无论是审批型保险产品还是备案型保险产品,其销售价格必须等于审批价格或备案价格,任何改变保险费率的销售行为都是违规的,由此,申报费率越接近利润最大化费率,自己的经营损失就越小。

但是,监管机构工作人员的眼睛是雪亮的,过低或过高的费率可能会被否决,尤其是审批型保险产品。不过,如第二部分结尾所述,在风险厌恶程度较高的情况下,监管层对"保险公司定高价获取超额利润"的容忍程度显著高于"保险公司定低价形成亏损"的容忍程度。导致:① 初创型公司的申报费率通常高于自身利润最大化的费率,由此,申报

费率对自己形成了最低限价;② 具备核心竞争力的公司的申报费率,却可以通过在定价时采取保守假设来提高价格,基本能够与自身利润最大化条件下的费率保持一致。

因此,价格管制对保险市场的最大影响,是对初创型公司(还可能包括成长型公司)形成了最低限价。而且,由于各家公司的成本结构不同,各家公司向监管机构申报的保险费率不同,监管机构审批或备案费率后,相当于通过监管机构与保险公司之间的互动,在保险市场上形成了无数个最低限价。

为什么是无数个最低限价呢? 首先是因为每家初创型保险公司都会申报费率,而初创型公司数量较多;其次是因为每家公司都会向监管机构申报大量保险产品,假定每家初创型公司向监管机构申报 300 种保险产品,则每家公司就会有 300 种最低限价。最终保险市场上形成了无数的最低限价,以 80 家初创型公司和各 300 种产品为例,会形成24 000个最低限价。

四、最低限价对保险公司的影响

如前所述,最低限价基本不会对优质成熟型公司造成影响,只会对初创型公司(和成长型公司)造成影响,为此,这里只讨论受影响大的初创型公司。

图 15-1 分析了最低限价对初创型公司的负面影响。图中,初创型公司面对的是一条略微向右下方倾斜的需求曲线,边际收益曲线在其下方,追求利润最大化的初创型公司会选择边际收益 MR 等于边际成本 MC 时的销量作为最优销量,并将最优销量对应的需求曲线上的 E 点作为最优定价。

从图中可以看出,公司最优定价(或利润最大化定价)高于 G 点对应的停产点价格,但高过的程度不大,而且,公司最优定价远低于平均总成本,公司是亏损的。但是,这个亏损额对公司而言是最优的,公司实现了亏损最小化(或利润最大化),这是由其市场竞争力所决定的最好结果。

但是,根据监管政策确定最低限价后,假定最低限价完全处于该公司需求曲线的上方,如图 15-1 所示,这意味着没有任何消费者会买该公司的产品,该公司的销量和销售

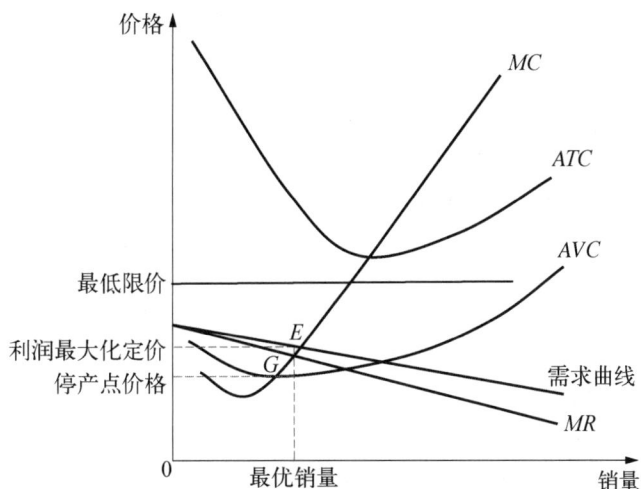

图 15-1　最低限价对初创型保险公司的负面影响

收入均为零。这显然不是该公司的最优选择,在一些消费者愿意支付高于其平均可变成本的价格购买其产品的情况下,该公司却因最低限价而无法销售出去任一单位产品。与上述最优定价相比,公司的亏损额严重扩大了,该公司的所有固定成本都形成了亏损额。

可以想象,只要最低限价高于保险公司的利润最大化定价,都会带来类似的结果,即保险公司的亏损额扩大了(或者盈利额减少了),只是不同公司的亏损扩大程度不同而已。

可见,即便没有最低限价,追求利润最大化的初创型公司按照不低于停产点的方式来定价,也会面临需求疲弱、业务量少的尴尬。有了最低限价之后,由于最低限价高于其自身利润最大化的定价,初创型公司会陷入需求进一步萎缩、有价无量的悲惨境地。之所以说悲惨,是因为任何偏离利润最大化的定价都会使初创型公司的亏损进一步扩大。原因很简单,尽管价格上升了,但由于销量大幅下滑,销售收入扣除可变成本之后的"盈余"降低了,只能覆盖更少的固定成本。

五、保险公司对最低限价的应对措施

上述最低限价带来的负面效果,显然不是初创型公司想要的。于是,追求利润最大化的初创型公司必然会想尽办法让保单的实际价格降下来,以逼近自身利润最大化的均衡点。可能的办法有如下几种:

第一,如果保单是由保险公司工作人员自己销售的,保险公司很可能会通过直接向客户提供额外服务、礼品礼券等方式来刺激客户购买,额外服务和礼品礼券实质上降低了保险价格。

第二,如果保单是由保险公司的专属代理人销售的,保险公司很可能会通过支付代理人更高佣金的方式,激励代理人销售更多的保单,而保险公司实际到手的保费收入就下降了。而保险代理人为了把保单卖出去,很可能会采取向客户赠送礼品、请客吃饭甚至返佣等方式来激励客户购买。

第三,如果保单是通过保险中介公司销售的,保险公司很可能会通过支付中介更高手续费的方式来降低自己实际到手的保费收入。在更高手续费的激励下,保险中介公司会更愿意销售初创型公司的保单,也更可能通过向客户提供一些礼券、礼品等来促进销售。

所谓上有政策、下有对策,上述措施都会使初创型公司逼近自己的最优选择或利润最大化均衡点,进而降低自己的亏损程度。

六、猫捉老鼠与躲猫游戏的不断升级

初创型公司的上述行为化解或部分化解了监管层的价格管制政策,监管机构必然会想办法来制止,于是,监管机构会出台更多的监管规定来约束保险公司逃避监管的行为。例如,不允许保险公司向客户赠送保险合同之外的利益,不允许代理人向客户返佣,不允许向中介机构支付过高的手续费,等等。

而公司为了在市场上竞争和生存,同时为了满足监管规定,必然又会想出更多的逃避措施,而新发展出来的逃避措施又会带动更多更严厉的监管措施,……,如此循环下去。

七、价格管制引发租值耗散

1. 租的含义

在经济学中,租是指资产带来的收入。比如,甲是地主,将土地出租会带来地租收入。再比如,乙是老板,有厂房和生产设备,雇佣工人生产物品后获得了销售收入,从销售收入中,扣除工资、水电费、增值税等可变成本后剩余的部分,就是老板所拥有的厂房设备带来的租值。

进一步地,租值的改变通常不会改变资产拥有者的行为。例如,除非地租降为零,无论地租的上升或下降,不会改变地主出租土地这一行为。再比如,拥有厂房设备的老板,除非销售收入扣除可变成本后的租值降为零,厂房设备租值的升降也不会影响老板的生产行为,即只要租值大于零,老板就会生产,或不会停产(类似于前述的停产点思维)。

2. 租值耗散的含义和原因

租值耗散,是指资产本来可以带来的租值,由于某种原因而下降或消失了。最早提出租值耗散的是戈登教授,1954年,戈登以公海捕鱼为例,说明由于海洋公有或非私产,没有人收租,因而捕鱼人数过多,捕鱼的均衡点是捕鱼者们的总成本(可以想象为捕鱼者们的机会成本或放弃的工资收入)等于捕鱼者们的总产值,该渔场的租值为零。反之,如果渔场是私产,渔场的主人聘请员工捕鱼,聘多少员工呢?聘到工资支出(边际成本)等于边际产值(边际收益)为止,在该均衡点处,工资即是平均工资,而平均产值在边际产值之上,平均产值扣除工资后乘以员工总数就是渔场老板的租值。将海洋渔场公有与私有两种情形对比,可以发现,海洋渔场公有导致任何人都可以随意捕鱼,捕鱼者太多,以致公有渔场的租值被捕鱼的成本替代,导致海洋渔场本来可以带来的租值被耗散掉了。

租值耗散的主要原因是资源收入的权利没有被界定清楚,上例中如果海洋渔场属私有,老板会约束捕鱼人数,进而获得租值。

3. 最高限价带来租值耗散

张五常将租值耗散的思维引申到价格管制理论中,以流行的保护穷人的最高限价制度为例,说明价格管制会带来租值耗散。张五常(2015)说:"如果一件物品的市值为七元,政府管制只准卖五元(最高限价),那两元的差额没有清楚的权利界定,在竞争下租值耗散会出现。这消散会通过市价之外的其他决定竞争胜负的准则出现,例如排队轮购(在边际上,成功轮购者的最高时间成本是每件两元)。但排队的时间成本对社会什么贡献都没有,只在边际上替代了那两元的所值,所以是租值耗散的浪费。"可以看出,最高限价制度下,买方过多,出现了类似于公海捕鱼的效果。从供给端来说,最高限价低于市价,导致供给量降低,量价齐降,供给端的租值降低了;从需求端来说,无论竞争者是排队轮购还是托人找关系,对社会而言,这些行为都是明显的资源浪费(时间浪费或送礼浪费),这些资源本来可以用来创造社会财富,因而是租值耗散。

4. 最低限价也会带来租值耗散

这里,我将租值耗散思维用到最低限价制度中,看看是否也会引发租值耗散。在实施最低限价的市场中,如果一件物品的市值五元,政府要求必须卖七元,这两元的差额到底由谁来赚,也是没有清楚的权利界定的,于是供给方会群起竞争,可以想象,为卖掉每单位商品,在边际上,供给方最多愿意花费两元去竞争,在供给各方的竞争下,租值耗散会出现。例如,供给方通过向销售中介支付更高佣金或手续费的方式获得业务,或直接向客户赠送礼品礼券的方式获得业务,前者养肥了本来不需要养肥的中介,后者将钱收进来再买东西送出去,对社会而言都是浪费,都会带来租值耗散。

5. 猫捉老鼠和老鼠躲猫的进一步租值耗散

进一步地,如果价格管制政策制定者看到上述最低限价引发的卖方竞争行为,很可能会出台进一步的管制政策,如不允许向中介支付过高的手续费、不允许客户赠送礼品礼券等。而公司为了在市场上竞争和生存,同时为了满足监管规定,必然又会想出更多的逃避措施,而新发展出来的逃避措施又会带动更多更严厉的监管措施,……

上述猫捉老鼠和老鼠躲猫的各种行为会花费大量的社会成本,但很难从根本上杜绝供给方追求租值最大化或利润最大化的行为,会形成更高的租值耗散。

第三节 恶性价格竞争的监管难题

第二节分析的是我国当前的保险价格管制政策对开展正常价格竞争的公司的影响,本节分析恶性价格竞争的监管难题。

一、正常价格竞争和恶性价格竞争的区别

如上一章第五节提及的,可以将价格竞争分为正常价格竞争和恶性价格竞争。所谓正常价格竞争,是指保险公司追求利润最大化下的最优定价行为,不同公司的成本结构、品牌等不同,导致各有不同的最优定价。例如,对具备核心竞争力的成熟公司而言,其利润最大化的定价通常在平均总成本之上,而且通常可以获得超额利润;但对初创型公司而言,其利润最大化的定价通常在停产点之上平均总成本之下,通常是亏损的,保险定价不可能覆盖其所有成本。

所谓恶性价格竞争,是指保险公司故意将价格定在利润最大化定价或最优定价之下,以便抢夺业务,不但对竞争对手造成负面影响,也对自己的经营造成负面影响。进一步地,保险公司还可能采取极端恶性竞争行为,即以低于平均可变成本的价格承保风险成本可预知的保险业务。

显然,恶性价格竞争(包括极端恶性价格竞争)不但扰乱了正常的市场秩序,形成不公平竞争,还可能危及保险业的偿付能力,进而使客户利益受损。

二、恶性价格竞争的识别难题

对于实施恶性价格竞争的公司,监管机构自然应该出手监管,最直接的措施就是最低限价。但是,由于无法确切知道每家公司每种业务的成本结构和需求曲线,监管机构是无从知晓每家公司每种业务的利润最大化定价或最优定价的,自然也就无法知晓每家公司是否实施了恶性价格竞争。

有一个最简便的方法可以识别极端恶性价格竞争,那就是看保险定价是否低于平均可变成本,因为无论是成熟型公司还是初创型公司,其利润最大化定价都不可能低于平均可变成本。但是,从事前来看,有些保险业务的风险成本是不可预知的,平均可变成本自然也就不可预知;从事后来看,监管可以去检查保险定价是否低于平均可变成本,但这

一方面可能有失公平(因为预期可变成本可能低于实际可变成本),另一方面公司可能会通过数据造假等手段掩盖被检查业务的可变成本数额。

当然,如果断定某家公司是成熟型公司,该公司却在常规业务的定价上采取了明显会导致综合成本率高于100%的行为,则也基本可以判定其实施了恶性价格竞争。当然,准确的判断还需要根据其核心竞争力强弱、市场化资本回报率、公司资产投资收益率等来综合分析判定。例如,在市场化资本回报率和公司资产投资收益率不变的条件下,一家保险公司的核心竞争力越强,其正常的综合成本率就越低,低于这个正常的综合成本率进行定价,就属于恶性价格竞争。

总之,监管机构在判断公司是否进行了恶性价格竞争上具有相当的难度。

三、保险价格监管的模式选择

保险价格监管可能会采取两种模式:一是监管层集中于监控偿付能力报告的真实性和偿付能力的充足性,放弃对前端定价行为的监管,即所谓"放开前端、管住后端",这会对监管层的业务水平、财务水平等形成严峻挑战;二是监管层既管后端的偿付能力,又将大量精力集中于前端的产品价格管制。

由于很难判断保险公司定价是否属于恶性价格竞争,这给监管层进行前端价格监管带来了巨大的困难,于是,在无法区分正常价格竞争和恶性价格竞争的条件下,监管层可能会笼统粗略地规定所有保险产品的定价都不能低于成本,即采用基于精算思维的定价监管模式。由此带来的问题是,这种价格监管思维会与经济学定价思维形成矛盾,进而形成第二节所描述的猫捉老鼠和老鼠躲猫的游戏,造成大量的租值耗散。

从节约成本的角度来看,采取第一种监管模式可能是较优的,即采取强有力的后端偿付能力监控、检查和处罚模式,可能可以节约社会成本。

第四节 案例分析:商业车险的价格管制

无论是产险市场还是人身险市场,都存在价格管制,本节以产险市场中最大的险种——商业车险为例,用前面两节提出的价格管制理论,分析价格管制和费率市场化政策对商业车险市场的影响。

一、我国商业车险的价格监管政策

从价格监管政策变动来看,我国商业车险市场发展大致经历了如下几个阶段:第一阶段是2001年之前,全国几乎实施统一的条款和费率;第二阶段是2001—2005年,原保监会实施了彻底的商业车险费率市场化改革,价格战激烈程度超过监管预期;第三阶段是2006—2014年,监管层又收回定价权,原保监会组织保险行业协会统一制定了车险条款A、B、C三套产品,要求保险公司择一执行,同时出台限折令,规定车险保单最高打7折;第四阶段是2015年至今,监管机构再次启动商业车险条款费率改革,决定以市场化为导向,逐步扩大财险公司车险费率厘定自主权。

当前,相关监管政策规定:商业车险保费=基准保费×费率调整系数,基准保费=基准纯风险保费/(1-附加费用率),费率调整系数有四个,分别是无赔款优待系数、交通违法系数、自主核保系数和自主渠道系数。其中,基准纯风险保费和费率调整系数调整范围由中国保险行业协会制定,财险公司自主测算附加费用率和在规定范围内确定费率调整系数。

财险公司的费率厘定自主权主要体现在自主核保系数和自主渠道系数的确定上。本次费率市场化试点从 2015 年启动后,先是将自主渠道系数和自主核保系数最低值均定为 0.85,之后又几次下调了自主渠道系数和自主核保系数的最低值,目前最低值均为 0.65(不同省市之间的最低值有所差别)。

此外,从 2018 年 8 月 1 日起,监管部门要求财险公司开始执行"报行合一",即产品申报中的手续费与实际发生的手续费要一致,而且规定了保险公司的手续费上限,如表 15 - 1 所示(秦玄玄,2019)。

表 15 - 1 "报行合一"要求的手续费上限

财 险 公 司	新车手续费上限	旧车手续费上限
中国人保、平安、太保	25%	20%
国寿财险	26%	21%
阳光、中华、大地、太平	27%	22%
中小财险公司	30%	25%—28%

从事后监管来看,原保监会还制定了回溯分析机制,当财险公司的车险综合成本率显著升高时,将要求其对商业车险费率进行调整,并重新向监管机构报批。

二、车险市场的价格管制:费率最低限价和手续费最高限价

可以看出,当前,保险公司可以通过自主渠道系数和自主核保系数对商业车险进行一定幅度的价格调整,但价格调整是有底线的,即保险公司的车险最低价只能是将这两个系数调到最低时的车险价格。而且,监管机构仍要求保险公司确保费率方案合理、公平、充足,不存在导致不正当竞争的因素。也就是说,在最近这一轮商业车险费率市场化改革中,尽管保险公司获得了一定的价格调整空间,但仍然存在最低价格管制,经济学称为"最低限价"。

此外,对于车险手续费,即保险公司通过保险中介销售车险保单时支付给中介的手续费,在满足表 15 - 1 规定的手续费上限条件下,在保险公司报批车险条款和价格时,会向监管机构报备一个手续费率,这个手续费率就成了事实上的最高手续费率,一旦实际手续费率超出报批手续费率,就被监管认定为"报行不一",属于违规行为,这实际上也是一种价格管制,经济学称为"最高限价"。

也就是说,监管机构在车险业务上同时采用了"费率最低限价"和"手续费率最高限价"这两个价格监管手段。

三、市场乱象、价格管制与租值耗散

最近几年,车险市场上,违背监管规定的"乱象"频发,可分为价格违规、违规套费、延迟费用入账以及违规计提准备金调整经营结果四类,下面分别讨论这四类"乱象"的具体

含义,并讨论乱象之间的逻辑关联和根源。

1. 价格违规:违背费率最低限价和手续费最高限价

车险市场有无数的买者,也有大量的卖者,市场竞争是无情的,保险公司想要在这个市场上获得业务、活下去、赚到钱是不容易的,于是竞争手段自然多种多样,但目前为止,最主要的竞争手段还是价格竞争。保险价格竞争分为两种:一是费率竞争,二是手续费竞争。

在费率竞争上,价格竞争往往体现为"给予投保人约定以外的利益",即保险公司或保险中介给予投保方保险合同利益之外的好处,如买保险送油卡、交通卡、超市购物卡、甚至直接返还现金等,其实质是对保险产品的降价。车险的实际价格(投保人实际支付的价格)=保费-保险公司或保险中介的返还利益。监管部门认为,给予或承诺给予客户保险合同约定以外的利益,就是变相突破了报批费率水平,突破了"费率最低限价",就是"报行不一",属于价格违规行为。

在手续费竞争上,价格竞争往往体现为"给予中介机构高于报批手续费率的手续费"。保险中介如4S店等手握大批车险客户,保险公司通过支付手续费的方式从这些中介获得车险业务,如果支付给中介机构的手续费率超出报批监管机构的手续费率,突破了"手续费最高限价",监管机构也会认定"报行不一",属于价格违规行为。

2. 违规套费:通过虚假费用和虚假理赔来套取费用

给投保人额外利益后,这些利益是无法直接入账的,因为保险法不允许,这是违法的支出。于是,保险公司只能将这些支出列为费用支出,如代理人佣金、中介机构手续费、公司业务拓展费、宣传费、劳务费、咨询费等,这些费用显然是虚假的,目的是把钱套取出来以便支付"给投保人的额外利益",这就属于违规套费。

类似的,支付给中介机构的手续费率超出报批手续费率(或总公司规定的手续费率)时,保险公司或其分支机构也无法将这些超额手续费以手续费入账,只能列为公司业务拓展费支出、宣传费、劳务费、咨询费等,这些费用显然也是虚假的,目的是把钱套取出来以便支付"超额手续费"。例如,手续费率市场价是保费的35%,但监管规定的交强险手续费最多4%,报批的商业车险手续费率(或总公司规定的商业车险手续费率上限)是30%,则你不按市场价35%出费用,人家就不卖你的车险。因此,35%的手续费是一定要支付的,这就导致了手续费不足的情况,交强险手续费少了31%,商业车险手续费少了5%,行内俗称"欠费",需要通过其他科目的费用列支,这就是违规套费。

还有更严重的,同样的车险业务,由于支付给中介的手续费率要高于支付给本公司业务员的佣金率,而保险公司往往面临大量违规支出需要入账,于是,保险公司自然会想到将业务员做来的车险业务"转变"为中介业务,这样就可以在账内支付更多的费用,然后用这些多出来的费用覆盖那些无法入账的"给投保人的额外利益"和"超额手续费"。这不但导致了虚假费用和违规套费,还滋生出来一大批"假保险中介",这些中介的唯一业务或部分业务,就是为保险公司"挂单"走费用。进一步思考下去,保险公司还可能直接投资设立自己控股的保险中介机构,一方面扩展市场,另一方面用来套取费用。

最后,如果上述手段用尽,还套不出足够的"给投保人的额外利益"和"超额手续费",保险公司还可能考虑将其列入理赔支出,列入理赔却没有真的理赔,就形成了虚假理赔,目的仍然是为了套取费用。

3. 延迟费用入账

套来套去,若监管过于严格,就有部分违规开支入不了账、套不出费,导致公司无法支付业务员垫支的"给投保人的额外利益",无法支付保险中介的"超额手续费"。长期无法支付自然会耽搁业务进展,于是,在业务考核压力下,不少保险公司分支机构负责人就自费垫支了"超额手续费"。

造成的后果是,由于无法入账,保险公司对业务员、分支机构负责人和中介机构拖欠了大量的"垫支费用",等待未来入账,这就叫"延迟费用入账"。①

4. 通过违规计提准备金来调整经营结果

根据上面的分析,保险公司通常采取两类价格竞争手段来获取业务,一是给客户保险利益之外的额外利益,二是向中介支付超出报批手续费率之外的额外手续费。显然,如果给客户的额外利益太多,或者向中介支付的超额手续费太多,就会导致车险业务亏损。

亏损有程度大小之分,上述手段可能会使车险业务亏损到股东或委托人无法容忍的程度:第一,对于成熟型公司而言,股东可能根本就不能容忍任何亏损;第二,对初创型公司而言,股东可以容忍亏损,但对亏损程度也有一定的容忍限度;第三,保险公司内部存在层层的委托代理关系,在这一委托代理链条中,总公司负责人可能对股东存有道德风险,分公司负责人则可能对总公司存有道德风险,这些道德风险都可能体现为追求规模过度而导致定价过低,使得车险业务发生委托人所不能容忍的亏损。

既然股东或委托人不能容忍,代理人(指接受委托的各级负责人)就可能通过财务数据造假来粉饰,这自然属于我们前面提到的恶性竞争、或非正常竞争,或庞氏骗局式定价,或欺诈性定价。例如,一家保险公司省分公司负责人,为了获得业务增长以促进自己的职业发展,在手续费开支上超过了报批手续费率和总公司规定的标准,使得车险业务发生总公司不允许出现的亏损,这就是欺诈性定价了,此时,为了蒙混过关和保证自己的仕途发展,该分公司负责人决定违规下调未决赔款准备金,进而使得车险业务的账面表现仍然保持盈利。这就属于"通过违规计提准备金来调整经营成果"。为什么是调整未决赔款准备金而不是未到期责任准备金呢?因为未到期责任准备金是相对客观的和显然的,人为调整很容易被发现,但未决赔款准备金的计提有一定的主观性和隐蔽性。

5. 车险乱象的逻辑关系和根源

我们可以看出,上述各类车险乱象的逻辑关系是:市场竞争导致价格违规,价格违规导致违规套费,套费不足导致延迟费用入账,欺诈性竞争(指代理人〈总公司或分支机构〉违背委托人〈股东或总公司〉利益的低价竞争)导致违规计提未决赔款准备金。此外,无论发生上述任何一种车险市场乱象,都会导致保险公司的财务数据失真,导致保险公司的实际行为数据与向监管机构报批的价格和手续费率不一致,被监管称为"报行不一"。

可见,车险乱象的根源是车险市场的价格竞争,程度不一的价格竞争导致程度不一的各种车险乱象。而这些价格竞争,大部分应该是正常价格竞争,即属于保险公司在市场竞争中的利润最大化定价行为,但也有部分属于恶性价格竞争或非正常价格竞争。

---

① 在2019年车险监管越来越严的情况下,延迟入账费用越来越无法入账,被称为车险行业的"堰塞湖"。

6. 价格管制导致租值耗散

如果保险公司采取的是利润最大化定价行为,其实完全符合经济学中的正常竞争原则,在公司利润最大化定价与监管要求相冲突的情况下,理性的公司决策者必然会采取上述被称为"乱象"的逃避手段,进而引发更严厉的监管措施。而更严厉的监管措施还可能引发更多的"乱象",……上述猫捉老鼠、老鼠躲猫的各种复杂操作自然会形成大量的"租值耗散"。

如果保险公司采取的是恶性竞争行为,并与监管要求相冲突,监管应该给予严厉打击。但如上一节所述,由于监管机构无法准确掌握不同保险公司在车险业务上的成本结构,进而无法准确判断是否属于恶性竞争,这给监管机构带来了监管难题。

四、车险价格监管的经济学分析

1. 市场规律和监管成本

可以预见,在最低限价高于公司最优定价的情况下,这些公司自然会想尽办法降低价格,这是保险公司的正常竞争行为,是市场规律在起作用。

如果监管机构不允许上述竞争行为的发生,几乎必然会导致保险公司的违规降价和市场"乱象"。例如,对于小公司而言,如果小公司按照费率监管规定制定了覆盖其所有成本的较高费率,很可能导致业务量萎靡,活不下去。既然活不下去,这些小公司就可能冒险一搏,违规求生存[1]。其实,如果股东愿意通过前期亏损来换取公司的成长和品牌影响力,能为公司提供资本支持,在偿付能力充足的情况下,消费者的利益是能够保证的,公司也具备持续经营的基础,这些行为是不需要严格禁止的。换句话说,正常的市场竞争行为是市场规律使然,如果将其认定为违规行为,想让保险公司不违规的监管成本就会非常高,在"猫捉老鼠和老鼠躲猫"中可能高到不可思议的地步。

此外,如果违规是自己活下去的基本手段,保险公司就会想出各种花样来对付监管,引发大量的社会成本。例如,第一,部分保费转了一圈,又回到了客户手里,导致保险公司保费虚高,赔付率虚低,费用率虚高,还得编假资料、做假账,这一圈做下来得花费大量成本;第二,养了一批假中介,这些中介或是个人或是公司,业务不用干,就干一件事,为保险公司挂单走费用,浪费了社会资源;第三,为了制止上述"乱象",监管机构需要花费大量人力物力来管理上述乱象,进一步花费成本。

2. 交易成本最小化下的监管方式选择

车险市场监管主要有两个目标:一是控制车险行业经营风险,防止发生系统性风险;二是保护消费者利益。监管手段包括前端监管和后端监管,前端监管就是管产品条款、管价格、管费用、管理赔等;后端监管则主要是偿付能力监管和持续经营能力监管。

从经济学角度来看,监管本身也是稀缺资源,车险监管方式选择应该考虑交易成本或制度成本,交易成本或制度成本包括:监管机构自身所花费的成本、保险公司为了配合监管而花费的成本等。

如前面分析所述,前端监管使得监管机构面临了更多的衍生监管任务,监管规定可能引发乱象,乱象引发更多的监管,如此循环下去,包括监管成本在内的社会成本越来

---

[1] 据报道,某保险公司分支机构负责人就说"不违规是等死,违规是找死"。

大。此外,从各行各业的价格管制实践来看,多数价格管制都会失效或部分失效,市场规律往往会胜出或部分胜出。

如果选择后端监管模式,意味着监管部门主要依据业务数据和财务数据对车险市场进行监管,只要保证数据的全面性(需要保险公司报送更加详细的车险数据),通过进一步提高监管人员的车险实务水平和数据分析能力,配合适当的现场检查,就能够判断其业务质量好坏、财务绩效好坏、对偿付能力的影响和对持续经营的影响。从后端发现公司问题后,可以直接停掉其前端的业务,或给予其他处罚,起到净化车险市场的作用。例如,当发现保险公司采取欺诈性定价,危及保险公司偿付能力和可持续经营时,监管机构应该果断出手,给予严重的处罚。

最后,需要建立保险市场的退出机制,让经营不善的保险公司永久退出车险市场,甚至永久退出保险市场,而不是一直受到中国保险保障基金、监管机构和保险牌照价值的庇护,使股东也存在一定的道德风险,衍生更多的市场乱象和监管难题。

第 五 部 分

保险市场的行为经济学

第十六章　保险市场失灵
及其解决办法

经济学中的市场失灵,是指某种商品市场或服务市场上,依靠自发的市场交易无法实现有效率的资源配置,偏离了有效率的市场均衡状态。所谓有效率的市场均衡状态,通常是指在完全竞争条件下市场所达到的均衡状态,在该状态所决定的市场交易量和交易价格下,消费者剩余和生产者剩余之和达到了最大,以至于任何偏离该均衡点的状态都会导致买卖双方剩余之和(或社会福利)降低。

主流保险经济学主要讨论了保障性保险的市场失灵,认为逆向选择、道德风险、损失外部化是保险市场失灵的主要原因。但是,依据本书第七章和第九章提出的行为保险需求理论,本书认为保险市场失灵另有更重要的原因。

从行为保险经济学角度,本章第一节提出,传统保险市场失灵理论本身就是"失灵"的;第二节分析保险市场失灵的主要原因;第三节讨论保险公司和保险中介如何通过强力营销解决市场失灵;第四节讨论保险市场失灵的政府干预之道。

第一节　传统保险市场失灵理论的"失灵"

标准保险经济学认为保障性保险市场失灵的主要原因是逆选择、道德风险和损失外部化问题,但实际上,标准保险经济学中的市场失灵理论本身就是"失灵"的。

一、标准保险经济学中的保障性保险市场失灵理论

标准保险经济学中的保险市场失灵主要指保障性保险的市场失灵,认为其主要原因是信息不对称带来的逆向选择和道德风险,从法律经济学角度来看,保障性保险市场失灵的原因还包括损失外部化问题。

1. 逆向选择导致市场失灵

保险市场上的逆向选择,是指投保人总是比保险人更清楚自己(实指保险标的)的风险状况,更清楚自己(实指保险标的)的风险大小,于是,投保人往往会利用这种信息优势通过隐藏风险信息的方式伪装成低于自身真实风险的投保人,以低于公平保费的价格取得保险。在保险人预期到高风险投保人隐藏风险信息,但又无法区分高风险投保人和低风险投保人的情况下,只能被动地按照平均风险水平定价承保,进而导致低风险投保人认为价格过高选择放弃投保;而低风险投保人放弃投保会使得仅承保高风险投保人的保险公司收不抵支,于是被迫继续提高保险价格,进而又使得高风险投保人中部分相对低风险的人群退出保险市场,……逆向选择会使保险市场缩小,使保险市场偏离有效率的

市场均衡状态,导致社会福利损失。

2. 道德风险导致市场失灵

保险市场上的道德风险,是指购买保险后,投保人或被保险人会降低防损减损的动力。原因是,如果没有投保,防损减损的成本和收益均由投保方自己承担,但投保后,投保方防损减损的成本仍由其自身承担,但防损减损的收益(赔付成本的降低)却由保险人享受。进一步地,在保险人预期到被保险人的上述行为倾向但无法观察到被保险人是否真的采取风险控制行为的情况下,只能以被保险人未采取防损减损行为情形下的较高风险程度进行定价,此时,由于保险价格较高,消费者很可能选择放弃投保,仍然保持"不投保但主动防损减损"的状态。显然,道德风险同样会导致保险市场缩小,使保险市场偏离有效率的市场均衡状态。

3. 损失外部化导致市场失灵

如大家所知,致害方购买足额责任保险就能够解决对受害者的赔偿问题,这里的足额是指所购责任险的赔偿限额应该不小于对潜在受害者的最大可能赔偿额。但是,如果致害方可以将自己造成的损失外部化(即转由别人承担),就会降低其购买足额责任保险的动机。损失外部化的第一个原因是致害人拥有的资产小于其可能带来的损害赔偿规模,由此,即便法院判决其承担损害赔偿责任,致害人也无法给予受害者足额赔偿。损失外部化的第二个原因是致害方可能会通过转移资产、跑路等方式逃避赔偿责任,而且法院存在执法不力的问题。显然,致害人资产不足和致害人逃避责任的可能性都会降低其未来责任的损失赔偿额和赔偿可能性,会使其损害责任外部化,当致害人事先预期到这一点时,其购买责任保险的动机就会低于正常水平,使得责任保险交易量低于有效市场的交易量,使保险市场偏离有效市场均衡状态,导致社会福利损失。

二、标准保险经济学中市场失灵理论的"失灵"

标准保险经济学中的逆向选择理论、道德风险理论和损失外部化理论,均假设决策者可以准确评估风险(或与保险公司有一致的风险评估结果),但事实上,依据本书第五章的分析,决策者不是高估就是低估风险,上述假设并不成立,这自然会导致逆向选择理论、道德风险理论和损失外部化理论的失灵。

1. 风险判断偏差导致逆向选择理论和道德风险理论失灵

标准保险经济学假设决策者可以准确评估自身面临的可保风险,但事实上,如第五章所述,消费者的风险评估方式与保险公司根本不在一个"频道"上,消费者通常会采取直觉启发式进行风险判断,往往与保险公司的统计评估结果产生较大偏差,人们的风险判断结果往往呈两极分化状态,不是高估就是低估。

就逆向选择而言,逆向选择理论预期"保险公司无法分辨前来投保的是高风险者还是低风险者,但投保者完全清楚自身风险高低",但实际情况是"前来投保的往往是'高估风险者',却不一定是'高风险者',这些'高估风险者'自己也搞不清自身风险的实际高低"。例如,与张三同室办公的一位同事突然身患癌症,会导致张三对癌症风险的主观判断骤然高升,但是,张三的实际癌症风险是多少,张三自己也无法准确评估。当然,前来投保的高估风险者中,自然既有高风险的、也有低风险的,也存在前者伪装成后者的可能性,但总体而言,实际逆向选择状况与标准逆向选择理论的预期差距甚远。

就道德风险而言,道德风险理论预期投保者可以进行准确的风险控制成本收益分析,而保险公司却由于无法观察到被保险人的风险控制行为并据此调整保险价格,由此导致被保险人丧失了采取风险控制行为的动力。但实际上,投保者并不具备对风险控制进行准确成本收益分析的能力,尤其是无法对风险控制的收益进行准确评估,因为这涉及对风险降低程度的评估,需要投保者准确计算自己的风险控制行为到底能够降低多少期望损失,这非常困难。这就会导致实际的道德风险状况与标准道德风险理论的预期有一定差距。

2. 保险需求的财富效应降低了逆向选择和道德风险的威力

基于标准保险需求理论,无论财富水平高低,个体都有保险需求,进而使保险业面临由几乎所有消费者投保但风险信息不对称而带来的极度广泛的逆向选择和道德风险问题。

但是,基于本书第七章第五节提出的"保险需求的财富效应理论",当人们的收入水平只能满足基本生理需求或刚性需求时,由于对未来的贴现率过大,导致人们几乎没有保险需求。如果没有保险需求,自然也就不会产生逆向选择问题和道德风险问题。

也就是说,在财富效应的作用下,保险业面临的逆向选择问题和道德风险问题,相对于标准保险需求理论的预期而言大幅下降了,因为逆向选择问题和道德风险问题均以消费者积极投保为前提而存在。

3. 即便信息对称保险市场仍然失灵

进一步地,主流经济学将保险市场失灵归因为信息不对称导致的逆向选择和道德风险问题,核心是指保险公司无法掌握所有消费者的风险信息,无法通过精准定价来反映客户的客观风险,进而导致了逆向选择问题;也无法根据客户风险控制行为的变化随时调整保险价格以便给予客户风险控制激励,引发了道德风险问题。

但事实上,在保险交易中,即便保险公司能够掌握所有潜在消费者的所有风险信息和风险控制信息,让信息对称起来,保险公司能够对每一个客户进行准确定价,并能够根据客户风险控制水平的变化随时调整保险费率,我预期保险市场仍然是失灵的。因为,消费者自己对自己的风险也是"信息不对称"的,消费者也无法计算自己的期望损失和公平保费①,无法因为保险公司定低价(定价低于承保风险的公平保费)就一定踊跃投保,也无法因为保险公司定高价(定价高于承保风险的公平保费)就退出市场。

4. 损失外部化既是原因也是结果

责任保险市场失灵,主要体现为责任保险交易量远低于标准保险经济学的预期,究其原因,标准保险经济学将其归于"致害人资产低于损害赔偿规模"和"致害人逃避责任"导致的损失外部化。

损失外部化理论同样假设消费者可以准确评估风险并能预计未来的最大责任赔偿额,但实际并非如此。责任保险市场失灵的更重要的原因,很可能是风险判断偏差。风险判断偏差导致大多数致害人低估了自己损害他人的责任风险,进而不愿购买责任保险,进而导致了大量责任事故发生后的损失外部化。在这里,损失外部化是责任保险市场失灵的结果而非原因。

---

① 指完全竞争市场条件下的保费,正好覆盖公司各项成本,包括资本成本。

第二节　保险市场失灵的主要
原因和基本规律

从本书提出的行为保险需求理论和行为保险供给理论可以看出,导致保险市场交易偏离有效率市场均衡状态的力量,主要是需求方或消费者的非理性;而供给方则主要通过各种"供给改变需求策略"来改变(或矫正)消费者的非理性需求,促使保险市场交易向有效市场均衡状态逼近,同时,当需求方的非理性对供给方有利时,供给方则会利用需求方的非理性来获利。

忽略供给改变需求的现实努力,本节仅讨论消费者非理性导致的保险市场失灵。

一、保障性保险市场失灵的主要原因和基本规律

如保障性保险的行为投保决策理论所述,导致保险需求偏离有效市场需求的主要原因有三个:一是低估风险,二是对小损失风险的较高风险厌恶,三是穷人的折现率过大。下面分别讨论这三个因素对保障性保险市场失灵的影响,然后综合起来,得到保障性保险市场失灵的基本规律。

1.低估风险导致市场失灵

在标准保险需求理论中,人们都能准确评估风险,在附加费率不高的条件下,人们都会购买保险。在保障性保险的行为保险需求理论的中,如第七章所述,人们的风险判断呈两极分化状态,高估风险者会购买保险,但低估风险者则可能放弃购买保险。

因此,风险判断偏差导致的市场失灵,主要体现为低估风险者不愿意购买保险,导致总体保险交易量低于有效市场交易量。而且,保险风险出险概率(指客观出险概率)越低,低估风险者占比越大,低估程度越严重,导致的市场失灵越严重。低估风险导致的市场失灵大致如图 16-1 所示。

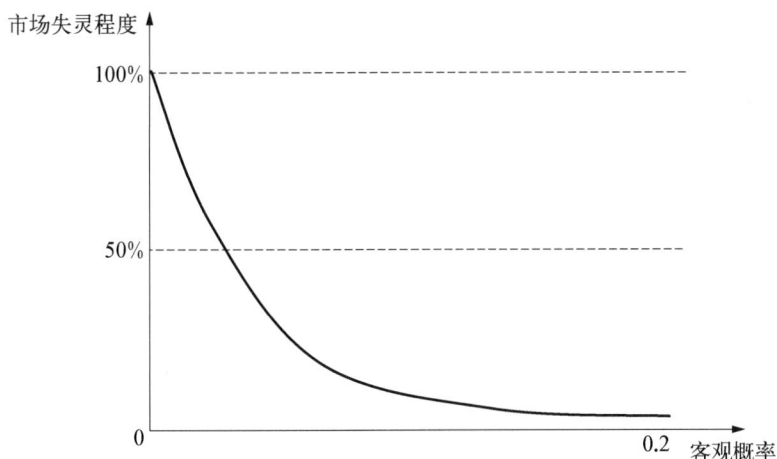

图 16-1　市场失灵程度随保险风险出险概率而变化的规律

2. 对小损失的较高风险厌恶导致市场失灵

如行为投保决策理论所述,全景效用函数条件下,对于小损失风险,在损失厌恶的作用下,人们的风险厌恶程度远高于伯努利效用函数条件下的风险厌恶程度,这导致即便保险公司收取一定的附加保费,人们也愿意对小损失风险足额投保,保险交易量高于标准理论的预期。

3. 穷人折现率过大导致市场失灵

如行为投保决策理论所述,对于基本生理需求都未满足的穷人而言,对未来收益的折现率很高,导致其只能将所有财富用于满足当下的生理需求或刚性需求,其保险需求基本为零或极低,极大地偏离了标准保险需求理论的预测,导致保险市场交易偏离有效市场均衡状态。

如果仅考虑保险需求的财富效应对保险市场交易的影响,则人们的财富水平越低,折现率越大,保险交易量低于标准理论预期的程度就越大,市场失灵程度越严重,如图16-2所示。

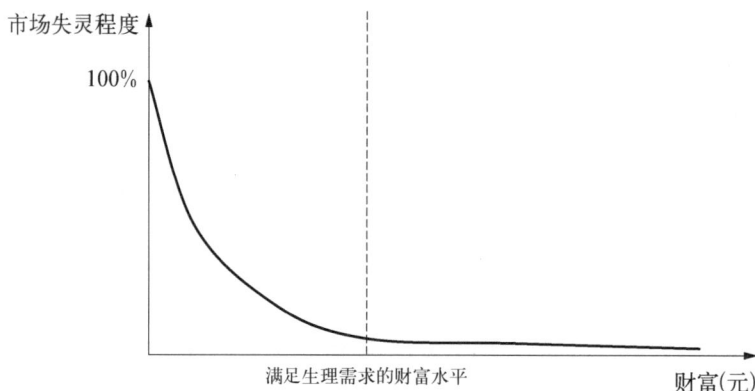

图 16-2 财富水平对市场失灵的影响

4. 保障性保险市场失灵的基本规律

当人们的财富水平普遍较低,尚未满足基本生理需求时,人们的保险需求非常疲弱。

当人们的财富水平普遍较高,超过满足生理需求的财富水平时,人们有了保险需求,但是:

第一,由于风险判断偏差的影响,保险风险出险概率越低,低估风险者越多且低估程度越大,保险需求越弱,保险交易量越低于有效市场交易量。

第二,由于人们对小损失风险呈现过度风险厌恶,导致人们往往对小损失风险过度投保,保险交易量高于有效市场交易量。

二、长期储蓄性保险市场失灵的主要原因

如第九章第四节所述,如下三个原因使人们对长期储蓄性保险的需求较为疲弱,偏离了有效市场需求状态:第一,当投资者采用第一感知收益思维时,保险公司无法提供投资者要求的前高后低的感知收益率;第二,当投资者采取第二感知收益思维时,计算能力、思维能力缺乏往往导致投资者犹豫不决;第三,上述两点导致人们对长期储蓄

性保险需求疲弱,需求疲弱则导致销售费用过高,进一步降低了长期储蓄性保险的吸引力。

第三节　保险市场失灵的解决办法：强力营销

第二节讨论保险市场失灵的主要原因,本节讨论保险市场失灵的后果及市场化解决办法。

一、保险市场失灵的后果

总体来看,保障性保险市场失灵和储蓄性保险市场失灵,都主要体现为需求疲弱导致的保险交易量低于有效市场交易量。如图16-3所示,基于标准保险需求理论,有效市场均衡状态位于 A 点,有效市场交易量为 Q_1。 但是,由各种原因导致的需求疲弱,使保险需求曲线向左移动,实际市场均衡状态位于 B 点,实际交易量 Q_2 远低于有效市场交易量 Q_1。

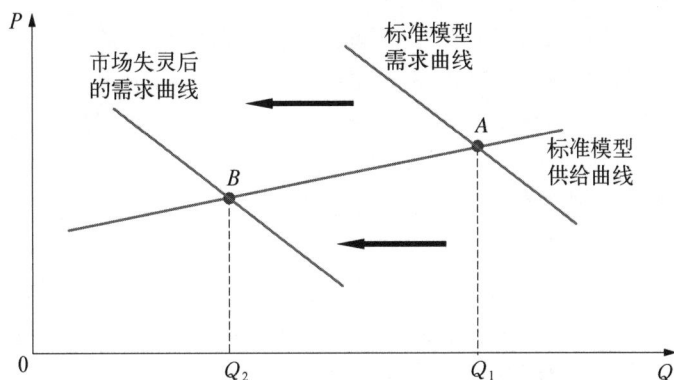

图16-3　市场失灵(需求疲弱)使市场均衡点向左移动

既然保险市场失灵的主要原因并非传统经济学所认为的非对称信息引起的逆向选择和道德风险问题,以及外部性引发损害外部化问题,就需要对症下药,寻找新办法。

二、保险市场失灵的市场化解决之道：强力营销

如前所述,保障性保险市场失灵和储蓄性保险市场失灵,都主要体现为保险交易量低于有效市场交易量。因此,解决市场失灵问题,就是要想方设法提高交易量,逼近有效市场交易量。

目前,市场化的解决办法,主要是通过保险公司的强大营销来扩大交易量,包括产品设计改进和强力销售。

1. 强力营销

如第十二章"供给改变需求"所述,从产品设计来看,针对人们不愿为小概率保障性风险投保,保险公司采取了"保险＋储蓄"策略和"以保险之名、卖理财产品"策略。针对人们不愿投保长期储蓄性保险,保险公司采取了"提前返还策略"和"通过长期复利收益

展示吸引客户策略"。

从保险分销来看,第一,保险公司采取了"弱吸引力产品＋强吸引力产品"捆绑销售策略(如"年金保险＋万能险"策略)和买就送策略(如"买大额保险送养老社区入住资格")。第二,保险公司采用保险代理人制度,通过与客户面对面方式进行强力销售,保险营销员通过为客户提供"营销价值",进而使"客户主观产品价值＋营销价值"大于"保险价格",促成保险交易。

2.强力营销的交易成本

强供给虽然能够部分解决市场失灵问题,但也会花费大量的交易成本。交易成本是制度经济学中的一个概念,在这里,交易成本是指除保险生产成本(包括产品设计、核保、理赔等成本)之外的所有与保险交易有关的成本,其中占比最大的是保险营销成本,体现为手续费、佣金(直接佣金和间接佣金)和业务费用等。

关于保险交易成本的高低,一方面可以直接从保单销售的费用开支来观察,另一方面可以通过保险公司利润表中营业支出中的"手续费佣金支出"和"业务及管理费"来体会。

(1)从保单销售费用看保险交易成本

从保单销售的费用开支来看,以销售期交保费长期保障储蓄性保险为例,如果是二十年期交保费,首年需要开支的营销费用,即"直接佣金＋间接佣金＋业务费用"约占首年期交保费收入的140%—200%(不同公司、不同产品之间差距很大),这意味着首年营销费用占到客户年交保费的140%—200%,占到客户全部所交保费的7%—10%,再加上后面几年的续期佣金或手续费支出,营销费用占客户全部保费的比例更大。长期储蓄性保险如期交保费年金保险的首年营销费用相对要低一些,如果是十年期交保费,往往也会达到首年期交保费的50%以上,这意味着超过客户总保费的5%的费用刚进公司就被开销完毕,保险公司只能用剩余不到95%的保费(因为还有风险保费需要扣除)去为客户投资并赚取投资收益,确实远高于其他金融行业的收费水平。

(2)从保险公司营业支出看保险交易成本

从保险公司的营业支出来看,除客户利益(包括赔付支出、退保支出、提取保险责任准备金等)之外,主要包括手续费佣金支出、业务及管理费、税金及附加等,其中,税金及附加通常较小,最大的两块就是手续费佣金支出和业务及管理费支出。手续费佣金支出是明显的营销支出,业务及管理费中也有大量与营销有关的支出。这就说明,在保险公司的非客户利益类营业支出中,占比最大的就是营销支出或保险交易成本。

以中国人寿2017年度为例,中国人寿的"手续费佣金支出"、"业务及管理费用"和"税金及附加"分别为647.9亿元、359.3亿元和7亿元,在业务及管理费中,粗略估计,与营销相关的费用至少占50%。由此估计,中国人寿2017年度的保险营销费用支出约为827.6亿元,约占非保险利益类营业支出的81.6%。

以平安财险2017年度为例,平安财险的"手续费佣金支出"、"业务及管理费用"和"税金及附加"分别为392.1亿元、397.4亿元和13.2亿元,在业务及管理费用中,粗略估计,与营销相关的费用至少占50%。由此估计,平安财险2017年度的保险营销费用支出约为590.8亿元,约占非保险利益类营业支出的73.6%。

可以看出,在保险公司的除客户利益之外的营业开支中,营销支出占比在70%以上,一方面可以看出保险营销对于保险业经营的重要性，一方面体现出保险交易成本是非常高的。[①]

3. 市场化解决之道的效果

总体来看，由于保险需求较为疲弱，保险供给较为强劲，强营销或强供给确实使不愿购买保险的人们买了不少保险，保险需求曲线向右上方移动了。同时，强营销或强供给会花费大量的营销成本，保险供给曲线向左上方移动了。最终，保险市场交易量向有效市场交易量逼近了。

如图 16 - 4 所示（请读者结合图 16 - 3 看），强供给使"市场失灵后的需求曲线"向右移动到"强供给后的需求曲线"，同时使"标准模型供给曲线"向上移动到"强供给后的供给曲线"，使市场均衡点从 B 移动到 C，市场交易量从 Q_2 扩大到了 Q_3，市场价格从 P_B 到上升到了 P_C。

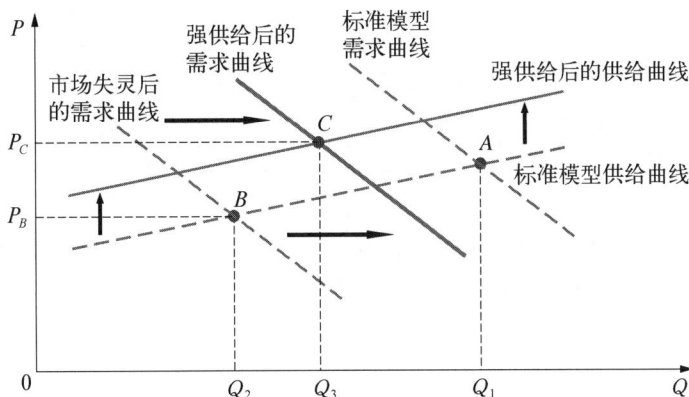

图 16 - 4　强供给使市场均衡点向右上方移动

总体来看，以付出大量交易成本或营销成本为代价，市场失灵情况有所改善，但实际交易量 Q_3 仍低于有效市场交易量 Q_1。

第四节　保险市场失灵的解决办法：政府干预

解决保险市场失灵，除市场化的强力营销之外，还有政府干预。下面对常见政府干预手段的效果进行分析，包括保费补贴、税收优惠和强制保险。

一、保费补贴的效果分析

保费补贴政策通常用于某些保障性保险市场失灵的解决中，如农业保险、自然灾害保险等。

[①]　曾经有保险业刚入局者向我咨询保险经营的价值链中，哪个环节最有价值，最值得投资，我毫不含糊地说是营销环节，这一说法就是基于上述数据分析，这也是不少互联网巨头拿到保险中介牌照就可以获得巨大收益的原因。从保险经营总体来说，保险经营最难的不是产品设计和精算，而是保险营销，保险营销花了最多的钱，也创造了最多的财富（或增加值），也是保险公司或保险中介最大的核心竞争力所在。

1. 保费补贴对投保决策模型的影响

在第七章提出的保障性保险的行为投保决策模型中,客户如果购买保额为 X 的保险,保险公司向客户收取的保费为 $(1+\alpha)pX$。假定保费补贴比率为 $\beta(0<\beta<100\%)$,表示补贴保费与市场保费之比。则,政府实施保费补贴后,客户购买保额为 X 的保险,实际交纳的保费变为 $(1+\alpha)(1-\beta)pX$。

这样,在政府提供保费补贴的条件下,个体行为投保决策模型变为:

$$\frac{MU_{1保险}}{P_{保险}}=\frac{p'[U_1(-L+X+1)-U_1(-L+X)]}{(1+\alpha)(1-\beta)p}=\frac{p'}{p}\cdot\Delta U_1\cdot\frac{1}{(1+\alpha)(1-\beta)} \tag{16-1}$$

$$\frac{MU_{1其他商品}}{P_{其他商品}}=\frac{U_1(I-(1+\alpha)pX)-U_1(I-(1+\alpha)pX-1)}{1}=\Delta U_1' \tag{7-2}$$

$$\frac{p'}{p}\cdot\Delta U_1\cdot\frac{1}{(1+\alpha)(1-\beta)}>\Delta U_1' \tag{16-2}$$

$$\frac{p'}{p}\cdot\Delta U_1\cdot\frac{1}{(1+\alpha)(1-\beta)}=\Delta U_1' \tag{16-3}$$

上述公式与第七章提出的行为投保决策模型唯一的区别,就是保费降低了。显然,保费补贴水平越高,即 β 越大,单位支出的保险边际效用越大,人们购买保险的可能性越高,或买的保额越高。

2. 保费补贴能否 100% 奏效?

如保障性保险的行为保险需求理论所述,低估风险、贫穷导致折现率过大是人们不愿购买保险的主要原因。

首先,对于极度贫困的人群来说,由于对未来的收益折现率过大,即便政府提供保费补贴,购买保险带来的好处被折现后仍然非常低,很可能仍然是不划算的,因此,保费补贴对提高贫困人群保险购买率的作用不大。对这些穷人来说,最好的方式是将补贴发给他们,任由他们去选购自己所需的商品。

其次,对于已经解决基本需求(或刚性需求)且有余钱的人群来说,市场失灵或人们不愿购买保险的主要原因是低估风险。因此,只有当保费补贴的正面影响能够战胜低估风险带来的负面影响时,个体才可能购买保险。

那么,保费补贴能否战胜低估风险的负面影响呢?这取决于保险风险出险概率的高低,因为,保险风险出险概率越低,低估风险者占比越大且低估程度越大,导致更多人不愿购买保险,如图 16-1 所示。由此可以推断,在保费补贴水平一定的条件下,对市场失灵程度的削减程度如图 16-5 所示,显示为市场失灵程度曲线向下移动。

可以看出,保费补贴并不能使所有不买保险的人转变为购买保险甚至购买足额保险的人,即便保费补贴达到消费者本应交纳保费的 90% 也是如此。例如,对于承保极低概率风险的保险来说,由于有不少人严重低估了风险,低估倍数可能高达 200 倍,此时,即便保费补贴达到客户应交保费的 90% 时,单位支出的保险边际效用还是会被严重低估,仍然无法促动这些人购买保险。

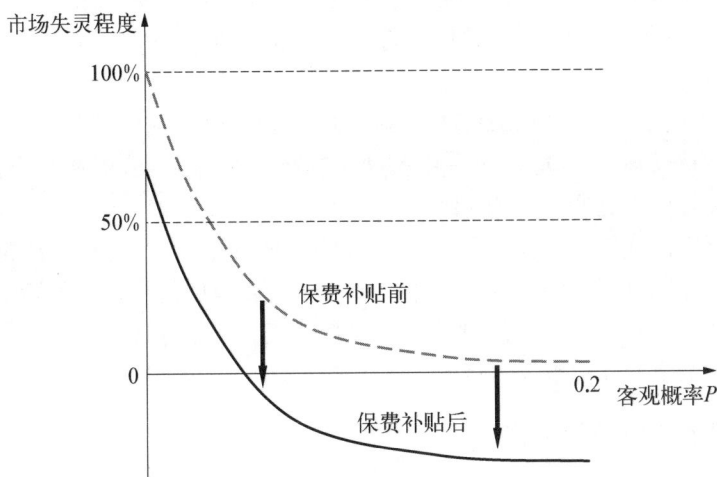

图 16-5　保费补贴对市场失灵的削减程度

另外,当保险风险出险概率很低时,事实上还有一部分人严重高估了风险,这些人本来就有购买保险的强烈愿望,保费补贴其实是不必要的。

二、税收政策的效果分析

税收优惠政策既可以用于保障性保险,也可以用于储蓄性保险。

对保障性保险的投保决策而言,税收优惠政策类似于保费补贴,可以提升保险需求,税收优惠幅度越大,保险需求提升程度越大,但不会百分百管用。

对储蓄性保险而言,税收优惠政策的效果也不是百分百的。以个人投保养老年金保险个税延期纳税优惠政策为例,虽然节约的税收是当下每月或每年的看得到的收益,但由于所有保险金给付均在退休后才进行,导致投保后短期内个体的第一感知收益率仍然很低。此外,即便实施了税收优惠政策,养老年金保险仍然无法给个体带来符合其本性的前高后低的感知收益率。因此,税收优惠政策往往无法起到较强的解决效果。

三、强制保险立竿见影

强制保险显然对治理保险市场失灵能够起到立竿见影的效果,缺点是强制保险在保额确定上往往只能"一刀切",无法解决所有的市场失灵问题。

如已经强制实施的交强险,实施了全国统一的较低的赔偿限额规定,虽然解决了不少损害责任赔偿问题,但对大额损害责任则仍然无法解决,或仍需要市场方法来解决。

四、政府干预的优先顺序:交易成本角度的分析

根据行为保险经济学原理,保险风险的出险概率越低,低估风险人群占比越大,人们越倾向于忽略这样的小概率风险,市场失灵越严重;保单期限越长或保险金给付时间越滞后,人们在短视本性的驱使下越倾向于不购买这样的长期储蓄性保险,市场失灵越严重。而市场失灵越严重的产品,依赖强供给来解决所需的保险交易费用就越高。道理简单,人家越是不愿意买,要让人家买所花费的代价就越大。

从经济学来看,交易成本最小化是整个社会的追求目标,也是保险市场应该追求的目标。从交易成本角度来看,对于那些交易成本极高、市场失灵严重的产品市场,政府可以考虑出手干预。

对保险市场而言,上述理论意味着,出险概率越低、保险期限越长、生存金给付越滞后,则交易成本越高,政府越应该出手干预;反之,出险概率越高、保险期限越短、生存金给付越早,则交易成本越低,越不需要政府干预。

因此,政府应该优先在小概率(大损失)风险、期限长且生存金给付严重滞后的保险领域实施强制保险或税收优惠政策,这样做可以在显著降低整个社会保险交易成本的基础上提高人们的福利水平。反之,对于出险概率较高、保险期限较短或生存金给付较早的保险领域,应该主要发挥市场力量。

五、具体险种的政府干预之道

第一,对于养老年金保险,应该实施强制保险。因为,如行为保险经济学原理所述,养老年金保险显然属于保险期限长且生存金给付严重滞后的保险,人们的短视倾向使得养老年金保险市场失灵异常严重,这使得仅仅依赖市场交易,不但交易费用极高,而且几乎不可能达到理想的交易量。

第二,对于医疗费用保险,应该区分对待,将医疗费用分为小概率大病医疗费用和大概率小病医疗费用。对于前者,由于出险概率低,市场是失灵的,政府可以干预,如采取强制大病医疗费用保险模式;对于后者,由于损失规模低,并不会带来严重的社会问题,留给市场就可以了。也就是说,基于行为保险经济学原理,建议对现行的社会医疗保险体系进行改革,将其改造为保大病医疗费用但不保小病医疗费用的医疗保险,将小病医疗费用保险市场化,有助于降低整个社会的保险交易成本。

第三,对于有抚养义务和还贷义务的青壮年人口来说,可以通过基于税收优惠的方式鼓励他们购买定期寿险、意外伤害保险等,以便保障其抚养能力和履行还贷义务。可以出台类似我国台湾地区那样的税收优惠政策,即每年可以在个人所得税前支付一定金额购买商业保险,免税购买的险种应该由政府指定,必须是保障性极强的定期寿险、意外伤害保险等。

第四,对于保护受害第三方的责任保险,如交强险、环境污染事故责任险、工程事故责任险等,政府可以实施越来越多的强制责任保险政策。因为基于行为保险经济学原理,由于出险概率较低,绝大多数致害方都缺乏购买足额责任保险的积极性,进而会导致一定的社会问题。并且,出险概率越低,市场失灵越严重,越应该实施强制责任保险。

第十七章 保险市场的动态性和行业形象问题

第五章分析风险判断偏差与投保决策时，已经涉及保险需求的动态性，主要是指评估者依赖可得性启发式评估的主观风险会因为自己身边风险事件发生与否而升降；第十四章分析风险成本不可预知的保险定价时，已经涉及供给的动态性，主要是指灾难事件的发生与否会影响到保险公司核保师主观风险的升降，进而导致保险费率的升降和承保标准（承保限额高低、是否直接拒保等）的变化，但上述分析都是零散的。

本章系统分析保险需求和供给的动态性和行业形象问题。具体而言，第一节分析体验效用对保险需求的动态影响，从中揭示已签保险合同的不稳定性和未投保者保险需求的变动性；第二节分析保险需求的动态性及保险供给的有效应对；第三节分析保险供给的动态性及其可能带来的问题和解决办法；第四节分析保险行业形象差的原因；第五节分析不同保险产品的形象差异。

第一节 体验效用对保险需求的动态影响

标准经济学只考虑决策效用，行为经济学则区分了决策效用和体验效用，而体验效用会对已有保险合同的稳定性和消费者的未来投保决策产生重大影响。本节先讨论决策效用和体验效用的区别，并通过体验效用的度量方法明晰体验效用的具体含义及其在个体决策中的作用，然后讨论体验效用对"已投保者的续保决策"和"未投保者的未来投保决策"的影响。

一、标准经济学忽略了体验效用对个体决策的影响

标准经济学认为人类是通过消费选择来实现效用最大化的，在收入或预算约束下，哪些物品带来的边际效用大就多买哪些物品，当用于每类物品的最后一单位货币支出带来的边际效用相等时，就达到了消费均衡，实现了效用最大化。如第三章第四节"另类标准投保决策理论：边际均衡模型"所述，保障性保险的投保决策也服从上述消费选择理论，消费者是否购买保险和购买多少取决于保险边际效用与其他商品边际效用的相对大小。

但是，仔细想想上述消费理论和现实中的消费过程，我们会发现两者有不同之处：消费理论描述的是人们在购买物品之时的消费决策，现实中的消费过程则包括购买物品之时的消费决策和购买物品之后的享用过程。显然，享用物品的过程才会使消费者真正产生满足感或效用，而购买物品之时的消费决策其实仅仅是对未来享用过程带来的效用进

行想象,然后基于想象的满足感或效用做出买不买、买多少的决策。例如,饥饿的张三来到一个小店,狼吞虎咽地吃了一碗米饭和五块红烧肉,然后心满意足地打了一个饱嗝,这是实打实的效用,而张三在购买米饭和红烧肉时的购买决策其实只是基于对米饭和红烧肉所带来的满足感的想象做出的。实打实的效用和想象出来的效用可能相同,但也可能相去甚远,例如,张三可能在红烧肉中吃出了一个苍蝇。看来,标准经济学强调的是想象的效用,对享用物品带来的实际效用考虑不足,或者说,标准经济学假定想象出来的效用等于实打实的效用,预测与现实完全一致。

20世纪后期,随着心理学和神经科学的发展,大脑的"决策黑箱"逐渐被打开,生物心理学家贝里奇在老鼠、灵长类动物和人类婴儿身上发现,大脑中确实存在两个神经系统,分别与"想要什么"和"享用物品的快乐"有关(Berridge,1996)。进一步地,心理学家和行为经济学家卡尼曼提出效用可分为决策效用(decision utility)和体验效用(experienced utility),前者是指决策或选择时大脑想象的某项选择带来的效用,也即上面提到的消费决策中想象出来的效用;后者是指某一选择带来的快乐体验,也即上面提到的从享用物品中获得的效用(Kahneman,1997)。显然,卡尼曼提出的两种效用和贝里奇提出的两个神经系统是相吻合的,决策效用反映的是"想要什么",体验效用反映的是"享用物品的快乐"。

也就是说,标准经济学中的效用最大化决策,其实是指想象出来的决策效用的最大化,而不是实际效用即体验效用的最大化。更为重要的是,标准经济学将决策效用作为消费决策理论的基础,其实暗含一个基本假设:决策效用等于体验效用。由于想象和现实很可能不同,所以,这一假设存在一定的问题(Kahneman,1997;贺京同、那艺,2014)。

将上述发现和理论运用到投保决策领域,就会发现,投保决策中购买保险带来的效用是指决策效用,而投保决策中的决策效用和未来对保险的体验效用可能存在巨大的不同。例如,买了保险但未发生保险事故的人,其体验效用可能会低于决策效用,而有机会买却未买保险但发生了保险事故的人,往往会后悔不已,显示其体验效用大于决策效用。更为重要的是,既然体验效用是个体实际得到的效用,显然会对其未来的同类决策产生影响,体验好的就会继续购买,体验差的就会拒绝购买。

那么,体验效用到底和决策效用有何不同?体验效用到底如何度量?体验效用如何影响未来决策?体验效用会对投保决策会造成哪些影响呢?

二、决策效用与体验效用的区别

"想象的"和"现实的"可能会出现不同,因此,决策效用和体验效用很可能不一致。一个极端的例子是,婴儿往往会将自己能看到的任何物品都放入口中进行品尝,反映任何物品对其都有一定的正的决策效用,但将不同物品放入口中后带来的感受却各不相同,甚至会使自己痛苦不堪(如放入烈性白酒),反映出婴儿的体验效用可能与其决策效用大相径庭。当然,随着年龄增长,经验增加,对于日常决策,人们的决策效用与体验效用会越来越趋于一致,于是,随着年龄增长,人们的脸色看起来越来越淡定,显示其实际得到的和预期得到的越来越一致。但是,即便是成年人,也经常会遇到自己不熟悉的事情需要决策,此时,决策效用与体验效用还是会经常出现不一致,当实际偏离预期时,犹如婴儿将烈性白酒放入口中,成年人的脸部也会出现惊诧甚至痛苦的表情。

此外,还有其他种类的不一致。例如,特沃斯基和格里芬在 1991 年(Tverskey and Griffin,1991)做过一个简单的职业选择调查,两位教授先向 66 位大学生描述了两份假想的工作 A 和 B:"A 为你提供 3.5 万美元年薪,但与你能力相同的其他员工的年薪是 3.8 万美元;B 为你提供 3.3 万美元年薪,但与你能力相同的其他员工的年薪是 3 万美元。"然后,两位教授将 66 位大学生随机分为人数相等的两组(随机分配后可以从理论上认为这两组学生是同质的,进而可以将两组的选择进行直接比较)。随后,两位教授请第一组大学生对工作意愿做出选择,请第二组学生回答哪份工作让自己更快乐。结果,第一组中 84% 的学生选择了工作 A,但第二组中 62% 的学生认为工作 B 让自己更快乐。显然,工作选择体现的是决策效用,快乐与否体现的是体验效用,结果,大学生们的决策效用和体验效用之间出现了分歧。

看来,只有当人们"想要的(体现决策效用)正巧是自己喜欢的(体现体验效用)",或者"喜欢的正是自己选择的"时,决策效用与体验效用才能完全一致,这种情形通常会出现在人们非常熟悉的领域,可称为经验领域。一旦进入自己不太熟悉的领域,即非经验领域,决策效用与体验效用就很难完全一致了。

三、体验效用的度量：过程效用与记忆效用

标准经济学中的效用是指决策效用,经济学中有基数效用理论和序数效用理论之说,按照基数效用理论,在测出个体效用函数的基础上,决策效用是可以度量或计算的。但对于标准经济学通常不予考虑的体验效用,该如何度量呢? 这里通过雷德梅尔和卡尼曼测量体验效用的 "结肠镜检查案例"来做一说明(Redelmeier and Kahneman,1996)。

1996 年,多伦多大学的医生雷德梅尔和著名行为经济学家卡尼曼合作发表了一篇研究病人结肠镜检查时痛苦规律的实验研究论文(Redelmeier and Kahneman,1996),揭示了体验效用的度量方法。实验中,共有 154 名病人参加了实验,结肠镜检查时间最短的是 4 分钟,最长的是 69 分钟。实验结束后,雷德梅尔和卡尼曼通过两种方式测量了病人在结肠镜检查中经历的痛苦程度(体验效用),第一种方式是埃奇沃思发明的过程测量法,第二种方式是卡尼曼和雷德梅尔采用的回顾性测量法。

1. 埃奇沃思方法：过程测量法得到过程效用

1789 年,在哲学家和法学家边沁的著作《道德与立法原理导论》中,认为"效用"一词涵盖着有关快乐和痛苦的体验,正的效用意味着获得了更多快乐,负的效用意味着蒙受了更多痛苦。边沁还提出,快乐和痛苦的体验可以量化,对某人而言,一次快乐或痛苦的值取决于它的强度、持续时间、确定性程度和是否临近这四个因素,但边沁并未实施这一想法。

1881 年,经济学家埃奇沃思(Edgeworth,1881)提出了一种用"快乐测量仪"测量效用的设想。例如,要回答"张三在海滩上晒了 20 分钟太阳有多快乐"这样的问题,按照埃奇沃思的设想,应该测量每一时刻张三晒太阳的快乐程度或体验效用,这一体验效用会随时间而不断变化,进而得到张三的体验效用随时间变化的函数,然后(采用积分方法)计算这条体验效用曲线下方的面积,就可以得到张三在海滩上晒太阳的体验效用,这里称之为采用过程测量法得到"过程效用"。按照埃奇沃思的理论,某人在某时间段经历的快乐或痛苦可以用体验效用曲线下的面积来度量,显然,快乐(或痛苦)强度和持续时间

是影响体验效用大小的关键变量,在快乐(或痛苦)强度的不变的情况下,时间延长一倍,则体验效用总量就增大一倍。

正是基于埃奇沃思的理论,在雷德梅尔和卡尼曼的结肠镜检查实验过程中,研究人员要求病人每隔60秒报告一次自己当时的痛苦程度,报告方式是:0表示"没有任何痛苦",10表示"痛苦地无法忍受",中间的数值越靠近10说明病人越痛苦。这样,实验结束后,研究者可以基于病人报告的瞬时痛苦程度来测量其结肠镜检查的体验效用,将其称为"过程效用"。

实验结束后,研究者将其中两位病人A和B的测量结果专门进行了展示,以便突出比较两种体验效用测量法在结果上的巨大不同(另一种测量法,即回顾性测量法的结果将在下面一部分展示)。

在研究者的操控下,病人A、B的检查分别持续了8分钟和24分钟,根据病人A和B报告的瞬时痛苦程度(瞬时效用)绘制的效用图如图17-1和图17-2所示。根据埃奇沃思的理论,个体的体验效用取决于痛苦强度和痛苦持续时间,总体验效用(即过程效用)等于效用曲线下方的面积。从图17-1和图17-2来看,就瞬时痛苦程度来说,病人A和病人B的最高瞬时痛苦程度都是8;从痛苦持续时间来说,病人B是病人A的3倍。显然,病人B的体验效用曲线下方面的面积明显超过病人A。因此,按照埃奇沃思提出的过程测量法,病人B比病人A更痛苦。

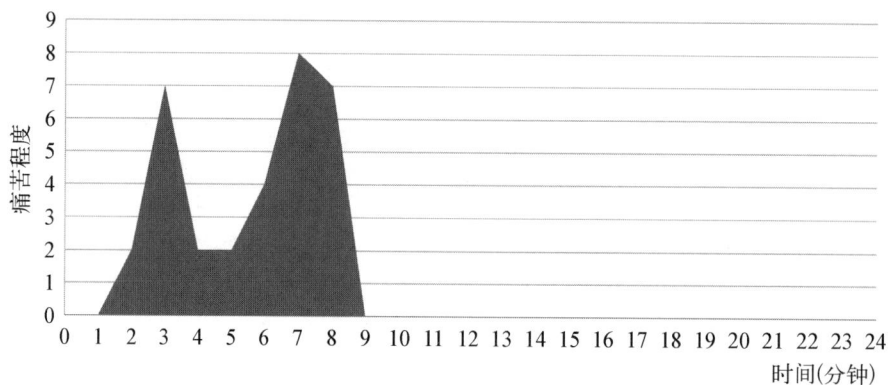

图17-1　病人A在8分钟内的痛苦程度

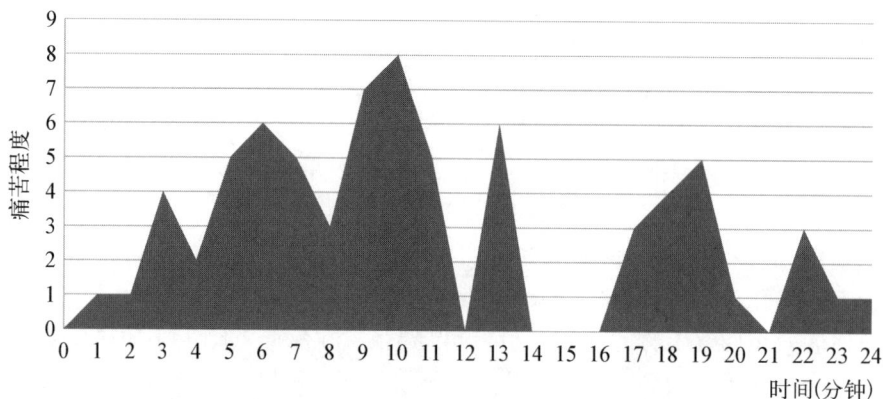

图17-2　病人B在24分钟内的痛苦程度

　　2.卡尼曼测量法：回顾测量法得到记忆效用

　　除上述埃奇沃思方法之外,当检查结束时,研究者还要求所有参加的病人回顾和评估整个过程中所感受到的总痛苦,即回忆起来的总痛苦程度,也是用分值表示,将回顾评估结果称为"记忆效用(Remembered Utility)"。从回顾评估结果来看,与埃奇沃思测量法的结果正好相反,病人 A 比病人 B 更痛苦。

　　这是为什么呢? 将所有 154 位参加者报告的总痛苦分值进行分析后,研究者发现记忆效用遵从两个规律：

　　第一,峰终定律(The Peak-End Rule)：即回顾的总痛苦程度约等于"最痛苦时刻痛苦程度和最后时刻痛苦程度的平均值"。或者说,记忆效用＝(体验峰值＋体验终值)/2。

　　第二,过程忽视(Duration Neglect)：过程的持续时间对整体痛苦评估结果几乎没有任何影响。雷德梅尔和卡尼曼做实验时,154 名参与者的结肠镜检查时间从 4 分钟到 69 分钟不等,但事后的统计分析发现,检查持续时间和痛苦程度回顾性评级的相关系数只有 0.03。而且,结肠镜检查结束后,当要求病人回答"如果再进行结肠检查,是选择结肠镜检查还是钡剂灌肠"时,前面的结肠镜检查持续时间对病人的再次选择结果也没有什么影响。因此,可以认为过程持续时间与记忆效用基本无关。

　　基于这两个规律,我们就可以完美地解释为何回顾性评估时,病人 A 比病人 B 感觉更痛苦。最痛苦时刻的痛苦程度(峰值)对两位病人是相同的,都在 8 左右;但在检查结束时,病人 A 和 B 的痛苦程度(终值)分别是 7 和 1。因此,对于病人 A 来说,峰终均值为 7.5,而病人 B 的峰终均值为 4.5。因此,考虑到"过程忽视",从事后回忆来看,总体而言,病人 A 比病人 B 要痛苦得多!

　　上述结论在其他实验中得到了进一步验证。例如,卡茨等人在 1997 年发表的一篇论文也验证了这一观点(Katz, Redelmeier and Kahnman, 1997),实验中,有 682 名病人进行了结肠镜检查,病人被随机分成两组后,第一组病人进行了类似于上述实验中病人 A 的检查,检查结束时痛苦程度很高(如 7 分);第二组病人在第一组病人基础上延长了 1 分钟,这最后一分钟的痛苦程度被明显降低了(如 3 分)。检查结束后,要求病人对总体痛苦程度给出评分,统计结果显示,尽管只是简单地延长了 1 分钟时间并降低了最终检查痛苦程度,正如峰终定律预测的那样,第二组给出的总痛苦程度明显低于第一组。

　　3.过程效用不等于记忆效用

　　如上所述,体验效用的测量有两种方法：过程测量法和回顾测量法,分别得到过程效用和记忆效用。从上述结肠镜检查案例可以看出,过程效用和记忆效用大不相同,过程效用是瞬时痛苦(或快乐)的总和,而记忆效用是瞬时痛苦(或快乐)峰值与终值的平均值。

　　看来,记忆并不等于体验,人类往往会混淆自己的体验和记忆,体验只是当时的感受而已,记忆才是人类最终的感受。

　　现在的问题是,过程效用和记忆效用哪个更重要呢? 从医生来看,如果目的是减少病人实际体验到的痛苦(过程效用),就应该迅速结束检查,以便减少痛苦时间,哪怕可能在过程中和结尾时给病人留下高度痛苦的记忆。如果目的是减少病人的痛苦记忆(记忆效用),检查时间长短就不大重要,关键是检查过程中尤其是检查结束时不要让病人产生极端的痛苦,以免留下痛苦的记忆。

四、体验效用如何影响未来决策？

决策就是要从众多选项中做出选择，比如要不要买汽车，要买的话的买什么汽车；要不要买保险，要买的话买什么保险；要旅游的话是出国游还是内地游，是跟团还是自由行，住什么样的酒店等。每个选项都包含一些因素，这些因素的大小或程度需要决策者自己做出判断，如出国旅游需要考虑旅游地的安全性，就需要对目的地的安全性做出主观判断；再比如要选择酒店，就需要对酒店的卫生条件、舒适性等做出主观判断；再比如要买保险的话，需要对风险发生概率等做出主观判断，等等。

1. 记忆效用是未来决策的基础

对决策涉及的因素进行判断的依据是什么呢？一方面是通过互联网等渠道查看相关信息和数据（间接经验），另一方面就是依据自己的经验（直接经验）进行判断。在自己有经验的情况下，个体当然会相信自己的经验而不是别人的经验（如互联网相关信息和数据），或者说，直接经验比间接经验对自身决策的影响更大。

显然，个体经验在决策中异常重要。那么，个体经验是如何形成的呢？实际上就来自上面提到的"记忆效用"，而不是"过程效用"。在"峰终定律"和"过程忽视"的作用下，过程效用在经历结束后就被忘掉了，只有记忆效用留存在了人类的大脑中，在以后遇到类似事件时，这些记忆就会成为自己判断和决策的依据。例如，在结肠镜检查中，如果病人之前做过结肠镜，并且留下了痛苦的记忆，比如上面提到的病人 A，该病人在下次患病时，就会竭力避免做结肠镜，或者至少比病人 B 要更加抗拒结肠镜，因为只要一提到结肠镜，就会勾起他痛苦的记忆。

所以，决策依据的是记忆，记忆效用（而非过程效用）才是以后决策的基础。按照卡尼曼（2011）的观点，记忆具有专制性，不管体验过程如何，记忆只按"峰终定律"行事！因此，**下文所讨论的体验效用均指记忆效用。**

2. 决策循环三角

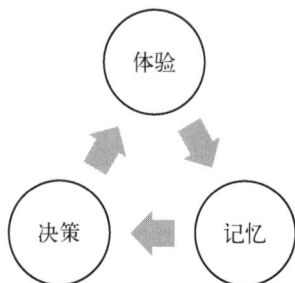

图 17-3 体验、记忆和决策的循环

图 17-3 给出了决策循环三角，其含义是：体验形成记忆，记忆影响决策，决策后的行为形成体验，体验又会形成记忆，记忆又会影响决策，……，循环不止。对于经验决策，即经常遇到的同类决策，如买面包，循环次数越多，决策就会越准确，体现为决策效用越来越接近于体验效用（或记忆效用）。对于非经验决策，由于极少遇到，这一循环就不容易重复，决策不够准确，体现为决策效用可能偏离体验效用。

五、体验效用对保障性保险投保决策的影响

标准经济学未区分决策效用和体验效用，标准经济学中的效用最大化决策，其实是指决策效用的最大化，而不是体验效用的最大化。类似地，标准保险经济学中投保决策理论的效用也是指决策效用，是保险消费者根据自己的判断和想象计算的效用。

依据前面的分析，投保决策完成后，消费者在保险期限内的体验效用（实际就是记忆效用）与决策效用可能不同，这自然会对其未来投保决策产生影响。具体而言，体验效用

对投保决策的影响有两种情形:一种是买了保险后,在保险期限内产生的体验效用对其未来投保或续保决策的影响;二是在决策时选择不买保险后,其体验效用对未来投保决策的影响。

需要明确的是,这里分析的是体验效用对保障性保险投保决策的影响(长期储蓄性保险的行为投保决策模型中已经考虑了体验效用因素)。对于保障性保险,消费者购买保险后,保险公司提供的主要服务就是出险理赔,其他服务微乎其微。也就是说,对于绝大多数保险来说,在保险期限内,除出险理赔之外,消费者是几乎感受不到保险的好处的,而出险理赔往往会给消费者带来巅峰体验,理赔金额越高,峰值越大。因此这里假定,除理赔之外,消费者对保险的体验效用等于零。

1. 体验效用对已投保者未来投保决策的影响

按照保险期限长短,购买保险后,体验效用对未来投保决策的影响可分为两种情形:一是对于短期保障性保险,保险到期后消费者需要做出是否继续投保的决策,简称续保决策,显然,保险期限内的体验效用将会对消费者的续保决策产生重大影响。此外,体验效用还会影响消费者的加保决策,即是否补充购买更多保额的决策。二是对于长期保障性保险(如定期寿险),根据保险法,在保险期限内,消费者可以随时退保,所以,保险的体验效用将会对消费者的退保决策或保单稳定性产生重大影响。同样,体验效用也会影响消费者对长期保险的加保决策。

对短期保险而言,如上所述,出险理赔往往会给消费者带来巅峰体验,理赔金额越高,峰值越大,除理赔之外,消费者对保险的体验效用几乎为零。按照度量记忆效用大小的峰终定律和过程忽视定律,可以近似认为短期保险的体验效用等于理赔带来的体验效用的1/2。由此可以得到基本结论:第一,对于获得理赔的人来说,体验效用等于理赔带来的峰值效用的1/2。理赔金额越高,体验效用越高,体验效用超出决策效用的金额就越大,消费者继续投保的意愿就越强烈;第二,对于未获得理赔的人来说,体验效用几乎为零。这类消费者的体验效用低于决策效用,缺乏续保意愿。

对于长期保障性保险而言,如上所述,其体验效用会影响消费者的续保决策和加保决策。显然,好的体验,即保险金给付将会使客户选择不退保,甚至选择加保;反之,无保险金给付将会促使客户选择退保。

表17-1总结了购买保险之后,体验效用与决策效用的比较及其对未来投保决策的影响。

表 17-1　购买保险之后的体验效用及其影响

	体验效用与决策效用相比	对未来投保决策的影响	
		投保与否	投保强度
出险并获得理赔	体验效用>决策效用 理赔金额越高,体验效用越大	短险:续保甚至增加保额 长险:不退保甚至增加保额	理赔金额越高,续保、加保动力越强
未出险	体验效用<决策效用	短险不续保、长险考虑退保	

2. 体验效用对未投保者未来投保决策的影响

对于已经选择不购买保险的个体来说,有两种情形:一是后来出险了,出险带来了较大的负的体验效用。这时,个体会想到如果要是当初买了保险现在有保险理赔就好了,这样想的消费者会产生后悔情绪,对保险有了正的体验效用;二是没有出险,这类个体对保险的体验效用为零。表17-2总结了未选择购买保险后,体验效用与决策效用的比较及其对未来投保决策的影响。

表17-2　选择不购买保险之后的体验效用及其影响

	体验效用与决策效用相比	对未来投保决策的影响	
		投保与否	投保强度
出　险	体验效用＞决策效用 损失金额越高,体验效用越大	购买	损失金额越高,购买动力越强
未出险	体验效用＜决策效用	不购买	

注:短险和长险的规律相同。

需要注意的是,上述规律仅仅是基于某一过去期限的体验效用对未来投保决策的预测,但是,在任一期限内,由于风险发生的随机性,导致不同期限内遭遇风险事件的人群存在不同,这就使体验效用的高低是不稳定和随机分布的,而且这一分布在每一期限都会有所不同。

读者可能感受得到,第五章讨论的个体主观风险判断的基础,是个体记忆中的风险事件,这里评估投保决策的基础,是个体记忆中的理赔事件和风险事件,两者有共同之处。或者说,在行为投保决策模型中,已经考虑体验风险(但不等同于体验效用)对投保决策的影响。

第二节　保险需求的动态性及其供给策略

理性投保决策理论认为,人们的需求是稳定的,并不随时间的变化而变化。但在现实世界中,人们的保险需求是动态的,尤其是,当受到某些事件的触动时,保险需求会迅速上升。从短期来看,可以提升保险需求的主要事件包括:第一,家人朋友遭遇风险事故,企业遭受自然灾害或意外事故造成重大损失,这些风险事件往往使个体和企业决策者的主观风险骤然升高,激发其保险需求迅速攀升;第二,孩子出生后,父母尤其是母亲会产生越来越大的责任感,担心未来的不确定性会给孩子造成不良影响,保险需求大幅升高。此外,从长时间轴来看,随着人们的财富增加,对保险的需求也会增加。

本节讨论人们的动态保险需求,并分析保险公司如何实施有效的动态供给策略,以提升保险交易效率。

一、短期动态保险需求:两类触发事件的影响

1. 经历风险事故后保险需求急升

在个体进行风险判断时,近期发生的事件会比早期发生的事件更易被从记忆中提取,从而对风险判断产生更大的影响,称为近因效应。比如,目睹翻车事故发生后,大脑中会有一段时间对该事故景象挥之不去,主观交通事故概率会迅速升高。

但随着时间推移,曾经发生的风险事件在大脑的诸多记忆中会变得越来越不重要,甚至被逐渐遗忘,个体对该风险的感知程度逐渐下降。其实,心理学家们很早就观察到人们对持续的刺激会逐渐适应,在心理学中称为"适应性原理"。例如,如果使人的视网膜受到一个持续的、强度相等的刺激,人们对该刺激的感觉会逐渐消失(Pritchard,1961)。人们的这种适应能力之后又被很多研究证实,例如,一项心理学研究(Brickman,Coates and Janoff-Bulman,1978)表明,失去双腿一年后的截瘫患者与获得彩票大奖一年后的获奖者,对生活的满意度并无显著差异;西尔福(Silver,1982)发现,失去双腿的情感体验只是在事故发生后的几个星期内非常显著,之后就不显著了;Suh et al.(1996)则发现,在亲人死亡后的一年内,人们的悲痛情感就会消失,回归正常水平。按照斯洛维奇(Slovic,2007)、罗登斯杰克和奚恺元(Rottenstreich and Hsee,2001)和桑斯坦(Sustein,2003)的研究,情感反应往往是人们高估风险的心理基础,在情感水平降低后,人们的感知风险也就降低了。将适应性原理应用于风险感知和判断,意味着人们对曾经经历的风险事件的关注度会逐渐减弱。

可以想象,个体对风险事件的反应随时间进展经历这样的过程,起初是惊奇,一个意料之外的事故发生了,随着经济损失和精神伤害不断显现,个体的感知风险逐渐增加。然后,进入适应过程,个体会逐渐适应已经发生的损失和伤害,对该风险的关注度逐渐下降。可以预见,感知风险逐渐增加阶段的时间是相对短暂的,后续感知风险逐渐减弱的时间(适应阶段)则相对较长,因此,从风险事件发生之时起,个人对风险事件的感知或关注度随时间会经历一个如图17-4所示的不对称倒V形过程。

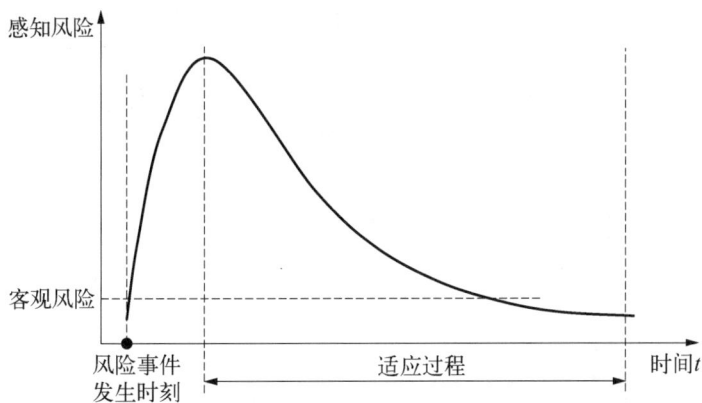

图 17-4　风险事故前后个体风险判断的变化

如果其他变量不变,感知风险的变化自然会导致保险需求的变化。如图17-5所示,在保险事故刚刚发生后的一段时间里,随着经济损失和精神伤害不断显现,个体的感知风险逐渐增加,个体会严重高估风险,此时的保险需求非常强烈,实际保险需求强度远高于理性保险需求强度。随着时间推移,个体进入适应过程,感知风险会逐渐下降,实际保险需求强度也逐渐下降。最终,个体的感知风险会恢复到风险事故发生之前的水平,保险需求强度也会恢复到风险事故发生之前的状态。当然,如果风险事件非常严重,使个体有了刻骨铭心的感受,则适应期会非常长,或者说,个体会长期处于高估风险和保险需求强度较高的状态。

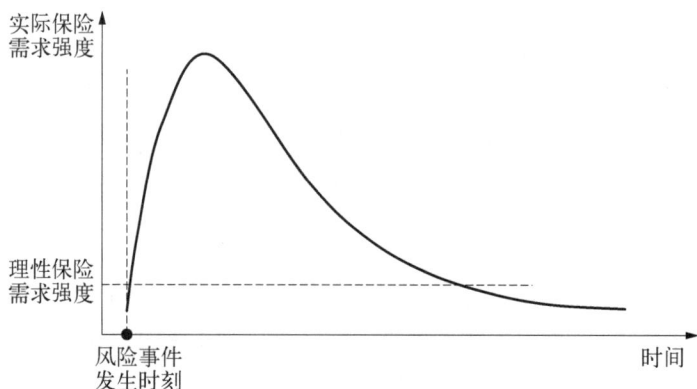

图 17-5　风险事故前后个体保险需求强度的变化

不仅个人如此,中小企业也是如此。一位从事保险销售的朋友曾对我说:"企业财产保险产品不好销售,多数中小企业不愿购买,但也有个别客户非常愿意购买,原因是曾经遭受过损失,如有一家企业持续每年购买企财险,起因是 2008 年雪灾压垮了他的厂房。"

2. 孩子出生激发保险需求:母亲强于父亲

个体从出生一直到为人父母之前,先是上学上到 20 岁左右,然后开始工作,之后是结婚。在工作之后、为人父母之前,个体向往的是自立、事业发展和生活享受,这段时间,父母尚未进入老年,个体通常没有需要承担的家庭重任,即便家庭贫困,个体家庭责任感的体现也主要是发展事业和提升收入。

一旦为人父母,对孩子的感情会随着时间推移而与日俱增,厚重的情感会衍生出各种担心,担心自己或配偶的意外事件会给孩子的成长带来巨大的负面影响。这种担心构成了保险需求的基础。其实个体的出险概率并未发生很大变化,变化的是责任感提升带来的损失连累感增大,担心偶发意外事件导致的收入中断会影响到孩子的健康成长。

就这种担心来说,母亲的担心通常比父亲要严重得多,原因是,母亲在孩子身上花费的心思和精力通常远大于父亲,花的心思越多,想得越多,对意外事件的联想就越多,风险会被自己不断的联想而放大。而多数父亲通常将多数心思花在工作上,大脑被工作上的事情占据,虽然也会有少量时间陪伴孩子,但大脑中对相关意外事件的联想要比母亲少得多,担心也会小得多。

因此,母亲的保险需求往往高于父亲,母亲会推动家庭在保障性保险上的支出。但在被保险人的选择上,往往以收入较高的家庭支柱为主,多数情况下,父亲的收入会高于母亲,这导致父亲虽然风险感知弱于母亲,但被保险人却多为父亲[①]。

二、长期动态保险需求:财富变动的影响

如第七章所述,在其他因素(风险判断偏差、附加费率)不变的条件下,财富对保障性保险需求的影响主要体现为两点:一是随财富而变的效用函数,二是随财富水平而变的贴现率。

[①]　有趣的是,母亲的这种保险安排却经常会遭到父亲的反对,作为被保险人的父亲有时会拒绝签字,因为父亲的主观风险和保险购买意愿往往低于母亲。

随财富而变的效用函数表明,财富增长会对降低为大损失风险购买保险的主观成本,提升人们的保险需求。随财富水平而变的贴现率曲线表明,财富增长会通过降低未来赔付的折现率来提升购买保险的主观收益,提升人们的保险需求。

综合而言,财富增长对保险需求的影响如图 7 - 10 所示,当财富水平很低时,贴现率过大导致人们几乎没有任何保险需求,当收入升高到一定程度后,人们产生了保险需求,此后,随着财富增长,保险购买量逐渐增大。

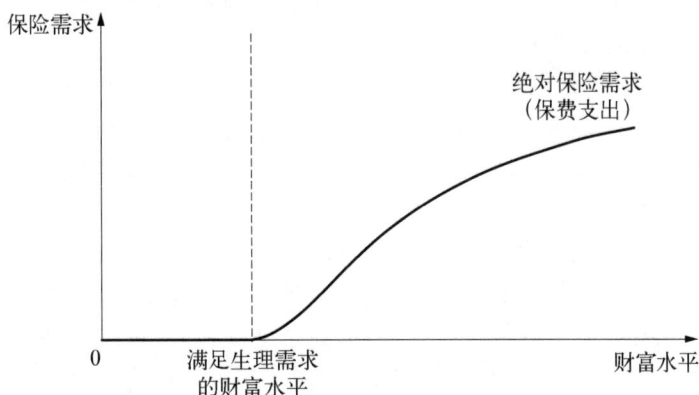

图 7 - 10　保险需求的财富效应

三、动态保险供给策略

既然人们的需求呈现上述动态变化规律,保险公司的供给可以据此制定策略,以便提高营销或交易效率:

第一,抓准时机销售。针对发生的风险事故,尤其是保险理赔事故,迅速锁定与风险事故相关的主观风险大幅提升的人群,在相关个体主观风险最高或保险需求强度最高时,针对性销售相关的保险,必然可以大幅提升成功率。[①]

第二,对生儿育女之后的父母,尤其是母亲,针对性地销售相关产品,提升营销效率。

第三,对不同财富水平的人推荐不同的保险产品,可以提升销售效率。对收入低的,优先推荐出险概率较高的医疗费用保险和价格较为便宜的意外伤害保险;对收入高的,可推荐产品就很多,可以为其制定较为完善的保障计划。

第三节　保险供给的动态性及其应对策略

不但保险需求是动态的,保险供给也有动态性,本节分析意料之外的巨额赔付对保险供给带来的影响及其应对策略。

---

① 例如,2019 年的某一天,我的一位朋友在高速公路上遭遇了连环碰撞事故,虽然只是发生了汽车部分损失,并未导致车毁人亡,但其风险与保险的世界观已经发生了很大的转变,从对保险不屑一顾变成了保险需求强度极高的潜在客户,产生了保险销售的绝佳时机。而且,这位朋友除了购买过车险之外,其他商业险均未购买。但是,居然没有一家保险公司能够即时识别和抓住这样的绝佳销售机会。最终,这一机会被我捕捉到并推荐这位朋友主动购买了意外险和大病保险。

一、意料之外的赔付会改变承保决策者的风险认知

对保险公司的承保决策者来说,被保险人偶尔发生的保险事故通常都在其预料之中。例如,某寿险保单的被保险人死亡了,某医疗费用保险保单的被保险人住院了,某重大疾病保险保单的被保险人确诊患癌了,某家买了企业财产保险的企业发生火灾了,某家买了船舶险的航运公司的被保险船舶发生碰撞事故了,……,这些预料之中的事件(不是指预料到哪个保险标的会出事,而是指预料到肯定有部分标的会出事)通常不会改变有丰富承保经验的保险公司核保师的风险认知。

但是,如果发生了预料之外的导致巨额赔付的巨灾事件,如曾经发生在美国的导致巨额赔付的石棉沉着病事件,导致巨额赔付的"9·11"恐怖袭击事件等,这些意料之外的灾难性事件会极大地改变承保决策者对风险的看法,其主观风险往往在发生灾难后大幅提升。

核保师的这种思维机制非常类似于被保险人在遭遇风险事故时主观风险的变化机制。这很好理解,只有意料之外的风险事故才会改变利益相关者的主观风险,意料之内的风险发生是不会改变其主观风险的。例如,对普通人而言,突然遭遇的意料之外的车祸会改变致害人和受害人的主观风险,但某人经常胃部不适去医院检查出慢性胃炎,则基本属于意料之中的风险事件,不会改变其主观风险。对核保师也是如此,意料之内的理赔不会改变核保师对风险的看法,但意料之外的巨额赔付则会显著改变其主观风险。

二、巨灾发生前后核保师主观风险和承保决策的变化

如图 17-6 所示,在意料之外的巨灾事故发生前,核保师往往低估了这一风险。反映在承保决策上,就是在保险条款中普遍承保这样的风险,可以承保很高的保险金额或赔偿限额,并且对该风险收取较低的保险费率。例如,在 911 事件发生之前,无论是财产业主还是保险公司,都不在乎恐怖袭击风险,在某些同时承保各种财产风险的保单里,保险公司甚至都没考虑为恐怖袭击风险单独收取保费,恐怖袭击保险的供给不存在问题。

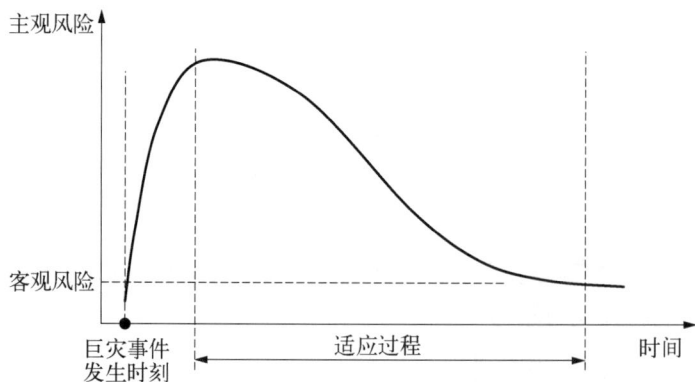

图 17-6　意料之外的巨灾事故发生前后核保师主观风险的变化

在意料之外的巨灾事件发生后,随着核实的应赔付金额逐渐上升,核保师的主观风险逐渐上升,当该事件导致的巨额赔付基本核定后,核保师的主观风险达到了最高点。

之后,随着时间推移,核保师的主观风险会逐渐下降,但很可能会比普通人经历风险事件后的下降速度要慢,因为这是他的职业所在,这种风险评估是他的日常工作,会很容易让他回想起曾经发生的巨灾事件。最终,在长期未发生同类风险事件的情况下,核保师的主观风险会下降到最低水平,但这一最低水平会高于意料之外的巨灾事件发生前的主观风险水平[①]。

上述主观风险反映到承保决策上,会导致巨灾事件发生后,保险公司对该类风险的承保条件骤然升高,可能大幅提高费率,也可能降低承保限额,甚至直接拒绝承保。如第十四章第四节提到的911恐怖袭击事件对承保决策的影响所示,911事件发生前,芝加哥的奥黑尔机场(O'Hare Airport)拥有7.5亿美元保额的恐怖袭击保险,年保费为12.5万美元。911事件发生后,保险公司仅提供1.5亿美元保额的恐怖袭击保险,而且将年保费提高到了690万美元(Jaffee and Russell,2003)。

三、巨灾保险市场失灵及其应对策略

更严重的是,意料之外的巨灾发生后,由于主观风险急升,原来不为此类风险购买保险的潜在投保人开始寻求投保,保险需求大幅增加了,但是,供给端却大幅提高承保条件甚至直接拒绝承保,这很可能会导致巨灾保险市场和再保险市场的中断或崩溃。如之前美国经历的与石棉沉着病有关的责任保险危机和911事件发生后恐怖袭击保险市场危机。

如第十四章所述,911事件发生后,出于对这种奇异的保险定价和供给行为的关注,美国国会在2002年末通过了恐怖袭击风险保险法案(Terrorism Risk Insurance Act,TRIA),为恐怖袭击风险的私人保险市场提供1 000亿美元的联邦担保(Federal backstop),以解决保险公司无法获得再保险的问题或承保带来的偿付能力问题。

也就是说,意料之外的承保范围内的巨灾风险发生后,可能会导致供给端的过度担心和限制供给,与风险发生后的旺盛需求发生矛盾,进而导致市场失灵,此时很可能需要政府干预,用政府担保的手段帮助保险市场渡过难关。

不过,这种市场失灵是阶段性的或短期的,随着时间推移,基于心理适应性原理,需求端主观风险的降低会降低需求,供给端主观风险的降低则会提升供给,供需双方的矛盾会逐渐缓解,最终会通过市场解决供需问题,政府干预就可以退出了。

第四节 保险业形象为何这么差?

按照标准保险经济学理论,消费者会主动踊跃购买保险,保险公司可以低成本获得大量客户,保险交易效率很高,附加保费水平很低,保险公司形象很好,保险市场一派和谐景象。

但是,在我国,保险行业形象差是众所周知的现象,而且比其他绝大多数行业都差。人们不但购买保险意愿疲弱,也不愿意进入保险业工作,对保险公司信任度低,甚至还有

[①] 当然,如果该核保师退休了,其主观风险也会跟着"退休",新来的核保师并不一定具有与其相同的主观风险水平。

人认为保险是骗人的。不仅我国保险业如此,保险业在美国的形象也比较差,消费者对保险业往往有负面印象(McKinsey and Company,2010;Karl and Wells,2016)。

关于保险业形象差,很多人认为最主要的原因是保险营销员"忽悠"或销售误导,其次是"理赔难"。但我认为,销售误导和"理赔难"肯定是保险形象差的原因之一,但不是关键原因,因为各行各业都存在程度不一的类似问题,但其他行业却没有出现如此差的形象问题。例如,房产行业也存在严重的销售误导,其交付的商品房也存在各种各样的质量问题,甚至存在严重的使用面积缩水,却不存在保险业这么严重的形象问题。过去二三十年间,人们一边反映房地产业的问题,一边踊跃购买甚至抢购商品房,还抢着挤入房地产业工作。这说明,销售误导和理赔难并不是保险业形象差的根本原因,况且,"理赔难"到底是人们的感受还是现实,若是现实,到底难到什么程度,都一直难以证实。因此,我们需要找到更深层次的原因,以解释保险业的形象问题。

我认为,保险业形象一定与保险产品和保险交易的特性有关,需要"以物为本",在保险产品特性上找原因。下面第一部分讨论保险交易特性对保险业形象的影响,我们会发现保险交易的"弱需求、强供给"特性会引发消费者的不满;第二部分分析保险产品特性对保险业形象的影响,我们将发现保险产品特性天生让客户感到担心;第三部分是第一部分的延伸,说明强供给会造成保险交易成本高,而"交易成本高"会进一步增加客户的不满;第四部分讨论销售误导对保险业形象的影响;第五部分从时间维度讨论保险业形象的变化,我们将发现,随着经济增长和人均财富水平的提升,保险业的形象问题会逐步改善,但不会完全消失。

一、保险交易的"弱需求、强供给"特征引发不满

本书提出的行为保险需求理论论证了人们保险需求的疲弱性,本书的行为保险供给理论专门阐述了保险公司如何"供给改变需求",即保险公司不但通过产品设计来满足潜在客户的直觉需求,还通过构建强大的营销力量,通过强大的营销攻势来获得保险业务。

1. 购买者的不满

会有部分消费者主动购买保险,但大多数购买者或多或少都遭受了一定的营销攻势,在强供给或强营销的推动下签订了保险合同。

对后者或大多数购买者而言,强供给或强营销虽然改变了他们对保险的看法,使他们在购买时对保险的主观估值升高并超过了保险价格,进而购买了保险。但是,这部分购买了保险的消费者还是会萌生对保险的不满,原因有如下两点:

第一,购买者对保险的主观估值并不稳定,营销攻势过后其主观估值可能会降低,进而可能产生后悔的感觉。

第二,他们或多或少总会觉得自己的自由意志(原本不愿购买保险的自由意志)被改变了,有被"忽悠"的感觉,进而萌生不满。

2. 未购买者的不满

更重要的是那些被营销但没有购买保险的人的感受,这些人的保险购买意愿相对薄弱,对保险的抵触心理比较严重,被营销了却没有彻底改变对保险的看法,对保险的估值仍然很低。这会让他们认为自己被"骚扰"了,自己的时间被浪费了,自己的心情被搞坏

了,进而引发对保险公司的不满。

更重要的是,被营销但没买保险的人数量通常远高于被营销且购买了保险的人的数量,这会引发更广泛的对保险行业的不满。

二、保险产品特性天然让客户担心

1."兑现滞后于承诺"令消费者担心

人类司空见惯的交易形式是一手交钱一手交货,卖方的承诺与兑现几乎是同时实现的,但保险的交易形式是先收费后提供保障服务。从购买者角度来看,保险公司对保险合同的兑现滞后于承诺,这会令客户担心保险公司是否会兑现承诺。而且,兑现滞后于承诺的时间越长,客户的担心程度越大。这让我们想起金融里面的贴现,若投资者对是否兑现有担心并且将这种担心加入贴现模型,则长期金融产品必然会让人们产生心理抵触。

就长期储蓄性保险而言,承诺(交保费)与兑现(保险金给付)的时间差一定是长的(我国目前最短也要5年),尤其是纯粹养老现金保险,承诺与兑现的时间差可能是几十年,如此长的时间差必然引发客户较大的担心,客户的信任程度会大幅下降,对产品的抵触程度会大幅上升。

2."承诺的必然性和兑现的偶然性"令消费者失望

就保障性保险而言,保障性保险承保的多为小概率风险事件,这意味着,对客户来说,自己交保费和保险公司承诺是必然的,但保险公司的兑现却是极其偶然的,没有理赔就是没有兑现,这会让客户产生一种承诺不会兑现的感觉,进而产生一种失望的情绪(可以用体验效用低于决策效用来解释,这是保险区别于一般商品或服务的最大特点),甚至认为自己的保险"白买了"。如昆鲁瑟(Kunreuther,2013)感叹:"人们很难理解'购买保单后最好的回报就是没有回报'这句保险经典。"

3.保险天然无法通过长期交易建立可靠信任

从博弈论思维可以推断,交易双方的信任可以通过承诺与兑现的反复出现来强化,承诺与兑现反复出现的次数越多,消费者对供给方的信任越强。这意味着,消费者心目中的保险业诚信需要通过"交保费——赔付"的反复出现才能强化。

但是,对保障性保险而言,其承诺的必然性和兑现的偶然性,使买卖双方的信任天然无法通过承诺与兑现(交保费与赔付)的反复出现来强化,如,即便每年都续保某种短期保险,理赔可能10年都不会来一次。对长期储蓄性保险而言,由于期限过长,不少消费者一生只买一次,多属于"一锤子买卖"而非"重复交易",比如纯粹养老年金保险,这使得通过重复交易来建立信任这一途径在短期内失灵了,可能需要几代人的验证才可能建立信任。

4.根源是人类的非理性

就保障性保险的兑现而言,其实在保险期限内,保险公司的赔付已经兑现了,只不过是将保险金支付给了那些遭遇损失的极少数或少数被保险人。如果人类是完全理性的,应该根据期望值理论将赔付给不幸被保险人的损失分摊到自己身上作为保险公司对自己的兑现,但是人类通常做不到这一点。

就长期储蓄性保险的兑现而言,其实保险公司一直在通过账户增值的方式兑现自己的承诺,完全理性的被保险人能够理解并接受这样的兑现,但是大量被保险人还是做不到这一点。

上述非理性的根源是人类进化时间太短,无法理解概率、期望值、内部收益率等概念,并将其正确运用到自己的生活和保险决策中,无法接受看不见但实际已经兑现的承诺。

三、交易成本提升造成进一步不满

1. 保险交易成本很高

因为多数客户购买保险的意愿很低,这导致保险成为最难销售的产品之一,同时使保险销售成为最令人畏惧的职业之一,保险营销员在推销过程中往往四处碰壁,需要付出超常的努力才能获得客户签单,使自己的职业生涯得以持续。保险需求疲弱,不但极大地打击了保险营销员的信心,还造成保险营销员人均销售产能较低、保险营销员脱落率较高、保险交易成本很高的现象。

交易成本是制度经济学中的一个概念,在这里,保险交易成本是指除保险生产成本(包括产品设计、核保、理赔等成本)之外的所有与保险交易有关的成本,主要就是保险营销成本。保险属于典型的生产成本很低、但交易成本很高的商品,其产品开发、核保、理赔等消耗的费用都不高,消耗费用最多的就是保险营销,包括保险销售以及公司为营销提供的各种支持性服务,主要体现为手续费、佣金(直接佣金和间接佣金)和业务费用等支出。

关于保险交易成本高这一现象,第十六章第四节已经从"保单销售费用"和"保险公司营业支出中营销费用占比"两个角度进行详细说明,这里不再赘述。

2. 交易费用高进一步降低了保险业形象

对短期保障性保险来说,营销费用当然是从保费中开支的,但由于产品保障性极强,保额远大于保费,客户对营销费用的感受程度较低,甚至感受不到营销费用的存在。

但对长期储蓄性保险而言,将大量的保险营销费用从保费中开支就意味着保单现金价值的大幅降低,如果客户在保单前期退保,如在 10 年内退保,往往会遭受一定程度的"本金"损失(现金价值低于所交保费),引发客户不满,进一步恶化了保险业的形象。[①] 进一步地,营销费用高还导致客户只能通过长期保单投资(可能至少需要 40 年以上的投资期限)才能获得较为理想的回报率,而客户一旦忍受不了如此长期的投资而退保,也会萌生对保险公司的不满。

四、销售误导进一步恶化了行业形象

保险需求疲弱和行业形象不佳,导致保险销售成为最令人畏惧的职业之一,而保险公司为了提高对销售员的激励和实现利润最大化,往往采用赚取佣金而非工资的保险代理人制度。

对于保险代理人而言,由于销售成功概率较低,收入不稳定,脱落率很高,多数人在

---

① 反过来,保险公司也特别担心客户前期退保,尤其是前 2 年甚至前 3 年退保,因为用保费扣除退保金之后,保险公司还有大量营销支出无法得到弥补,会给保险公司带来亏损。

保险代理人岗位上都坚持不过 1 年。从某大型寿险公司得到的数据是,该公司保险代理人的年度脱落率高达 60％ 以上。

在人心不稳、只赚佣金的销售队伍中,必然会有部分销售员为了获得佣金而夸大保单的好处,隐藏保单的不利方面。消费者本来就对保险产品和保险销售心存疑虑和担心,少许反面证据就会令其丧失对保险的信任,俗话说"好事不出门、坏事行千里",这样的销售误导必然会进一步恶化行业形象问题。

五、保险业形象问题会随国民财富增长改善,但不会消失

随着一国或一地区经济增长,人们的财富水平提高,人们的保险需求会增加,人们对保险的认可度会提升,保险业的形象也会发生正面变化。

此外,从保险的承诺与兑现来看,随着保险经营历史越来越长,买过保险尤其是买过长期人身保险的人们越来越多地从保险公司兑现了自己的收益,人们看到承诺被越来越多地兑现后(如前所述,养老年金保险往往需要经过几代人才能验证其保险收益),保险业的形象会有所改善。进一步地,这种承诺兑现带来的示范作用会让更多的人接受保险,自愿购买保险。

从心理学角度来看,相对于被动购买的商品,自愿购买的商品往往较少产生形象问题,因此,随着财富增长,自愿购买保险的人越来越多,自愿购买的比重越来越大,保险业的形象将逐步改善。

但是,由于以下两点原因,保险业的形象是有天花板的:

第一,如行为保险需求理论所述,即便财富增长到很高水平,低估风险者还是不愿为小概率(大损失)风险购买保险,对保险的认可度还是较差。

第二,保险产品天然具有的"兑现滞后于承诺"、"多数人无法体验到兑现"特征,总会令某些消费者不满。

这意味着,即便一国或地区的人均财富上升到很高的水平,该国保险业的形象仍处于各类行业中的较低水平。这也意味着,无论人均财富高低,各国保险业均存在一定的形象问题,只是程度不同而已。

第五节　不同保障性保险产品的市场形象有别

就保障性产品而言,不同保障性保险产品形象高低有别,这导致一个明显的市场结果,财险业形象好于寿险业,这是为什么呢?

上一节分析表明,"弱需求、强供给"是保险形象差的主要原因,交易成本高和销售误导可以视为"弱需求、强供给"的副产品,而强供给也可视为弱需求的副产品。这一影响链条为:需求越弱,供给越强,交易成本越高同时销售误导越严重,形象越差。由此,我们可以从不同保险产品的需求疲弱程度出发来分析其市场形象的差别。

一、保险产品需求疲弱程度的分布规律

根据第七章"行为保险需求理论"中附加费率大于零时的购买者占比函数图 7 - 6,可以得到不愿购买保险者占比函数,来反映人们的保险需求疲弱程度,如图 17 - 7 所示。可

以看出,在人均财富水平较高的条件下,保障性保险需求疲弱程度主要与保险风险出险概率有关,大致规律是,出险概率越低,需求越疲弱。

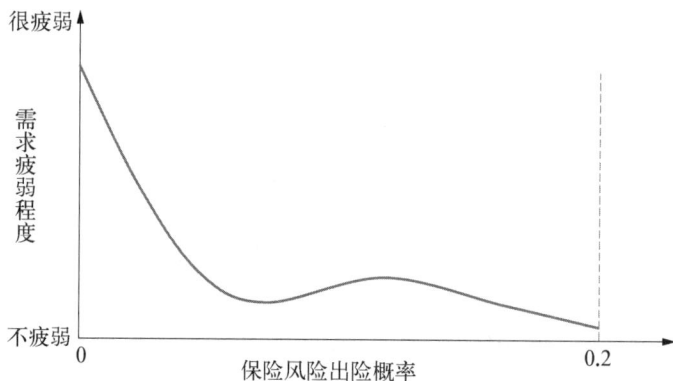

图 17-7 保障性保险需求疲弱程度的分布规律

二、保险产品供给强度的分布规律

简单推论可知,需求越疲弱,供给强度越高;反之,需求越强劲,供给强度越弱。

不过,现实还是要复杂一些。当出险概率很低时,出险概率很低会导致保险产品价格很低,单价很低的产品是无法通过强供给进行销售的,因为产品价值决定的产品价格无法容纳较高的营销费用,此时的营销强度反而很低。典型案例就是家庭财产保险,需求很弱,但同时产品单价很低,这就导致家庭财产保险无法通过强供给进行销售(需求疲弱加上供给乏力,家庭财产保险交易量自然非常低迷)。此外,地震保险、洪水保险、普通意外伤害保险和特种意外伤害保险等产品也是如此。可以想象,当出险概率无限接近于零时,几乎所有人都低估了风险,保险需求接近于零,相应保险产品的价格也极低,几乎无法容纳任何营销费用,此时,保险供给强度接近于零。

基于以上考虑,更加现实的保险产品供给强度的分布规律大致如图 17-8 所示。

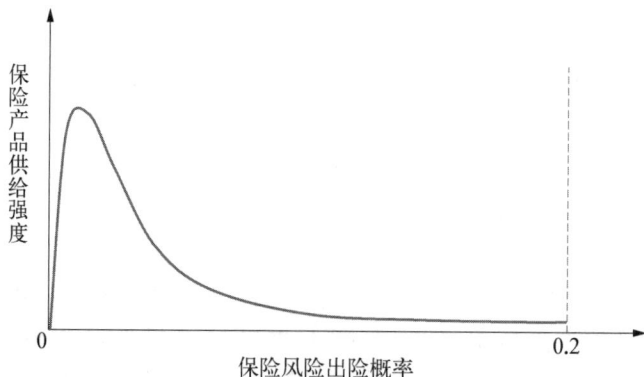

图 17-8 保障性保险产品供给强度的分布规律

三、保险产品形象与承保风险的关系

如前所述,行业形象差的主要根源是强力营销(交易成本高和销售误导可以视为强力营销的结果），显然，供给强度或营销力度越大，行业形象越差。由此可以推断，保险产品形象与保险供给强度也呈反比关系，即供给强度或营销力度越大，产品形象越差。

既然保险产品形象与保险供给强度呈反比关系，而保险供给强度与保险风险发生概率是如图 17-8 所示的偏态倒 V 形关系，则保险产品形象与承保风险出险概率就呈偏态正 V 形关系，如图 17-9 所示。

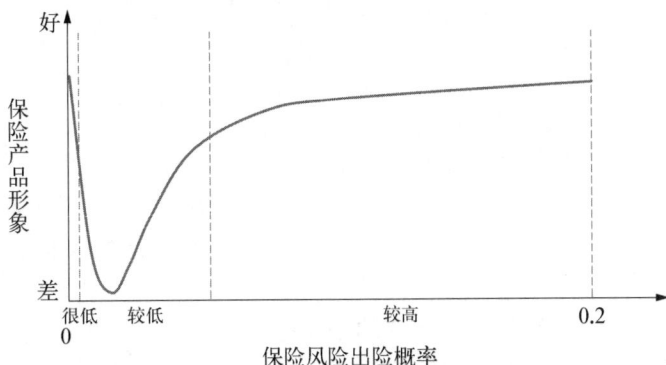

图 17-9　保障性保险产品形象的分布规律

四、财险业形象为何好于寿险业？

由图 17-8、图 17-9 可知：① 当保险承保风险概率很低时，保险价格低廉无法容纳较高营销费用导致供给强度很低，产品形象较好，典型产品如地震保险、洪水保险和家庭财产保险。② 当保险承保风险发生概率处于较低水平时，营销力度最大，产品形象最差，典型产品如终身寿险、定期寿险等；随着出险概率升高，出险概率接近较高水平时，营销力度仍然较大，产品形象仍然较差但有所改善，如重疾险。③ 当保险承保风险处于较高水平时，市场上其实几乎没有单纯承保这类风险（出险概率大致在 0.05 到 0.2 之间）的保险产品，而往往是承保混合风险的保险产品，这类保险产品往往同时承保大概率（小损失）、中概率（中损失）和小概率（大损失）风险，如汽车保险和医疗费用保险，需求较为强烈，供给强度较低，市场形象较好。

也就是说，财险行业的主打产品"车险"的产品形象要好于寿险行业的主打产品"寿险和重疾险"，这是财险行业（车险占比最大）形象好于寿险行业（寿险和重疾险占比很大）的主要原因。[1]

---

① 由于财险业的形象好于寿险业，于是，有财险业人士抱怨说："保险业的形象就是被寿险业搞坏的。"

第十八章　互联网保险的
行为经济学

互联网保险有两层含义：第一层含义，是指针对互联网企业运营过程中存在的风险而开发和销售给互联网企业或互联网用户的保险；第二层含义，是指通过互联网渠道销售的保险，互联网渠道包括第三方互联网平台和保险公司自营互联网平台，既包括场景式销售，也包括一般的销售。

对于第一类互联网保险，即针对互联网企业运营过程中存在的风险而开发和销售的保险，如网购退货运费险、账户安全险、互联网企业雇员（或非正式员工）意外险、互联网企业责任险而言，有的险种会呈现保单数量庞大但件均保费很低的情况，但总体而言，第一类互联网保险的特点与传统保险是类似的，只是承保对象更换成了互联网企业和互联网用户。

本章主要讨论第二层含义的互联网保险，即通过互联网渠道销售的保险。大致从2013年开始，互联网保险开始在我国出现并逐年发力，其增长速度明显快于传统渠道[①]。以2019年为例，我国互联网人身保险保费同比增长55.7%，互联网财产险保费同比增长20.6%。随着互联网、人工智能和大数据等技术的发展，互联网保险的前景更加光辉灿烂，在保险业保费收入中的占比会越来越大。

另外，即便是传统的保险代理人渠道，其实也越来越多地使用互联网手段开展销售工作，包括代理人培训、展业信息系统、与客户进行线上联系、开展线上产品说明会等，我们似乎已经无法区分何为真正的互联网保险了。而非常现代的互联网保险平台公司，如水滴保险（经纪公司）和轻松保险（经纪公司）已经开始组建线下销售团队开展销售，我们似乎也无法区分何为真正的线下销售了。

不过，本章仍然只将通过互联网平台达成交易的保单称为互联网保险，包括第三方互联网平台和保险公司自营互联网平台，目前来看，第三方平台销售的保费收入显然大幅超过保险公司自营平台的保费收入[②]。以2019年为例，互联网财产险保费中第三方业务占比68.9%，互联网人身险保费中第三方业务占比87.2%。

[①]　根据中国保险行业协会发布的《2014—2019年互联网产寿险市场分析报告》，互联网保费收入从2014年的860亿增长到了2019年的2 700亿，年增长率25.8%。其中，2015、2016年互联网保费的飞速增长是由短期理财带来的，随着2017年"保险姓保、回归保障"政策落地，互联网保费经历了2017、2018两年负增长。2019年，互联网保费恢复正增长，其中，人身保险保费同比增长55.7%，财产险保费同比增长20.6%。

[②]　2019年互联网保费收入中，财险业互联网保费收入842亿元，人身业互联网保费收入1 858亿元。从渠道贡献来看，呈现以第三方平台（渠道）合作为主，公司自营平台（官网）为辅的发展格局。以人身险互联网保费收入为例，2019年通过第三方平台累计实现规模保费1 619.8亿元，较2018年同比增长63.3%，占互联网人身保险总规模保费的87.2%；通过自营平台累计实现规模保费237.9亿元，同比增长18.2%，占互联网人身保险总规模保费的12.8%。

本章着重讨论互联网保险供给方（第三方互联网平台或保险公司自营互联网平台）如何通过产品选择、产品设计以及与客户有效互动来吸引客户并提升保险交易效率。

需要说明的是，自从 2016 年保险业开始实施"保险姓保"监管政策以来，互联网保险逐渐放弃了短期储蓄性或理财性保险的销售，从同时销售保障性保险和短期储蓄性保险转向了主要销售保障性保险。

第一节　互联网保险的产品选择：满足强需求

互联网保险主要在线上人群密集场所开店销售，即在流量大的地方设店销售，与线下保险销售员主动找客户销售相比，互联网销售的主动性相对较弱，因此，互联网平台必须在产品选择和产品设计上下功夫，以便吸引客户驻足和购买。

从行为保险经济学来看，就是要选择消费者需求相对强劲的产品，以便在较为缺乏销售主动性的条件下提升交易量和交易效率。

一、产品选择的行为保险需求理论

根据行为保险需求理论中的保险购买者占比函数（如图 7-6）可知，当保险产品承保风险的出险概率处于 P_1 右侧时，即处于保险风险的中高概率水平时，愿意购买保险者的占比就比较大了，而且会随出险概率的升高而逐渐升高。从购买者愿意支付的保费水平来看，根据图 7-8 所示的购买者最大支付意愿函数来看，出险概率越高，购买者愿意支付的最大附加费率越低。

因此，综合购买者占比函数和购买者最大支付意愿函数，互联网平台应该选择承保风险出险概率较高的保险产品，以便以较高的价格销售尽可能多的产品，获得最大销售保费。我们无法估量出能够获取最大销售保费的最优保险产品的最佳承保风险出险概率是多少，可以知道的是，当出险概率达到 P_2 左右（保险风险中、高概率分界点）时，保险需求就非常强劲了，而且此时消费者愿意支付的最大附加费率也比较高。在第五章分析风险判断偏差时，在一系列假设条件（如仅考虑 6 年的风险事件记忆）下，P_2 大致在 5% 左右，由此估计，互联网平台大致应该选择承保风险年度出险概率在百分之几（而不是千分之几、万分之几或更低）的保险产品。

事实上，对保险风险来说，百分之几（如 5%）是个挺高的年度出险概率了。这意味着，互联网保险平台其实要做的，就是选择那些承保风险出险概率高、放弃那些承保风险出险概率低的保险产品。

二、按年度出险概率选择保险产品

就普通个人或家庭而言，可能购买的保险通常有家财险、车险、寿险（死亡保险）、意外伤害保险、重大疾病保险、医疗费用保险、防癌险等。

1. 短期保险的选择

家财险、车险、意外伤害保险、医疗费用保险和防癌险通常是 1 年期短险，其中，家财险、防癌险的承保风险发生概率很低（癌症发生概率可参看中国精算师协会发布的《严重恶性肿瘤（2020 版定义）经验发生率男女表（CI7）》（见本章附件 1)），意外险的承保风险发生概率相对较高,而车险、医疗费用保险的承保风险发生概率则明显很高。

事实上,财产保险中承保风险出险概率最高的当属车险,人身保险中承保风险出险概率最高的当属医疗费用保险,两者的需求比较强劲,应该是互联网保险的理想选择。

2. 长期保险的选择

根据原保监会发布的《中国人身保险业经验生命表(2010—2013)》(见本章附件2)、中国精算师协会2020年5月发布的《25病种(2007版定义)经验发生率男女表(CI2)》(见本章附件3),无论是死亡还是重疾,60岁以下的年度事故发生率均低于1%,大致在75岁以后事故发生率才会达到5%以上。

由此可以推断,对于寿险和重疾险,60岁以下的人的需求普遍较低,大致要到75岁以后,人们的需求才会非常强劲。但考虑到60岁以后保费很贵且支付能力有所下降,很可能导致事实上的需求疲弱。因此,寿险和重疾险都不符合互联网平台的选择。

3. 重疾险和防癌险的特殊性

之所以得到重疾险和防癌险需求不旺的上述结论,是因为第五章研究风险判断偏差时忽略了风险事件的一个特殊性,即第五章假设"不论一次风险事件发生后会持续多长时间,均为一次风险事件"。

事实上,与死亡风险不同的是,死亡事件尤其是意外死亡事件发生后,这起风险事件很快结束了,人们会逐渐淡忘,但是,重疾(或癌症)发生后,多数患者有一定的生存期,部分患者还可长期生存,而生存期间会花费大量的医疗费用并产生大量的收入损失,这就使重疾(或癌症)风险事件长期暴露于社会当中,对周边人士的间接影响要比意外死亡风险大得多。

基于风险判断的可得性启发式原理,重疾(或癌症)患者的持续生存,会使重疾(或癌症)患者的存量(历年发病但仍生存的重疾〈或癌症〉患者数量)远大于流量(当年发病的重疾〈或癌症〉患者数量),这自然会使人们在判断重疾(或癌症)发生概率时,大脑中能够回忆起来的重疾(或癌症)事件数量和回忆流畅性大幅增加。例如,假定重疾(或癌症)患者的持续生存期平均值为3年,且每年的总人口和发病率保持不变,则任一年的重疾(或癌症)患者存量是重疾(或癌症)患者流量的3倍,这意味着人们的主观概率几乎是客观概率的3倍。

此外,尽管年轻人(或中年人)的重疾(或癌症)发生率比老年人要低得多,但是,不管是老年人发生重疾(或癌症)还是年轻人(或中年人)发生重疾(或癌症),都会进入年轻人(或中年人)的风险事件记忆中,进而对其主观风险产生影响。

综上所述,尽管年轻人和中年人的年度重疾(或癌症)发生率并不高,但他们的主观风险却很高。由此,在收入允许的条件下,重大疾病保险(和防癌险)也逐渐成为人们需求强度较大的保险产品。

三、互联网保险产品选择

如上分析可见,互联网保险平台应该优先选择需求强劲的车险、医疗费用保险和重大疾病保险(包括防癌险)作为主打产品。

但是,车险销售的互联网化受到一定约束,一是由于车险销售已经有了非常有竞争力的销售渠道,如4S店,电话销售等;二是车险价格和条款目前还受到比较严格的管制,互联网平台无法发挥其简化产品、远程跟踪、灵活定价、灵活交费等优势。

因此,目前,最适合互联网平台销售的保险产品,主要是健康保险,包括医疗费用保险和重大疾病保险(含防癌险)。

第二节　互联网保险的产品设计:
提升边缘群体的保险效用

所谓产品设计,就是要将产品设计得更加容易被消费者接受,增加需求强度,以便提升交易效率。如何才能被更多的消费者接受呢? 对已经选好的需求强劲的保险产品,如果能够使其价格降低,显然能够让更多的人具备购买和消费能力,进而大幅扩大交易量。

需要声明的是,经济学中的需求定律所说的"价格降低,需求量增加",是指同一商品的价格降低会导致该产品的需求量增加,而本节所指通过产品设计来提升需求,通常会改变保险产品本身,是指将传统产品改变保障范围、保险期限等条件后导致单价降低,进而提升需求量或交易量。

一、通过产品设计降低产品单价

互联网平台可以通过对传统保险产品做如下改造,来降低产品单价。

1. 砍掉储蓄成分

传统线下保险产品往往既有保障性又有储蓄性,这会使保单价格看起来比较高。显然,只要去掉其中的储蓄部分,保单价格就会降下来。例如,将两全型重大疾病保险改造成纯保障性重大疾病保险(像定期寿险一样),价格就会降下来。

2. 缩短保险期限

例如,把多年期保险改为1年期保险,把1年保险期限改为1个月甚至1个星期,然后要求客户连续投保,就能使保单保费大幅降低。或者,只要将交费方式改为月交甚至周交,也可使客户感觉交费压力降低了。在改为月交甚至周交保费的情况下,由于首期保费很低,互联网平台还可以通过赠送首月保费或首周保费的方式来吸引客户购买,给客户的感觉是,价格似乎更低了。

3. 提高免赔额

对于按照损失大小进行赔付(贯彻补偿原则)而非按照事故发生与否进行赔付的保险产品,如医疗费用保险,小损失(如小额医疗费用)的发生概率更高,大损失(大额医疗费用)的发生概率更低,提高免赔额会显著降低保费水平,因此可以通过设置和提高免赔额的方式将保单价格降下来。

4. "低价"而非"降价"

上述三种产品改进方式,其实都是将保险产品拆解了,拆得越散,"散品"的单价越低。但总体而言,单位风险保障的价格并不一定真的会降低。所以,本质上,互联网保险实施的是低价策略,而非降价策略[①]。

---

① 当然,具备超级流量优势的互联网平台也会通过自己的销售量优势来压低一些保险价格,进而提升销量。但是压低价格意味着压低了第三方互联网平台的件均手续费收入,第三方平台需要进行权衡之后做出对自己最有利的选择。个人估计,即便决定降价,第三方互联网平台也是选择少数产品进行降价,以便吸引客户。

二、"拆散"和"低价"可以大幅提升边缘群体的保险需求

经过设计改造后,线上保险与线下保险就有了区别,因此,我们无法用经济学的需求定律说,价格降低,导致需求量增加。但是,上述改造确实可以提升需求,这是为什么呢?

1. 保险需求的财富效应理论

根据行为保险需求理论中保险需求的财富效应,对于财富无法满足生理需求或刚性需求的人们而言,因对未来收益贴现率过大而导致他们大幅低估了保险边际效用,财富水平越低,折现率越大,对保险边际效用的低估程度就越大,越不可能购买保险。如行为投保决策模型中式(7-5)、(7-6)所示。

$$\frac{MU_{1保险}}{P_{保险}} = \frac{\dfrac{p'[U_1(-L+X+1)-U_1(-L+X)]}{1+r}}{(1+\alpha)p \times 1}$$

$$= \frac{p'}{p} \cdot \Delta U_1 \cdot \frac{1}{(1+r)(1+\alpha)} \tag{7-5}$$

其中,r 为 1 年期保险的保险赔付的贴现率。贴现率与财富水平的关系如图 7-9 所示。

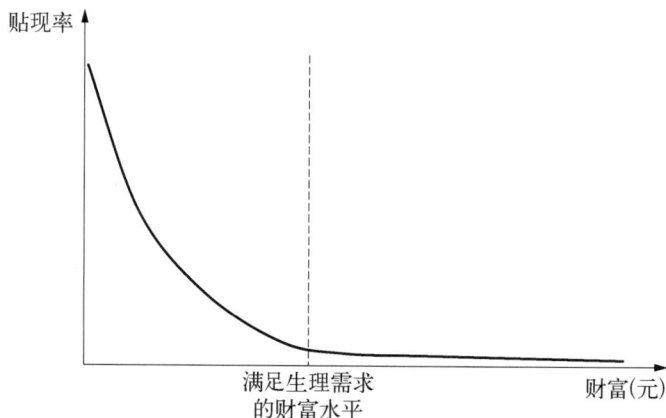

图 7-9 贴现率与财富水平的关系

决策者购买保险的条件为

$$\frac{p'}{p} \cdot \Delta U_1 \cdot \frac{1}{(1+r)(1+\alpha)} > \Delta U_1' \tag{7-6}$$

可见,当财富水平低于"满足生理需求的财富水平"时,贴现率 r 迅速上升,导致保险边际效用迅速下降,进而导致保险需求迅速下降。

2. 边缘群体的投保决策

所谓"边缘群体",是指那些财富水平刚好高于"满足生理需求的财富水平"、但余钱不多的人群。显然,保单单价高低对边缘群体的投保决策有重大影响。

例如,对传统线下重大疾病保险产品而言,通常都是长期期交产品,30 万保额、20 年

期交保费终身重疾险的年交保费通常在 5 000 元以上甚至在 10 000 元以上（年龄越大、保费越高）。购买单价如此高的保单，对边缘群体来说，保费交纳很可能会使其财富水平下降至低于"满足生理需求的财富水平"的水平。如图 7 - 9 所示，一旦由于交保费而使财富低于"满足生理需求的财富水平"，贴现率会急剧变大并导致其保险效用急剧下降，这会让边缘群体选择放弃购买传统重大疾病保险。

但是，对传统线下保险产品进行如本节第一部分所示的改进后，单价大幅降低了，再加上交费方式从年交改为月交，保费负担进一步降低了。而且，将期交均衡保费长期保险改为短期保险后，由于年龄越低，风险越低，保险费率越低，保险费率看起来似乎更低了。最终，不少保险产品月交保费只有 10 元、20 元或 100 左右。对边缘群体来说，这笔支出几乎不会使其财富降至低于"满足生理需求的财富水平"的水平，交纳保费不会影响其刚性支出。从理论上来看，这笔小额保费支出不会触及图 7 - 9"满足生理需求财富水平"垂线左侧客户贴现率很高的地方，保险边际效用几乎不会因贴现率过高而大幅降低。

在这种情况下，边缘群体购买保险的收入约束就基本被消除了，此时，保险边际效用通常会大于购买其他商品的边际效用，进而促动他们下手购买。

这里所称的"边缘群体"，被互联网界称为"下沉市场"。

三、传统保险公司为何不实施"拆散"和"低价"策略？

可能会有读者想到，既然互联网平台可以实施"拆散"和"低价"策略，传统保险公司也可以啊，这种产品改进设计的成本很低啊。

问题是，即便传统保险公司真的实施了"拆散"和"低价"策略，也没什么人会主动来传统保险公司购买这些低价产品，因为，传统保险公司缺乏"流量"。

正因为缺乏流量，包括有效流量，传统保险公司只能通过保险代理人渠道去面对面销售、一对一说服客户，其实是借助了每一个保险代理人的"流量"，不过，代理人的平均流量是很低的，这会导致代理人的销售成本很高，由此，过低的保单价格无法容纳太高的保单销售成本，或者说，如果只卖单价很低的保单，代理人根本无法养活自己，或者保险公司无法养活代理人队伍，代理人市场就消失了。

也正是由于上述原因，保险代理人渠道不仅不能仅仅销售低价保单，而且要反其道行之，要销售所谓"组合保险计划"，即要给客户制定和向客户销售一个保障其家庭风险和财富传承的全面计划，这一计划通过包含多份保单，包括若干主险和众多附加险，总体价格水平较高，少则年交保费一两万元，多则年交保费几十万元甚至几百万元。

也就是说，互联网平台之所以能够实施"拆散"和"低价"策略，是因为他们有巨大或较大的"流量"，进而可以通过产品设计与这些流量客户达成较多的保险交易，而传统保险公司并不具备这样的流量基础。

四、互联网平台可与客户共同成长

从长远来看，一旦这些互联网客户养成了在互联网平台上购买保险的习惯，那么，随着这些客户的家庭结构变化和收入增长，会衍生出更多、更复杂的、有更高支付能力的保险需求，逐渐地，互联网平台可以同时销售"低价"和"高价"产品，与客户一起成长。

第三节　互联网平台保险交易基础：
流量与有效流量

有了好产品，如果产品见不到潜在客户，或潜在客户见不到产品，交易是无法实现的。那么，谁有能力将产品曝光或送达给客户呢？一定是有流量的互联网平台。进一步地，谁能在其平台上集中保险需求更强的潜在客户来高效促成交易呢？一定是掌握有效流量的互联网平台。因此，本节讨论流量和有效流量对互联网保险交易的影响。

一、交易基础：流量大

流量大有如下几层含义：第一，来的人很多；第二，来了以后人们待在这里的时间很长，或者间断性地到来，但合计驻留时间很长。这就给流量主提供了销售各种商品的机会，包括保险。

进一步地，人们经常来，常在这里与老朋友聊天，常到这里购物、看视频、玩游戏等，来得越多，对"流量主"就越熟悉，熟悉产生信任，对流量主的信任程度就越高。于是，基于心理学中的"喜好原理"①，流量主要是卖啥东西，常来常往的人们通常会觉得比较可靠，会认为被欺骗或上当的概率很低，双方比较容易达成交易。

于是，从传统保险销售模式来看，微信和支付宝就像两个"超级代理人"，他们分别有11亿和12亿熟人，一家保险公司想卖保险，只要与这两位"超级代理人"签订代理合同，只要这两位"超级代理人"用心销售，就可以横扫全国的几乎所有潜在客户了。当然，其他超级流量主，如抖音、快手、今日头条等也逐渐具备了这样的能力。

所谓用心销售，是指这10多亿人虽然在支付宝和微信上来来去去，但就其本意而言，99%以上都不是来买保险的，或者说并不是保险商品的有效流量，因此，微信和支付宝需要创造与客户互动的各种方式，来增加交易机会和交易量。

当然，总是会有少部分人确实是来选购保险的，这些人在线下已经有了保险购买需求，这个需求可能产生于亲朋好友的风险事故，也可能来自亲朋好友的保险购买推荐，也可能来自线下某些保险代理人的辛勤耕耘，但最终，这些人选择来自己熟悉的互联网平台下单购买。

二、具备高有效流量的平台案例：大额医疗费用众筹＋网络互助＋网上保险商城

有的互联网平台流量并不太大，但其保险有效流量却比较大，也就是说，来这里的人，保险需求强的人占比较大，故称为"有效流量"，自然，拥有有效流量的平台可以较低成本地促成较多的保险交易。

如何才能获得较高的保险有效流量呢？目前比较成功的一种模式是"大额医疗费用众筹＋网络互助＋网上保险商城"，或者"网络互助＋网上保险商城"，相对而言，前者的流量有效性更强一些。下面着重讨论前者，后者在第三部分作简要介绍。

---

①　喜好原理，指大多数人更容易答应自己认识和喜欢的人提出的要求，而不是陌生和厌恶的人提出的要求。

1. 大额医疗费用众筹：强需求＋强供给

大额医疗费用众筹是指网络众筹公司或众筹平台为大病或意外事故住院患者通过网络募集医疗费用，由于大病或意外事故住院患者急需医疗费用，而网络众筹公司通常以低手续费甚至零手续费来帮助客户筹款，基于经济学的需求定律，在价格极低甚至为零、客户又对商品有欲望的情况下，需求接近于无穷大，因此，大额医疗费用众筹的需求是非常强烈的。事实上，虽然需求方只需要支付很低的手续费甚至不需要支付手续费，但筹钱却往往是从自己的微信朋友圈开始的，再依靠朋友们的转发、再转发，……，"面子"和"愧疚感"还是要失去一些的，这是众筹需求方需要承担的成本。但总体而言，对急需用钱的患者家庭来说，成本通常还是远低于收益的，他们的需求仍然强烈。

众筹平台提供的服务主要是两个：一是为患者家庭制作专业的筹款宣传资料，并帮助在线操作；二是提供捐款转账的第三方平台，捐款者将钱转给众筹平台，经众筹平台审核后再将钱转给患者家庭。

有趣的是，低手续费甚至零手续费的大额医疗费用众筹居然是一种强供给。读者可能听说过，为了抢夺客户，两家国内顶级的、明确零手续费的众筹公司的业务员已经在医院住院部打了不止一架了，可见众筹供给之强劲。业务员抢夺客户的背后是为了自己的计件工资和完成考核（根据媒体报道，业务员每立项一个客户可以获得80元到100元的计件工资），再向后退则是众筹公司的商业模式驱动。众筹公司之所以花了不少成本但却以零手续费去帮患者筹款，不仅是受到道德约束，担心落个"乘人之危来赚钱"的坏名声，更重要的是，众筹公司们已经找到了有效消化众筹成本并获取收益的额外路径。

2. 大额医疗费用众筹带来"有效流量"

众筹公司所找到的商业模式，是将筹款链条上的所有人，包括患者家庭成员、筹款朋友圈的所有捐款者、甚至看到捐款宣传材料但没有捐款的人，都作为"网上保险商城"和"网络互助"的潜在客户进行经营。

而患者家庭成员和数量庞大的捐款者，正是众筹平台所期待的有效流量，这是为什么呢？

基于第五章的讨论，个体会依据可得性启发式进行风险判断，个体从自己记忆中调取的同类风险事件数量越多、调取越容易，个体的主观风险就越高，而记忆中的风险事件，不但包括自身的直接经历，也包括亲朋好友的间接经验。由此推断：第一，在患者住院治疗期间，除患者外，患者家庭成员的主观风险极高；第二，在众筹公司业务员制作的专业宣传材料（材料制作会使用诸多影响力技术和心理学原理）影响下，看到筹款宣传材料的人们的主观风险会迅速上升，哪些人的主观风险上升幅度最大呢？按照第五章提出的风险事件间接影响的"情感距离"理论，与住院患者或患者家庭情感距离越近的人，受到的触动就越大，主观风险上升程度就越高，就越可能捐钱。

而对于追求有效流量的众筹公司来说，要判断这一筹款链条上哪些人的主观风险最大，其实只要看结果就行了，捐款者一定是主观风险上升幅度很大的人（类似于经济学中的显示偏好理论）。

3. 有效流量转瞬即逝

根据第十七章第二节"保险需求的动态性及其供给策略"可知，从捐款者们看到宣传材料开始,捐款者的主观风险会经历一个迅速上升、然后逐渐下降的不对称倒 V 形过程。与此相对应,捐款者的保险需求或网络互助需求也会经历类似的先上升后下降的倒 V 形过程。

重要的是,捐款者们获得的,是风险事件的间接经验而非直接经历,而间接经验比直接经历在大脑中停留的时间要短很多。而且,由于每个捐款者都有大量的事务需要处理,其主要关注点在不断切换。因此,捐款者们的主观风险处于高位的时间并不太久,可能也就是几天甚至几个小时的时间。

因此,对于追求有效流量的众筹平台而言,通过上述方式可以获得有效流量,但这些有效流量转瞬即逝,需要尽快对接和变现。

4. 用"网络互助＋网上保险商城"变现

依据行为保险需求理论,个体的主观风险越高,越可能购买保险。如果其主观风险上升到了非常高的程度,其保险边际效用必然大于其他商品边际效用,或购买保险的边际收益必然大幅高于边际成本。此时,如果有适当的网络互助计划推送或保险产品推送,可能会促使这些高主观风险者下单购买。

这就形成了"大额医疗费用众筹＋网络互助＋网上保险商城"模式。

这种商业模式之所以既提供网络互助,又提供商业保险,是因为前者价格比商业保险更便宜,由此,可以覆盖更多的人群加入或购买产品。从行为保险需求理论来看,可能有如下几点考虑:第一,如第二节所述,边缘人群会受到财富水平的约束而只能支付较低的风险保障费用,网络互助可以提供给边缘人群中,财富水平非常靠近"满足生理需求的财富水平"的人们,对于财富再高一些的人群,则可以提供商业保险;第二,众筹公司提供筹钱帮助,需求极为强劲,但是当众筹公司同时提供商业保险时,人们还是会因为缺乏信任而心生犹豫,但由于加入网络互助只需要很少的钱(大概每个季度 30 元左右),而且是公益项目,大家加入起来比较容易。于是,众筹公司就将商业保险的潜在客户们先存放在"网络互助"这个池子里"养"起来,随着不断相处和熟悉,待时机成熟时,再向其销售商业保险。

5. 收益模式

在上述三类业务中,众筹是低手续费或零手续费的,网络互助可以收点手续费,但通常仍属于公益性质,只能追求收支平衡。由此,能够提供重大商业利益的就只有商业保险了。好在,由于商业保险的弱需求性,保险销售费用的行情一直处于较高的水平,于是,众筹公司通过拿到保险经纪或保险代理牌照,就可以通过销售商业保险获得高额手续费了,如果能用这些手续费来覆盖保险经营成本和众筹经营成本并有盈余,就可赚到利润。三类业务的流量和资金流向如图 18-1 所示。

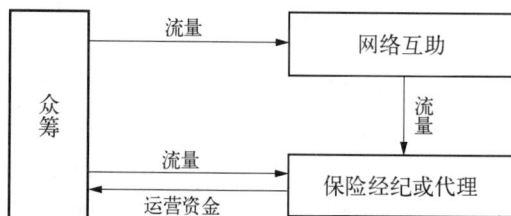

图 18-1 "网络众筹＋网络互助＋网上保险商城"的商业模式

当然,除众筹和网络互助提供的有效流量外,互联网保险平台还会采用各种方式去争取更多的流量,这里不再展开。

三、具备较高有效流量的平台案例:网络互助十网上保险商城

另外一种是"网络互助+网上保险商城"模式,例如,相互宝借助支付宝的巨大流量迅速成为网络互助市场的老大,参与人数最多。而这些参与相互宝的人群就成为蚂蚁保险的有效流量。当然,蚂蚁保险本身也有巨大的流量,但是,那些流量绝大多数都不是有效流量,不是来买保险的,而相互宝的流量则有相对较大的买保险的可能性。

四、保险公司与互联网保险平台的分成

保险最大的特征是弱需求,这导致在保险生产销售链条中,最关键的环节是销售,是销售能力决定保险产量,而不是反过来。

这意味着,只要拿到保险经纪公司或保险代理公司的牌照,能把大量保险卖掉,就可以在保险生产销售整个链条中拿到最大一块儿收入,因此,结合自己的平台优势和牌照获取难度,绝大多数互联网平台拿的都是保险中介机构的牌照,而不是保险公司牌照。

由于保险销售在保险经营链条中的极端重要性,保险公司在与拥有巨大流量或较大有效流量的互联网平台协商保险产品价格或销售手续费时,通常处于劣势地位。例如,对于网络销售数量非常大的百万医疗费用保险,优势互联网平台往往要收取40%—50%的手续费。而对于保险产品的价格,优势互联网平台也可能要求将某款产品做成超低价,以便吸引消费者。

结果,在保险公司争夺互联网渠道的激烈竞争下,保险公司在这类业务上很难赚到钱,保险业务的利润主要流到了优势中介的口袋里,最极端的体现就是航意险市场,优势中介甚至要收取95%的手续费和技术服务费。不过,这并非强买强卖的结果,而是正常市场竞争的结果,保险公司之所以分不到利润,是因为缺乏核心竞争力,即产品缺乏吸引力,且缺乏有效销售能力。

第四节 互联网保险平台如何创造营销价值

如第十二章所述,对于典型的承保小概率大损失风险的保险,由于多数人会低估风险进而低估保险价值,于是,保险公司必须依赖保险销售员创造营销价值,进而使部分消费者认为"产品价值+营销价值"高于价格,才能扩大保险交易量。

尽管互联网平台通过产品选择和产品设计已经使自己提供的产品具备了一定的吸引力,但仅靠产品吸引力就能使客户下单的数量还是非常有限的。于是,互联网保险平台也会使用各种与客户互动的销售技术来创造"营销价值",努力使"产品价值+营销价值"高于价格,进而促使更多的人下单购买。

如第十二章所述,保险营销员主要提供三方面的营销价值:一是通过提高消费者的感知风险来提升保险产品价值;二是挖掘保险产品的功能价值,如债务隔离、婚姻财富管理、家族财富传承、税收筹划等方面的价值;三是提供产品之外的价值,主要是指保险营销员为客户提供与保险产品无关的情感价值。

互联网平台主要通过提供第一、三类营销价值来提升交易量,不注重提供第二类营销价值,因为互联网平台主要提供纯保障性产品,主打风险保障功能而非财富传承等功能。为此,下文主要阐述互联网平台如何通过提升感知风险和创造情感价值的方式来提供营销价值,进而提升交易量。

一、互联网平台如何通过提升客户感知风险来提升销量

1. 提升感知风险进而提升保险需求的行为保险学原理

依据行为投保决策模型中的式(7-1),提升感知风险,体现为提高了 p',自然会提升潜在保险客户的保险边际效用,进而可能使其保险边际效用大于其他商品边际效用(即边际收益大于边际成本),满足式(7-3),使其做出购买保险的决策。

$$\frac{MU_{1保险}}{P_{保险}} = \frac{p'[U_1(-L+X+1)-U_1(-L+X)]}{(1+\alpha)p} = \frac{p'}{p} \cdot \Delta U_1 \cdot \frac{1}{1+\alpha}$$

$$(7-1)$$

$$\frac{p'}{p} \cdot \Delta U_1 \cdot \frac{1}{1+\alpha} > \Delta U_1'$$

$$(7-3)$$

2. 大额医疗费用筹款大幅提升了潜在客户的"短时"感知风险

如前所述,采用"大额医疗费用众筹＋网络互助＋网上保险商城"模式的互联网平台,能够利用众筹这一传播路径,通过发布情绪感染性极强的筹款宣传资料,不但使更多的人看到了筹款信息,提升了筹款效率和规模,同时使阅读者,尤其是捐款者大幅提升了感知风险水平。但是,如前所述,捐款者处于高位感知风险的时间很短。

3. 通过"内容营销"提升潜在客户的感知风险

各类互联网平台不断向用户推送内容,这些内容都是经过精心设计的,试图提升客户需求和促进客户下单。其中,占比很大的内容就是通过提醒客户存在各种风险,并介绍各种风险案例,以便提升读者的感知风险。

例如,随便打开某互联网保险平台,可以看到诸如"多少人没有熬过45—55岁这段危险期?为了家人赶快看!"、"上厕所有这个毛病,你可能已成为肠癌人群?"、"看似不痛不痒的症状,没想到发现就是癌症晚期"、"6岁女童患癌自拔氧气管离世,背后原因令人唏嘘"等。

二、互联网平台如何通过创造情感价值来提升销量

首先,信任可以提供情感价值,不过,信任是互联网平台多年经营的结果,而非一日之功,下面主要讨论互联网平台如何通过与用户的良性互动带来情感价值,进而提升销量。

1. 吸引潜在客户进店

例如,通过某种互动方式,促使潜在客户添加某互联网平台微信公众号或小程序后,当这些人浏览微信时,该公众号和小程序会不断跳出内容向客户打招呼,如:"亲,您有5万健康金可免费领取"、"您有一个包裹待领取,请尽快查收!"、"您的600万医疗保障已

到,点击查看详情"、"资料完善通知:您账户到账一份600万健康保障,意外/疾病住院全报销。今日24:00前,请务必完善个人信息"、"感恩回馈,首月1元可领取600万医疗保障,意外/疾病住院都可以报销,社保最佳补充。快速领取吧!"等。

甚至会比较露骨地说:"马上领现金!!!"、"红包已存入零钱,领取红包"、"入账通知:你已成功到账600万健康保障,24:00前不领作废"、"重要通知:您即将被移除'看病不花钱'群,点击查看详情"等。

2. 店内布置和与客户互动

潜在客户进店后,就要想尽办法促其下单,为了促进客户下单,互联网平台采取的手段包括:① 聘请知名影星作为形象代言人或品牌推广官;② 提醒客户:本公司已有如"6 000万+"保障用户数;③ 公司介绍引入权威声音,如请某位知名公司董事长说:"我相信,该互联网公司将成为互联网保障领域的领军者。"④ 用滚动栏目不断提示:"张某刚刚已投保""李某已投保"……⑤ 点击领取您的个人福利;⑥ 您被选中为幸运客户,免费送您40万意外险,请"立即完善",并提示如"1 587万人已完善";⑦ 提醒客户:价格首月大幅优惠,次月正常交费,如"首月3元起,次月13元起";⑧ 提醒用户:大家都在买……⑨ 为不知道该买什么保险的用户提供"风险测评""保险方案定制"等服务,同时提醒客户"40万人已经定制";⑩ 提醒客户,在这里买保险可省30%以上保费,不满意还可全额退保。

3. 互动创造的情感价值

如第十二章第五节所述,保险销售员创造情感价值(保险产品之外的价值)主要有五大策略,分别是:招人喜欢策略(基于喜好原理)、赠送礼物策略(基于互惠原理)、引证说服策略(基于社会认同原理)、权威说服策略(基于服从权威原理)和机会稀缺策略(基于稀缺原理)。互联网平台主要使用前四种策略来创造情感价值,下面做一总结。

招人喜欢策略的运用:招人喜欢策略是指大多数人更容易答应自己认识和喜欢的人提出的要求,而不是陌生和厌恶的人提出的要求,由此衍生出更具体的包装策略、相似性策略、多接触善合作策略、条件反射和关联策略、无穷链策略等。于是,① 互联网平台往往聘请大量潜在客户都熟悉的明星做形象代言人或品牌推广官,其实是运用了关联策略,提高潜在客户对自己的喜欢程度;② 为吸引客户进店而设计的各种互动基本属于多接触善合作策略,互动越多,尤其是随着具有良性合作特征的接触和互动越多,人们对平台的好感会逐渐增加。当然,接触方式和环境应该是友好的而非敌对的,过于露骨的带有明显逐利倾向和接触反而会使客户讨厌;③ 不少互联网平台设计了"分享赚钱"活动,即客户可以通过将平台连接分享给好友,如果好友购买了保险,自己就可以赚到一部分钱,这其实是利用了无穷链策略,即通过链接朋友的朋友的……,扩大交易量。

赠送礼物策略的运用:"互惠原理"表明,人们往往具有这样的心理:"如果人家给了自己什么好处,自己应当尽量回报。"于是,互联网平台会向潜在客户赠送小额保险,甚至直接发红包等,期待通过这些成本较低的赠送来带动保单的销售。

引证说服策略的运用:"社会认同原理"表明,当人们无法确定自己该做何种选择,或不清楚何为正确的时候,人们会通过观察和模仿他人的行为来行事。于是,互联网保险平台就通过提醒"本公司已有如'6 000万+'保障用户数"、"张某刚刚已投保、李某已投保……""1 587万人已完善,请你完善""大家都在买某某产品"等方式来促动客户做出购买决定。

权威说服策略的运用:人类具有服从权威指令或指导的倾向,于是,互联网平台会开设"大咖教你懂保险"栏目,请资深保险专家做成视频供用户观看学习,还会请一些专家驻场回答用户们提出的各种问题,以便带动保险销售量。

第五节　实现精准营销的两种模式

所谓精准营销,就是直接向本来就有需求的人销售,这样的交易效率是最高的。这里的有需求,是指愿意支付市场价格购买,而不是指仅仅想买却不愿意支付市场价格,在经济学中,前者称为有需求,后者称为有欲望。

从传统保险销售模式来看,绝大多数保险销售员的绝大多数销售行为都是盲目的,在并不清楚销售对象保险购买意愿到底有多高的情况下,就开始发起销售行为,所以,成功概率比较低,可能找几十个销售对象才能成交一单,或者针对某一销售对象,做了两年思想工作才成交。上述情况的共同结果,就是销售成本高,成交率低,交易缺乏效率。于是,保险销售员们只好发奋努力学习,下决心放长线钓大鱼,针对不同客户采取不同手段,对部分客户做好了"论持久战"的思想准备。

到了互联网时代,随着互联网的流行,人们的思想和行为轨迹越来越多地留在了互联网上,于是,互联网公司可以通过数据收集和分析,找到哪些人在哪些时候保险购买意愿比较高(愿意支付的价格接近市场价格),哪些人已经有了实实在在的保险需求(愿意支付的价格高于市场价格),哪些人对保险有超高需求(愿意支付的价格远高于市场价格)。

具体而言,互联网公司实施精准定价主要有两个思路:一种是强精准营销,即直接找到有保险需求甚至超高保险需求的客户;二是弱精准营销,找到那些保险购买意愿比较高的人。

一、强精准营销:初级版

强精准营销,是要找到有保险需求甚至超高保险需求的客户。所谓初级版,是指通过互联网数据发现某些人正在准备购买保险,这类数据或信息可能包括:某些人在互联网上查询保险商品,并且进行同类产品比较等信息,然后,通过电话联系,或者派人直接上门去找到这些客户,推进签单。

当然,谁来打电话,派谁去上门还是要根据营销价值创造理论来确定,谁上门最合适呢? 潜在客户对谁最信任,谁的情感价值最大,就派谁去上门。因此,需要在销售队伍中寻找或匹配与销售对象有信任关系的销售员,这样带去的情感价值最高,更容易达成交易。

二、强精准营销:升级版

升级版的强精准营销,是指在无法得到客户准备购买保险的信息的条件下,如何精准发现有超高保险需求或保险需求的客户并促成交易。

1. 强精准营销的理论基础

强精准营销,是要找到有超高保险需求和保险需求的客户,从行为保险需求理论来看,谁有如此高的保险需求呢? 就是那些高估小概率风险的人。

问题是,在社会总体中,高估风险群体内部的人员并不是一成不变的,而是时时刻刻都在变化、有进有出的(要是一成不变,早就被某些保险公司一网打尽了)。为何会有进有出呢? 首先,是因为有的人死了,有的人出生了;更重要的原因,是任何人的主观风险或感知风险都是波动的。

波动的原因有很多种,可能是看了一场电影如"我不是药神",或听了一场风险讲座,但这种情况下主观风险上升幅度通常不大,且很快就恢复到正常水平了。最重要的波动原因,是第十七章第二节讨论保险需求的波动性时提到的:"人们在经历风险事故后感知风险急速上升、然后再逐渐恢复到比出险前略高的状态,甚至恢复到出险之前的状态。"如图17-4所示。与此相对应,人们的保险需求(或对保险的主观估值)也会随风险事件的发生而经历急速升高再逐渐降低的过程,如图17-5所示。

2. 强精准营销的实施

(1) 找对人群

实施精准营销,就是从社会总体中找到那些"刚刚经历风险事故、对风险的恐惧程度处于高位"的人,按照行为投保决策模型的式(7-1),这些人具有极高的 $\frac{MU_{1保险}}{P_{保险}}$,保险需求异常旺盛。

不仅如此,如第五章第四节"风险判断偏差:加入间接经验"所述,除风险直接经历会改变人们的主观风险外,间接经验也会改变人们的感知风险,哪些人被改变的程度最大呢? 是哪些与风险事件情感距离近的人,情感距离越小,主观风险上升的程度越大,如图5-7所示。

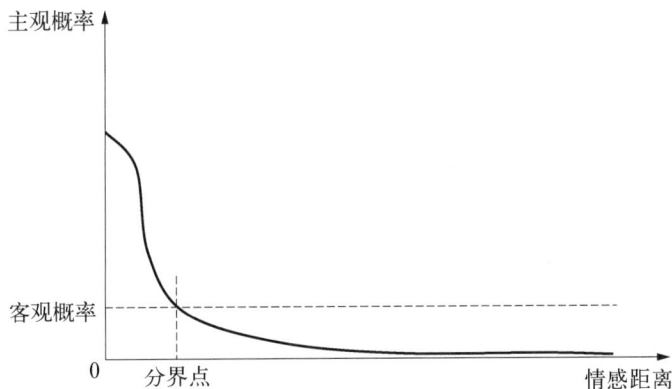

图 5-7　情感距离对风险判断的影响

因此,实施精准营销,还要找到第二类对象,就是要从社会总体中找到那些"与刚刚发生的风险事件情感距离很近"的人群,这些人的感知风险也处于高位,具有很高的 $\frac{MU_{1保险}}{P_{保险}}$,保险需求也比较旺盛。

（2）找准时机

上面强调了找对人群，其实还蕴含着要找准时机。如图 17-4、17-5 所示，无论是风险事件的直接经历者还是间接经验者，他们的感知风险和保险需求都是不稳定的，会从最高点逐渐下降，因此，实施精准营销，保险销售方要赶在感知风险和保险需求的高峰时期找到客户推进签单。

（3）随风险事件的不断发生去追逐新的销售对象

此外，由于风险事件每天都在发生，所以，风险事件直接经历者和间接经验者这个高主观风险群体或保险需求旺盛群体，每天都在更新，因此，精准营销的对象每天都在发生变化，这意味着保险销售方要跟随风险事件去不断追逐新的销售对象。

对新入行的公司而言，这意味着，成熟公司并不会抢走所有的蛋糕，自己永远都有新的精准营销机会。

三、弱精准营销

所谓弱精准营销，是指根据影响人们购买保险的因素找到那些保险购买意愿"应该"比较高的人群。这里的"应该"，表明营销者并不清楚找到的人是否真的有保险需求，只是推测其有保险需求的概率比较高。

根据影响人们购买保险的因素来判断人们的保险需求，类似于做回归分析，影响因素是自变量，是否具有保险需求是因变量，得到的结果只是指导性的，概率性的。这类自变量可能包括：年龄、性别、工作单位、年收入、受教育程度、职业、消费商品的档次、是否经常出差、住址、住宅小区档次等。

读者可以看出，弱精准营销与强精准营销在保险营销上的根本区别，是强精准营销用的是行为投保决策模型，自变量与因变量之间有强烈的因果关系。而弱精准营销用的回归模型或某种算法，自变量非常多，但与保险需求缺乏非常直接的因果关系。

附件 1：

严重恶性肿瘤（2020 版定义）经验发生率男女表（CI7）　　　单位：1/1 000

年龄	男	女	年龄	男	女	年龄	男	女
0	0.280	0.222	35	0.597	1.360	70	15.737	9.564
1	0.245	0.207	36	0.671	1.518	71	16.409	9.994
2	0.212	0.182	37	0.766	1.694	72	17.109	10.464
3	0.182	0.154	38	0.869	1.895	73	17.830	10.964
4	0.157	0.129	39	0.969	2.127	74	18.558	11.486
5	0.137	0.111	40	1.059	2.389	75	19.279	12.017
6	0.122	0.099	41	1.150	2.676	76	19.973	12.545
7	0.115	0.096	42	1.260	2.975	77	20.626	13.062
8	0.113	0.099	43	1.402	3.272	78	21.230	13.558
9	0.119	0.107	44	1.576	3.551	79	21.781	14.029
10	0.131	0.116	45	1.775	3.797	80	22.282	14.472
11	0.147	0.126	46	1.994	4.001	81	22.744	14.887
12	0.161	0.134	47	2.235	4.161	82	23.179	15.276
13	0.169	0.139	48	2.505	4.281	83	23.602	15.644
14	0.170	0.142	49	2.810	4.374	84	24.027	15.997
15	0.166	0.144	50	3.156	4.460	85	24.464	16.341
16	0.164	0.148	51	3.540	4.560	86	24.920	16.684
17	0.163	0.153	52	3.958	4.693	87	25.396	17.030
18	0.166	0.163	53	4.403	4.874	88	25.893	17.385
19	0.170	0.178	54	4.869	5.107	89	26.408	17.754
20	0.178	0.198	55	5.357	5.388	90	26.937	18.138
21	0.190	0.223	56	5.879	5.702	91	27.475	18.540
22	0.207	0.251	57	6.454	6.032	92	28.020	18.959
23	0.227	0.282	58	7.100	6.360	93	28.570	19.396
24	0.246	0.316	59	7.823	6.672	94	29.125	19.849
25	0.262	0.355	60	8.610	6.957	95	29.684	20.317
26	0.278	0.401	61	9.433	7.214	96	30.250	20.798
27	0.296	0.457	62	10.262	7.444	97	30.824	21.289
28	0.320	0.527	63	11.066	7.655	98	31.409	21.789
29	0.351	0.611	64	11.827	7.859	99	32.006	22.295
30	0.388	0.710	65	12.539	8.067	100	32.616	22.806
31	0.426	0.823	66	13.207	8.292	101	33.241	23.321
32	0.465	0.946	67	13.843	8.547	102	33.881	23.837
33	0.503	1.077	68	14.465	8.840	103	34.534	24.355
34	0.544	1.215	69	15.091	9.179	104	35.199	24.872
						105	35.876	25.389

附件2:

中国人身保险业经验生命表(2010—2013)

年　龄	非养老类业务一表		非养老类业务二表	
	男性死亡率	女性死亡率	男性死亡率	女性死亡率
0	0.000 867	0.000 620	0.000 620	0.000 455
5	0.000 251	0.000 170	0.000 200	0.000 131
10	0.000 269	0.000 145	0.000 187	0.000 103
15	0.000 402	0.000 221	0.000 280	0.000 128
20	0.000 508	0.000 269	0.000 361	0.000 163
25	0.000 615	0.000 294	0.000 448	0.000 200
30	0.000 797	0.000 340	0.000 595	0.000 247
35	0.001 111	0.000 454	0.000 850	0.000 346
40	0.001 651	0.000 692	0.001 270	0.000 542
45	0.002 639	0.001 137	0.001 929	0.000 857
50	0.004 249	0.001 859	0.002 908	0.001 321
55	0.006 302	0.002 853	0.004 297	0.002 027
60	0.009 161	0.004 414	0.006 258	0.003 088
65	0.015 379	0.008 045	0.009 039	0.005 016
70	0.027 495	0.015 643	0.014 192	0.009 007
75	0.048 921	0.030 137	0.029 490	0.018 134
80	0.082 220	0.055 385	0.061 403	0.038 718
85	0.131 817	0.097 754	0.105 786	0.069 596
90	0.203 765	0.158 572	0.163 239	0.109 567
95	0.309 160	0.234 026	0.248 299	0.158 777
100	0.446 544	0.345 975	0.369 561	0.230 215
105	1.000 000	1.000 000	1.000 000	1.000 000

注:为节约篇幅,有删减。

附件3:

25病种(2007版定义)经验发生率男女表(CI2)

单位: 1/1 000

年龄	男	女	年龄	男	女	年龄	男	女
0	0.401	0.318	35	2.040	3.295	70	26.740	16.200
1	0.352	0.307	36	2.227	3.585	71	28.403	17.389
2	0.306	0.277	37	2.422	3.876	72	30.164	18.741
3	0.265	0.241	38	2.623	4.173	73	32.033	20.253
4	0.230	0.205	39	2.830	4.488	74	34.018	21.917
5	0.204	0.176	40	3.020	4.789	75	36.131	23.721
6	0.187	0.157	41	3.223	5.110	76	38.381	25.651
7	0.179	0.149	42	3.444	5.441	77	40.780	27.693
8	0.181	0.150	43	3.691	5.764	78	43.338	29.835
9	0.189	0.160	44	3.967	6.058	79	46.066	32.071
10	0.203	0.175	45	4.310	6.364	80	48.975	34.401
11	0.218	0.192	46	4.688	6.623	81	52.076	36.829
12	0.232	0.210	47	5.099	6.834	82	55.378	39.368
13	0.244	0.226	48	5.543	7.005	83	58.891	42.031
14	0.255	0.243	49	6.023	7.149	84	62.624	44.835
15	0.265	0.264	50	6.542	7.284	85	66.583	47.795
16	0.280	0.298	51	7.104	7.429	86	70.772	50.921
17	0.302	0.348	52	7.712	7.600	87	75.195	54.221
18	0.334	0.421	53	8.366	7.808	88	79.851	57.691
19	0.378	0.518	54	9.063	8.055	89	84.738	61.323
20	0.435	0.638	55	9.802	8.335	90	89.851	65.098
21	0.499	0.768	56	10.580	8.644	91	95.179	68.992
22	0.571	0.905	57	11.397	8.973	92	100.711	72.973
23	0.649	1.042	58	12.254	9.319	93	106.432	77.005
24	0.730	1.175	59	13.154	9.681	94	112.322	81.053
25	0.813	1.304	60	14.100	10.058	95	118.360	85.080
26	0.898	1.431	61	15.096	10.451	96	124.522	89.052
27	0.988	1.564	62	16.145	10.863	97	130.778	92.938
28	1.083	1.708	63	17.248	11.299	98	137.099	96.712
29	1.186	1.870	64	18.408	11.767	99	143.451	100.354
30	1.297	2.051	65	19.628	12.280	100	149.799	103.851
31	1.419	2.254	66	20.910	12.856	101	156.102	107.193
32	1.553	2.481	67	22.257	13.514	102	162.320	110.379
33	1.701	2.734	68	23.674	14.277	103	168.409	113.413
34	1.864	3.008	69	25.166	15.166	104	174.322	116.305
						105	180.009	119.073

　注: 25病种(2007版定义)是指根据中国保险行业协会2007年颁布的《重大疾病保险的疾病定义使用规范》所规定的全部25种重大疾病。

第 六 部 分

余　论

第十九章 行为保险经济学对保险市场异象的解释

本章对第一章提出的 17 个保险市场异象进行回应，即用行为保险经济学理论进行解释。这既是对行为保险经济学理论的一次检验，也是力图用行为保险经济学弥合理论与实务之间的鸿沟。

需要特别说明的是，虽然第一章在提出保险市场异象时，将保险市场异象分为保险需求类异象、保险供给类异象和保险市场类异象，但实际上，任何市场异象都是需求和供给互动的结果（同时还有监管政策的影响）。因此，下面在解释保险市场异象时，会同时使用行为保险需求理论和行为保险供给理论来解释市场结果为何如此。

第一节 人们为何对"小概率、大损失风险"投保严重不足？

典型保障性保险产品，就是承保"小概率、大损失风险"的保险产品，如死亡保险、重疾险、震区地震保险、洪泛区洪水保险等。因此，问"人们为何对'小概率、大损失风险'投保严重不足？"其实也是在问："人们为何对典型保障性保险需求疲弱？"

需要说明的是，其实所有保险产品的承保风险均为小概率风险，年度出险概率通常都低于 0.2，而典型保障性保险产品承保的小概率风险，是指小概率风险中的"小概率风险"，其出险概率大致对应第七章图 7-4 中最左侧的 $[0, P_1]$。

一、标准保险经济学理论无法解释

标准保险经济学认为，对于"小概率、大损失风险"而言：

从需求端来看，大损失发生会使个体的效用大幅下降，风险厌恶的个体愿意支付较高的附加保费来降低风险，因此，个体对"小概率、大损失风险"的投保意愿较为强烈。

从供给和需求的互动来看，只要人们愿意购买保险，保险销售成本就不会高，附加保费也就不会高，这会导致人们更愿意为"小概率、大损失风险"购买保障性保险。

可见，标准保险经济学理论无法给出合理解释。

二、行为保险经济学的解释：需求侧分析

如保障性保险的行为保险需求理论所述，在财富达到一定程度（即满足刚性需求且有结余）的条件下，影响投保决策的主要因素是风险判断偏差和风险态度。当出险概率很小时，大多数人都会低估风险，而且低估程度很严重，这会严重降低决策者评估的保险边际效

310

用。这导致,尽管在全景效用函数下,决策者对"大损失"是风险厌恶的,但风险厌恶无法抵消低估风险带来的负向影响。最终,对于"小概率、大损失"风险,多数人(即低估风险者)都会选择不投保。而且,出险概率越低,低估风险者占比越大,选择不投保人群的占比就越大。

如图7-6"购买者占比函数"所示,"小概率、大损失风险"位于该函数的最左侧,保险购买者占比低于50%,而且出险概率越低,保险购买者占比越低。

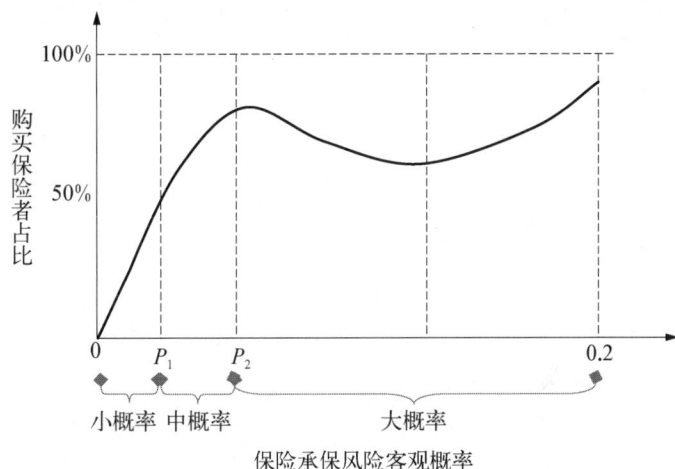

图 7-6　购买保险者占比函数

三、行为保险经济学的解释:供需互动分析

从供给和需求的互动来看,面对人们不积极投保的市场状况,保险供给方会想尽办法扩大交易量。

例如,对于航空意外风险来说,其单次航程出险概率不高于1/2 500 000(可以根据保险公司收取的保费和相应的保单保额倒算出来),从行为保险需求理论来看,属于极低概率风险,位于图7-6的最左侧出险概率接近于零的地方,需求非常疲弱。于是,保险公司与携程、途牛等互联网平台合作,借助差旅场景和机票销售场景来提醒消费者购买航意险,显著提升了交易量。

再比如,对于疲弱的死亡保险或寿险需求,保险公司将其改造成了长期的带有高度储蓄性的保险,如两全保险、高现金价值终身寿险等,并采取激进的保险代理人制度进行销售,显著提升了销量。

显然,供给策略会推动市场交易量提升,但总体而言,实际市场交易仍无法达到有效市场交易量,即无法达到标准保险经济学所预测的市场交易水平。

第二节　人们为何对"大概率、小损失风险"过度投保?

本节先对"大概率、小损失风险"和"过度投保"进行界定,然后解释人们为何对"大概率、小损失风险"过度投保。

一、何为过度投保的"大概率、小损失风险"？

当描述人们为"大概率、小损失风险"过度投保时，我看到的例子基本上都是美国学者们举出的，包括：家用电器延期保修保证（保险）、电话线损坏维修保险、家财险附加的"倒树运离险"、车损险附加的"汽车玻璃破碎险"、车损险附加的"租车费用险"等。

事实上，学者们对人们过度投保的"大概率、小损失风险"并没有清晰的界定，只是认为其出险概率高于典型的灾难性风险（或"小概率、大损失风险"），而损失规模则显著低于灾难性损失。

也就是说，学者们只是把相对于灾难性风险而言，出险概率相对较高、损失规模明显较小的风险称为"大概率、小损失风险"。

二、何为对大概率小损失风险"过度投保"？

根据标准保险需求理论，相对于"小概率、大损失风险"而言，人们更愿意为"大概率、小损失风险"投保，原因是，在单位保费支出相同的条件下，大损失风险发生后投保带来的保险边际效用，明显高于小损失风险发生后投保带来的保险边际效用。

因此，所谓对大概率小损失风险"过度投保"，是指，基于标准保险需求理论，人们本应该更多为"小概率、大损失风险"投保，但人们却反其道而行之，更多为"大概率、小损失风险"投保。例如，Browne, Knoller and Richter（2015）发现，在客户可以自由选择是否在家财险基础上附加洪水保险和/或自行车被盗保险的情况下，选择附加自行车被盗保险的人数远大于选择附加洪水保险的人数，具体而言，只有13%的保单所有人购买了附加洪水保险，但超过1/3的保单持有人购买了附加自行车被盗保险。

三、行为保险经济学的解释

1. 需求侧分析

根据行为保险需求理论，随着承保风险出险概率的升高，投保者占比呈逐渐升高态势，显示出，相对于"小概率、大损失风险"，人们更愿意为"大概率、小损失风险"投保，如图7-6所示。

原因主要有二：一是在$[0, P_2]$段，随着承保风险出险概率升高，高估风险者占比迅速升高（如图7-4所示），自然会导致投保者占比的迅速上升；二是对小损失而言，人们的风险厌恶程度高于标准模型或伯努利效用函数的预测，呈现过度风险厌恶（如全景效用函数曲线所示），导致人们的投保意愿显著高于标准理论的预期。

2. 供需互动分析

除消费者的投保意愿外，供给方的销售推动也会提升保险交易量。

以家电延期保修保险为例，如果在线下商店购买家电，通常都会受到销售员对延期保修服务的推荐，而且销售员态度极其热情诚挚，有高度迫切的促成意愿，会采用一些营销力量来提升交易量，在营销力量的推动下，部分原来缺乏购买意愿的人群也可能变成购买者。[①]

---

① 如果是在线上购买家电，销售页面也会自动跳出延期保修服务供客户选择，销售促成力度就相对小一些，成交率主要依赖消费者的自主选择。

第三节 部分人群为何愿意支付
极高的附加费率投保？

与人们对"小概率、大损失风险"投保严重不足相反的是,有少部分人愿意支付极高的附加费率为"小概率、大损失风险"投保。以航空意外险为例,如第一章第二节所述,人们从携程购买航空意外险时,居然愿意支付高达1 972%的附加费率。这是为什么呢？

一、标准保险经济学无法解释

按照标准保险经济学理论,个体支付附加保费的唯一动力是风险厌恶,其愿意支付的附加保费是有限的,短期保障性保险的行业平均附加费率(附加保费/纯保费)在60%左右,个体不太可能支付极高的附加费率去购买保障性保险。

在携程没有捆绑销售的情况下,居然有部分消费者愿意花费高达近20倍纯保费的附加保费去购买航意险,这是标准保险经济学所无法解释的。

二、行为保险经济学的解释：需求侧分析

依据行为投保决策理论,在财富允许条件下,影响投保的因素主要是风险判断偏差和风险态度,高估风险和过度风险厌恶都会拉高消费者愿意支付的附加保费。从第五章的分析可以看出,当保险风险出险概率很低时,经常有人对出险概率的高估倍数达到100以上,其愿意支付的附加费率一定是非常惊人的。

具体而言,如图7-2"行为投保决策模型的图形描述"所示,当出险概率很小时,除风险厌恶外,少数人会高估风险,而且高估程度严重,这会大幅提升决策者评估的保险边际效用,进而导致决策者愿意支付很高的附加费率投保。

而且,出险概率越低,高估风险者占比越低,但高估程度越大,这导致选择投保的人群占比越低,但他们愿意支付的附加费率则越高。如图7-8所示。

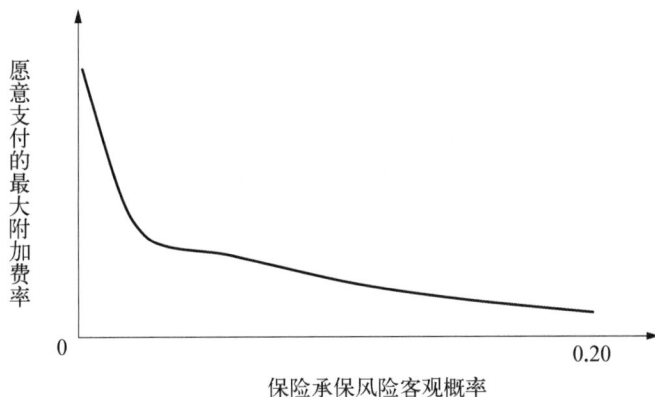

图7-8 保险购买者最大支付意愿函数

三、行为保险经济学的解释：供需互动的市场结果

任何交易都是供需互动的结果,保险交易价格及其包含的附加费率水平也是供需双

方互动的结果。从供给端来看,通常,即便消费者愿意支付极高的附加费率,供给方之间的相互竞争也会将价格杀下马来,除非个别供给方具有独特的竞争优势。

因此,市场上存在的附加费率极高的保险产品交易,一定是供给方存在独特的竞争优势。以航空意外险为例,每家保险公司、每家保险中介机构的网上商城、手机 App、小程序等都在销售航空意外险,保险责任类似,但价格却高低不同。通常大部分销售机构售卖的价格不高但销量很少,只有个别销售机构的售价明显很高却销量很大,如携程官网或 App。

携程到底具备什么独特的竞争优势呢?其实是携程创造的独特的销售场景优势。具体而言,消费者大脑中总是头绪繁多,有各种工作需要处理,有各种生活问题和商品消费需要考虑,通常想不起要为自己购买航空意外险,只有在两种场景条件下,消费者的大脑会想起要购买航空意外险:一是购买机票时,二是到达机场候机时。而携程是中国最大的机票交易端口之一,这就为携程提供了极佳的与消费需求有效对接的航意险销售机会。至于价格,如前所述,对于承保"极低概率、极大损失"的航意险来说,少数高估风险者愿意支付极高的价格购买航意险,只要产生了需求且有及时的供给,对他们来说,价格并不是问题。[①]

第四节　投保者为何选择"低免赔"或 "无免赔"保险?

如第一章所述,美国车主在购买汽车保险时,多数人都会选择"低免赔",我国车主则喜欢在购买车险时购买一个附加的"不计免赔险",以便将保单本来有的免赔清除,获得全额损失赔偿。其他不少保单也存在类似的情况。这是为什么呢?

一、标准保险经济学无法解释

按照标准保险经济学理论,当个体投保时,第一,只要存在附加费率,理性消费者通常会选择部分投保,体现为选择较低的保额或选择有免赔额的保险;第二,面对保险公司提供的高低不同的免赔额,投保人会选择"高免赔"。

原因是,选择"低免赔"甚至"零免赔",类似于在购买"高免赔保险"基础上又购买了"小损失保险(这里的小损失就是指免赔额)",而损失规模越小,损失概率通常越高,所以,这些小损失风险往往会形成较高的理赔费用和管理成本,导致较高的附加费率。由此推断,除非极端风险厌恶,理性投保人不会选择"低免赔"甚至"零免赔"保险,而是会选择"高免赔"保险。

二、行为保险经济学的解释

由于标准保险需求理论采用的伯努利效用函数存在各种缺陷,行为投保决策模型采

---

① 携程的航意险卖得很贵,同时,携程向提供产品的保险公司收取很高的手续费或技术服务费。例如,每份保单向客户收取 40 元的保费,却要从保险公司收取 37 元甚至更高的手续费或技术服务费。这引发了保险公司的高度不满,但保险公司却毫无办法,因为将这些产品放到自己的网上商城、App 或小程序,几乎没什么销量。这也引起了监管部门的注意,认为费用率过高会损害消费者利益。

用了修正后的全景效用函数,在全景效用函数中,人们对小损失风险不但是风险厌恶的,而且相对于伯努利效用函数而言,呈现出过度风险厌恶,如图6-5所示。

正是在对小损失的过度风险厌恶的驱使下,人们选择了足额保险。如第七章第三节所述:"购买者之所以都选择足额保险,是因为损失厌恶在起作用。在全景效用函数及其对应的投保决策框架下,投保的代价(即单位支出的其他商品边际效用)在参照点右侧,投保的收益(即单位支出的保险边际效用)在参照点左侧,在损失厌恶作用下,无论财富水平高低,人们对小损失始终呈现较高程度的风险厌恶,进而导致购买者选择购买足额保险。"

如果再有保险销售人员基于个人利益或公司考核压力的推销行为,低免赔或零免赔就是不可避免的市场结果了。

第五节　人们为何更愿意购买返还型保险而非纯保障保险?

在中国,返还型保险的受欢迎程度超过纯保障保险。例如,人们更愿意选择两全型家庭财产保险或投资型家庭财产保险而不是普通的纯保障性家庭财产保险,更愿意选择两全型重大疾病保险(如定期返还型重疾险或终身重疾险)而不是纯保障性定期重大疾病保险,更愿意选择终身寿险而不是定期寿险,更愿意购买保额接近现金价值的终身寿险而非保额远超现金价值的终身寿险等。这是为什么呢?

一、标准经济学无法解释

返还型保险是指既提供保障又在期末返还本金甚至本息的保险产品,其实就是投资为主保障为辅的保险产品。

首先,从标准保险经济学理论来看,只要附加保费不高,人们愿意购买纯保障性保险,不需要通过购买返还型保险来获取保障。其次,如果从投资角度而非保障角度考虑投保决策,理性人会通过研究返还型保险的投资收益是否具有市场竞争力来做出投保决策,如果有竞争力就购买,没有竞争力就不购买。就保险公司的投资收益而言,即便保险公司具有与其他投资机构(如基金公司等)一样的投资组合和投资能力,其前端高昂的销售成本也会使其实际投资收益在短期(几年内)甚至中期(如20甚至30年以内)都难以具备可观的竞争能力。

也就是说,从标准经济学理论来看,理性人应该尽量选择纯保障性保险解决保障问题,然后用余钱去进行其他投资,而非通过返还型保险或投资型保险进行投资。

二、行为保险经济学的解释

1. 消费者对典型保障性保险呈现弱需求

返还型保险主要出现在承保小概率大损失风险的典型保障性保险上,如家财险、死亡保险等。对这类保险而言,依据行为保险需求理论,只有少数高估风险者愿意积极投保,多数低估风险者则不愿投保。从社会总体来看,就体现为多数人不愿投保传统的纯保障性保险,如一年期纯保障性家财险、一年期死亡保险、多年期纯保障性寿险等。

2. 保险公司改进产品设计：提供返还型保险

在需求疲弱的条件下,保险公司自然希望通过改进产品设计来招揽客户,最常用的一个改进,就是将纯保障性产品设计成返还型产品。而返还型产品又可以设计成短期返还型产品(1年保险期限)和长期返还型产品(保险期限大于1年)。当然,产品设计会受到监管政策的限制,例如,家财险只能设计成短期返还型产品,但死亡保险则可以设计成短期或长期返还型产品。

由此,对于同样的风险问题,保险公司就提供给消费者两类产品选择:一是纯保障产品,二是返还型产品(短险或长险)。如前面的分析所述,纯保障性产品只有少数人会买,接下来分析人们对返还型产品的需求。

3. 返还型产品：供需互动分析

(1) 短期返还型保险的供需互动分析

对短期返还型保险(如返还型家财险)而言,由于风险保费很低且大部分人低估风险,多数人对短期返还型保险中的保障部分估值很低甚至完全忽略,其决策基准就是看保险公司提供的投资收益是否具备市场竞争力,如果具备,就可能购买。那么保险公司能否提供具有竞争力的投资收益呢?

如第一部分所述,前端销售费用高会导致保险公司的投资收益缺乏竞争力,但是,实际有两种情况会使保险公司提供的产品,在某些时段具备市场竞争力:第一种情况是,在某些时间段,我国的银行存款利率往往由于受到监管限制而处于较低水平,这就使得保险公司的短期返还型保险的投资收益率相对于同期银行存款利率具备了一定的竞争力;第二种情况是,部分保险公司会通过较为激进的投资方式博取较高的资产投资收益率,进而可以在某些年份向返还型家财险购买者提供具有竞争力的投资收益。正是由于以上两点原因,使得不少消费者选择购买了短期返还型产品。

(2) 长期返还型保险的供需互动分析

对于长期返还型保险(如两全保险、终身寿险)而言,首先,大多数消费者会低估保障部分的价值。其次,就投资部分而言,前端销售费用往往会将客户所交首期保费几乎全部消耗完毕,导致这类产品的投资收益率在短期内为负值,只有在客户能坚持长期投资的条件下,其投资收益的复利积累才会逐渐数量可观。但总体而言,消费者对这类产品的接受度仍然是有限的。

那为何人们还是购买了那么多的长期返还型保险呢?除需求侧的原因外,还需要从供给端进行分析。事实上,长期返还型保险,如两全保险、终身寿险等产品的市场交易,主要是依赖保险代理人队伍的销售推动达成的。如第十二章"供给改变需求"所述,保险代理人会通过各种营销技术进行保单价值之外的价值创造,进而使"保单价值＋营销价值"超过"保单价格",促成了大量的购买行为。

因此,如第十二章所述,在长期保险市场,我们看到的,是一个被供给强烈塑造之后的市场。

第六节　养老年金需求疲弱的行为学解释

众所周知,购买养老年金或将其部分财富年金化可以有效应对长寿风险。标准保险经济学认为,在精算公平保费条件下,购买足额年金保险或者将其所有财富年金化是风险厌恶、没有遗赠动机的消费者的最优选择,但世界经验表明,人们购买年金或将其财富年金化的比例远低于标准理论预测的理性水平,被学术界称为"年金谜题(Annuity Puzzle)"。

一、目前的相关解释及其不足

基于新古典经济学的解释包括:逆向选择严重导致养老年金市场失灵、存在多种可以替代养老年金的养老方式等。但是,逆向选择意味着大量预期寿命长的人会踊跃购买养老年金,但这一现象在我国也没有出现。替代养老年金的方式是有的,如购买房地产等,但养老年金不至于像现在这样似乎被完全替代了。

基于行为经济学的解释(秦云、郑伟,2017)包括:第一,金融素养不足的制约,即退休的投资决策是一个非常复杂的决策问题,首先是计算任务重,个体需要计算多少资金才能维持退休生活;其次是养老年金产品非常复杂,想要完全理解并不容易。上述两点受到个体金融素养的制约,导致决策成本过大,制约了养老年金的购买。第二,主观概率的支配。由于个人可获得的年金总收益与个人存活时间相关,很多人会觉得购买年金是"用生命在进行赌博",如果预期寿命较短,则购买年金可能成为一个"亏本"的交易,因此产生相应的风险规避特性。但事实上,保险公司在养老年金产品设计上已经做了大量的改进来满足上述担心自己寿命短以至于亏本的客户需求,如将产品设计成保证领取多少年,保证领取多少金额等,但是,人们对退休后才领取年金的养老年金还是提不起任何兴趣。

二、基于行为投保决策理论的解释

从行为投保决策理论来看,人们对养老年金可能有两种思维框架:一是将是否购买养老年金视为长寿风险管理决策,二是将是否购买养老年金视为长期储蓄决策。

1. 将是否购买养老年金视为长寿风险管理决策

如果将养老年金视为一个管理长寿风险的产品,决策者就需要考虑自己的长寿风险到底有多大。决策者首先需要计算自己目前已安排的用于养老消费的储蓄金额,然后估算这些钱可以满足自己消费到多大年龄,或者这些钱在自己多大年龄时会被耗尽,之后的存活期就是长寿风险区域,需要通过额外的方式如养老年金安排来解决。这就使得是否购买养老年金成为一个风险决策问题了,而且对大多数人来说,是一个对"发生在遥远未来的长寿风险"的决策问题。

长寿风险决策会受到两方面的主观影响:一是主观概率的影响。从直接经历来看,由于长寿事件的滞后性,所有决策个体都不可能有亲身经历的长寿风险体验;从观察得到的间接经验来看,尽管理论预期人类会更长寿,甚至可能普遍活过100岁,但这种预期从现在的老年人身上观察不到(现在的老年人已出现长寿现象,但还没有长寿到现在的青壮年未来可能出现的长寿状态),因此,间接经验也无从验证未来更严重的长寿风险。因此,综合直接经验和间接经验,依据可得性启发式判断原则,决策者自然会严重低估长寿风险,或者说人们的长寿风险主观概率严重偏低。二是跨期决策的影响,根据跨期决策模型,人们对遥远未来的贴现因子是很低的,如第八章所述,随着时期向后延展,个体

的贴现因子 δ^t 将逐渐缩小,导致人们对遥远未来漠不关心。例如,当贴现率 $r=10\%$ 时,第 5、10、15、20、25、30、35、40 期的 δ^t 值分别为 0.621、0.386、0.239、0.149、0.092、0.057、0.036、0.022,这说明,个体对第 40 期及以后的效用基本就不太关心了。如果将标准模型中的贴现因子的折现率换成第九章提出的前高后低的主观贴现率,也会得到基本类似的结果。

因此,由于人们往往严重低估长寿风险,且人们对遥远未来的关心程度过低,导致绝大多数人不愿管理或忽略长寿风险。

2. 将是否购买养老年金视为储蓄决策

如果将养老年金视为一个储蓄性产品,决策者就会依据第九章所提出的储蓄性保险的行为投保决策理论进行决策,即只有当人们的感知收益率大于要求回报率时,才愿意购买养老年金保险。

就感知收益率而言,如第九章第二节所述,人们有两种感知收益率思维模式:如果采用第一感知收益率思维模式,对于养老年金这样的长期储蓄,决策者的感知收益率＝年度给付/所交保费,而养老年金保险在被保险人退休前不进行任何给付,这导致在退休之前,决策者对养老年金的感知收益率为零,退休后开始领取养老年金后,感知收益率相对较高;如果采用第二感知收益率思维模式,决策者会通过衡量"总保险给付金/总保费"的方式来计算长期储蓄性产品的感知收益倍数,得到的结论是自己的保费未来会变成几倍的养老金。

就要求回报率而言,如第九章第一节所述,人们要求前高后低的回报率。此外,要求回报率会随着储蓄金额、储蓄期限的变动而变动。

综合决策者的感知收益率和要求回报率,可以发现:**如果采用第一感知收益率思维模式**,在养老年金累积期间或养老年金领取之前,决策者的感知收益率几乎为零,严重低于前高后低的要求回报率,这就使决策者对养老年金产品高度不满。

如果采取第二感知收益率思维模式,感知收益率的高低与"总保险给付金/总保费"成正比,该感知收益率有如下三个特点:第一,与当前市场上流行的鼓励客户将钱存至105 岁为止的"年金保险＋万能险"组合相比,养老年金保险显然会将保险金提前逐渐取出,这会显著降低其感知收益倍数或感知收益率;第二,感知收益率存在高度不确定性,即预期寿命越长则感知收益率越高,或预期寿命越短则感知收益率越低。在寿命预期方面,相对理性和保守的保险公司往往会预期被保险人有更长的寿命,进而在相同的累积养老金额下降低年度给付,而相对非理性的被保险人受到可得性启发式思维的约束,几乎必然低估寿命,双方的思维冲突必然导致投保方认为养老年金的感知收益率较低;第三,养老年金交费的前期大额扣费(即客户交纳保费会被扣除销售费用后才进入本息累积)会对投资收益造成负面影响。综上所述,养老年金提供的收益率很难达到被保险人的要求回报率。而且,被保险人年龄越大,越需要和越可能购买养老年金保险时,其第二感知收益率越低。

因此,无论决策者采取哪一种感知收益率思维模式,决策者对养老年金都不会满意。如果仅采用第一种思维方式,投资者会极度不满意。当然,决策者的实际思维方式可能是上述两种思维方式的复合体,任何一种思维方式令其不满,都会使决策者做出不投保的决策。

3. 综合考量

理论上来说,人们对养老年金可能有上述两种思维模式,即"长寿风险管理"和"长期储蓄"。那么,在现实世界中,人们到底会采取哪种思维模式呢?

我认为第二种思维模式更加盛行,原因是,保险公司在销售年金保险时,主要不是从养老的角度或从长寿风险管理的角度来介绍产品,而是主要从储蓄角度介绍产品,为什么呢? 就是因为从养老或长寿风险管理角度介绍产品,客户基本不接受,这是保险公司碰壁之后的选择。

从储蓄角度介绍和销售养老年金,仍然会碰壁,于是,保险公司对养老年金产品进行大幅改进,致力于满足人们的心理需求,并从中获益。

下一节回顾我国年金保险市场的发展,一方面介绍年金保险产品是如何被逐渐改进的,另一方面可以对上述理论进行验证。

第七节　我国个人年金保险沿革和行为投保决策理论验证

面对需求疲弱的养老年金保险市场,保险公司必然要想方设法应对,本节对我国个人年金保险市场的演化历程进行回顾,并以此来验证本书提出的行为投保决策理论。

一、我国年金保险产品沿革

1. 纯粹养老年金无人问津

在寿险业,产品开发远比产品销售容易。我国寿险公司很早就开发了真正的养老年金保险,即购买时分期交费,直至退休后才领取养老金的纯粹养老年金保险,可惜销量很少,不成气候,甚至可以忽略不计。

2. 即交即领型定期年金受欢迎

2006 年,中国人寿推出一款名为"美满一生"的"即交即领型"年金保险(分红型),保险期限至被保险人 75 周岁,客户从保单生效 10 天后即可领取第一笔年金,以后每年在生效对应日领取同等金额的年金,直至 74 岁,期末一次性领取一笔大额满期养老金,此外,保单每年分红一次。该保单将每年领取生存金宣传为"收益不断,从保单生效直至 74 周岁每年都有稳定的年金收益"(读者顺便想想我前面提到的第一感知收益率)。美满一生年金保险与早期纯粹养老年金有两大区别:一是从"退休后年年领取"变为"即交即领年年领";二是将保险期限从终身变为定期。

从此,纯粹养老年金逐渐转变为真正的长期储蓄,为突出储蓄功能,通过提前领取和定期给付,长寿风险管理功能基本丧失了。之后,寿险业的主流产品(或开门红产品)要么选择快速返还型长期年金保险(分红型),要么选择快速返还型长期两全保险(分红型,三年一返还或两年一返还),其本质其实如出一辙,都是通过返还生存金的方式来满足客户的投资收益(第一感知收益率)要求。

3. 高预定利率普通年金大放异彩

2013—2015 年人身险费率改革完成后,普通年金定价利率最高可达 4.025%,于是,普通年金很快成为之后若干年多数寿险公司的主力产品,与分红年金并驾齐驱(激进些的公司采用普通年金,保守些的公司则采取分红年金,或同一家公司在激进时选择普通现金,保守时选择分红年金),都采取从首年末开始,逐年返还生存金或给付年金的方式,来满足客户的投资收益要求。

4."即交即领年金＋附加终身万能险"成为主流

2016 年 9 月 6 日,原保监会发布《关于进一步完善人身保险精算制度有关事项的通知》(保监发〔2016〕76 号文),要求两全保险、终身寿险和护理保险的死亡保险金额或护理责任保险金额与累计已交保费或账户价值的比例应达到 120％—160％(被保险人年龄越小、比例越大),导致两全保险和护理保险的投资功能受到抑制,因为从重视储蓄而非保障的客户角度来看,保障成分越高,占用的风险保费越多,投资收益率越低。于是,年金保险成为几乎唯一的可以满足客户纯投资需求的长期产品。从此,年金保险(仍然是首年末开始逐年返还生存金)成为寿险业的主力产品。此外,为增加对投资者的吸引力,年金保险普遍附加了万能险,客户可以将领取的生存金转入万能账户,享受"看得见摸得着"的结算利率。

5."5 年末返还年金＋终身万能险"成为主流但销量下滑

正当上述新型年金红遍全国时,从 2017 年 10 月 1 日开始,原保监会 134 号文《关于规范人身保险公司产品开发设计行为的通知》正式禁止了"即交即领年年领"和"附加万能险"两种设计,要求保单生效后 5 年内不得返还生存金,且不能附加万能险。从此,多数寿险公司将上述年金产品改造成了符合 134 号文规定的,5 年后开始领取直至终身、生存金可转入万能险(主险)投资账户的设计。

于是,2018 年开门红时,保险公司将年金保险改造成如下特色:一是从 5 年末开始逐年返还生存金,而且,第 5 年末的首次生存金大致等于老产品第 1 至 5 年末 5 次生存金之和;二是将原来的附加万能险改为主险,通常是一个万能型终身寿险(个别公司是万能型年金保险),满足监管要求的最低保障功能,其主要功能,是方便客户将年金保险的生存金作为交费存入其投资账户累积生息,同时允许客户追加一定限额的交费,享受每月公布的紧跟市场收益率节奏的有竞争力的结算利率。

上述产品变革,却导致了 2018 年寿险业开门红销量的大幅下滑。统计数据显示,2018 年一季度保险行业人身险原保费收入 11 331.46 亿元,同比减少 15.84％。其中寿险原保费收入 9 500.81 亿元,同比减少 18.32％;健康险原保费收入 1 561.52 亿元,同比减少 2.39％。而在 2017 年一季度,保险行业人身险原保险保费收入 13 463.90 亿元,同比增长 37.04％。其中,寿险原保费收入 11 631.43 亿元,同比增长 37.5％;健康险业务原保险保费收入 1 599.82 亿元,同比增长 36.88％。事实上,寿险原保费中占比最大的就是年金保险保费收入,寿险原保费收入的大幅下滑就是年金保险保费收入的大幅下滑。

2019 年和 2020 年,为了对抗年金保险的下滑,部分保险公司又对年金保险进行了改造:一是缩短了年金保险的期限,从以往的终身年金或到 70 岁左右的定期年金,缩短至 15 年甚至 10 年的定期年金;二是将年金给付均衡化(之前是第五年末给付最多);三是竭力将万能险结算利率维持在高位,以便吸引客户,此外,通过追加保费进行万能险投资也越来越被客户所接受。

二、我国个人年金保险产品沿革的行为投保决策理论解释

寿险业或寿险公司为何进行上述产品变革呢,说到底是为了满足客户需求,客户不

买的产品要下架,在反复试错中推出客户喜欢的产品,让自己活下去或有钱赚。也就是说,是客户的需求特征(和监管要求)塑造了年金保险产品的形态。

上述年金产品沿革说明了如下几点:第一,纯粹养老年金是几乎没有市场的;第二,即交即领型定期年金有一定的市场;第三,人们喜欢万能险胜过普通年金和分红险;第四,推迟生存金返还或年金给付会使产品吸引力大幅降低。这是为什么呢?关于纯粹养老年金为何没有市场,第六节已经给出了清晰的解释,下面着重解释后三点。

1．"即交即领"的吸引力

将年金设计成"即交即领",配合产品宣传策略"收益不断,每年都有稳定的年金收益",给人逐年领取收益的感受。而逐年领取回报这一模式,特别符合中国人长期在银行储蓄、一年获得一次利息的心理习惯。于是,客户的动物思维系统很容易将"即交即领年年领"的生存金或年金视为"利息",并与银行利息进行习惯性比较,进而判断产品的好坏。

在期交保费(绝大多数客户都会选择期交保费)条件下,由于每年领取的年金额通常都被设计为相同金额,在用上述第一感知收益率思维计算感知收益率的情况下,客户自然会认为第一年的收益率(=年金/年交保费)最高,第二年的收益率(=年金/2 倍年交保费)降为第一年的 1/2,第三年的收益率(=年金/3 倍年交保费)降为第一年的 1/3,以此类推,交费期结束后,每年的收益率(=年金/所交全部保费)就维持不变了。

巧合的是,这正好符合了客户要求回报率"前高后低"的特征,满足了客户动物思维系统要求迅速获取更高回报的需求,这正是即交即领型年金有一定市场的原因。

2．"附加或组合万能险"的吸引力

除"即交即领"外,年金产品设计还通过"附加万能险或组合万能险(主险)"模式来吸引客户,即客户可以将本来要领取的生存金存入附加万能险或组合万能险的投资账户,根据万能险结算利率获得投资收益。

万能险有吸引客户的两大优势:一是每月公布的有竞争力的结算利率。只要结算利率高于银行长期存款利率和理财产品收益率,客户就会喜欢;二是收益的透明化。普通保险和分红保险的收益是内涵性的、模糊不清的,需要客户去仔细计算才能知道,而万能险的收益率是透明的,客户显然更喜欢后者。于是,保险公司通过维持具有竞争力的万能险结算利率,间接强化了年金保险(普通型和分红型)对客户的吸引力。

从保险经营角度来看,附加或组合万能险这一设计还可以留存客户本来可以领走的生存金,以便维持和壮大自己的资产规模,进而通过资产和负债的利差为自己创造尽可能多的利润。

3．推迟生存金返还为何杀伤力那么大?

经过十多年的探索,保险公司终于在资金成本可控的情况下找到了能够打动部分客户的即交即领型年金。正当大量客户已经习惯于采用"年金/所交保费"计算第一感知收益率、满足于其提供的前高后低的感知收益率时,134 号文禁止了 5 年内的生存金返还,这使得大量客户认为,年金保险前 4 年的感知收益率几乎为零,而第 5 年的感知收益率急剧攀升,随后大幅下降。这完全无法满足客户要求回报率前高后低的要求,自然会带来客户极大的不满,进而导致销量的大幅下滑。

在 2017 年举办的一次养老金研讨会上,一家大型寿险公司省级分公司总经理对客户的年金保险购买行为感叹道:"中国人对退休后分期领取的个人养老年金保险不喜欢、不买账!而是喜欢快速返还的年金,返还越早越好、越快越好!显示出偏离金融理论的'时间偏好悖论'。投资者是'看得见才相信',而不是'相信才会看见'"。这让我想起马云在多个场合都谈道:"多数人'看见而相信',少数人'相信而看见'",这是普通人人性的一部分,在年金保险领域得到了充分展现。

第八节 其他保险市场异象的解释

第一章提到的其他保险市场异象,已经在本书的前面各章中得到了解释,这里再做一总结性阐述。

第一,关于"灾后积极投保,长时间不出事就放弃投保"这一市场异象,如第十七章第二节所述,原因是:在保险事故刚刚发生后的一段时间里,随着经济损失和精神伤害不断显现,个体的感知风险逐渐增加,个体会严重高估风险,此时的保险需求非常强烈,实际保险需求强度远高于理性保险需求强度。随着时间推移,个体进入适应过程,感知风险会逐渐下降,实际保险需求强度也逐渐下降。最终,个体的感知风险会恢复到风险事故发生之前的水平,保险需求强度也会恢复到风险事故发生之前的状态。

第二,关于"中小企业保险需求疲弱"这一市场异象,如第七章第六节所述,原因主要有三:第一,企业需求具有层次性,保险往往是一种后置性需求。企业通常会优先将资金用于处理那些出险概率更高的经营风险,其次才会考虑保险承保的小概率损失风险,而中小企业的经营风险高于大型企业,因此只能将有限的资金优先用于处理经营风险。例如,初创公司的首要目标是活下去,要首先去找供应商、找市场,经营具有一定的可持续性,能够活下来之后,才会去考虑保障性保险需求,这一点与个人的消费决策顺序非常相像。第二,企业也存在风险判断偏差,同样会低估小概率风险,而且,企业规模越小,风险资产就越少,保险承保风险发生概率就越低,低估程度越严重。进一步地,低估风险会导致企业低估购买保险带来的好处,包括期望保险服务成本降低额、期望额外资金筹集成本、期望纳税降低额、期望破产成本降低额等。正是由于以上原因,导致企业规模越小,保险需求越弱。

第三,关于"政府也有巨灾保险需求"这一市场异象,如第七章第七节所述,政府购买巨灾保险的动机,主要是为了降低政府预算风险,解决政府涉灾预算"无灾不能用、有灾不够用"的老大难问题。

第四,"保险销售难"和"保险交易量低于预期"其实是同一异象,原因都是人们非理性导致的保险需求疲弱。需求疲弱自然会导致销售难,自然会使保险交易量低于标准理论的理想预期。

第五,关于"保险公司使用保险代理人制度而非员工制",原因是:第一,保单销售工作容易计件,具备实施计件工资的基础;第二,由于需求过于疲弱,导致销售员往往要接触很多潜在客户后才能成交一单,或者要经营某个潜在客户好长时间后才能成交保单,这使得保险销售的边际成本实在是太大了,包括金钱成本和心理溃败成本。因此,保险公司必须将边际收益提到很高的程度,才能激励销售员把保单卖出去,而计件工资或佣金制可以将销售人员的边际收益提高到最大程度。第三,反过来说,在销售员追求个人利益最大化的条件下,在公司的单位保单的销售费用支出相同的情况下,员工制下的保单销量远低于代理人制下的保单销量。更详细的分析,请读者参看第十二章第三节"奇异制度:选择保险代理人制度的经济学分析"。

第六,关于"同标的同产品,不同公司的风险评估和定价差异极大,财险市场杀价往往头破血流"这一异象,请读者参看第十三章"风险成本可预知的保险定价"和第十四章"风险成本不可预知的保险定价",尤其是第十四章第五节"保险价格竞争的底线到底在哪里?"对于同样的标的和保险产品,不同公司会给出不同的价格,从经济学来看是非常自然的现象,因为不同公司有不同的市场地位和成本结构,其最优定价自然会不同。关于财险市场头破血流的价格竞争,原因主要有两点:一是由于风险成本不可预知的影响,保险定价有程度不等的赌博成分,导致保险行业的价格竞争底线比其他行业更低,很可能低于(上帝才知道的)平均可变成本;二是因为保险公司甚至会故意将保险价格定在平均可变成本之下,形成庞氏骗局,却因为预收费制度而不容易失去流动性。

第七,关于"社会医疗保险主要承保中小损失风险而非大损失风险"这一异象,从行为保险需求理论来说,出险概率极低的罕见病和出险概率很低的重症,愿意投保的人少,不愿投保的人多,因此,如果社会医疗保险仅仅承保罕见病和重症,就与人们的保险需求不相匹配,很可能引发人们的不满。此外,政策设计需要考虑民众满意度问题,如果社会医疗保险仅仅承保大损失风险,如罕见病医疗费用和重症医疗费用,将会使社会医疗保险基金的受益面局限于极少数罕见病患者和少数重症患者,大多数投保人将体验不到社会医疗保险的好处,可能引发一定程度的不满。因此,顺应民意,社会医疗保险政策主要承保中小损失风险而非大损失风险。不过,随着人们理性程度的升高,对风险保障看法的转变,社会医疗保险的政策也会随之转变。相信社会医疗保险会越来越趋向于优先或主要承保大损失风险。果真如此,就可以大幅降低医疗保障问题的社会交易成本,因为:第一,通过社会医疗保险来解决小概率大损失风险保障问题,用政府的强制推行代替保险公司的强力营销,可以大幅降低保险交易费用;第二,通过商业保险来解决中小损失风险问题,由于需求相对强烈,只要较低的交易成本。

第八,关于"对巨灾保险,财险公司在灾后大幅提价甚至不敢承保、长期不出事则低价倾销"这一异象,根源在于,意料之外的巨额赔付事件发生前后,保险公司承保决策者的主观风险也会像普通消费者遭遇意外事件时的主观风险那样剧烈波动,体现为先迅速升高后逐渐降低,主观风险的上述波动自然会导致承保标准的相应波动。更详细的分析,请读者参看第十四章第四节"巨灾前后风险认知波动导致定价波动"和第十七章第三节"保险供给的动态性及其应对策略"。

第九,关于"保险产品严重错配,该买的没买,不该买的买了很多"这一异象,主要原因是"弱需求、强供给"。弱需求意味着消费者没什么购买意愿或者不知道自己要买什么保险,强供给不但意味着保险公司会采取强大的营销攻势,而且意味着保险公司会按照自身利润最大化的目标来制定产品策略,意味着保险销售员会按照自身收入最大化的目标来确定主推产品,而保险公司的产品策略和销售员的主推产品很可能会与标准保险经济学理论所期望的产品购买策略不一致。例如,为了降低销售成本、提升交易效率,保险公司和保险销售员很可能将富裕群体作为销售对象,而忽略或部分忽略了那些财富水平低的人群的保险需求;再比如,保险公司和保险销售员很可能会优先销售消费者主观上更喜欢的储蓄型保险(或保障储蓄性保险),而非标准保险经济学理论预期的、理性消费者应该优先购买的保障性保险。

由此可以推断,在保险市场上,"满足客户需求"是一句看似正确的废话。"看似正确"是因为任何产品都是为了满足客户需求,保险产品自然也是如此;"废话"是指这句话说了等于没说,消费者连自己都不清楚该不该买保险、该买什么保险和该买多少保险,如何满足其需求呢?

第十,关于保险行业形象很差这一现象,第十七章第四节已经给出了系统的解释,根源有两点:一是弱需求导致强供给,强供给导致交易费用高,而强供给和交易费用高都会引发消费者不满;二是保险产品天然的"兑现滞后于承诺"和"承诺的必然性和兑现的偶然性"特征总会令某些消费者不满,并进一步导致保险产品无法通过长期交易建立可靠信任。而且,第十七章第四节预言,随着一国或一地区经济增长,财富水平提高会带动保险需求增加,保险业的形象也会发生正面变化,但是,由于总有大量低估风险者不愿购买保险,以及保险产品特性天然与人性相悖,保险业的形象是有天花板的。

第十一,关于"形象如此差的保险业居然长期处于朝阳产业状态"这一现象。从行业实践来看,改革开放后,保险业在中国已经有近40多年的历史了,财险长一些,寿险短一些,但40多年来,保险业的保费增速一直大幅高于GDP增速。而且,在可预期的未来若干年内,保险业的保费增速还是会高于GDP增速,仍然属于典型的朝阳产业。保险业处于朝阳期的时间明显长于其他行业(如家电业、电子产品业、房地产业、汽车业等),这到底是为什么呢?流行的观点说:"因为中国保险业和发达国家保险业有巨大差距,所以我国保险业还有很大的增长空间,属于朝阳产业。"这种说法看起来很有道理,但其实是用现象解释现象,不是一种科学的解释。

事实上,人们对保险的弱需求才是保险业长期处于朝阳产业的根本原因。正是因为人们不喜欢保险或保险需求疲弱,才导致保险需求是在销售的推动下缓慢释放的,缓慢释放往往需要很长的时间,所以保险在很长时间内都会是朝阳产业。与大多数行业不同,比如家电行业,人们喜欢家电,只要有钱就会买,所以,十年左右的时间,一般家电在中国就可以得到普及,行业增长率就下来了,再也不是朝阳产业了。而保险业呢,虽然总是有少数人喜欢保险,但总体而言,人们不是有钱就想着要买保险的,所以,保险业不可能像家电行业那样,没几年人们就买够了,而是会缓慢地、有节奏地逐渐增长。所以,保险业往往比其他行业更长期地属于朝阳产业。

当然,保险业发展到一定程度后,保险业增速终会放慢。因为,随着人们对保险的接受度越来越高,人们购买保险的量越来越大,将会逐步降低保险带来的边际效用,保险需求和保险交易量的增幅将会逐渐下降。

第二十章 本书的创新、不足和未来

本章是全书的总结,第一节总结了本书的十一点创新,第二节总结了本书的缺陷和未来。

第一节 行为保险经济学的十一点创新

要说本书的创新,比较明显的,是解释了保险市场存在但标准保险经济学无法解释的十七个"异象",但这属于理论的运用。从理论创新层面,本书有如下十一点创新。

一、行为保险需求理论(保障性保险)的四点创新

第一,突破"期望效用最大化"思维,建立了投保决策的"边际效用均衡模型"。标准保险经济学认为保障性保险的投保决策属于"不确定条件下的选择",是否投保、选择多大保额的基准是"期望效用最大化"。本书提出,基于期望效用最大化的标准投保决策模型,存在"未体现经济学成本收益分析思维"的缺陷,进而无法与消费选择理论融为一体。为此,在界定保险的效用和边际效用的基础上,本书构建了基于边际效用均衡的投保决策模型,该模型体现了成本收益思维,并且使投保决策与消费选择理论融为了一体。该模型认为,只有当单位投入带来的保险边际效用大于其他商品边际效用时,人们才会购买保险,如果购买保险,就会将保额买到边际均衡为止。

第二,突破客观风险思维,基于"可得性启发式"原理构建了决策者的主观风险判断模型。传统保险经济学认为消费者可以准确评估风险,属客观风险思维。基于认知心理学中个体在不确定条件下的判断原理——可得性启发式原理,本书构建了主观风险判断模型,得到了人群总体的风险判断结果分布规律,反映了人们风险判断结果不客观且不同质的特点。也就是说,本书破除了标准保险经济学中的同质客观风险假设或风险评估一致性假设,用更加符合现实的异质主观风险来分析保险市场,有助于得到更加符合现实的分析模式和结论。

第三,考虑保险风险特征和消费者非理性程度,对前景理论价值函数进行改进,建立了全景效用函数。将前景理论价值函数运用于投保决策时,发现其仍有两个缺陷需要修正:一是价值函数未考虑保险经常承保的大额损失尤其是超大额损失;二是价值函数过于体现"小局观"或"流量决策",无法体现财富存量对投保决策的影响。本书对上述两个缺陷进行修正,提出了"全景效用函数",有助于解释处于不同财富水平的个体对各种损失规模风险的投保决策。

**第四,突破了传统保险需求理论的个体同质化决策模式,行为保险需求理论描述了

人群总体的投保意愿分布规律。传统保险需求理论假设决策者是同质的,具有共同的风险厌恶态度和共同的准确风险评估结果,导致了共同的投保意愿。但在行为保险需求理论中,人们的风险判断结果是不同质的,尽管效用函数是同质的,但在不同质的风险判断结果影响下,人们的投保决策结果是不一致的。于是,本书得到的,不是同质个体的投保决策结果,而是整个社会人群总体的投保意愿分布规律,即任一客观概率下人们的投保意愿分布规律(有多少人愿意投保、多少人不愿意投保),以及随客观概率变化的人们投保意愿分布规律的变化规律。

二、行为投保决策理论(储蓄性保险)的创新

基于行为经济学的跨期选择理论,结合现实世界中人们对储蓄性保险的投保决策,本书发现,对于储蓄性保险,投资者既无法准确计算内部收益率(只能简单计算感知收益率),其要求回报率也与基准收益率(或标准贴现率)不同,因此,投资者无法像标准的金融学折现现金流模型那样进行决策,即只要储蓄性保险的内部收益率 R 大于基准收益率 r,就选择购买。

将标准储蓄决策模型中的内部收益率替换成感知收益率,将标准储蓄决策模型中的基准收益率替换成具备主观特征的要求回报率,本书建立了储蓄性保险的行为投保决策模型,即"投资者根据'感知收益率 R' 是否大于要求回报率 r''进行决策。若 $R' \geq r'$,就投保;若 $R' < r'$,就不投保。"并分析了人们如何计算自己的感知收益率和要求回报率。

三、行为保险供给和市场理论的六点创新

第一,将传统保险经济学未予关注的、但实属保险供给最大特色的"强供给"纳入行为保险供给理论中。在讨论供给时,传统经济学主要关注企业如何通过最优定价、价格歧视、捆绑销售、广告等最大化自己的利益,传统保险经济学则视野更窄些,对传统经济学研究的公司行为关注不够,更未关注保险供给的最大特征——"强供给"或"强营销"。本书将保险公司力图改变需求、创造交易的各种手段在经济学框架内进行了讨论,如产品设计、捆绑销售、渠道选择、营销价值创造等,尤其突出了保险代理人制度的经济学分析和保险营销的价值创造。

第二,将保险定价从传统保险经济学的"精算定价思维"扩展到经济学固有的"利润最大化思维"。在讨论保险定价时,传统保险经济学主要使用"精算定价思维"或"基于成本的定价思维",符合保险监管思路但却不符经济学固有的"利润最大化思维"。企业要想生存下去,总是要追求利润,而不是一味追求定价一定要覆盖成本(初创公司要是一味地强调定价一定要覆盖成本,死期就到了)。从更加符合现实的"利润最大化"思维出发,本书在分析保险公司成本结构和市场竞争形势的基础上讨论了保险定价。

第三,将保险公司对风险成本的不可预知性引入保险定价,凸显了保险定价不可避免的"赌博性"特征。传统保险经济学假设保险公司总能准确评估风险,但事实并非如此,本书将风险成本的不可预知性引入保险定价,推演出保险公司会不可避免地会进行"赌博性定价",即无法保证纯保费一定能够覆盖风险成本。进一步地,赌博性定价会导致保险业不可避免地存在更激烈的价格竞争,因为,一般行业价格竞争的最低点是"停产点",但在风险成本不可预知的条件下,保险公司压根就找不到真正的"停产点",进而可

能导致保险市场价格在激烈价格竞争下击穿"停产点"。

第四,讨论了价格管制及其对保险市场的影响。接受精算定价思维后,传统保险经济学似乎放弃了对价格管制的关注。根据相关监管规定,本书分析了保险价格管制措施和管制程度,并且,在假设保险公司追求利润最大化的条件下,分析了价格管制对保险公司行为和保险市场的影响。

第五,剖析了传统保险经济学中逆向选择理论和道德风险理论的缺陷,论证了消费者非理性导致的保险需求疲弱才是保障性保险市场失灵的主要原因。传统保险经济学将保障性保险市场失灵归因于信息不对称导致的逆向选择和道德风险问题,核心是指保险公司无法掌握消费者的风险信息和风险控制信息,而消费者却随时都能准确评估自己的风险成本,于是,保险公司的不准确定价会使低风险消费者和努力风控者不满,导致其退出保险市场。但事实上,消费者自己对自己的风险也是"信息不对称"的,无法随时准确评估自己的风险成本,因此,消费者无法像逆向选择理论和道德风险理论所预期的那样进行投保决策,逆向选择理论和道德风险理论本身就是"失灵"的。依据行为保险需求理论,导致保障性保险市场交易偏离有效市场均衡点的主要原因有三个:一是决策者的风险判断偏差,二是财富效应或穷人的折现率过大,三是决策者对小损失风险的过度风险厌恶,前两点导致保险需求疲弱,最后一点则导致对小损失过度投保。

第六,从"以物为本"出发,通过分析保险交易特征和保险产品特性,找到了保险行业形象差的根源。流行观点认为,保险业形象差的原因是"销售误导",本书认为,保险业形象差的根源是人们的非理性。首先,消费者非理性(体现为短视和无法采用期望值思维方式考虑保险收益),导致人们对保险产品天然具有的"兑现滞后于承诺、承诺是必然的但兑现是偶然的"特征心怀不满;其次,消费者非理性(体现为低估风险、要求前高后低的收益率等)导致保险需求疲弱,需求疲弱和公司追求利润最大化导致"强供给"和"交易成本高","强供给"和"交易成本高"引发客户不满。

四、十一点创新的共同追求:逼近真实、解释行业重大现象

保险行业有不少与众不同的重要现象,如保险需求疲弱、保险营销力度强劲、只赚佣金的保险代理人制度、很差的行业形象、严格的价格管制和各种"行业乱象"等,而这些重要现象几乎一概受到传统保险经济学的漠视,使得保险实务界和保险理论界的隔阂越来越深。

解释行业重大现象是理论界最重要的任务,由此创造的理论,一是可以消除或降低保险实务界和理论界的鸿沟,有利于双方在健康互动中相互促进;二是可以帮助在校大学生和研究生理解真实的保险市场,而不是在进入行业后屡次大吃一惊,降低同学们融入行业、融入真实世界的成本。

第二节　行为保险经济学的不足和未来

尽管本书提出了比较系统的行为保险需求、供给和市场理论,但仍存在诸多缺陷,需要在未来逐步加以完善。

一、保障性保险的行为投保决策理论仍采用期望值模式,与现实不一定相符

标准保险经济学将保险公司使用的"期望值思维"模式平移到消费者身上,认为消费者会通过计算期望效用的方式来考量自己购买保险是否划算。在本书建立的行为投保决策理论中,消费者投保的效用和边际效用的计算,仍然采用了上述"期望值思维"模式。

但是,这种被称为理性的"期望值思维"方式其实高估了消费者的智商。设想一个生活中最简单的选择:"天气预报说今天降雨概率40%,那早上出门要不要带雨伞呢?"这事儿常常令人们举棋不定,因为无论带伞还是不带伞,都无法使人们在任何情况下都感觉自己的选择是最佳的。具体而言,无论是"带伞了没下雨"还是"不带伞下雨了",人们都可能会觉得自己早上的决策有误。只有在"带伞且下雨了"和"不带伞没下雨"这两种情形下,人们才会觉得自己早上的决策一定是做对了。看起来,人们的思维方式常常是结果导向,而不是期望值导向的。

再想想期望值理论是如何发明的,帕斯卡这样高智商的数学家兼物理学家苦思冥想很多年才发明出来的,将可能性与后果两者结合起来考察不确定选择的期望值计算公式和期望值决策理论,普通公众是很难顺畅地在现实生活中使用的。其实,越是科学家经过艰难思考才得出的理论和思考方法,越是适合在课堂上进行讲解和学习,却越是难以被普通公众在生活决策中普遍使用,普通公众需要的和使用的往往是"快捷方式"或"经验法则"。

按照我的教学经验,凡是需要经过大量思考才能想出来的算法、公式、思维模式等,在课程上都很难被同学们较快地接受,更不容易被运用到生活决策中。因此,我相信,需要通过艰难思考进行运算的期望值思维模式很难被运用到现实生活中的个人投保决策中。

实际情况也是如此。我们曾经在一次投保决策实验中招募了43名研究生被试,要求每名被试针对24种风险场景独立做出是否购买保险的决策(被试面临的每个风险的保险决策都类似于图20-1,当然,每个风险的实际参数会有所不同)。购买保险和保险金赔付都采用代币进行交易,但被试的所有代币会在实验结束时都以一定的比例兑换人民币,是"真刀实枪"的保险交易(郭振华、朱少杰,2014)。当然,本实验并不完全符合现实世界的投保决策,因为在实验中,被试投保所需保费,在正式实验前已由实验组织者通过要求被试参加测验的方式提前发给了被试,被试面临较为虚弱的投保预算约束。

实验结束后,我们对43名被试做了访谈,要求他们回答在实验中是如何做出投保决策的。访谈结果表明,尽管我们在实验中直接给出了风险发生概率和出险后的损失规模(这在现实世界的投保决策中其实是很难得到的)。但是,在风险信息如此清晰的条件下,43名被试中,在决策过程中计算过期望损失(纯保费)或有"期望值思维"的被试只有5名,其中3名被试直接计算了期望损失,2名被试将"保费/损失"与"出险概率"相比,体现了期望值思维;其余38名被试均没有进行任何计算,而是直接采用了比较主观的快捷决策方式,比如"出险概率高就买"、"损失程度高到一定程度就买"、"'损失/保费'高了就买"、"保费便宜就买"等。

还有一种可能性是,尽管人们没想到用期望值思维进行投保决策,但其行为确实按照期望值思维进行投保决策,这是经济学家经常使用的"套路",但这一点没法验证。

保险决策：

　　下表中的黄球数和白球数决定了发生损失的可能性是 1/10，如果掏出黄球，你将损失 1 000 元。

	黄色球	白色球
袋内球的数量	10 个	90 个
如果掏到，导致的损失金额	1 000 元	0 元

保险费：100 元

在掏球之前，请问：你是否愿意花费 100 元为该风险购买保险？

说明 1：若选择"是"，你需要马上支付 100 元保费，我们将从你桌上拿走 100 元；

　　　　　若选择"否"，你无须支付保费。

说明 2：你做出决策后，一个黑袋子中装有 10 个黄球和 90 个白球，搅匀后，我们将请你来掏球：

　　1）如果你掏出白球，说明没有发生损失，你自然无须承担损失；

　　2）如果你掏出黄球，说明损失发生了：

　　　　① 若你刚才**买过**保险，你将无须承担损失；

　　　　② 若你刚才**没买过**保险，你将承担 1 000 元损失，我们将从你桌上拿走 1 000 元。

你的选择（请在你的选项上打"√"）：　　　　1）购买保险　　　　2）不购买保险

图 20 - 1　被试面临的保险决策场景

二、风险判断或主观风险仍有巨大的研究空间

　　本书第五章基于"可得性启发式"这一人们判断主观风险大小的机理，得到了社会人群总体的风险判断结果分布规律。但是，从第五章的具体研究来看，分析过程还有巨大的改进空间。

　　从直接经历对主观概率的影响分析来看，第五章存在"假设过多"的缺陷，而这些假设往往与现实不完全一致：第一，假设所有个体的风险事件记忆存量均为过去 6 年形成。但实际上，风险事件记忆存量的形成时间，会受年龄不同等因素的影响而各不相同；第二，假设不考虑近因效应，6 年内所有风险事件记忆对未来风险判断的影响相同。但实际上是存在近因效应的，越是新近发生的风险事件，越是能够提升决策者的主观概率；第三，不考虑风险特性，假定不存在直接经历会消失的情况。但事实上，直接经历可能会消失，例如，死亡风险一旦发生，受害人就不会再有记忆，直接经历就灰飞烟灭了。

　　从间接经验对主观概率的影响分析来看，第五章缺乏对信息渠道不同导致的影响效果差异的分析。例如，不同的风险信息呈现方式，如文字传递、统计数据传递、图片传递、视频传递等，对决策者主观风险判断的影响力会有很大区别。

　　因此，本书虽然以可得性启发式为基础研究了人们的主观风险，但其实只是开了个头，未来至少可以从如下两个角度进行深化：

　　第一，不同险种承保不同风险，人们对不同风险的主观风险的判断规律会有很大差

异。以死亡风险和疾病风险为例，从可得性启发式出发，个体遭遇死亡风险后，个体就死了，不会形成事件记忆，也不会以此为基础估计自己的未来死亡风险，换句话说，死亡风险只能依赖间接经验进行估计；而疾病风险发生后，例如个体患肺结核，治疗后好了，个体会形成患病记忆，以后就会据此估计自己的再次患肺结核病的风险，换句话说，肺结核风险同时依赖直接经验和间接经验进行估计。显然，死亡风险和疾病风险的主观风险判断规律会呈现较大的差异。

第二，基于可得性启发式进行风险判断，判断基础是记忆中的风险事件，记忆中的风险事件来源于过去的直接经验或间接经验，直接经验相对简单，但间接经验来源非常广且信息呈现方式多种多样，例如，间接经验来源包括事故现场的观察和各种传播渠道（电影、电视、互联网等）上的事故信息，信息呈现方式包括文字、统计数据、图片、视频等，信息中还带有强烈的写作情绪，这些都会影响到个体对风险事件的记忆，如何用一个有效的简化模型描述和计算间接经验带来的主观风险，以便得到更加符合现实的社会群体的主观风险分布规律，还需要深入研究。

三、"强供给"模式是否合理？

由于低估风险等原因，人们的保险需求疲弱，如果任由消费者自主决策，其保险购买量远低于理性市场交易量，导致保险市场失灵。由此，从经济学角度来看，保险公司的"强供给"或"强营销"有利于矫正保险市场失灵，是有益于社会的行为。

但是，保险公司的强力营销模式一直为人诟病，也是保险行业形象差的主要原因。那么，强供给到底错了吗？是否存在一定程度的道德问题？合理的供给强度到底在哪里？对保险销售的监管应该如何把握度的问题？尚需要深入研究。

四、保险业价格管制研究还比较薄弱

为了维护消费者利益，保证保险公司的偿付能力，我国保险监管机构对保险业进行着较为严格的价格管制，进而对保险公司行为和保险市场造成相当大的影响。

价格管制是典型的经济学问题，本书的研究可能只是开了个头，后续可以从如下几方面开展深入研究：第一，通过对监管机构颁布的与价格管制相关的各种监管规定进行梳理，找出我国保险业价格管制的形式、类型和程度，从经济学角度探讨何为合理的价格监管模式。第二，可以对人身险市场价格管制和财产险市场价格管制（或者长险市场价格管制和短险市场价格管制）进行分类研究。第三，可以对典型产品市场（如车险市场、寿险市场、健康险市场）的价格管制进行更深入的案例分析。

五、对投保决策中社会互动的影响研究不足

个体投保决策，不仅会受到自身风险判断、风险态度、保费成本等因素的影响，也会受到亲朋好友交流互动的影响。尽管本书也考虑了一定社会互动因素，例如在第五章讨论个体风险判断时，考虑了间接经验的影响，在第十二章讨论保险营销价值创造时，考虑了销售员会利用社会互动因素促进客户的购买。但是，个体投保决策模型尚未专门讨论社会互动对个体投保决策的影响，也未讨论社会互动对整个社会保险交易量的影响。

六、对金字塔式的保险代理人体系研究不足

尽管在第十二章专门分析了保险销售为何采用保险代理人制度,但那只是一个浅显的分析。在现实世界中,保险代理人体系非常复杂,保险公司往往将保险代理人考核管理体系称为"基本法",不同的公司,基本法会有较大差异,其复杂程度主要体现为如下三点:第一,保险代理人体系呈金字塔结构,保险公司对代理人销售费用的支出分为直接佣金和间接佣金,间接佣金就体现了金字塔结构上部人员的管理性收入,而且,不少公司的间接佣金支出甚至超过了直接佣金;第二,这一体系其实有两大主要任务,一是销售保单,二是增员,销售保单和增员都会给代理人带来收入;第三,保险代理人的"脱落率"非常高,一年脱落率高达60%甚至80%,这会给公司形成巨大的营业成本。

当前,不少公司认为,金字塔式的保险代理人制度成本太高、难以为继。显然,我们还需要对上述金字塔式的保险代理人体系进行深入研究。

七、未对保障储蓄性保险的投保决策进行专门研究

本书将保险分为保障性保险、储蓄性保险和保障储蓄性保险,并且针对保障性保险和长期储蓄性保险的投保决策进行了深入研究,但未对保障储蓄性保险的投保决策进行专门研究。

八、行为保险经济学的未来: 行为保险经济学和标准保险经济学的融合

经过60年多的发展,标准保险经济学已经取得了辉煌成就,在个体保险需求理论、信息不对称(逆选择和道德风险)下的保险市场均衡、风险分类理论、责任保险理论、保险欺诈经济学、公司保险需求、巨灾风险管理、再保险市场的风险分担与定价、价格波动与承保周期、保险企业组织形式选择、保险分销、保险市场监管等方面形成了理论体系。

相对标准保险经济学而言,行为保险经济学研究成果要稀疏得多。未来的发展趋势,一定是标准保险经济学与行为保险经济学的逐渐融合,形成有机统一的保险经济学。

参 考 文 献

英文参考文献:

[1] Ainslie, G., and Haslam, N. 1992. Hyperbolic Discounting. In Choice over Time, edited by G. Loewenstein & J. Elster, pp.57 - 92. New York: Russell Sage Foundation.

[2] Alchian, A. A. (1950). Uncertainty, Evolution, and Economic Theory. Journal of Political Economy, 58(3): 211 - 221.

[3] Ando, A., and Modigliani, F. (1963). The "Life Cycle" Hypothesis of Saving: Aggregate Implications and Tests. American Economic Review, 53(1): 55 - 84.

[4] Bailey, D. H., and Geary, D. C. 2009. Hominid Brain Evolution: Testing Climatic, Ecological, and Social Competition Models. Human Nature, 20(1): 67 - 79.

[5] Barron G, Ursino G. 2013. Underweighting Rare Events in Experience Based Decisions: Beyond Sample Error. Journal of Economic Psychology, 39: 278 - 286.

[6] Benartzi, S. Previtero, A. Thaler, R. H. 2011. Annuitization Puzzles. Journal of Economic Perspectives, 25(4): 143 - 164.

[7] Benzion, Uri, Rapoport, Amnon, & Yagil, Joseph. 1989. Discount Rates Inferred from Decisions: an Experimental Study. Management Science, 35(3): 270 - 284.

[8] Berner, R. The Warranty Windfall . Business Week, 12/20/2004.

[9] Bernheim, B. D. 2003. The Mismatch between Life Insurance Holdings and Financial Vulnerabilities: Evidence from the Health and Retirement Study. American Economic Review 93(1): 354 - 365.

[10] Berridge K C.(1996), Food Reward: Brain Substrates of Wanting and Liking. Neurosci Biobehav Rev, 20(1): 1 - 25.

[11] Brickman P, Coates D. 1978. Janoff-Bulman R. Lottery Winners and Accident Victims: Is Happiness Relative?. Journal of Personality and Social Psychology, 36(8): 917.

[12] Browne, M. J., Knoller, C., Richter, A. 2015. Behavioral Bias and the Demand for Bicycle and Flood Insurance. Journal of Risk and Uncertainty, 50(2): 141 - 160

[13] Cabantous, L., Hilton, D., Kunreuther, H., Michel-Kerjan, E. 2011. Is Imprecise Knowledge Better than Conflicting Expertise? Evidence from Insurers' Decisions in the United States. Journal of Risk and Uncertainty, 42(3): 211 - 232.

[14] Chang, T. Y., Huang, W., Wang, Y. 2018. Something in the Air: Pollution and the Demand for Health Insurance. The Review of Economic Studies, 85(3): 1609 - 1634.

[15] Cicchetti, C. and J. A. Dubin. 1994. A Microeconomic Analysis of Risk Aversion and the Decision to Self-Insure . Journal of Political Economy, 102: 169 - 187.

[16] Cutler DM and Zeckhauser R. 2004. Extending the Theory to Meet the Practice of Insurance. Brookings-Wharton Papers on Financial Services.

[17] Daniel Bernoulli. 1954. Exposition of a New Theory on the Measurement of Risk, Econometrica,

22 (2): 23 - 36.

[18] Davidoff T, Brown J R, Diamond P A. 2005. Annuities and Individual Welfare. American Economic Review, 95(5): 1573 - 1590.

[19] Dionne, G. (eds). 2013. Handbook of insurance(Second Edition), New York: Springer Science Business Media.

[20] Edgeworth, F. Y.. 1881. Mathematical Physics. London: Kegan Paul.

[21] Flinn, M. V., Geary, D. C., Ward, C. V.(2005). Ecological Dominance, Social Competition, and Coalitionary Arms Races: Why Humans Evolved Extraordinary Intelligence. Evolution and Human Behavior, 26(1), 10 - 46.

[22] Fox C R, Hadar L. 2004. Decisions from Experience = Sampling Error + Prospect Theory: Reconsidering Hertwig, Barron, Weber & Erev. Judgment and Decision Making, 1(2): 159 - 161.

[23] Frederick, S., Loewenstein, G., & O'Donoghue, T. 2002. Time Discounting: a Critical Review. Journal of Economic Literature, 351 - 401.

[24] Friedl, A., Lima de Miranda, K., and Schmidt, U. 2014. Insurance Demand and Social Comparison: An Experimental Analysis. Journal of Risk and Uncertainty, 48(2).

[25] Friedman, M. 1975. A Theory of the Consumption Function, Princeton: Princeton University Press.

[26] Ganderton, P. T., Brookshire, D. S., McKee, M., Stewart, S., and Thurston, H. 2000. Buying Insurance for Disaster-type Risks: Experimental Evidence, Journal of Risk and Uncertainty. 20(3): 271 - 289.

[27] George Loewenstein. 1987. Anticipation and the Valuation of Delayed Consumption. The Economic Journal, 97(387): 666 - 684.

[28] Gigerenzer, G.(2006). Out of the Frying Pan into the Fire: Behavioral Reactions to Terrorist attacks. Risk Analysis, 26(2): 347 - 351.

[29] Gilovich, T., Griffin, DW, Kahneman, D. (eds). 2002. Heuristics and Biases: The Psychology of Intuitive Judgment. New York: Cambridge University Press.

[30] Green, Leonard, Fry, Astnd F, & Myerson, Joel.(1994). Discounting of Delayed Rewards: a Life-span Comparison. Psychological Science, 5(1): 33 - 36.

[31] Greenwald, B. C., Stiglitz, J. E. 1990. Asymmetric Information and the New Theory of the Firm: Financial Constraints and Risk Behavior. American Economic Review, 80(2): 160 - 165.

[32] Harrison, G. and Richter, A. 2016. Introduction: Symposium on the Methodologies of Behavioral Insurance, Journal of Risk and Insurance. 83(1): 43 - 47.

[33] Harrington, Scott E., Niehaus, Greg, Tong Yu. 2013. Insurance Price Volatility and Underwriting Cycles. In: Dionne, G. (Ed.), The Handbook of Insurance (second edition). Springer. New York.

[34] Hau R, Pleskac T J, Hertwig R. 2010. Decisions from Experience and Statistical Probabilities: Why They Trigger Different Choices than a Priori Probabilities. Journal of Behavioral Decision Making, 23(1): 48 - 68.

[35] Heiner, R. A. 1983. The Origin of Predictable Behavior. American Economic Review, 75(3): 579 - 585.

[36] Heiner, R. A. 1985. Origin of Predictable Behavior: Further Modeling and Applications. American Economic Review, 75(2): 391 - 396.

[37] Hertwig R, Barron G, Weber E U, & Erev, I. 2004, Decisions from Experience and the Effect of Rare Events in Risky Choice. Psychological Science, 15(8): 534 - 539.

[38] Hertwig R, Erev I. 2009. The Description - Experience Gap in Risky Choice. Trends in Cognitive

Sciences, 13(12): 517 - 523.

[39] Hilliard, J. I., Regan, L., & Tennyson, S. 2013. Insurance Distribution. In: Dionne, G. (Ed.), The Handbook of Insurance (second edition). Springer. New York.

[40] Huysentruyt, M. and Read, D. 2010, How Do People Value Extended Warranties? Evidence from Two Field Surveys. Journal of Risk and Uncertainty, 40(3): 197 - 218.

[41] Insurance Information Institute 2005. Flood Insurance: Facts and Figures, November 15.

[42] Jaffee, D., T. Russell. 2003. Market under Stress: The Case of Extreme Event Insurance. In Economics for an Imperfect World: Essays in Honor of Joseph E. Stiglitz (Edited by Arnott, Greenwald, Kanbur and Nalebuff), 35 - 52. Cambridge, MA: MIT Press.

[43] Jaspersen, J. G., Aseervatham, V. 2017. The Influence of Affect on Heuristic Thinking in Insurance Demand. The Journal of Risk and Insurance. 84(1): 239 - 266.

[44] Johnson, E. J., Hershey, J., Meszaros and Kunreuther, H. 1993. Framing, Probability Distortions, and Insurance Decisions. Journal of Risk & Uncertainty, 7(1): 35 - 51.

[45] Kahneman D. 1997. New Challenges to the Rationality Assumption. Legal Theory, 3(2): 105 - 124.

[46] Kahneman, D., & Tversky, A. 1979. Prospect Theory: an Analysis of Decision under Risk. Econometrica, 47: 263 - 291.

[47] Kahneman, Daniel and Tversky, Amos. (eds). 2000. Choices, Values and Frames. New York: Cambridge University Press.

[48] Kahneman D. 2011. Thinking, Fast and Slow. Macmillan,

[49] Karl, J. B., Wells, B. 2016. Improving Perceptions of the Insurance Industry: The Influence of Insurance Professionals. Risk Management & Insurance Review, 19(1): 147 - 166.

[50] Katz, J., Redelmeier D A, Kahneman D. 1997. Memories of Painful Medical Procedures. Paper presented at the American Pain Society 15th Annual Scientific Meeting, [38].

[51] Koritzky G, Yechiam E. 2010. On the Robustness of Description and Experience Based Decision Tasks to Social Desirability. Journal of Behavioral Decision Making, 23(1): 83 - 99.

[52] Kris N. Kirby, Nancy M. Petry, and Warren K. Bickel. 1999. Heroin Addicts Have Higher Discount Rates for Delayed Rewards than Non-drug-using Controls. Journal of Experimental Psychology General, 128(1): 78 - 87.

[53] Kunreuther, H. 1989. The Role of Actuaries and Underwriters in Insuring Ambiguous Risks. Risk Analysis, 9(3).

[54] Kunreuther. H. 2002. The Role of Insurance in Managing Extreme Events: Implications for Terrorism Coverage. Risk Analysis, 22(3).

[55] Kunreuther, H., Hogarth, R., Meszaros, J. 1993. Insurer Ambiguity and Market Failure. Journal of Risk & Uncertainty, 7(1): 71 - 87.

[56] Kunreuther H., Ginsberg R., Miller L., Sagi P., Slovic P., Borkin B. and Katz N. 1978. Disaster Insurance Protection: Public Policy Lessons. New York: John Wiley and Sons.

[57] Kunreuther, H. C., & Pauly, M. V. 2005. Insurance Decision Making and Market Behavior (Foundations and Trends in Microeconomics). Now Pub.

[58] Kunreuther, H. C., Pauly, M. V., and McMorrow, S.. Insurance and Behavioral Economics: Improving Decisions in the most Misunderstood Industry. New York: Cambridge University Press. 2013.

[59] Kunruther, H. C., and Pauly, M. V. 2004. Neglecting Disaster: Why Don't People Insure Against Large Losses?. Journal of Risk and Uncertainty, 28: 5 - 21.

[60] Kunreuther, H. and Pauly, M. 2006. Insurance Decision Making and Market Behavior

(Foundations and Trends in Microeconomics). Now Publishers Inc.

[61] Kunreuther, H., R. Ginsberg, L. Miller, P. Sagi, P. Slovic, B. Borkan and N. Katz. 1977. Limited Knowledge and Insurance Protection: Implications for Natural Hazard Policy. New York: Wiley.

[62] Kunreuther, H., Hogarth, R., & Meszaros, J. 1993. Insurer Ambiguity and Market Failure. Journal of Risk and Uncertainty, 7(1): 71 – 87.

[63] Laury, S. K., McInnes, M. M. and Swarthout, J. T. 2009. Insurance Decisions for Low-probability Losses. Journal of Risk and Uncertainty, 39(1): 17 – 44.

[64] Leonard, W. R., and Robertson, M. L. 1994. Evolutionary Perspectives on Human Nutrition: the Influence of Brain and Body Size on Diet and Metabolism. American Journal of Human Biology, 6(1): 77 – 88.

[65] McClelland, G. H., Schulze, W. D., and Coursey, D. L. 1993. Insurance for Low-probability Hazards: A Bimodal Response to Unlikely Events. Journal of Risk and Uncertainty, 7 (1): 95 – 116.

[66] McClure, & S. M. 2004. Separate Neural Systems Value Immediate and Delayed Monetary Rewards. Science, 306(5695), 503 – 507.

[67] McKinsey and Company. 2010. Building a Talent Magnet: How the Property and Casualty Industry Can Solve Its People Needs. World Wide Web: http://www. aamga. org/files/hr/BuildingaTalentMagnet. pdf.

[68] Michel-Kerjan, E., Lemoyne de Forges, and Kunreuther, H. 2012. Policy Tenure under the U. S. National Flood Insurance Program (NFIP). Risk Analysis, 32 (4): 644 – 658.

[69] Mossin, J. 1968. Aspects of Rational Insurance Purchasing, Journal of Political Economy, 76: 553 – 568.

[70] Outreville, J. F. 2010. The Geneva Risk and Insurance Review 2009: In Quest of Behavioral Insurance. Geneva Papers on Risk and Insurance: Issues and Practice, 35(3): 484 – 497.

[71] Palm, R. 1995. Earthquake Insurance: A Longitudinal Study of California Homeowners, Boulder, Westview Press.

[72] Paul A. Samuelson. 1937. A Note on Measurement of Utility. Review of Economic Studies, 4(2): 155 – 161.

[73] Pritchard R M. 1961. Stabilized Images on the Retina. Scientific American, 204, 72 – 78.

[74] Redelmeier D A, Kahneman D. 1996. Patients' Memories of Painful Medical Treatments: Real-time and Retrospective Evaluations of Two minimally Invasive Procedures. Pain, 66(1): 3 – 8.

[75] Richard Thaler. 1981. Some Empirical Evidence on Dynamic Inconsistency. Economic Letters, 8(3), 201 – 207.

[76] Richter, A., Schiller, J., Schlesinger, H. 2014. Behavioral Insurance: Theory and Experiments. Journal of Risk and Uncertainty, 48(2): 85 – 96.

[77] Rottenstreich Y. 2001. Money, Kisses, and Electric Shocks: On the Affective Psychology of Risk. Psychological Science, 12(3): 185 – 190.

[78] Schaus, Stacy. L. 2005. Annuities Make a Comeback. Journal of Pension Benefits, 12(4): 34 – 38.

[79] Schlesinger, H. 2013. The Theory of Insurance Demand. Handbook of insurance, Second edition. Edited by Dionne G., Boston: Springer.

[80] Schwarz, N. 2004. Metacognitive Experiences in Consumer Judgment and Decision Making. Journal of Consumer Psychology, 14(4), 332 – 348.

[81] Schwarcz, D. 2009. Insurance Demand Anomalies and Regulation. Journal of Consumer Affairs, 44(3): 557 – 577.

[82] Schwarz, N., Bless, H., Strack, F., Klumpp, G., Rittenauerschatka, H., & Simons, A. 1991. Ease of Retrieval as Information: Another Look at the Availability Heuristic. Journal of Personality & Social Psychology, 61(2): 195 - 202.

[83] Schwentker. 1958. The Life Insurance Agency System, The Journal of Insurance.

[84] Silver, R. L. 1982. Coping with an Undesirable Life Event: A Study of Early Reactions to Physical Disability. Unpublished doctoral dissertation, Northwestern University, Evanston, IL.

[85] Slovic, P. 1987. Perception of Risk. Science, 236(4799), 280 - 285.

[86] Slovic P F, Fischoff B. B., & Lichtenstein, S. 1982. Facts Versus Fears: Understanding Perceived Risk. Judgement Under Uncertainty: Heuristics and Biases, 1982.

[87] Slovic, P., Fischhoff, B., Lichtenstein, S., Corrigan, B., and Combs, B. 1977. Preference for Insuring against Probable Small Losses: Insurance Implications. Journal of Risk and Insurance, 44: 237 - 258.

[88] Slovic P, Finucane M L, Peters E, et al. 2007. The Affect Heuristic. European Journal of Operational Research, 177(3): 1333 - 1352.

[89] Slovic, P., Kunreuther, H., & White, G. F. 1974. Decision Processes, Rationality, and Adjustment to Natural hazards. In G. F. White (Ed.)Natural Hazards: Local, National and Global. New York: Oxford University Press.

[90] Streissler, E., & Friedman, M. . 1960. A Theory of the Consumption Function. Econometrica, 28(1), 162.

[91] Stone, J. M. 1973. A Theory of Capacity and the Insurance of Catastrophe Risk (part ii). Journal of Risk & Insurance, 40(3).

[92] Suh E, Diener E, Fujita F. 1996. Events and Subjective Well-being: Only Recent Events Matter. Journal of Personality and Social Psychology, 70(5): 1091.

[93] Sunstein C R. (2003), Terrorism and Probability Neglect. Journal of Risk and Uncertainty, 26(2 - 3): 121 - 136.

[94] Svenson O. 1981. Are We all Less Risky and more Skillful than our Fellow Drivers?. Acta Psychologica, 47(2): 143 - 148.

[95] Sydnor, J. 2010. (Over)Insuring Modest Risks. American Economic Journal: Applied Economics, 2: 177 - 199.

[96] Thaler, R. H. 1980. Toward a Positive Theory of Consumer Choice. Journal of Economic Behavior and Organization, 1, 39 - 60.

[97] Tobin R, Calfee C. 2005. The National Flood Insurance Program's Mandatory Purchase Requirement: Policies, Processes, and Stakeholders. Washington DC, American Institutes for Research.

[98] Tversky A, Kahneman D. 1992. Advances in Prospect Theory: Cumulative Representation of Uncertainty. Journal of Risk and Uncertainty, 5: 297 - 324.

[99] Tversky, A., & Kahneman, D. 1973. Availability: a Heuristic for Judging Frequency and Probability. Cognitive Psychology, 5(2), 207 - 232.

[100] Tversky A, Kahneman D. 1974. Judgment under Uncertainty: Heuristics and Biases. Science, 185(4157): 1124 - 1131.

[101] Tversky, A., & Griffin, D. 1991. Endowment and Contrast in Judgments of Well-being. In F. Strack, M. Argyle, & N. Schwarz (Eds.), Subjective well-being: An interdisciplinary perspective, (pp.101 - 118). Oxford: Pergamon.

[102] Weber E U. 2006. Experience-based and Description-based Perceptions of Long-term Risk: Why Global Warming Does not Scare Us (yet). Climatic Change, 77(1 - 2): 103 - 120.

[103] Weber E U, Shafir S, Blais A R. 2004. Predicting Risk Sensitivity in Humans and Lower Animals: Risk as Variance or Coefficient of Variation. Psychological Review, 111(2): 430.

[104] Weinstein N D. 1980. Unrealistic Optimism about Future Life Events. Journal of Personality and Social Psychology, 39(5): 806.

[105] Weinstein N D. 1982. Unrealistic Optimism about Susceptibility to Health Problems. Journal of Behavioral Medicine, 5(4): 441 - 460.

[106] Weinstein N D. 1989. Optimistic Biases about Personal Risks. Science, 246(4935): 1232 - 1233.

[107] Yaari, Menahem E. 1965. Uncertain Lifetime, Life Insurance, and the Theory of the Consumer. Review of Economic Studies, 32 (2): 137 - 150.

[108] Yechiam E, Barron G, Erev I. 2005. The Role of Personal Experience in Contributing to Different Patterns of Response to Rare Terrorist Attacks. Journal of Conflict Resolution, 49(3): 430 - 439.

[109] Yechiam E, Busemeyer J R. 2006. The Effect of Foregone Payoffs on Underweighting Small Probability Events. Journal of Behavioral Decision Making, 19(1): 1 - 16.

[110] Zweifel, P. and Eisen, R. 2012. Insurance Economics, New York: Springer Science Business Media.

中文参考文献：

[1] 安东尼奥·达马西奥著,殷云露译,《笛卡尔的错误:情绪、推理和大脑》[M],北京联合出版公司。

[2] 巴里·施瓦茨(Barry Schwartz).选择的悖论:用心理学解读人的经济行为[M],浙江人民出版社,2013.

[3] 边沁,2011,《道德与立法原理导论》,商务印书馆。

[4] 保罗·格莱姆齐著,贺京同等译.决策、不确定性和大脑[M],中国人民大学出版社,2010.

[5] 保罗·斯洛维奇编著,赵延东等译.风险的感知[M],北京出版社,2007.

[6] Harrington, S. E., Niehaus, G. R.著,陈秉正、王珺、周优平译,风险管理与保险(第2版),清华大学出版社,2005.

[7] 陈东辉.保险公司的保险问题,出自谢跃、谢志刚主编的《茶道燕梳(第一辑)》[M],九州出版社,2019.

[8] 戴维·巴斯著,张勇、蒋柯译.进化心理学:心理的新科学[M](第4版),商务印书馆,2017.

[9] 丹尼尔·卡尼曼著,胡晓姣、李爱民、何梦莹译.思考,快与慢[M],中信出版社,2012.

[10] 丹尼尔·卡尼曼,保罗·斯洛维奇,阿莫斯·特沃斯基著,方文等译.不确定状态下的判断:启发式和偏差[M],中国人民大学出版社,2008.

[11] 法尼著,张庆洪、陆新等译.保险企业管理学[M](第三版),经济科学出版社,2002.

[12] 冯·诺依曼、摩根斯坦著,王文玉、王宇译.博弈论与经济行为[M],生活.读书.新知三联书店,2004.

[13] 弗兰克·奈特著,郭武军等译.风险、不确定性与利润[M],华夏出版社,2013.

[14] 弗里德曼.实证经济学论文集[M],商务印书馆,2014.

[15] 古斯塔夫·费希纳著,李晶译.心理物理学纲要[M],中国人民大学出版社,2015.

[16] 郭振华,《经济危机与保险业危机:日本保险业的启示》[J],上海保险,22 - 25,2016a.

[17] 郭振华.车险市场竞争现象的经济学分析[J],上海保险,2019(5): 20 - 24, 2019h.

[18] 郭振华.车险费率竞争的理论分析与未来预测[J],上海保险,2016(06): 47 - 50,2016b.

[19] 郭振华.什么是对的保险决策? ——理性保险决策理论及其由来(上)[J],上海保险,2016(3): 10 - 14,2016c.

[20] 郭振华.行为保险学系列(一):什么是对的保险决策? ——理性保险决策理论及其由来(下)[J].上海保险,2016(4): 13 - 16,2016d.

[21] 郭振华.行为保险学系列(三):风险判断偏差与非理性保险决策(上)[J],上海保险,2016(5): 19 - 23,2016e.

［22］郭振华.行为保险学系列（四）：风险判断偏差与非理性保险决策（下）[J]，上海保险，2016(7)：36 - 39，2016f．

［23］郭振华.行为保险学系列（五）：伯努利效用函数的修正与保险决策[J]，上海保险，2016(8)：9 - 12，2016g．

［24］郭振华.行为保险学系列（六）：消费者选择理论视野下的理性保险决策（上）[J]，上海保险，2016 (9)：16 - 19，2016h．

［25］郭振华.行为保险学系列（七）：消费者选择理论视野下的理性保险决策（下）[J]，上海保险，2016 (10)：18 - 21，2016i．

［26］郭振华.行为保险学系列（八）：决策效用、体验效用与保险决策[J]，上海保险，2016(11)：18 - 23，2016j．

［27］郭振华.行为保险学系列（九）：保险营销的价值创造[J].上海保险，2017(11)：30 - 33，2017a．

［28］郭振华.行为保险学系列（十）：创造保险营销价值的五大策略[J]，上海保险，2017(12)：17 - 22，2017b．

［29］郭振华.行为保险学系列（十一）：储蓄型保险的理性投保决策理论[J]，上海保险，2018(1)：29 - 34，2018a．

［30］郭振华.行为保险学系列（十二）：储蓄型保险的行为投保决策理论[J]，上海保险，2018(2)：13 - 18，2018b．

［31］郭振华.行为保险学系列（十三）：保险经济学中逆向选择理论的谬误[J]，上海保险，2018(3)：21 - 25，2018c．

［32］郭振华.行为保险学系列（十四）：保障型保险市场失灵的主要原因[J]，上海保险，2018(4)：20 - 24，2018d．

［33］郭振华.行为保险学系列（十五）：长期储蓄型保险市场失灵的主要原因[J]，上海保险，2018(5)：15 - 18，2018e．

［34］郭振华.行为保险学系列（十六）：保险市场失灵的解决办法[J]，上海保险，2018(6)：19 - 22，2018f．

［35］郭振华.行为保险学系列（十七）：动态保险需求与动态保险供给策略[J].上海保险，2018(7)：29 - 32，2018g．

［36］郭振华,行为保险学系列（十八）：保险市场十二大异象[J]，上海保险，2018(8)，13 - 17，2018h．

［37］郭振华.行为保险学系列（十九）：标准保险供给理论[J]，上海保险，2018(09)：10 - 15，2018i．

［38］郭振华.行为保险学系列（二十）：偏离标准理论的保险定价行为及其解释（上）[J]，上海保险，2018(10)：12 - 15，2018j．

［39］郭振华.行为保险学系列（二十一）：偏离标准理论的保险定价行为及其解释（下）[J]，上海保险，2018(11)：32 - 37，2018k．

［40］郭振华.行为保险学系列（二十二）：行为保险学研究现状综述[J]，上海保险，2019(6)：23 - 26，2019a．

［41］郭振华.行为保险学系列（二十三）：保险产品的行为学设计[J]，上海保险，2019(7)：30 - 33，2019b．

［42］郭振华.行为保险学系列（二十四）：供给创造需求、差形象与朝阳产业[J]，上海保险，2019(8)：20 - 24，2019c．

［43］郭振华.行为保险学系列（二十五）：主观风险研究综述及启示（上）[J]，上海保险，2019(9)：28 - 33，2019d．

［44］郭振华.行为保险学系列（二十六）：主观风险研究综述及启示（下）[J]，上海保险，2019(10)：17 - 21，2019e．

［45］郭振华.行为保险学系列（二十七）：记忆存量决定风险判断偏差：仅考虑直接经历[J]，上海保险，2019(11)：27 - 31，2019f．

［46］郭振华.行为保险学系列（二十八）：记忆存量决定风险判断偏差：综合直接经历与间接经验［J］，上海保险，2019（12）：25－28，2019g.

［47］郭振华.行为保险学系列（二十九）：传统保险供给理论的五大缺陷和改进思路［J］，上海保险，2020（1）：31－33，2020a.

［48］郭振华.行为保险学系列（三十）：保险业选择代理人制度的经济学分析［J］，上海保险，2020（2）：33－36，2020b.

［49］郭振华.行为保险学系列（三十一）：保险价格竞争的底线在哪里？［J］，上海保险，2020（3）：33－36，2020c.

［50］郭振华.行为保险学系列（三十二）：保险价格监管思维与经济学定价思维的矛盾［J］，上海保险，2020（4）：33－36，2020d.

［51］郭振华.行为保险学系列（三十三）：价格监管对保险市场的影响［J］，上海保险，2020（5）：33－36，2020e.

［52］郭振华.行为保险学系列（三十四）：互联网保险的产品选择与设计［J］，上海保险，2020（6）：33－36，2020f.

［53］郭振华.互联网平台的保险交易基础：流量和有效流量［J］，中国商业保险，2020，2020g.

［54］郭振华.中国年金保险产品的演变：脑科学视角的解释［J］，上海保险，2017（10）：16－19，2017c.

［55］郭振华.进化、大脑与保险决策［J］，中国保险，2017（10）：11－16，2017d.

［56］郭振华.保险的社会属性：理论界定、保险业实践与未来［J］，中国保险，2016（04）：11－15，2016k.

［57］郭振华，朱少杰，王玉玲.投保决策的关键变量：出险概率还是损失规模［J］，保险研究，2016（9）：58－73，2016l.

［58］郭振华，朱少杰.小概率风险的判断与保险决策——经验决策理论的视角［P］，全面深化改革：战略思考与路径选择——北大赛瑟（CCISSR）论坛文集·2014.

［59］哈尔·R·范里安著，费方域等译.微观经济学：现代观点（第八版）［M］，格致出版社，2011.

［60］黄志华，闫巩固，王天乐.（2011）.经验决策：概念、研究和展望［J］，心理科学进展，19（12）.

［61］贺京同，那艺.行为经济学：选择、互动与宏观行为［M］，中国人民大学出版社，2015.

［62］贺京同，那艺，郝身永.决策效用、体验效用与幸福［J］，经济研究，2014（7）：176－188.

［63］赫伯特·西蒙著，黄涛译.西蒙选集［M］，2002，首都经济贸易大学出版社.

［64］海斯蒂，道斯，谢晓菲，李纾等译.不确定世界的理性选择——判断与决策心理学［M］，人民邮电出版社，2013.

［65］何小伟，高进.巨灾保险市场为什么失灵？——一个研究综述［J］，保险职业学院学报，2010，24（1）：10－13.

［66］贺京同，那艺，郝身永.决策效用、体验效用与幸福［J］，经济研究，2014（7）：176－188.

［67］吉仁泽、泽尔腾等著，刘永芳译.有限理性适应性工具箱［M］，清华大学出版社，2016.

［68］加里·阿姆斯特朗、菲利普·科特勒著，赵占波、涂平译.市场营销学［M］（原书第11版），机械工业出版社，2013.

［69］卡尼曼，斯洛维奇，特沃斯基.不确定状况下的判断：启发式和偏差［M］，中国人民大学出版社，2013.

［70］卡尔·H.博尔奇（Karl H.Borch）著，庹国柱等译.保险经济学［M］，商务印书馆，1999.

［71］凯斯·R·桑斯坦（Sustein，CR.）.最差的情形［M］，中国人民大学出版社，2010.

［72］罗纳德·哈里·科斯.论生产的制度结构［M］，上海三联书店，1994.

［73］雷德·海斯蒂，罗宾·道斯著；谢晓菲，李纾等译.不确定世界的理性选择：判断与决策心理学［M］（第2版），人民邮电出版社，2013.

［74］马斯洛著，许金声等译.动机与人格［M］，中国人民大学出版社，2013.

［75］曼昆著，梁小民等译.经济学原理［M］（第7版），北京大学出版社，2015.

［76］纳西姆·尼古拉斯·塔勒布著，万丹、刘宁翻译.黑天鹅：如何应对不可预知的未来［M］，中信出版

社,2011.

[77] 尼克·威尔金森著,贺京同、那艺等译.行为经济学[M],中国人民大学出版社,2012.

[78] 欧文·费雪.利息理论(1930)[M],商务印书馆,2013.

[79] 平狄克、鲁宾费尔德著,张军等译,微观经济学[M](第四版),中国人民大学出版社,2000.

[80] 秦玄玄.我国车险费率市场化改革研究及展望[J],中国保险,2019.

[81] 秦云,郑伟.年金谜题的成因及对策研究评述[J],经济学动态,2017(5):135-143.

[82] 里甘和坦尼森,S.(2000).保险分销体系,在《保险经济学前沿问题研究》(乔治·迪翁主编,朱铭来、田玲、魏华林等译,中国金融出版社,2007)中。

[83] 瑞士再保险公司研究部,了解寿险业盈利状况[J],Sigma,2012(1).

[84] (美)Scott E. Harrington,(美)Gregory R. Niehaus著,陈秉正、王珺、周伏平译,风险管理与保险[M](第2版),2005,清华大学出版社.

[85] 施建祥,朱丽莎.从行为经济学视角解析保险需求的非理性行为[J],浙江金融,2006(2):49-51.

[86] 盛洪.经济学精神[M],四川文艺出版社,1996.

[87] 孙蓉、费友海.风险认知、利益互动与农业保险制度变迁——基于四川试点的实证分析,财贸经济[J],2009(6):35-40.

[88] 斯科特·普劳斯著,施俊琦、王星译,决策与判断[M],人民邮电出版社,2004.

[89] 泰勒、桑斯坦.助推:我们如何做出最佳选择[M],中信出版社,2009.

[90] 田玲、姚鹏、王含冰.政府行为、风险感知与巨灾保险需求的关联性研究[J],中国软科学,2015(9):70-81.

[91] 完颜瑞云,锁凌燕.保险消费决策行为分析——一个行为保险学的研究框架[J],保险研究,2016(1):15-29.

[92] 汪丁丁,叶航.理性的追问——关于经济学理性主义的对话[M],广西师范大学出版社,2003.

[93] 汪丁丁.行为经济学讲义——演化论的视角[M],上海人民出版社,2011.

[94] 汪丁丁.行为经济学要义[M],上海人民出版社,2015.

[95] 王和.我国家庭财产保险问题研究[J],保险研究,2008(3):34-37.

[96] 王国军.保险经济学[M](第二版),北京大学出版社,2014.

[97] 王国军.高级保险经济学教程[M],对外经贸大学出版社,2014.

[98] 王健康,周灿.保险经济学[M](第2版),电子工业出版社,2014.

[99] 王稳,陈琛,汪风.小概率高损失事件的忽略——对中国发展巨灾保险的意义[J],保险研究,2009(12):15-20.

[100] 魏华林,李金辉.人寿保险需求研究[M],中国财政经济出版社,2009.

[101] 魏华林,朱铭来,田玲.保险经济学[M],高等教育出版社,2011.

[102] 魏钢.从财务和财政科学的视角重新认知灾害和保险[J],农村经济,2018,331(12):26-31.

[103] 魏钢,焦洁.财政风险、财政治理结构与巨灾保险[J],金融博览,2017(7):58-59.

[104] 威尔金森.行为经济学[M],中国人民大学出版社,2012.

[105] 吴志军.非寿险投资型产品的发展与思考[J],保险研究,2009(10):60-63.

[106] 西奥迪尼.影响力[M],中国人民大学出版社,2006.

[107] 休伯纳著,孟朝霞等译.人寿保险经济学[M],中国金融出版社,1997.

[108] 薛兆丰.薛兆丰经济学讲义[M],中信出版集团,2018.

[109] 喻贝凤,张乐柱.储蓄型巨灾保险:从需求不足和风险稀释角度进行的产品创新[J],山东农业大学学报(社会科学版),2010(3):34-39.

[110] 约翰·安德森著,秦裕林等译.认知心理学及其启示[M],人民邮电出版社,2012.

[111] 曾祥霞等.大额保单操作实务[M],法律出版社,2017.

[112] 詹姆斯·卡拉特著,苏彦捷译.生物心理学[M](第10版),人民邮电出版社,2011.

[113] 张庆洪.保险经济学导论[M],经济科学出版社,2004.

[114] 张庆洪,葛良骥,凌春海.巨灾保险市场失灵原因及巨灾的公共管理模式分析[J],保险研究,2008(5):13-16.

[115] 张洪涛.保险经济学[M],中国人民大学出版社,2006.

[116] 张维迎.经济学原理[M],西北大学出版社,2015.

[117] 张五常.经济解释[M](二零一四增订本),中信出版社,2015.

[118] 张翔.假设的真实性:科斯与弗里德曼的"和而不同"之处——兼谈社会学研究中的"理性人"假设[J],社会学评论,2015,003(006):17-27.

[119] 赵正堂.从行为经济学视角看巨灾保险市场失灵及矫正[J],财政研究,2010(4):51-53.

[120] 周国端.保险财务管理:理论、实务与案例[M],中信出版社,2015.

[121] 周振,谢家智.农业巨灾与农民风险态度:行为经济学分析与调查佐证[J],保险研究,2010(9):40-46.

[122] 卓志.人寿保险经济分析引论[M],中国金融出版社,2001.

[123] 卓志,邝启宇.巨灾保险市场演化博弈均衡及其影响因素分析——基于风险感知和前景理论的视角[J],金融研究,2014(3):194-206.

术　语　表

　　标准保险经济学：也称传统保险经济学，或主流保险经济学，是指基于新古典经济学的现代保险经济学体系，在决策者完全理性假设条件下推演供需双方的行为和保险市场形态。

　　市场异象：指基于决策者完全理性的新古典经济学所无法解释的市场现象。

　　行为保险经济学：指以心理学和行为经济学相关理论为基础的保险经济学体系，分析有限理性的保险供需双方如何进行投保决策和承保经营决策，并分析供需双方的决策和行为对保险市场的影响。

　　公平保费(一)：指纯保费，由于这部分保费是保险公司从客户那里收进来又赔给客户的，并未额外收费，故称公平保费。

　　公平保费(二)：指在完全竞争的市场环境下保险公司收取的保费，因为完全竞争条件下保险公司收费正好覆盖所有成本(包括资本成本)，没有额外利润，故称公平保费。

　　附加费率：等于"附加保费/纯保费"。

　　过程理性：在信息收集成本和信息处理成本的限制下，人类只能追求"局部最优的"或"令人满意的"选择，即经过适当程度的深思熟虑后作出选择，但不可能实现基于新古典经济学的"全局最优"选择。

　　标准投保决策理论：指在理性假设条件下，标准经济学或标准保险经济学描述人们如何进行投保决策的理论。

　　行为投保决策理论：指在有限理性假设条件下，行为保险经济学描述人们如何进行投保决策的理论。

　　投保决策的边际效用均衡模型：指面对众多商品，人们按照边际效用均衡原则确定自己该购买多少保障性保险的决策模型。即当单位支出的保险边际效用大于其他商品边际效用时，决策者选择购买保险，并且将保额增加到边际均衡(单位支出的保险边际效用等于单位支出的其他商品边际效用)为止。

　　保险边际效用：指购买保险带来的边际效用。

　　系统1：指直觉思维系统，反应迅速。

　　系统2：指理性思维系统，反应缓慢。

　　可得性启发式：指人们通过能回想(或回忆)到的例证数量和回想的容易性(或流畅性)来评估这类事件发生的频率或概率。

　　感知概率(或主观概率)：指决策者根据启发式原则(如可得性启发式)得到的概率。

　　风险判断偏差：指个体主观概率与客观概率之间的差异。在保险公司可以准确评估风险的条件下，风险判断偏差指个体主观概率与保险公司定价概率之间的偏差(这里排除了保险公司故意做出事故发生率保守假设以便获取利润的可能性)。

低估(高估)风险者：主观概率低于(高于)客观概率的决策者。在本书中,特指在保险公司可以准确评估风险的条件下,投保决策者的主观概率低于(高于)保险公司的定价概率(这里排除了保险公司故意做出事故发生率保守假设以便获取利润的可能性)。

保险风险：指保险公司或保险产品承保的风险。

情感距离：指观察到的风险事件受害者与自己(观察者)的情感紧密程度,情感越紧密,情感距离越小,该风险事件对自己的主观风险影响越大。

经验决策：指决策者不知道或不完全知道决策可能的结果以及相应的概率,只能依据自己有限的相关经验进行决策的过程。在本书中,经验决策是相对于描述性决策而言的,在描述性决策中,决策者知道决策可能的结果及其对应的概率。

伯努利效用函数：指丹尼尔·伯努利发明的、标准经济学使用的具备边际效用递减特征的效用函数。在伯努利效用函数中,决策者一定是风险厌恶的。

全景效用函数：指本书对前景理论价值函数不适用于投保决策的两个缺陷进行修正后得到效用函数。前景理论价值函数的两个缺陷：一是未考虑保险经常承保大额损失尤其是超大额损失的特点；二是过于体现"小局观"或"流量决策",无法体现财富存量对投保决策的影响。

客观收益率：指投资者基于现金流出和现金流入计算的储蓄产品的内部收益率。

感知收益率：指客户感觉到的储蓄产品的收益率。

第一感知收益率：指储蓄者按照银行存款思维确定的储蓄性保险产品的感知收益率,第一感知收益率＝年度给付/所交保费。

第二感知收益率：指储蓄者按照保险利益演示表计算的"总保险金给付额/总保费"来确定感知收益率的高低,"总保险金给付额/总保费"越大,感知收益率越高。

供给改变需求：指保险公司通过各种手段或行为,力图改变客户对保险的看法和购买行为。

保险产品的行为学设计：指通过设计让产品尽量吻合人性的需要,甚至是吻合人们的非理性需要,进而使人们能够接受本来不愿接受的保险产品。

沉没收入：指一旦有了一定数额的固定收入,这个固定收入会在个体心理上成为"沉没收入"或"沉没收益",在未来决策中会将其忽略。

营销价值：指销售员通过与潜在客户的各种互动,使潜在客户心目中可能购买的商品的主观价值得以提升的部分。

情感价值或情感效用：在营销员创造的营销价值中,与营销员有关但却与(保险)产品无关的部分。

成熟型保险公司：指承保能力强劲、销售渠道健全、销售队伍强劲有力、在广大消费者心目中建立了自己的市场声誉和品牌、有一定的市场势力的保险公司。

初创型保险公司：指成立时间不久、销售渠道尚未理顺、与专业中介的谈判力虚弱、销售队伍不成熟、在广大消费者心目中缺乏市场知名度和品牌的保险公司。

基于停产点的定价：对于初创型公司而言,在公司品牌和市场知名度缺乏的情况下,为了获得业务,往往只能将价格定在"停产点"之上,只要满足"价格＞平均可变成本"即可。

赌博性承保：或赌博性定价，指对于风险成本不可预知的保险业务，保险公司的定价无法做到心中有数，无论定价高低，都可能盈利也可能亏损，在经营上具有一定的赌博性。

保险公司管理层风险厌恶：当保险公司由于巨灾风险等原因出现无偿付能力甚至破产时，管理者的职业声望会受到很大损失，而且公司管理层无法像公司投资者那样通过事前分散投资来分散风险，因此，保险公司管理层在承保决策上往往较为保守。

承保决策中的模糊厌恶：对于无法准确度量的模糊风险，当精算师和核保师制定保险费率时，往往会将出险概率估计值和损失估计值扩大一些，提高费率甚至拒绝承保。

正常价格竞争：指保险公司追求利润最大化下的最优定价行为，不同公司的成本结构、品牌等不同，导致各有不同的最优定价。

恶性价格竞争：指保险公司故意将价格定在利润最大化定价或最优定价之下，以便抢夺业务，不但对竞争对手造成负面影响，也对自己的经营造成负面影响。

租值耗散：指资产本来可以带来的租值，由于某种原因而下降或消失了。

决策效用：指决策者在决策时大脑想象的某项选择带来的效用。

体验效用：指某一选择实施后带来的快乐体验，如购买物品后从享用物品中获得的效用。

记忆效用：属于体验效用，等于"（体验峰值的效用＋体验终值的效用）/2"。

互联网保险：第一层含义是指针对互联网企业运营过程中存在的风险而开发和销售给互联网企业或互联网用户的保险；第二层含义是指通过互联网渠道销售的保险。本书主要讨论第二层含义的互联网保险。

边缘群体：指那些财富水平刚好高于"满足生理需求的财富水平"、但余钱不多的人群。

精准营销：指直接向本来就有需求（愿意支付市场价格购买）的人销售。

致　　谢

　　本书的写作和出版得到了国家自然科学基金面上项目(71173144)和上海对外经贸大学科研奖励及配套经费的资助。

　　在这里,我首先要感谢博士阶段导师张庆洪教授。张老师一直致力于研究保险经济学,并于2004年出版《保险经济学导论》。我在大学教书后,张老师一直鼓励我坚持做理论研究,希望在理论研究上有所贡献,这本《行为保险经济学》其实是张老师《保险经济学导论》的续集。

　　我要特别感谢清华大学中国保险与风险管理研究中心主任陈秉正教授,陈老师曾三次邀请我在清华大学中国保险与风险管理研究中心的学术活动上报告行为保险学最新研究成果。同时感谢浙江财经大学周海珍教授、上海立信会计金融学院徐爱荣教授和李鹏教授的学术报告邀请。上述报告机会对我的研究和探索形成了巨大的激励效应。

　　我要特别感谢上海保险学会邀请我在《上海保险》杂志开设专栏,尤其要感谢陈贤老师和朱莉老师,两位编辑每个月发给我的催稿微信,以及由此形成的行为保险学系列论文,是本书完成的基础。

　　我要专门感谢我的同事朱少杰老师和倪红霞老师,两位老师一直是我新书的幕后审稿人,我在写作中屡次试图"蒙混过关",都被两位发现并纠正了。尤其要特别感谢朱少杰老师,每当我写作中有了新想法或新问题,都会找朱老师聊一聊,很多问题都是在我俩的聊天中得到解决的。

　　我要对上海对外经贸大学选修《保险经济学》课程的同学们道谢,我在课堂上"挂羊头、卖狗肉",讲起了《行为保险经济学》,同学们不但没有抱怨,反倒为我的新书提出了不少修改意见。

　　非常感谢上海交通大学出版社吴芸茜女士以及其他编辑对该书的"挑剔"以及对读者和作者高度负责的敬业精神,为本书避免了许多可能出现的失误,保证了出版质量。

　　最后要特别感谢我的爱人刘敏女士,除上班时间外,我经常利用下班时间写作,挤占了大量的家庭时间,刘敏女士的宽容和承担是本书得以顺利完成的基础。

郭振华

2020 年 8 月 18 日